Abroad

本书的翻译和出版得到了国家社科基金的资助
（项目批准号 13AZD027、15ZDB001）

国外马克思学译丛 | 鲁克俭 丛书主编

# 马克思、青年黑格尔派与激进社会理论的起源

[美] 沃伦·布雷克曼（Warren Breckman） 著

李佃来 译

Marx, the Young Hegelians, and
the Origins of Radical Social Theory:
Dethroning the Self

北京师范大学出版集团
BEIJING NORMAL UNIVERSITY PUBLISHING GROUP
北京师范大学出版社

# "国外马克思学译丛"编委会

主　编：鲁克俭
副主编：杨学功　张秀琴
编　委：（按姓氏笔画为序）
　　　　王　歌　王雨辰　王峰明　文　兵
　　　　仰海峰　刘森林　吴向东　沈湘平
　　　　张文喜　张立波　周　凡　聂锦芳
　　　　袁吉富　韩立新

# 总　序

经过一段时间的酝酿、筹划和准备，在北京师范大学出版社的大力支持下，我们正式推出这套"国外马克思学译丛"。现就译丛的编译旨趣、编译原则和工作分担问题作一简要说明。

## 一

对于"马克思学"[①]这个术语，国内外学术界还存在着不同的理解和界定。我们认为，如果不过分纠缠于吕贝尔创制 Marxologie 这个法文词的特定含义，而是从广义上理解，马克思学就是关于马克思生平事业、著作版本和思想理论的学术性研究。

关于马克思生平事业的研究成果通常是马克思传记。比较有代表性且已译成中文出版的有德国学者弗·梅林的《马克思传》(1918年)[②]、德国学者海因里希·格姆科夫等著的《马克思传》(1968

---

[①] "马克思学"的法文和德文都是 Marxologie，英文是 Marxology，俄文是 марксоведение。

[②] Franz Mehring, *Karl Marx：Geschichte seines Lebens*, *Leipzig*：Leipziger Buchdruckerei, 1918. 该书有两个中译本：一是罗稷南译本，由上海骆驼书店 1946 年出版，生活·读书·新知三联书店 1950 年出版；一是樊集译本，由人民出版社 1972 年出版。

年)①、苏联学者彼·费多谢耶夫等著的《马克思传》(1973年)②、苏联学者斯捷潘诺娃的《马克思传略》(1978年)③、英国马克思学家戴维·麦克莱伦的《马克思传》④等。

关于著作版本的研究成果有几种形式：一是马克思著作年表，比较有代表性的有苏联马克思恩格斯列宁研究院（Marx-Engels-Lenin Institute）院长阿多拉茨基主编的《马克思年表》(1934年)⑤、吕贝尔的《没有神话的马克思》(1975年)⑥等；二是《马克思恩格斯全集》中的"题注"以及 MEGA2 资料卷对马克思著作（含手稿）和书信的写作时间、版本、文本写作过程和手稿修改等情况的介绍；三是马克思文献学专家发表的有关马克思著作版本考证的研究论文。

关于马克思思想理论的研究成果主要体现为专著，包括以下几种形式：(1)马克思思想传记，如吕贝尔的《马克思思想传记》(1957年)⑦、科尔纽的《马克思恩格斯传》(1955、1958、1970年)⑧、麦克莱伦的《马克思思想导论》(1971、1980、1995、2006年)⑨等。(2)对马克思思想的分期研究，如日本学者广松涉的《唯物史观的原像》

---

① 中译本由易廷镇、侯焕良译，生活·读书·新知三联书店1978年出版。
② 中译本由孙家衡等译，生活·读书·新知三联书店1980年出版。
③ 中译本由关益、李萌寰译，中国社会科学出版社1982年出版。
④ 原书名是《卡尔·马克思：他的生平与思想》，1973年出第1版，2006年出第4版。中译本由王珍根据第3版和第4版翻译，中国人民大学出版社2006年出版，2008年再版。
⑤ 中文版由人民出版社1982年出版。该书在索引部分列出"马克思著作索引"，包括三个部分：甲，书籍、小册子和重要手稿；乙，共产主义者同盟和第一国际给报纸编辑部的信，以及声明、公告、呼吁书和文件；丙，文章、报告和演说。
⑥ Maximilien Rubel and Margaret Manale, *Marx Without Myth*, Blackwell Publishers, 1975.
⑦ Maximilien Rubel, *Karl Marx：Essai de Biographie Intellectuelle*, Librairie Marcel Riviere et Cie, 1957.
⑧ Auguste Cornu, *Karl Marx et Friedrich Engels：Leur vie et leur œuvre*, Presses Universitaires de France, 1955, 1958, 1970.
⑨ David McLellan, *The Thought of Karl Marx：An Introduction*, Harper and Row, 1971, 1980, 1995, 2006.

(1971年)①、苏联学者拉宾的《马克思的青年时代》(1976年)等。(3)对马克思理论的整体研究，如艾伦·伍德的《卡尔·马克思》(1981、2004年)②、艾尔斯特的《卡尔·马克思导论》(1990年)③等。(4)对马克思某一方面思想或具体著作的专题研究，如阿维内里的《卡尔·马克思的社会和政治思想》(1970年)④、德雷珀的四卷本《马克思的革命理论》(1977、1978、1981、1989年)⑤、奥尔曼的《异化：马克思论资本主义社会中人的概念》(1971、1976年)⑥、科恩的《马克思的历史理论：一种辩护》(1978、2000年)⑦、奈格里的《〈大纲〉：超越马克思的马克思》(1979年)⑧、卡弗的《马克思与恩格斯：学术思想关系》(1983年)⑨、拉雷恩的《马克思主义与意识形态：马克思主义意识形态论研究》(1983年)⑩、拉比卡的《马克思的〈关于费尔巴哈的提纲〉》(1987年)⑪、克拉克的《马克思的危机理论》(1994年)⑫、莱文的《不同的路径：马克思主义与恩格斯主义中的黑格尔》

---

① 该书中文版已由南京大学出版社2009年出版。
② Allen W. Wood, *Karl Marx*, Routledge & Kegan Paul, 1981, 2004.
③ Jon Elster, *An Introduction to Karl Marx*, Cambridge University Press, 1990.
④ Shlomo Avineri, *The Social and Political Thought of Karl Marx*, Cambridge University Press, 1970.
⑤ Hal Draper, *Karl Marx's Theory of Revolution*.
⑥ Bertell Ollman, *Alienation: Marx's Conception of Man in Capitalist Society*, Cambridge University Press, 1971, 1976.
⑦ G. A. Cohen, *Karl Marx's Theory of History: A Defence*, Princeton University Press, 1978, 2000。重庆出版社1989年根据该书第1版出版了岳长龄的中译本，高等教育出版社2008年根据第2版出版了段忠桥的中译本。
⑧ Antonio Negri, *Marx oltre Marx: Quaderno di lavoro sui Grundrisse*, Milan, Feltrinelli, 1979.
⑨ Terrell Carver, *Marx & Engels: The Intellectual Relationship*, Indiana University Press, 1983.
⑩ Jorge Larrain, *Marxism and Ideology*, The Macmillan Press Ltd., 1983.
⑪ Georges Labica, *Karl Marx. les Thèses sur Feuerbach*, Presses Universitaires de France, 1987.
⑫ Simon Clarke, *Marx's Theory of Crisis*, Palgrave Macmillan, 1994.

(2006年)①等。

马克思学主要分考据性研究和文本解读研究两种类型。"考据"包括对马克思生平事业中历史细节的考据,对马克思思想观点的来源、形成和发展过程的考据,对马克思著作版本的文献学考据等。"文本解读"是对马克思思想发展的内在逻辑、马克思思想的要旨和理论体系的整体把握和阐释。人们对马克思思想发展的内在逻辑、马克思思想的要旨和理论体系的言说,实际上都不是在描述一个客观事实,而是在进行"文本解读"。

作为专门术语的"马克思学",或与之相近的名词虽然20世纪初才出现②,但马克思研究却是在马克思去世之后,甚至在马克思生前即已存在的学术现象。恩格斯在马克思生前所写的多篇关于马克思的传记和书评③,以及他在马克思逝世后为马克思著作所写的大量再版序言或导言等,就是这种研究存在的证明。此外,资产阶级学者对马克思著作和思想的评论或批判,在广义上也属于"马克思研究"的范畴。正因如此,列宁1914年在《卡尔·马克思(传略和马克思主义概述)》中说:"论述马克思和马克思主义的著作数量甚多,不胜枚举。"他列举了威·桑巴特的《马克思主义书目》(开列了300本书)、1883—1907年及往后几年《新时代》杂志上的索引、约瑟夫·施塔姆哈默尔的《社会主义和共产主义书目》(1893—1909年)耶拿版第1—3卷等,供读者参阅。列宁还提到了庞巴维克的《马克思体系的终结》(1896年)、里克斯的《价值和交换价值》(1899年)、冯·博尔特

---

① Norman Levine, *Divergent Paths: Hegel in Marxism and Engelsism*, Lexington Books, 2006.

② 一般认为,西文中"马克思学"(Marxologie)这个术语是法国学者吕贝尔(Maximilien Rubel)创制的,但实际情况并非如此。早在1904年,奥地利马克思主义者阿德勒就与希法亭一起创办了《马克思研究》(*Marx-Studien*)杂志,而且20世纪20年代在苏联就已出现俄文词"马克思学"(марксоведение)。

③ 例如,恩格斯1859年8月写的《卡尔·马克思〈政治经济学批判。第一分册〉》书评,1877年6月写的《卡尔·马克思》传记等。

克维奇的《马克思主义体系中的价值核算和价格核算》(1906—1907年)以及《马克思研究》杂志①等。

马克思学可分为正统马克思主义的马克思学和非正统马克思主义的马克思学两大派别。恩格斯和列宁为后来正统马克思主义的马克思学奠定了基本解读框架。恩格斯在《在马克思墓前的讲话》中把唯物史观和剩余价值学说看作是马克思一生的"两大发现",认为马克思既是革命家又是科学家。列宁认为,经济学说是马克思理论的核心内容,而唯物主义、辩证法、唯物主义历史观和阶级斗争学说构成了马克思的"整个世界观";唯物主义历史观是19世纪40年代马克思把唯物主义贯彻和推广运用于社会历史领域的结果,《资本论》使唯物史观由假设变为被科学地证明了的原理;马克思的思想有三个来源,即德国古典哲学、英国古典政治经济学以及法国科学社会主义;虽然马克思没有留下"大写的逻辑",但留下了《资本论》的逻辑;等等。

正统马克思主义的马克思学研究在梁赞诺夫(Riazanov,1870—1938年)②那里得到发扬光大。梁赞诺夫早年投身革命,多次被捕和流放,两次流亡国外(德国和奥地利)。他从青年时代就开始进行马克思学和马克思主义基本理论的研究,积极寻找和搜集马克思恩格斯的遗稿,早在1905年前就被列宁评价为"视野广泛、有丰富学识、极好地掌握科学社会主义创始人的文献遗产"。十月革命胜利后,在列宁的支持下,梁赞诺夫筹建马克思恩格斯研究院③,并任第一任院长(1921—1931年)。马克思恩格斯研究院在梁赞诺夫领导下,特

---

① *Marx-Studien. Blätter zur Theorie und Politik des wissenschaftlichen Sozialismus*, herausgegeben von Dr. M. Adler und Dr. R. Hilferding,1904—1923.

② 原名达维德·波里索维奇·戈尔登达赫。

③ 1924年起,马克思恩格斯研究院成为直接隶属于苏共中央的机构。1931年11月,它与1924年成立的列宁研究院合并为马克思恩格斯列宁研究院。1956年改称马克思列宁主义研究院(即我们通常所说的苏共马列主义研究院)。

别是在列宁支持下，系统收集马克思恩格斯文献，对马克思恩格斯大量原始手稿和书信进行照相复制，培养了一批马克思字迹辨认专家，启动了历史考证版。① 除马克思恩格斯文献的收集、编辑和出版，梁赞诺夫还出版了许多关于马克思革命活动及思想理论的研究著作，如关于马克思恩格斯的传记《卡尔·马克思和弗里德里希·恩格斯》(1927年)② 和大部头著作《马克思主义史概论》(1928年)，主编《卡尔·马克思：伟人、思想家和革命家》(1927年)③ 等。1930年梁赞诺夫60寿辰时，他的学生索拜尔④评价说："梁赞诺夫不仅是当代俄国，而且是当代世界最杰出的马克思研究者，马克思研究之所以成为一门特殊的科学，首先是因为有了梁赞诺夫的科学工作、编辑工作和组织工作……是他为马克思研究打开了真正无限广阔的历史和国际的视野……梁赞诺夫在进行马克思学研究的初期就已作为特殊标志表现出来的第二个特征，是在理解和再现马克思和恩格斯的著作时力求有条理和尽可能的完整。"

梁赞诺夫使马克思研究成为一门相对独立的学科，促成了苏联马克思学的研究传统，并为阿多拉茨基后来编辑出版 MEGA1 奠定了基础。俄文"马克思学"(марксоведение)一词出现于20世纪20年代初。《马克思恩格斯的文献遗产在苏联的出版和研究史》⑤一书第109页写道："在这些年间，这家杂志和其他一些杂志上越来越多地出现了'马克思学'这一术语，并试图给它下一个定义。""这些年间"是指1922—1923年，"这家杂志"是指《哲学问题》的前身《在马克思主义旗帜下》。苏联马克思学有别于一般意义上的苏联马克思主义研

---

① 即 MEGA1(1927—1935)。
② 该书1927年在伦敦出版了英文版。1929年以《马克思恩格斯合传》出了中文版(李一氓译，上海江南书店出版)，1933年又出了刘侃元译本(上海春秋书店出版)。
③ D. B Riazanov ed., *Karl Marx：Man, Thinker, and Revolutionist*, Martin Lawrence, 1927.
④ 1919年任匈牙利苏维埃驻维也纳大使。
⑤ 莫斯科政治文献出版社1969年出版。

究(包括马克思主义哲学史研究),它与《马克思恩格斯全集》俄文版和历史考证版(MEGA)的编辑和出版有密切的关系。1982年苏联学者博尔迪烈夫就将《马克思恩格斯全集》俄文第2版(50卷)出齐,说成是"最近时期苏联马克思学的重大成就"。而从1975年开始出版的MEGA2各卷次的资料卷,更是代表了当今国际马克思文献学研究的最新成果。

非正统马克思主义的马克思学研究,包括西方马克思主义的马克思学研究、学院派的马克思学研究以及反马克思主义的马克思学研究。卢卡奇、马尔库塞、阿尔都塞等是西方马克思主义的马克思学家的代表,他们身兼西方马克思主义者(思想家)和马克思学家(学问家)的双重身份,旨在通过挖掘马克思丰厚的思想资源以构建自己的理论体系,从而为批判或改良资本主义提供理论支点。

学院派的马克思学研究是非正统马克思主义的马克思学研究的主流,而吕贝尔是学院派马克思学研究的代表。20世纪40年代,吕贝尔从收集有关马克思生平传记和著作目录的资料入手投身于马克思学事业,并因创制了"马克思学"(Marxologie)这个法文词和主编刊物《马克思学研究》①,而在20世纪下半叶几乎成为西方马克思学家的代名词。按照吕贝尔自己的说法,他自觉地继承格律恩贝尔格②和梁赞诺夫的马克思研究传统,注重考据和思想研究相结合。具体来说,吕贝尔规定了马克思学研究的三项任务:一是了解马克思的著作;二是批判的分析的评论;三是文献和图书。学院派的马克思学研究强调价值中立和学术研究的客观性,强调超越意识形态

---

① *Etudes de Marxologie*,1959—1994.
② 格律恩贝尔格(Karl Grünberg)是法兰克福社会研究所第一任所长,梁赞诺夫的老师和亲密朋友。他主编的《社会主义与工人运动史文库》(1910—1930年)发表了大量马克思研究的成果,后以《格律恩贝尔格文库》而闻名。科尔施的《马克思主义与哲学》最早就发表在《格律恩贝尔格文库》(1923年)。1924年苏共马克思恩格斯研究院与法兰克福社会研究所达成协议,在出版MEGA方面进行合作,《社会主义与工人运动史文库》也就成为MEGA1的配套研究刊物。

偏见。当然,研究者事实上很难真正做到价值中立,因为任何解读研究都会存在"合法的先见"。

反马克思主义的马克思学研究充满意识形态偏见,是"冷战"时期东西方意识形态对抗的产物。当然,我们不应将学院派的马克思学研究随意贴上反马克思主义的标签,以免犯下将洗澡水和孩子一同泼掉的错误。

## 二

自马克思主义传入中国的那一天起,它就被当时的志士仁人和知识精英选择作为"观察国家命运的工具",所以马克思主义在中国的研究常常是与中国的具体国情和特定时代任务紧密结合的。但是,中国知识界从来没有把马克思主义当作可以随意解释的灵丹妙药或实用工具,而是一开始就对马克思主义抱着严肃的科学态度。这种严肃的科学态度首先就是对马克思主义特别是马克思主义创始人马克思的思想学说的充分了解和深入研究。由于马克思主义是一种外来的思想学说,因此对它的学理研究又往往是与对国外相关学术成果的译介相互伴随的。

早在 20 世纪初,马克思主义刚传入中国不久,中国共产党人及其理论家除了对马克思主义基本理论进行宣传和普及,也开始对马克思进行学术研究。比如,早期上海共产主义小组成员李季(1892—1967 年)所著的三卷本《马克思传:其生平其著作及其学说》,1930—1932 年由上海神州国光社出版,书中有蔡元培先生写的序言。新中国成立特别是 1953 年中共中央编译局成立后,随着《马克思恩格斯全集》中文第 1 版 50 卷(1956—1985 年)陆续出版,关于马克思和马克思主义的学术研究在中国高等学校和科研机构中也逐步开展起来。首先是国外特别是苏联东欧大量关于马克思生平事业、著作版本和思想理论的研究成果(专著以及论文)被翻译出版；其次是越来越多中国学者关于马克思生平事业、著作版本和思想理论的研究成果相继问世。

但是毋庸讳言，中国学界在国外马克思主义成果的译介方面具有一定的片面性。如果说以前的片面性主要表现为偏向苏联东欧马克思主义而忽视西方马克思主义，那么现在则主要表现为忽视对国外马克思学成果的译介。

长期以来，由于中国的马克思主义者熟悉和接纳的主要是苏俄马克思主义，甚至把它当成马克思主义的唯一"正统"，从而对西方马克思主义采取完全排斥的态度。改革开放以来，这种情况发生了根本变化。为了适应人们了解国外思潮的需要，学界开始译介和研究西方马克思主义。20世纪80年代是西方马克思主义研究的第一次高潮，进入90年代以后，西方马克思主义研究再次掀起高潮。因为随着苏联解体、东欧剧变，苏俄马克思主义失去了其权威和"正统"地位，人们比以前更加迫切地渴望了解马克思主义的另一种形态，即西方马克思主义。近20年来，关于西方马克思主义的研究形成一种颇具声势的学术潮流。首先，研究视野拓宽了，除传统意义上的"西方马克思主义"外，进一步扩展到20世纪60年代以后形成的一些新思潮，如分析马克思主义、市场社会主义、生态学马克思主义、女权主义马克思主义、后现代马克思主义和后马克思主义等。其次，研究基调改变了，逐渐从以前对西方马克思主义的定性中摆脱出来，承认西方马克思主义也是马克思主义的一种形态。许多学者充分肯定西方马克思主义研究在当代中国的意义。事实上，自从西方马克思主义被引入中国学界以来，它就以各种方式深刻地影响了中国的马克思主义研究，并且为中国马克思主义的创新和现代转型提供了重要的思想资源。

通过学者们多年坚持不懈的努力，国外马克思主义的代表性著作大都已翻译成中文，先后出版了几套丛书，如徐崇温主编的"国外马克思主义和社会主义研究丛书"（重庆出版社）、郑一明和杨金海先后任主编的"马克思主义研究译丛"（中国人民大学出版社）、段忠桥主编的"当代英美马克思主义研究译丛"（高等教育出版社）、魏小萍主编的"马克思与当代世界"译丛（东方出版社）、刘森林主编的"马克思与西方传统"译丛（华东师范大学出版社）等。此外，张一兵主编的"当代学术棱镜译丛"（南京大学出版社）、周宪等主编的"现代性研究译丛"（商务印书馆）、刘东主编的"人文与社会译丛"（译林出版社），也都收入了一些西方马克思主义的著作。与此同时，我国学者也出版了大量关于西方马克思主义的研究著作，总数多达几十种。其中既有通论性质的著作或教材，又有专题、思潮研究以及人物和文本个案研究。即使不专门从事国外马克思主义研究的学者，现在也比较注意在自己的研究中参考和借鉴国外马克思主义的研究成果。这说明国外马克思主义已经在一定程度上内在于中国马克思主义研究的自我建构。事实上，国外马克思主义不仅为我国马克思主义研究提供了可资借鉴的思想资源，而且通过对国外马克思主义的研究，锻造和培育了一批学养深厚、素质较高的马克思主义理论工作者。

但一个不能回避的事实是，与国外马克思主义研究的热烈程度相比，中国学界对国外马克思学的译介和研究则相当冷清。这主要与人们对"马克思学"所持有的约定俗成的偏见有关。

对于西方马克思学研究的成果，中国马克思主义理论界早在20世纪六七十年代就通过苏联学者的一些著作有所了解。但是由于受当时意识形态因素的影响，人们对西方"马克思学"持完全排斥否定的态度。进入20世纪80年代以后，虽然学界开始对以吕贝尔为代表的西方马克思学进行系统的评介，但是一直持续到90年代的很长一段时间里，人们对西方马克思学的基本看法并未改变。其实，从国外马克思研究的总体格局来看，其大致可以分为两个方面：一是国外马克思学，以版本考证、文献梳理、人物思想关系研究为特征和内容；一是国外马克思主义，即带有明显现实关怀的研究。"冷战"结束以后，随着"回到马克思"成为国际马克思主义学界的大趋势并在中国产生回响，较之颇具意识形态色彩的西方马克思主义思潮，中国学者更能从西方马克思学研究成果中发现可资利用的学术资源。

2007年初，在众多前辈学者的支持下，北京大学、清华大学、中国人民大学、中央编译局、中国社会科学院等北京高校和科研机构的一批中青年学者，共同发起成立了"马克思学论坛"。在此期间，鲁克俭向杨学功和张秀琴谈了编译"国外马克思学译丛"的设想，随即得到他们的响应。三人开始协商编译原则，搜集和遴选书目，并在较短的时间内形成了丛书的方案，同时联系国外作者、版权以及国内译者和出版社。后征求论坛成员的意见，大家都积极献计献策。在此过程中，中山大学的刘森林、北京师范大学的吴向东、中国社会科学院的王歌给予了十分热情的襄助，他们或者帮助推荐书目，或者联系作者和版权方，或者承担相关译事。令人感动的是，不少国外作者向我们免费赠送了版权。所以，本译丛得以顺利出版，是全体编委协同努力的结果，也是出版者敬业工作的产物，还包含众多前辈学者以及国外作者的关切和帮助。这里虽然不能一一列出他们的尊名，但我们一定会记住他们为此所做的一切。

目前，学界对马克思学的评价还很不平衡。有的学者明确提出"创建中国马克思学"的口号和纲领，有的学者则仍然对马克思学抱着怀疑的态度。我们认为，这在学术研究中是十分自然和正常的。说实话，即使是在主编之间和编委内部，对问题的认识也存在分歧，但这并没有影响译丛成为我们共同的事业。原因很简单，我们可以不同意西方马克思学的具体观点或结论，但不能回避他们提出的问题。譬如西方马克思学中所谓"马恩差异（对立）论"，作为一种观点我们可以不同意，但是借用卡弗的话来说，马克思与恩格斯的学术思想关系，是一个"标准的研究课题"，谁也不能否认对这个课题的研究将有助于我们深化对马克思主义及其历史发展的理解。

应该承认，与国外马克思学成果相比，中国的马克思研究仍然有很大的距离。一方面，我们缺乏原创性的版本考证和文献学研究成果；另一方面，我们探讨的问题并没有真正超出西方马克思学一直以来的研究热点问题。苏联马克思学以考证研究见长，西方马克思学以文本解读研究见长。中国不像苏共马列主义研究院那样拥有马克思著作全部手稿的复制件，也没有实质性参与 MEGA2 的编辑工作，因此中国学者要在版本考证和文献学研究方面超过苏联马克思学，是相当困难的，但中国学者完全有可能超越西方马克思学。伴随着改革开放以来思想解放的深入，中国的马克思研究者现在已经有了相当宽松的学术环境，因此完全有可能像西方马克思学者那样生产出有分量的原创性学术成果。

为达此目的，首先有必要全面了解和译介国外马克思学研究的新成果，避免做低水平重复性研究，这是深化中国马克思学研究的一项基础性工作。但是，到目前为止，国外马克思学的代表性成果（包括西方马克思学开创者吕贝尔的著作）大都还没有翻译成中文。我们策划出版的这套"国外马克思学译丛"，就是希望把国外马克思学的代表性成果全面译介过来。2009 年，"国外马克思学译丛"首批出版 6 本：《吕贝尔马克思学文集（上）》、莱文的《不同的路径：马克思主义与恩格斯主义中的黑格尔》、费彻尔的《马克思与马克思主义：从经济学批判到世界观》、卡弗的《政治性写作：后现代视野中的马克思形象》、洛克莫尔的《历史唯物主义：哈贝马斯的重建》、古尔德的《马克思的社会本体论：马克思社会实在理论中的个性和共同体》。2011 年，"国外马克思学译丛"出版第二批 3 本：奥尔曼的《异化：马克思论资本主义社会中人的概念》、奈格里的《〈大纲〉：超越马克思的马克思》、克拉克的《经济危机理论：马克思的视角》。2013 年，

"国外马克思学译丛"出版第三批 4 本:拉雷恩的《马克思主义与意识形态:马克思主义意识形态论研究》、费彻尔的《马克思:思想传记》、列斐伏尔的《马克思的社会学》、布雷克曼的《废黜自我:马克思、青年黑格尔派与激进社会理论的起源》。此次,北京师范大学出版社从已出版的 13 本书中挑选了学术价值较高、社会反响较好的 7 本书(《吕贝尔马克思学文粹》、莱文的《马克思主义与恩格斯主义中的黑格尔》、费彻尔的《马克思与马克思主义》、古尔德的《马克思的社会本体论》、奥尔曼的《马克思的异化理论》、列斐伏尔的《马克思的社会学》、布雷克曼的《马克思、青年黑格尔派与激进社会理论的起源》)精装再版,并与近几年完成翻译的 3 本新书(阿尔布瑞顿的《政治经济学中的辩证法与解构》、阿瑟的《新辩证法与马克思的〈资本论〉》、洛克莫尔的《费希特、马克思与德国哲学传统》)一起出版,作为"国外马克思学译丛"第二辑。未来还会有新书作为第二辑陆续出版,以期为国内马克思文本研究提供基础性研究资料。

望海内外有识之士不吝批评匡正,帮助我们把这套丛书出好。

鲁克俭　杨学功<br>
2017 年 9 月 19 日

# 致 谢

在本书写作过程中，我欠下了许多债，在此一一致谢。这本书的写作，源起于1989—1993年我在加利福尼亚大学伯克利分校所作的博士论文。没有梅隆人文奖学金的支持，我就无法开始我在伯克利的学业；没有加拿大社会科学和人文科学研究会在1989—1990年对我研究的慷慨资助，我也无法完成我在伯克利的学业。在伯克利学习的过程中，我得到了博士生导师马丁·杰伊和马丁·玛利亚的许多帮助，希望他们敏锐的洞察力和广博的知识在这本书中得到一些体现。我还要感谢保罗·托马斯和约瑟·克里索斯托莫·索萨，他们承担了伯克利小酒馆里黑格尔左派研讨会三分之二的工作。加拿大社会科学和人文科学研究会博士后基金的资助，使我能够于1994年来到柏林，在一个更广阔的视域内拓展我的研究。我要感谢劳伦斯·迪基、约翰·托维斯、赫尔曼·克里勒、沃尔特·杰斯奇克，以及我在宾夕法尼亚大学的几位新同事，包括杰弗·费尔、林·亨特、马格里特·雅格布、阿兰·科尔斯、布鲁斯·库克里克等，他们都不吝赐教，给我很大帮助；我也要感谢特里·平卡德，他在匿名评审我提交给剑桥大学出版社的手稿时提出了非常有建设性的意见，匿名评审之后他才向我表明身份。当然，我还要感谢许多指出我研究中的错误的人们，他们为纠正我的错误贡献了自己的专业知识。

  这项研究已经陪着我走过了伯克利、多伦多、柏林、温尼伯、费城和巴黎，在这些路途上，很多朋友都用他们的智慧、友谊和幽默使我的工作变得有趣。特别要感谢拉尔斯·塔戈达、埃里奥特·尼曼、希思·皮尔森、唐·福基、苏珊·亨特、迈克尔·麦克林、温斯·卢瑟福、马格里特·马克、大卫·萨普尔德、斯尔克·施韦特费格·奥托、邓肯·费舍尔、卢克里特雅·格里德勒、大卫·阿莫斯·柯蒂斯、兰德·肯夫曼以及保罗·罗森伯格。我最深的亏欠还是来自于我的家庭，特别是我的父母——克里斯和鲁思。为了感谢他们不断的鼓励、对于承诺所作的榜样以及他们的爱，谨将此书献给他们。

# 目 录

导　言　　　　　　1

　　一、政治和宗教中的自我　　　5

　　二、关于人格的争论　　　10

　　三、语境和意义　　　18

第1章　唯心主义的终结：从虚无主义到实证哲学　　　24

　　一、泛神论的争论　　　27

　　二、唯心主义中的宗教和自我的知识　　　33

　　三、黑格尔思辨神学的回归　　　38

　　四、虔诚派与正统派对黑格尔的攻击　　　48

　　五、思辨的有神论者　　　57

　　六、谢林的实证哲学　　　63

第2章　至上的君主与复辟的政治神学　　　74

　　一、世俗化和政治话语　　　75

　　二、个人主义和复辟政治学　　　78

　　三、黑格尔基督教观念的世俗化　　　84

四、19世纪30年代反黑格尔主义的政治学：弗里德里希·斯塔尔与实证的国家哲学　94

# 第3章　费尔巴哈和基督教市民社会　105

一、费尔巴哈早期的黑格尔主义　106

二、不朽与个人上帝　115

三、费尔巴哈对弗里德里希·斯塔尔的批判　128

四、人格之宗教—哲学论辩的终结　140

# 第4章　人格的社会和政治话语：1835—1840　154

一、施特劳斯争论与黑格尔右派的缺陷　156

二、黑格尔左派的谴责与激进化　164

三、19世纪30年代的德国人和社会问题　174

四、空想社会主义的新基督教　177

五、德国的空想社会主义　185

六、爱德华·甘斯与圣西门的黑格尔化　194

# 第5章　泛神论、社会问题以及第三时代　208

一、泛神论与社会预言　209

二、契希考夫斯基：知觉论与唯心论　216

三、海涅的世俗上帝的民主　220

四、赫斯—斯宾诺莎式的共产主义　225

五、费尔巴哈是空想社会主义者吗　230

六、新教及其病态的世俗化　234

七、基督教市民社会的克服　240

八、费尔巴哈的政治学　251

## 第6章　卢格：激进的民主和人格的政治(1838—1843)　260

一、美学与共和主义　262

二、普鲁士的忠诚和批判精神　266

三、卢格对人格主义的批判：从浪漫主义到黑格尔　270

四、私有和公有、基督徒和人道主义者　277

五、卢格的人文主义共和　288

## 第7章　卡尔·马克思：从社会共和主义到共产主义　302

一、马克思的博士论文：原子论和神学智慧　303

二、从原子论到普鲁士的个人主义：马克思的哲学新闻事业　318

三、走向费尔巴哈和社会主义　327

四、马克思反对黑格尔　333

五、从神学转向自由主义又回到神学　342

## 结　语　350

## 参考文献　363

## 译后记　389

# 导　言

现在可以说，创构一个把自身设定为存在，并意识到自身存在的观念的王国，成为一个需要面对的问题。这个王国的创构者自然不是鲜活的生命个体，而只是世界精神。进而，如何颠覆自基督教形成以来就一直主导着世界，并把自身预设为唯一存在的精神的自我，也成为一个需要解决的问题。（费尔巴哈致信黑格尔，1828）

当东欧共产主义在多米诺骨牌理论的反向形式中纷纷倒台的时候，一股在20世纪七八十年代曾被西方政治理论家忽视的政治思潮，一下子又走上前台，成为关注的焦点。这就是，那些中、东欧的持不同政见者将具有描述性和规范性的"市民社会"概念引出理论的地平线，关于"市民社会"的讨论由此再度复兴起来。作为植根于资产阶级政治自我宣言（对立于封建独断主义）成熟时期的理念，市民社会在20世纪几乎处在一种被废黜的境地当中。被瓦克拉夫·哈维尔、亚当·米切尼克等持不同政见者作为抵制苏联威权政治的武器激活之后，市民社会讨论的旨趣就一直定位于用社会对抗国家、用社团对抗强权、用多样性对抗同一性、用文明对抗粗暴、用说教对抗压制。在东欧范例的强烈影响下，一股"回归市民社会"的浪潮同样在西方政治理论家中涌现。不过,这股浪潮的涌起,同时也系于西方政治理论家的这样一种欲求,即如何使西方自由民主的市民生活走出官僚化和国家主义的困境,进而赢获新的生存空间。① 虽然20世纪90年代中、东欧民主化和自由化的挫伤已无可争议地揭示出市民社会概念中的歧义与困难,但这一社会政治理念在西方政治领域还是展现出非同寻常的魅力。

在市民社会作为一个规范概念以及作为一种论辩的武器得以复兴的过程中,那些东欧的持不同政见者和西方的政治理论家,都不约而同地求助于从洛克到潘恩、从孟德斯鸠到托克维尔、从康德到黑格尔的理论传统。在横跨不同理论传统的宽广视域中,"市民社会复兴"自然会(并且也已经)根据讨论者的定位获致其不尽相同的意涵。新自由主义者仅仅将市民社会与自由市场经济勾连在一起,社群主义者将市民社会视为社会共同体之构建与扩大的领域加以对待,社会民主主义者则将市民社会看作是民主进程的据点,包括政治国家、经济、工厂、正式或者非正式的社会组织。

在这样一种异常混杂的市民社会话语中,一个重要的共识却在于:马克思对市民社会概念的全面拒斥并不足以构成在复杂社会中扩展民主生活之规则的起点。这是一个新的理论共识,但取得这个共识并不意味着提出了深刻的见解。那些同情社会主义理念、保留

---

① 关于这一问题最为通透的讨论,参见 Andrew Arato and Jean L. Cohen, *Civil Society and Political Theory* (Cambridge, Mass., 1992);也可参见 John Keane, *Democracy and Civil Society* (London, 1988), John Keane, ed., *Civil Society and the State: New European Perspectives* (London, 1988),见 *Eastern Europe...Central Europe...Europe* 的论文,*Daedalus* (Winter 1990)的专题讨论。在20世纪80年代英美学术界关于马克思主义的重新评价中,黑格尔市民社会和国家的范畴也被当作重要的理论资源加以取用。例如, Jean L. Cohen, *Class and Civil Society: The Limits of Marxian Critical Theory* (Amherst, 1982); Z. A. Pelczynski, ed., *The State and Civil Society: Studies in Hegel's Political Philosophy* (Cambridge, 1984); Richard Dien Winfield, *The Just Economy* (New York, 1988)。关于市民社会论题之美国研究的经典范例,参见 Michael Walzer, "The Idea of Civil Society: A Path to Social Reconstruction." *Dissent* (Spring 1991), pp. 293-304。

马克思主义之资本批判的思想要素，或者像德里达这样最低限度地"从马克思主义的精神中获取灵感"①的人，甚至现在都公开地承认马克思市民社会批判的上述缺陷。一个至关重要的问题就在于，马克思对市民社会的批判，不仅指向了资本主义的经济制度，而且指向了市民社会中属于"市民"的那一维度，即对自愿团体、个人自治和公众舆论等领域的观念与法律认可，以及对个体权利的保护。吉恩·柯亨与安德鲁·阿拉托将当前关于市民社会的争论界定为"后马克思主义"，他们的理由很充分，因为这一争论系于一种思想成熟的怀疑论，而这一怀疑论的矛头直指马克思对国家与社会之现代形式的总体批判。② 然而，如果当前的争论就是要理所当然地超越马克思主义，那么，它的主要目标之一就在于从马克思的身后来找寻灵感与理论的引导。

这种前马克思主义理论中的后马克思主义旨趣，大大强化了青年马克思曾自豪地宣称已经超越了的思想家即黑格尔在研究中的指数与相关性。当代的讨论围绕马克思关于黑格尔政治哲学范畴的激烈批判引发的获益与损失，提出了新的问题。这使得黑格尔对现代个体自我之历史性出场的陈述以及对现代市民社会之动力的分析，焕发出新的理论感召力，这不仅包括经济上的互动，也包括出现了竭尽全力捍卫社会福利与个人自由等社会目标的正式和非正式的组织。为了将市民社会既描述为资产阶级市场关系的领域，又描述为制度化的个人和公共权利之"市民的"领域，黑格尔对德语词汇 *bürgerliche Gesellschaft* 进行了双重意义的开发，马克思却将市民社会的意义收缩为"资产阶级社会"，即资本主义经济的领域。马克思当然没有由此而宣称要放弃为个体自由或个体成就而进行的斗争，

---

① Jacques Derrida, *Specters of Marx: The State of the Debt, The Work of Mourning & the New International*, trans. Peggy Kamuf, New York, 1994, p. 88.

② Arato and Jean L. Cohen, *Civil Society and Political Theory*, p. 70.

但他基本上还是重新界定了斗争的术语。由此，在马克思政治哲学和经济学的重新概念化中，个人主义变成了"资产阶级的个人主义"，而市民社会的"市民的"维度，特别是西方自由主义承诺的市民的个人权利，变成了一种意识形态的附属或者经济关系的伪装。当前关于市民社会的讨论，让我们认识到黑格尔和他的激进后继者之间的冲突在什么节点上是利害攸关的，进而也促使我们重新审视和重新思考关于市民社会的早期争论，以及19世纪40年代那个对日后思想史的发展具有决定影响的时刻，在那个时刻黑格尔的政治哲学被马克思的批判彻底取代。

马克思对黑格尔政治哲学的批判性改造已成为许多研究的论题，然而，在马克思脱离黑格尔和他对个人主义的深层矛盾上，所有聚焦于马克思思想发展这一关键维度的研究，并没有提供令人满意的解释。只要研究者们相对孤立地来处理马克思对黑格尔《法哲学原理》的批判性考量，他们对马克思脱离黑格尔的理解都不可能充分。当然，许多研究将马克思与青年黑格尔派对黑格尔理论与思辨哲学之灵感的否定连接在一起。然而，就学者们对青年黑格尔派（像大卫·施特劳斯、路德维希·费尔巴哈）理论与哲学研究与马克思政治思考之间或多或少的差异的假设而言，在马克思与早期德国社会主义理论问题上，大部分的文献都没有将黑格尔政治哲学在19世纪三四十年代更大范围内的研究与转换揭示出来。当前学术研究的一个核心的观点在于：对激进的黑格尔派之于黑格尔政治哲学的纠结进行考察，不仅会清楚地呈示马克思与黑格尔的理论断裂，而且也会清楚地呈示作为一个思想整体的青年黑格尔主义的政治向度，以及这一向度与德国"三月革命"前政治流派的关系。

在马克思对个人主义的批判上，我们的理解同样也受到了一种研究定向的阻碍，即对马克思思想中这一极为重要的方面进行处理，是在隔离其被阐明的语境的情况下进行的。我的另外一个观点是，历史学家和与之相近的理论家对于下述假设的提出缺乏深思熟虑：马克思态度（指批判个人主义——译者注）的充分根由，在于他对资本主义私有财产制度以及支持古典政治经济学和自由资本主义社会的学说（其核心是麦克弗森曾经称指的"占有的个人主义"）的排斥。显然，在理解马克思关于社会个人以及市民权利之本质的观点时之所以产生困难，是因为如果我们不能认识马克思思想在何种程度上受到当时德国关于市民社会和政治问题的辩论的影响，那么，是不能清楚地解释马克思观点提出的根由以及提出的过程的。对那些关于市民社会之状况的辩论进行考证，将会把马克思早期理论旅程连同他的批判目标，一起还原到它们真实的思想语境中，这不是指前述关于现代自由主义的全球话语所连带出的那个语境。

## 一、政治和宗教中的自我

在考察19世纪三四十年代早期辩论的时候，历史学家立即遭遇了一个具有挑战性的复杂境况，即19世纪早期关于市民社会的讨论，根本不能与那个时期神学和哲学的讨论分离开来。或者更直接地说，集合在市民社会问题上的那些事物——社会和国家、个体和群体、经济和政治、私人主体和公众市民、利己主义和利他主义等的关系——与宗教问题是紧密关联在一起的。这一点之所以成立，不仅仅是因为黑格尔自己明确地将他对市民社会的描述连接到他对基督徒，或者更具体地说，对新教徒人格之发展的说明上；也不仅仅是因为19世纪早期德国新教徒和天主教政治组织强调教会和国家之间保持一种紧密的关系。这一点之所以成立，是因为市民社会问题，正如在今天所呈现出来的那样，在根本上是与国家权力之本质问题直接相关的；这一问题（指国家权力之本质——译者注）又在"王权""市民"和"主体"等形式多样的角色中依次发展为关于自我之本质这一个更为基本的问题。在19世纪早期基督教德国的语境中，这个最基本的政治问题是在当时神学和哲学的争论中提出来的。

对19世纪三四十年代早期市民社会话语中神学、哲学和政治学交叠共在之领域进行恰如其分的认识和把握,可使我们能够更好地理解马克思对个人主义和自由主义的批判,也有望更加鲜明地突出青年黑格尔主义在政治问题上的理论特征。将青年黑格尔主义与跟政治无关的神学和形而上学批判结合在一起,部分地来看是马克思使然。例如,马克思对青年黑格尔派最重要的哲学家费尔巴哈的评论,就是这种情况。即使在称赞费尔巴哈的立场之上,马克思也抱怨他"过多地强调自然而过少地强调政治"①。或许激进的费尔巴哈是处在他特定的领域里进行知识的求证,然而在马克思看来,他的政治意志已在对作为人本主义之纽带的"爱"的诉求中耗尽。在整个19世纪40年代,马克思反复地批评费尔巴哈对政治的漠视以及对宗教和神学研究的钟爱,恩格斯在1886年《路德维希·费尔巴哈和德国古典哲学的终结》中则抱怨他只是一个圣徒。② 通过双重术语——"自然"或者"政治","神学"或者"政治学"——来对费尔巴哈进行评判时,马克思隐晦地指出这些话语是二分的。他确切地知道这些话语交叠在一起的重要意义,正如他对"宗教的批判是一切批判的前提"所进行的著名评论所表明的那样。然而,有一个问题太容易被遗忘,即马克思在19世纪40年代将批判的视野从形而上学和神学决然转换到社会、政治学和经济学,以及将自己与黑格尔主义前辈们区分开来,实际上是要以直接相反的话语来发言。这样一来,真正与反神学黑格尔主义者们分道扬镳从而进行自己的社会经济学的批判之后,马克思宣称宗教的批判"已经结束"③,视线由此转向政治和社会。

---

① 《马克思恩格斯全集》第27卷,442页,北京,人民出版社,1972。
② 参见《马克思恩格斯文集》第4卷,287~288页,北京,人民出版社,2009。
③ 《马克思恩格斯文集》第1卷,3页,北京,人民出版社,2009。

马克思和恩格斯的后继者以及他们的学生，普遍地接受了他们早年思想形成时的理论表达，于是，指认马克思在他早年的主要著作中将费尔巴哈的方法论和观点从"神学"转化为"政治学"，已成为学术文献的一个标准。更为一般地说，认为从宗教和哲学的批判到政治学的批判这一变换发生在19世纪40年代早期激进的黑格尔主义当中，这也已经成为一个共识。这一叙事有一个很长的传统，不仅可以追溯到马克思和恩格斯，而且还可以追溯到19世纪有影响力的哲学史家厄尔德曼。[①] 厄尔德曼将黑格尔主义的崩解视为黑格尔借以整合各种各样的学科之过程的一个倒转：由于黑格尔是从逻辑学和形而上学进入宗教哲学，再进入国家哲学，所以他的批判的门徒们从逻辑学和宗教哲学的批判进入黑格尔学科综合的其他枝权的批判。厄尔德曼的解释产生了很大的影响，人们在此影响下去找寻黑格尔或者他的后继者思想发展的三个阶段，但这是徒劳的。在得出这个过于简单的理论叙事的过程中，厄尔德曼是将他自己关于逻辑学和本体论的基本假设强加于黑格尔和他的批判者，而不是去开放地讨论黑格尔主义的解体和激进化的复杂性。

当然，关于黑格尔学派的历史描述，在厄尔德曼之后的几十年中变得更加复杂和微妙，同时也保持了对早期黑格尔主义之政治向度的敏感。约翰·托韦斯的重要著作对19世纪二三十年代政治黑格尔派进行了细致入微的研究，这一方面的问题在沃尔夫冈·埃贝奇最近的研究中被延展开来。[②] 尽管我们对黑格尔派政治作品已经进行了如此这般具有积极意义的关注，然而还是需要更多的研究来论

---

[①] J. E. Erdmann, *Die deutsche Philosophie seit Hegels Tode* (Stuttgart-Bad Cannstatt, 1964; originally published 1866).

[②] John Toews, *Hegelianism: The Path Toward Dialectical Humanism, 1805-1841* (Cambridge, 1980), and Wolfgang Eβbach, *Die Junghegelianer. Soziologie einer Intellektuellengruppe*(München, 1988).

证黑格尔派争论之不同方面的交叠与渗透；尽管托韦斯、埃贝奇、沃尔特·杰斯奇克以及玛丽利·C. 玛瑟等人进行的那些令人欣喜的研究并不具有普泛的意义，但这样一个趋势却始终是存在的，即根据从19世纪30年代激进黑格尔派之宗教研究到40年代左派黑格尔主义之政治和社会研究这个连续过程来审视黑格尔主义的历史。① 虽然学者们在一个问题上是有分歧的，即青年黑格尔派在何时从"神学"转向了"政治学"，或者从关注黑格尔的《精神现象学》和《宗教哲学讲演录》转向了关注《法哲学原理》，但在有关黑格尔主义运动的大部分学术研究中，如何界定这样一个"时刻"却已成为一个值得关注的问题。② 罗莫·阿维尼利针对费尔巴哈的学生所提出的那个问题，甚至也假设了从一种话语到另一种话语的跨进："费尔巴哈从宗教批判过渡到政治和现存国家的批判是一个内在的结果吗？"③ 常用以区分19世纪三四十年代激进黑格尔主义的术语，进一步强化了这一思想跨进的假设。因此，大卫·施特劳斯、费尔巴哈等黑格尔派成员的宗教批判，被习以为常地指认为"青年黑格尔主义"，而19世纪40年代赫斯、卢格或者青年马克思等人激进的社会和政治批判，被称作"左派黑格尔主义"，这样一来，19世纪30年代的激进主义似乎与

---

① 在这一研究路径中，杰斯奇克(Jaeshke)和玛瑟(Massey)的著述尤为重要。Jaeshke, "Urmenschheit und Christologie. Eine politische Christologie der Hegelschen rechten", *Hegel-Studien*, 14(1979), pp. 73-107; Chapin Massey, *Christ Unmasked. The Meaning of the "Life of Jesus" in German Politics*(Chapel Hill, 1983).

② 参见 Karl Löwith, *From Hegel to Nietzsche. The Revolution in Nineteenth-Century Thought*, trans. David E. Green(New York, 1964), p. 333。更新的研究，参见 Harold Mah, *The End of Philosophy, The Origin of "Ideology." Karl Marx and the Crisis of the Young Hegelians*(Berkeley, 1987)。其他的研究，参见 André Liebich, *Between Ideology and Utopia. The Politics and Philosophy of August Cieszkowski*(Boston, 1979), p. 20; William Brazill, *The Young Hegelians*(New Haven, 1970), p. 8。

③ Avineri in "Diskussion zu Feuerbach und die Theologie", *Atheismus in der Diskussion. Kontroversen um Ludwig Feuerbach*, ed. Hermann Lübbe and Hans-Martin Sass(Grünewald, 1975), p. 67.

政治批判是绝缘的。这是不可思议的，因为施特劳斯本人就曾在 1837 年用"左派黑格尔主义"这一术语来描述他自己。虽然他在当时选择这一术语也是为了指认黑格尔学派内部神学的思想维度，但这也将他自己隐喻般地置于欧洲后革命的政治语境中。[①]

与这一学术观点截然相反，费尔巴哈在 1843 年曾做出过这样一个论断："宗教是德国唯一实际、有效的政治手段，至少现在就如此。"[②]我们如何评论这一断言？费尔巴哈无疑预见的是这样一种将来，在那时政治的讨论就是如此（利用宗教去为政治法规提供合法性说明）。这是否意味着神学讨论在 1843 年仅仅是一种间接赢取政治成绩的方式呢？1843 年之前，费尔巴哈或许愿意在宗教批判和它间接的政治结果之间进行区分。但随着整个 19 世纪 30 年代和早期 40 年代政治形势的急剧尖锐化，他开始强调哲学研究的实际意义。费尔巴哈不是唯一在 30 年代做出这一论断的人。实际上，对于敢于挑战宗教和政治现状的那些黑格尔派成员来说，这是一个共有的论断。我们应当如何理解这一论断的实际意义？

回答这一问题的困难就在于，学者们总是持续不断地去假设左派黑格尔主义内部从宗教－哲学到政治论辩的那种或多或少的转变。学者们将 19 世纪 40 年代这样一个自觉政治化的时期的范畴投放到 30 年代，结果他们发现这些范畴对于 30 年代来说根本就是缺席的。从这一视点出发，黑格尔激进主义在 30 年代的政治意义很容易被忽视，或者不能得到完整的理解。我认为，宗教、政治以及社会等方面的问题在 19 世纪 30 年代构成了一个统一体或者一个论题的集合，即便在不同的时刻这个或者那个问题要比其他问题更为重要。当这

---

[①] 关于对施特劳斯之政治话语的当代回应，参见 Eβbach, *Die Junghegelianer*, pp. 138-140.

[②] 《费尔巴哈至卢格的信（1843 年 3 月 10 日）》，见 *Feuerbach. Briefwechsel*, vol. 2 (1840-1844), ed. Werner Schuffenhauer and E. Voigt (Berlin, 1988).

个统一体开始分解为我们容易指认的那些部分，如政治学、社会学、宗教学以及哲学等相对自主的话语的时候，将40年代的认知范畴强加于30年代是没有多大创获的。我是希望通过讨论19世纪30年代批判的黑格尔主义思想中的宗教、社会和政治问题的统一来阐明黑格尔激进主义的发展，而不是假定以宗教为轴心的30年代与以政治为轴心的40年代之间有一个断裂。实际上，对于像费尔巴哈这样的早期左翼黑格尔派成员来说，不同方面问题的统一本身，就是一个重要的政治问题。对于历史学家来说，这一统一体分解为彼此离散的话语，也注定会成为一个需要考量的问题。由此而论，19世纪30年代正在形成中的黑格尔主义左派的问题，是以强烈的政治形式出场的，虽然这一形式由于与那个时代的问题保持一致而使宗教与政治交叠在一起。

对于研究19世纪早期德国基督教文化的知识分子来说，要着重论述上文指出的内容就应当认识到：政治和宗教的那些根本性的问题，是与有关"自我"之本质的那些基本问题紧密联系在一起的。像费尔巴哈、甘斯等重要的黑格尔派成员，或者像海涅、契希考夫斯基、赫斯等黑格尔主义的追随者，都集中关注自我的问题，并且也不仅仅完全局限于宗教和哲学的维度。他们不仅质询那些使人的本质能够得到完全释放的社会和政治条件，而且也探讨当代社会和政治中"自我"的基本状况。在这一过程中，假如有关王权、国家以及市民社会那些范围更广的讨论将自我（如作为君王、市民和主体的自我）作为中心问题，他们的思想就和这样的讨论交错在一起。

## 二、关于人格的争论

对于19世纪三四十年代德国的知识分子来说，围绕自我的这些问题是在针对人格之本质的广泛辩论中形成的,即便这样的辩论在当时是神秘的,并且在19世纪早期德国的思想史上也显得主题相对模糊。对于当时的神学家和哲学家而言,忽略关于人格的问题一定是令人惊奇的,因为这与这一问题的重要性直接发生矛盾。在本书中,我力图重新论证关于人格之原初辩论的效应,进而论证它对于19世纪激进的政治和社会理论之发展的重要意义。我的研究建立在这样的认识基础之上,即将人格的主题从学术研究的外缘移植到中心,可以阐明从费尔巴哈到马克思的黑格尔派成员的政治和社会理论,进而可以推进我们关于这一问题的理解,即在德国1830年到1848年这一段极其重要的历史时间内,哲学和政治话语是如何在理论上发生冲突,又如何转型的。

因为关于人格的争论已然成为19世纪30年代宗教、社会和政治研究最为重要的交叉点,所以这也为我们严肃的学术讨论提供了合法性的依据。正如温和的黑格尔主义者卡尔·路德维希·米希勒在1841年论述的那样,"关于上帝之人格的讨论已经主导了最近十年哲学史的发展"①。对于政治理论家而言,关于人格的研究也构成中心问题。在19世纪30年代因为恣意攻击黑格尔而声名狼藉的卡尔·舒伯特,认为人格问题与普鲁士国家的最高原则同等重要,普鲁士国王对此观点也乐于认同。② 1841年之前,其他温和的黑格尔主义者曾经宣称,人格对于普鲁士政治来说是一个生死攸关的问

---

① Michelet,*Vorlesungen über die Persönlichkeit Gottes und Unsterblichkeit der Seele* (Berlin,1841),p. 7.

② Schubarth,"Über die Unvereinbarkeit der Hegelschen Staatslehre mit dem obersten Lebens und Entwicklungsprinzip des Preußischen Staats"(1839),*Materialien zu Hegels Rechtsphilosophie*,vol. i,ed. Manfred Riedel(Frankfurt,1975),pp. 249-266.

题。① 无论是在黑格尔主义者还是在非黑格尔主义者那里，宗教层面上的人格理念实际上也具有不可忽视的政治和社会意义。

在革命混乱数十年之后重建政治、社会和宗教秩序的社会语境中，保守主义者不约而同地从神学转向了政治神学，并在上帝的个人理念中发现了君主对于国家的个人统治权。而且，人格的观念成为市民社会讨论的重要基础，这是因为人格正是现代社会财产概念的中心问题。德国的政治神学在政治重建时期代表了一种特殊的、强有力的"三位一体"的结合，这就是吉恩·贝斯克·埃尔斯坦在近来的研究中描述的"至尊的上帝、至尊的国家、至尊的自我"②的结合。黑格尔主义学派在19世纪20年代无论怎样结为一体，在30年代还是走向了崩解。保守的黑格尔主义者重申上帝、君主和财产主之间的关联，而激进的黑格尔主义者却逐渐走向了对基督教人格理念的消解带来的整体性结果的倚重。如此，青年黑格尔派对基督教个人主义的排拒，为我们提供了理解他们反对宗教、君主制以及资产阶级市民社会的锁钥。

下面的章节将会更多地谈论到人格问题在19世纪三四十年代大辩论语境中的意义。然而，人格在当下研究中已成为一个众所周知的术语，这种状况反倒极有可能造成对这一术语的误解，所以需要做一些澄清。首先必须指出的是，即便是对那些在人格概念上有深刻理解的人而言，这一概念在某种程度上也有含糊不清的地方。然而，这并不说明对这一概念的使用是没有意义的，相反对于我们的研究来说这提升了对其加以使用的价值。毕竟，我们的研究旨趣不在于确立一个有效的、可任意使用的人格的概念，而毋宁说在于考

---

① [F. W. Carové], "*Hegel, Schubarth und die Idee der Persönlichkeit in ihrem Verhältniss zur preußischen Monarchie*, von Dr. Immanuel Ogienski", *Hallische Jahrbücher*, nos. 68-73(März, 1841), p. 269.

② Jean Bethke Elshtain, "Sovereign God, Sovereign State, Sovereign Self", *Notre Dame Law Review*, vol. 66, no. 5(1991), pp. 1355-1384.

察这一概念的新奇之处，以及它对于一个特定的历史时刻的影响。洛夫乔伊所说的不明之物的"形而上学悲情"提醒我们，概念的清晰对于考证特定观念的历史影响常常起到相反的作用。① 这实际上与我们的讨论直接相关，因为人格的概念在19世纪30年代具体的政治、社会和宗教语境中承载着多重的内涵，由此使之具有充分的思想解释力。具体地说，因为人格主义是作为自我观念的群集而出场的，所以也就形成了这样一个结果，即想要更加清晰地界定这一术语（指人格——译者注）是不可能的。

在19世纪早期德国的语境中，人格概念并不包含我们所熟知的心理学层面的内容，不是指人的心理结构或者人的气质与性格。把握基督教在什么意义上讲人格的最好方式，或许就是区分两个与人格相关的概念，即"人"与"主体"。这种区分应当是非常细微的。不过19世纪早期德国的哲学家和神学家并没有把这个问题讲清楚，这与两个世纪以来在哲学上将"主体"和"人"当作同义词来对待是有关的。对这两个术语的界定早在17世纪就已经开始了，在当时"人"被当作一个认识论的范畴界定为"自我意识的在场"。这像查尔斯·泰勒说的那样，"自我意识有权去为事物立法"②。这当然也是康德的主体概念所讲的基本问题，不过，康德因为将他的认识论观点与"个人自主"这个现代概念连接起来，所以他在这个问题上走得更远。而且，在界定知识的主体条件以及个人自主的伦理条件时，康德也将人的概念系于"人类"这个更为一般的范畴。在康德严格的哲学用语中，"主体"指的是感知意识的统一体，这个统一体将自己确认为知识的有效代理。纵使康德自己认为主体

---

① A. O. Lovejoy, *The Great Chain of Being* (Cambridge, 1936), p. 11.

② Charles Taylor, *Human Agency and Language* (Cambridge, 1985), p. 98. 有关"主体"史上自我意识的构造性角色的历史论述，也可参见 Martin Heidegger, "The Age of the World Picture", *The Question Concerning Technology and Other Essays*, trans. William Lovitt, New York, 1977, esp. p. 133。

就是指一个有意识的、自主的个人，但事实上主体概念并没有涉及作为主体的特定身份的内容，这一状况被指认出来之后，"主体"和"人"这两个概念之间的张力就开始彰显了。也就是说，在康德讲的主体性这个重要概念中，人们并没有发现主体到底是指谁或者指什么。于是就出现了这样一个情况，即后康德主义哲学家将康德关于主体的认识论观点从有意识的作为类的"人"延伸到"上帝"或者"绝对精神"。李希腾贝格这位当代的康德主义者甚至认为，只要主体指的是观念，知识就不需要一个个人的主体。李希腾贝格建议将"我思考"这一表述改为"观念正在思考"①。从更近的学术讨论来看，主体概念的"去人化"在罗兰·巴尔泰斯的下述断言中呈现出激进的表现形式："语言认识的是一个'主体'，而不是一个'人'，除了规定主体的言语行为之外，主体什么都不是。"②

与"主体"大致相仿，"人"总是与自主、自我立法以及自我认同等联系在一起。学者们实际上已经对"人"做了一个词源学的考证，认为"人"最早来自于拉丁语 per se una，意思是"通过自己来说明自己"。一个人也就是一个主体。不过，"人格"总是与一个个体的全部生命联系在一起，这不仅要通过人类共有的一般本质来说明，也要通过特定个体的可能性特点来说明。所以，"人"也就是一个意识、理性和意志的载体，这些都是不可以忽视的。正如艾米尔·涂尔干所写："成为一个人，就等于成为一个自主的行为的源体。对于一个作为类的人来说，只要他不仅仅是他的种族和集体的简单的类特性的体现，只要存在属于他自己并且让他成为他自己的东西，那么他

---

① 转引自 Adolf Trendelenburg, "A Contribution to the History of the Word Person", *Monist* (1910), p. 387。

② 转引自 Jerrold Seigel, "The Human Subject as a Language-Effect", *History of European Ideas*, vol. 18, no. 4 (1994), p. 481。

导言

就可以获得成为一个人的特质。"①如果我们考虑到费尔巴哈的那个论断,即因为具体的人格不能通过哲学的方式来抽象化和概括,所以人格的原则与哲学是水火不容的②,就需要更进一步强调人格与特殊性之间的联系。

对以经验为基础的特殊性的强调,来源于古典的和基督教的人格概念。从词源上说,"person"最早就是来自于希腊文"prosopon",意思是在演出戏剧时戴的面具。这一戏剧的意义在古罗马用语中得到了延续,persona首先指的就是人的关系之中由一个人物扮演的特殊角色。因此,"人法"在古罗马起初描述的就是在罗马社会中具有不同身份、担当不同角色的人的不同权利和义务。人法后来逐渐地失去了原初的意义,并演化成对公民的权利和义务的一般性描述。不过,它在对待公民与奴隶、男人与女人时,依然是有差异的。主要是在基督教的影响下,persona开始与人的个体本身联系在一起。"旧约"讲的上帝按照自己的想象和特征创造人的观念,基督教关于前世说的教义,上帝赐予每个个体的圣爱,以及耶稣复活等一起告知,每一个人的价值都是无限的。重要的是,个人无限价值的信念是通过人与神圣的上帝个性之相似关系确立起来的,而且从来都是依靠自己而不是外部的事物来获得完整的说明。因此,与"主体"概念不同,基督教中的"人"的概念如果脱离了与"三位一体"学说表达的神人的关系,那么它就是不完整的。③

尽管康德将"自我""人"以及"主体"看作在实质上同源的概念,他关于主体的理论在19世纪早期德国的传播,还是与强调以经验为

---

① Durkheim, *On Morality and Society. Selected Writings*, ed. Robert Bellah(Chicago, 1973), pp. 140-141. 也可参见 Wolfhart Pannenberg, "Person und Subjekt", in *Identität*, ed. Odo Marquard and Karlheinz Stierle(München, 1979), pp. 407-422。

② Feuerbach, "Zur Kritik der positiven Philosophie"(1838), *Ludwig Feuerbach. Gesammelte Werke*, vol. 8, ed. Werner Schuffenhauer(Berlin, 1973), p. 189.

③ 参见 Dieter Henrich, "Die Trinit. t Gottes und der Begriff der Person", *Identiät*, pp. 612-620。

基础的个体的特殊性的旧观念发生了冲撞。我们将会在第 1 章中讨论从启蒙普遍主义到自我之特殊理念的复兴的过程。虽然这一过程的脉络不甚明了，但它可以在威廉·洪堡阐明的新人文主义的道德修养理念、浪漫主义对个性观的坚持以及对基督教个体观的积极重申中得到把捉。格奥尔格·西美尔在区分 18 世纪和 19 世纪的个人主义理念时，就以他惯有的方式指认了这一过程所呈现的转换。西美尔认为，18 世纪强调的是每个人的一般性能力的实现，而 19 世纪强调的则是每个人特有的、不可替代的能力的实现；18 世纪强调的是个人主义与自由竞争原则的结合，而 19 世纪强调的则是它与不同资质的个体之劳动分工的结合；18 世纪强调的是平等的个人主义，而 19 世纪强调的则是非平等的个人主义。① 阿多诺在追踪"人格"概念从康德的抽象原则到经验感官的个性的确证时，也进行了类似于此的理解。②

在此，有必要区分两种"人格主义"。一种是 19 世纪早期德国基督教讲的人格主义；另一种是与法国天主教思想家伊曼纽尔·穆尼尔和他在 1932 年创办的刊物（1950 去世之前他一直任主编）*Esprit* 联系在一起的人格主义。穆尼尔虽然引用基督教的信条去描述他的人格观念，但他实际上依赖的是存在主义的见解，认为人类本来没有与生俱来的本质，而只是通过自己的选择与行为来界定自身。与前一个世纪的人格主义者一样，穆尼尔从未提出过一个明确的人格主义的概念，但他的观点作为存在主义对本质主义的一种批判，却是成熟的、经得起推敲的。而且，不论穆尼尔怎样强

---

① 参见 Nicholas Abercrombie，*Sovereign Individuals of Capitalism*，London，1986，pp. 20-22。路易斯·杜门(Louis Dumont)将这两种个人主义看作民族性格的经典表达，相关研究可参见 Louis Dumont，*German Ideology：From France to Germany and Back*(Chicago，1994)。

② Theodor Adorno，"Glosse über Persönlichkeit"，*Stichwörte. Kritische Modelle 2* (Frankfurt，1969)，p. 640.

调每一个个体的特殊性,他与前一个世纪基督教人格主义者的根本不同却在于,他始终认为人格要通过慷慨、团结以及集体行为等方能最终实现出来。① 人格主义从穆尼尔的立场来看,实质上就等同于平等主义和社会主义,这与19世纪早期思想家的观点是截然不同的,后者是从等级、不平等和私有财产的角度来论述人格主义的。

出于对作为独立的精神存在之人类的首要地位的强调,19世纪早期基督教人格主义拒绝将人类降格为社会、政治或者历史的内在等级;同样,出于对上帝或基督是造世主之信念的强调,基督教人格主义拒绝将神重新界定为世界的内在存在。凭借这两点,19世纪早期基督教与浪漫主义的个人和人格理念的重新出场,将黑格尔主义者置于守势,因为黑格尔的宗教和历史哲学在他的许多批评者看来就是一种极端的普遍主义的表达,这种普遍主义是由康德的批判哲学所启引的。黑格尔本人在面对泛神论或者泛逻辑主义的指责时,保持了一种模棱两可的态度;然而,19世纪30年代激进的黑格尔主义者却希望从黑格尔哲学中找到泛神论引申出来的东西,这与他们的同时代人是一样的。费尔巴哈在19世纪30年代对宗教信仰展开批判,就是属于这种情形;进步的黑格尔主义者对保守的政治理论的抵抗,也不外于此。

与保守主义者同样,左派黑格尔主义者在个体的神、社会以及政治之间建立起直接的关联。结果,人格的观念成为他们批判的对象,因为这一观念在他们看来是支持复辟政治神学的,而复辟政治神学等同于独裁政治、利己主义、政治冷漠以及原子个人主义。这一对人格观念的批判,构成他们对个人的神以及对基督的批判的重

---

① 参见 Michel Barlow, *Le socialisme d'Emmanuel Mounier*, Toulouse, 1971, pp. 71-89; Joseph Amato, *Mounier and Maritain: A French Catholic Understanding of the World*, Alabama, 1975.

要部分。很显然，我并不认为左派黑格尔主义者批判了所有的人格理论。与黑格尔一样，青年黑格尔派也认为自我意识是人类生活的标志性特征，而个体的自主性是理论和实践的目标。他们在19世纪三四十年代早期对基督教人格主义的批判，是指向特定的自我观念和它们的社会与政治的引申义，而不是指向自我本身。实际上，左派黑格尔主义者对基督教人格主义的批判具有深远的意义，这主要是因为在这一批判过程中，他们也在竭尽全力地将人类重置于社会、政治和历史的内在秩序当中。

## 三、语境和意义

青年黑格尔派之所以在他们的著作中将宗教、政治与社会问题统一在一起，在很大程度上是因为他们认为这种统一是理所当然的。这不仅对于许多德国青年知识分子置身于其中的特定的黑格尔主义哲学亚文化来说如此，对于德国的新教和天主教这样的更大的文化来说亦复如此。左派黑格尔主义者要么直接地阐述这种更大的基督教文化，要么通过与这种文化自己指派的发言人的结盟来为之。如果假定他们或者他们意向中的听众并没有认识到宗教与政治在其著作中的交织，那么这将是荒谬的、具有误导性的。如果我们想要理解1830—1843年（马克思在此期间对黑格尔进行了根本性的批判，并且也阐释了伦理社会主义的观点）进步的黑格尔主义者的政治和社会思想，我们就必须重构修辞与意识形态的语境，在这样的语境中，他们阐述的概念可以重新获得其所当有的种种意义，产生强烈的思想共鸣。① 因为我不主张仅仅根据一种无所不在且不顾及异质性的压倒性语境②将他们的著述诠释为一种意义,所以我着重强调研究中的意义的复数。我的目的不在于宣称,像费尔巴哈等思想家的宗教和哲学著作,都应在语境的解释中被指认为政治著作。实际上,甘斯、卢格、赫斯主要是政治思想家,但费尔巴哈却不是。费尔巴哈最重要的贡献是在宗教哲学和广义上的哲学人类学的领域。然而,对于费尔巴哈来说,宗教学和哲学的研究又是和政治问题关联在一起的,这恰恰是需要去揭示的内容。主要借助于传记或者对文本的封闭性解读,是不可能将这些内容揭示出来的;相反,语境的思路可以达至这一目标,因为这样的思路将会把费尔巴哈以及其他批判的黑格尔主义者指涉的所有内容都还原出来。正如这一点所呈示出的,我的研究就是要将不同话语之间以及这些话语同思想、文化、

---

① 这是为了更全面地描述19世纪三四十年代黑格尔学派产生分歧与辩论的修辞与意识形态语境,旨在纠正两种研究中的趋势:一是对黑格尔主义内部动力机制的过度强调;一是社会政治的简化论。前一种趋势在卡尔·列威茨的《从黑格尔到尼采》以及彼得·科奈尔的《和解的未来:末世论与黑格尔和黑格尔学派的解放》中得到了直接的体现。在这些影响力非凡的著述中,作者们认为黑格尔学派的解体乃是由黑格尔充满矛盾的思想结构本身导致的。他们相信,一种思想体系一旦被拙劣地加以模仿与复写,那么它就注定会走向解体。相反,霍华德·马在《哲学的终结和意识形态的起源》中则根据外部的社会和政治因素对黑格尔主义的变迁进行了解释。在他看来,19世纪30年代还保持着高度同质性的黑格尔主义在1840年左右发生解体,是政治和社会问题的不断积累使然。对于这样的问题,除霍华德·马之外,古斯塔夫·迈耶在20世纪20年代,涂雯斯与埃贝奇在20世纪80年代也都进行了详尽的研究。不过,相形之下,霍华德·马更加执着于将黑格尔主义的激进化理解为对当时日渐凸显的社会政治问题的一种回应。显然,社会政治问题的重要性是毋庸置疑的。19世纪30年代晚期普鲁士政治因素的强化以及形成的连锁反应,不仅使黑格尔左派与黑格尔的"国家主义"划清了界限,也使其具有自我意识的政治化成为重要的社会现实。而且,贫困问题以及工业革命给德国注入的新鲜刺激,将社会问题的紧迫性以及严格的政治回应的匮乏突显出来。然而,至关重要的一点是,黑格尔派对日渐恶化的政治和社会环境的回应,并非不可能被理解与评判。所以,当时的社会政治问题得以被指认与界定的语境,需要在我们今天的学术研究中更加清楚地呈现出来。

② 对于通过一种语境思路去考察思想史的可能性陷阱,多米尼克·拉卡普拉有较深入的理解与讨论。相关内容,可参见Dominick LaCapra, "Reading Exemplars: *Wittgenstein's Vienna* and Wittgenstein's *Tractatus*", in *Rethinking Intellectual History: Texts, Contexts, Language*, Cornell, 1983。

政治之间的意义关系诠证出来，而不是简单地用"因果关系"的方式对其加以说明。① 这样一种语境之所以要从或多或少的相关性语境中被凸显出来，就是为了说明19世纪30年代激进的黑格尔主义那些曾被忽视遗漏的方面，而这些激进的思想家恰恰就是置身于这样的语境当中。这种语境将特定的问题和内部关系呈示出来，并且也使界定这些问题的方式定格下来。当这些德国知识分子作为参与人助推了这种语境的形成的时候，他们其实也就深受这种语境的影响。

我关于激进的黑格尔派之变迁的观点，就是依托我对意识形态之语境的重构而得出的，黑格尔主义者在19世纪30年代遭受攻击时无论如何都没有脱身于这种语境之外。黑格尔派和反黑格尔派之间不断升级的论辩，更加强烈地影响了19世纪30年代黑格尔主义的变迁过程。黑格尔主义在德国的思想生活中从来就面对种种挑战，甚至在得到普鲁士宗教和教育事务大臣奥特斯坦支持的时期也都是如此。实际上，黑格尔派始终都在通过与这样那样的批评者进行交锋而捍卫着自己的哲学和政治立场。不过，这并不简单意味着他们彼此之间隔着不可跨越的堑壕而相互攻击；毋宁说，在19世纪二三十年代德国流变的思想生活中，不同观点之间的关系常常比预想的要更加微妙、更加复杂。发生于黑格尔学派外部的关于黑格尔哲学之意义的论辩，不仅厘清了学派与对手在哲学观点上的关系，而且也决定了学派内部的立场是如何进行选择的，进而决定了原本同质性的黑格尔主义的最终解体。黑格尔派与非黑格尔派之间的理论互动构成19世纪30年代哲学话语之总体转换的重要向度，当下研究的目标之一就在于拓宽对这一向度进行理解的视野。由于人们总是

---

① 意义关系和因果关系之间的区分，源自于马克斯·韦伯对"行为的主体意义复杂性"的研究。关于这一方面的内容，可参见 Laurence Dickey, *Hegel: Religion, Economics, and the Politics of Spirit 1770-1807* (Cambridge, 1987), p. 299。关于"关系纽带"问题的讨论，可参见 Carl Dahlhaus, *Between Romanticism and Modernism: Four Studies in the Music of the Later Nineteenth Century*, trans. Mary Whittall (Berkeley, 1980), p. 80。

习以为常地切断外部的联系去理解黑格尔派,所以它也就很容易被指认为19世纪30年代"意识形态的不和谐音符"①。当以开放的眼界来看待影响黑格尔派的种种外部因素时,初生的黑格尔左派在19世纪30年代对法国新社会思潮的接收甚至都应当成为需要关注的内容。

本书第1章主要描述基督教人格主义的出场。基督教人格主义向来被认定为最重要的向黑格尔的泛神论哲学发起攻击的神学、哲学和政治力量,这表现在许多新教、天主教神学家和哲学家对黑格尔泛神主义的指证与驳斥中。但是,本书第1章却认为,老年谢林的所谓"实证哲学",通过赋予基督教人格主义以哲学的尊严而深深影响到关于人格问题的讨论。本书第2章认为,弗里德里希·斯塔尔的人格主义政治神学是与谢林的哲学分不开的,而斯塔尔是19世纪30年代黑格尔派最棘手的政治哲学对手。第3章将从费尔巴哈在19世纪30年代回应德国神学和哲学之个人主义流派的角度来考察他的著作。根据费尔巴哈出版的第一本著作《死亡与不朽》,以及他在1835年论述斯塔尔的论文,该章将会指出:费尔巴哈长期研究基督教人格主义,不仅深深影响到他对基督教和黑格尔本人的批判,而且随之而来的是,他对人格主义的批判,实际上成为他19世纪30年代的著作中政治和社会激进主义的核心。而这一点,学者们长期以来却鲜有体认。第4章主要是就黑格尔派在19世纪30年代批判人格主义的两条政治路线进行一般意义上的讨论。一方面,人格主义政治神学介入由施特劳斯1835年《耶稣传》出版所引发的论辩中。围绕施特劳斯批判基督教之政治意义而展开的争论,加深了黑格尔派与其批评者之间的分歧,进而也使黑格尔派本身沿着政治路线分解了。另一方面,德国关于人格主义的讨论,受到了法国新社会思

---

① 这一说法来自于雅克·顿特,详细内容可参见 Thomas Petermann, *Der Saint-Simonismus in Deutschland. Bemerkungen zur Wirkungsgeschichte*, Frankfurt, 1983, p. 48。

想的影响。具体说来，空想社会主义者所谓的"新基督教"提供了社会批判和泛神论的思想合体，这一合体为德国的人格主义批判注入了界定宗教和社会问题之关系的全新资源。第 5 章将通过考察契希考夫斯基、海涅、赫斯以及费尔巴哈等的话语来揭示当时的思想辩论。在这一过程中，他们在 19 世纪 40 年代早期的主要著述将会被重新指认为德国和法国激进主义交汇的重要范例。

我在本书中将费尔巴哈界定为"基督教市民社会"的宗教-政治批判家，这可能是我最有争议的观点之一。① 然而，这却会加深对这样一个问题的理解，即以费尔巴哈为突出代表的 19 世纪 30 年代的哲学激进主义如何影响了 40 年代黑格尔左派的政治和社会思想。我再一次强调，我的主要目的不在于揭示固定的因果关系，而是在一个问题集合中揭示意义关系。本书有些章节将会讨论费尔巴哈、甘斯、海涅、赫斯以及契希考夫斯基思想中政治、社会和宗教批判的内在关系，这为理解 19 世纪 40 年代黑格尔左派更为明确的政治和社会激进主义的出现确立起意识形态、哲学和修辞的平台。本书最后两章将会详细分析 19 世纪 40 年代早期决然转向社会和政治批判的重要黑格尔派成员卢格和马克思的思想。我们将会看到，在消解 30 年代宗教、社会政治激进主义统一体上，马克思比任何一位激进黑格尔主义者都走得更远。然而，我们还是要去指认马克思在多大程度上是因为哲学、政治和社会的基督教批判而推进自己的思想的。

如此，激进黑格尔主义者反对基督教个人观念的运动——正如青年费尔巴哈 1828 年给黑格尔的那封信中大胆提出的废黜"自我"的

---

① 下面的章节会更多地涉及"基督教市民社会"的观点。在论述这一方面问题的时候，我借用了卡尔·洛维茨《从黑格尔到尼采：19 世纪的思想革命》以及卢西奥·科莱蒂《资本主义基督社会的观念》(见《从卢梭到列宁：意识形态和社会的一种研究》，249~283 页)中的说法。

努力——使我们认识到他们对当时的社会状况进行批判的核心是什么。对于青年黑格尔激进主义者来说，批判基督教人格主义，也就意味着批判当时君王的话语和特定的君权话语。关于君王之人格的争论，变成19世纪三四十年代德国新生左派对国家与市民社会进行讨论的重要方式。这会使得这样一个深层的假设看起来更可信，即不论是对黑格尔派还是非黑格尔派来说，作为类的"人"与社会、政治条件一起造就了个人性。最后也是最重要的一点是，这也会为我们提供一个理解和评价19世纪早期政治理论史上最重要（也可商榷）的历史事件，即马克思批判个人主义以及转向社会主义的重要语境。

# 第1章
# 唯心主义的终结：
# 从虚无主义到实证哲学

古斯塔夫·迈耶在他的一篇代表性论文中指出，19世纪二三十年代发生的宗教与政治斗争，在宗教改革以降的德国历史上最为激烈。[①] 迈耶的观点在很大程度上是基于黑格尔哲学产生的颇具争议的影响而得出的。19世纪20年代通常被指认为黑格尔主义一统天下的时代，但如果我们没有看到黑格尔主义在黑格尔支持者之外还面对多种对立的力量，那么在理解19世纪早期的思想史时难免会有很多疏漏。黑格尔主义在19世纪二三十年代受到了种种攻击，这一点现在看来并不足为奇。毕竟，黑格尔主义名声之隆定会招引其敌手公开与其对峙，无论这是出于由细微的思想差异而导致的愤懑与不满，还是出于这样一种真诚直觉，即公众对敌手的承认提升了论辩的重要性。然而，更为重要的是，黑格尔主义的争论也折射了德国尤其是普鲁士的一般思想状貌。

黑格尔主义的争论或许会被看成康德18世纪80年代革命性地重新界定哲学任务以来德国哲学激烈论辩的顶峰和终点。康德哲学对18世纪晚期的德国思想产生了巨大影响，这种影响一方面是通过

---

① Gustav Mayer, "Die Junghegelianer und der preussische Staat", *Historische Zeitschrift*, 121(1920), p.416.

《文学总汇报》《德国普通文库》等主流媒体对康德观点的播散而产生的；另一方面是通过康德与他的众多批评者之间的对话而产生的，这些批评者也包括支持启蒙价值的"主流哲学家"①。围绕康德的辩论很快就变成对他的超越：借着席卷欧洲的法国大革命和战争的历史帷幕，卡尔·莱因霍尔德将康德批判的理想主义植根于一种更加完备的精神理论之中；弗莱斯从人类学的角度对康德的观点进行了重新阐释；费希特将康德主义重新设计为一种主体自由的激进哲学；谢林竭尽全力地将费希特的方案提升到一个更为激进的新的自然哲学的层面上；许多浪漫主义诗人则从康德那里捕捉到可以运用于艺术和社会生活之自由构想的鲜活灵感。所有这些不过是在十几年的时间内就已经发生的。与此同时，雅克比对哲学的理性主义进行了批判性回应，这表现为对从笛卡尔、斯宾诺莎到莱辛、康德和费希特的现代哲学之圣言的斥责。从18世纪90年代到19世纪30年代，革命、战争以及君主制的复辟笼罩着整个欧洲。在这几十年的时间内，围绕上述思想事件而产生的公众对哲学的兴趣表现得异常高涨。

黑格尔与后康德哲学的关系因为前者重要性的凸显而越来越成为当时公众哲学斗争的中心问题，尤其是当人们将黑格尔理解为现代哲学的总结与集大成者的时候更是如此。黑格尔曾经指出，哲学概念与现实之间并无最终的界分。这一观点很容易让他的同时代人把关于黑格尔的辩论看作关于现代社会的精神与政治状况这一更大辩论的关键部分。19世纪20年代之前，更具体地说是在黑格尔移居柏林之后，他的众多学生和支持者都愿意将他看作权威的现代性哲学家和"绝对"的思想家。然而，颇具反讽意味的是，黑格尔对一些德国青年知识分子之所以产生巨大的吸引力，部分地来看却是因为以文化和精神的再生为旨归的黑格尔思想与当时的主流思想格格不入。

---

① 关于主流哲学家与康德，以及18世纪八九十年代德国哲学的一般状貌，弗雷德里克·贝舍的《理性的命运：从康德到费希特的德国哲学》提供了基本的论述。

不能忽视的是，这是一个在德国历史上被怀旧或者嘲讽地称作"彼德麦年代"的时期，其标志性特征就是人们对隐私和家庭生活的钟爱。数十年革命的剧烈震荡、反拿破仑战争期间爱国情绪的高涨、共和主义的失败以及1815年席卷欧洲大陆的君主制的复辟，使许多人感觉到家庭就是个人自我实现的理想场所。[①] 麦克斯·冯特在1935年曾经界定过一种特定的"彼德麦"思想模式，他由此认为同样可以用这一模式去指认那个时期的政治和社会生活、哲学以及宗教："人们可以将那个时期的人生观描述为个人主义。"[②] 费希特的儿子小费希特在1832年的一篇文章中也曾指出，"一切都是个人的"。在这样一种语境下，一种与普罗米修斯的浪漫主义理想、人性的圣化、自由和个人决断联系在一起的哲学，无论正确与否，都会招致不同观点的激荡与相互回应。黑格尔宗教哲学的神学对手，包括从以埃尔斯特·亨斯主编的《新教教会报》为中心的新正统教派，到弗里德里克·陶拉克、朱利斯·穆勒等虔诚派，亨利希·保卢斯、朱利斯·罗霍、卡尔·布莱特施耐德等神学理性主义者，以及以《教会总报》为中心的教派等众多派别。天主教神学家，特别是由弗朗茨·斯塔德迈尔、约翰·库恩领导的蒂宾根天主教派，也对黑格尔的宗教哲学提出了异议。[③] 在哲学家中，在青年时期被誉为"浪漫主义王子"的谢林，以及克里斯帝安·魏斯、小费希特等所谓的"思辨有神论者"，则发起了一场更为成熟的反黑格尔的运动，这在被埃尔德曼描述为"反黑格尔聚议厅"的小费希特的《哲学读物与思辨神学》中是有记

---

[①] 关于这一点的考察，参见 Catherine Hall, "The Sweet Delights of Home", *A History of Private Life*, vol. IV. *From the Fires of Revolution to the Great War*, ed. Michelle Perrot, Cambridge, Mass., 1990, pp. 47-93.

[②] Max Wundt, "Die Philosophie in der Zeit des Biedermeiers", *Deutsche Vierteljahrsschrift*, I, xiii(1935), p. 136.

[③] Walter Jaeschke, *Reason in Religion*, p. 353.

第 1 章 唯心主义的终结：从虚无主义到实证哲学　　27

载的。①

我不打算对所有指向黑格尔学派的批判性观点进行考察，因为这是一项烦琐但收获甚微的工作。实际上，本章以及下一章将会集中考察作为反黑格尔主义的核心，以及可假定为整个德国唯心主义遗产的个人主义思想的发展。在这两章中，我们有必要在两条线索上推进我们的工作：一条线索是从康德到黑格尔不断演化的唯心主义话语；另一条线索是从雅克比到老年谢林、思辨有神论者以及斯塔尔的反唯心主义话语。关于黑格尔的争论将宗教和政治问题纠缠在一起，无论怎样将这两者分开，都有破坏问题统一体的风险。然而，为了达到分析的目的，本章将会集中讨论宗教和思辨哲学的话语。宗教是当时问题统一体的要素，也是 19 世纪早期德国哲学的必要构件。黑格尔在《历史哲学》中说道，"认知和理解上帝的可能性"是"我们这个时代的首要问题"②。在黑格尔以及他的同时代人看来，对认识论、政治、社会以及伦理问题的研究，都依赖于对这一问题的成功回答。

## 一、泛神论的争论

海涅 1832 年曾指出，泛神论是"德国最伟大的思想家、我们的艺术大师的宗教……泛神论是德国的公开的秘密"③。其他人也对这

---

① Erdmann, *A History of Philosophy*, vol. 3, trans. W. S. Hough(London, 1890-1892), p. 20.
② 《黑格尔全集》第 12 卷，26 页，法兰克福，1970。
③ Heinrich Heine, *Religion and Philosophy in Germany*, trans. John Snodgrass (Albany, 1986), p. 79.

一公开的秘密进行了宣指,虽然更多的是对其进行指责而不是赞赏。[1] 与围绕黑格尔宗教和政治哲学展开的辩论相比,一切都显得暗淡。虽然这种辩论已经以最直接的方式绕开了内在的、超越的上帝概念中的长久对立,但在《精神现象学》这本在一些批评者看来是谢林自然哲学的延续的著作出版之后,黑格尔还是被指控为泛神论者。然而,这样的指控并不是一个新的现象。自 18 世纪晚期泛神论锻造了那个时代最优秀的智慧以来,有关于此的论题就已经内化到了德国的思想生活当中。关于泛神论的争论之所以值得我们注意,不仅是因为它使后来被黑格尔所运用的语言得以形成,而且也是因为它使黑格尔以及其他后康德主义唯心主义哲学家纠正和超越康德成为可能。

泛神论将一个世纪以来德国学术界和宗教界对斯宾诺莎的攻击推向了高潮。在贝舍看来,斯宾诺莎的理性主义和他对良心自由的追求,让他成为"17 世纪晚期和 18 世纪早期德国启示先锋"[2]的庇护神。这些特点也使"阿姆斯特丹可憎的犹太人"成为几代德国保守主义者泄愤的标靶。虽然斯宾诺莎的少部分作品得到了较大程度的重视,从而他也在一定范围内享有一些盛名,但抨击斯宾诺莎已经成为青年人进入宗教和学术界的必备环节。从不同角度对斯宾诺莎发起的攻击,首先指向了他用作为无限宇宙之本质的严格的理性的上帝概念来取代赋予人性的上帝概念之行为。在将上帝界定为宇宙之自然及其法则之后,斯宾诺莎在其《神学政治论》中用同样的理性精

---

[1] 相关论述,可参见 Gottlob Jaesche, *Der Pantheismus nach seinem verschiedenen Hauptformen, seinem Ursprung und Fortgange, seinem speculativen und praktischen Werth und Gehalt: Ein Beitrag zur Geschichte und Kritik dieser Lehre in alter und neuer Philosophie*, 3 vols. (Berlin, 1826)。

[2] Beiser, *Fate of Reason*, p.51. 类似的观点,还可参见 Margaret Jacob, *The Radical Enlightenment: Pantheists, Freemasons and Republicans* (London, 1981)。

神来分析、批判《圣经》以及对《圣经》的种种解释。通过大胆地宣称《圣经》并非是神启的产物而是历史和文化的产物,斯宾诺莎强调:"《圣经》对理性绝不加以约束,与哲学绝无相同之点,其实际上与哲学站在完全不同的立脚点上。"①哲学推导出的是神的或者是无限的自然,而这仅仅通过理性就可以完成。

  18世纪德国宗教哲学基本上是在斯宾诺莎设定的路向上发展的。18世纪的斯宾诺莎后继者从未中断对历史信仰与理性需求之间的裂隙的认知的解放与反复纠缠,而这正是斯宾诺莎留给他们的遗产。许多启蒙主义者,如赫尔曼·雷马瑞斯,主张抛弃天启教的超自然因素,进而根据理性和自然来界定宗教的本质。相反,康德对我们能够认识和不能认识的事物进行了批判性的界分。康德并不否定上帝的存在或其在人类生活中的重要性,但他认为在哲学上对其特征或存在进行知识性描述却是不可能的。费希特和黑格尔都沿用了斯宾诺莎的话语,认为自主的理性可以将上帝的概念表达得更清楚、更充分。当然,他们相互之间以及与斯宾诺莎之间是有所不同的。费希特1798年曾以一种非哲学的视野写道:"我们不知道其他的上帝,也不需要其他的上帝。"②相反,在莱辛看来,理性和历史信仰之间的裂隙在1777年之前就已经成为"我经常认真地思考如何努力去跨越,但实际上我又根本不能跨越过去的宽广、可怕的鸿沟"③。

  由于其他人并没有像莱辛那样悲观失望,所以莱辛也就理所当然地成为围绕理性哲学的虚无主义潜能而展开的激烈辩论的目标。

---

  ① Spinoza, *A Theologico-Political Treatise*, trans. R. H. M. Elwes, New York, 1951, p. 9.
  ② Fichte, "On the Foundation of Our Belief in a Divine Government of the Universe", in *Nineteenth Century Philosophy*, ed. Patrick L. Gardiner, New York, 1969, pp. 24-25.
  ③ Lessing, "On the Proof of the Sprit and of Power", *Lessing's Theological Writings*, trans. Henry Chadwick, Stanford, 1956, p. 55.

摩西·门德尔松在泛神论开始产生影响的 18 世纪 80 年代中期，反对雅克比将莱辛指证为斯宾诺莎式的泛神论者，以此去捍卫他的这位亡友。我们不去具体地讨论门德尔松对莱辛的温和的捍卫以及他对赫尔德、康德和其他理论家的辩论的贡献，而只是将问题集中在雅克比的观点上。① 雅克比认为，在宗教和道德问题上，莱辛并没有简单地接受非正统的观点，而是承认理性自身的权威。② 雅克比进而认为，如果莱辛这位德国启蒙运动最杰出的人物是被斯宾诺莎决定论和无神论的理性精神所引导的，那么，就必须对门德尔松等启蒙主义者坚持的这样一个信念进行根本性的质疑，即正统的信仰应当通过理性来加以捍卫。在对启蒙精神具有创伤性的攻击中，雅克比实际上指证了这样一个问题，即所有的思辨哲学都将在决定论、宿命论、无神论面前戛然而止。雅克比创造"虚无主义"这个术语，就是为了说明启蒙哲学前进的方向在他看来已成为所有哲学的中心问题。③

雅克比并非仅仅是从他与莱辛的对峙中得出了最终的结论，毋宁说，他更主要是从上帝的知识问题中得出这样的结论，而上帝的知识问题是他在解读斯宾诺莎、休谟特别是康德的过程中提出来的。康德将批判的理性局限于经验领域，这使他在上帝面前拉起了一道遮帐。这样一来，理性也就仅仅只能限制在对宗教的经验进行考察这一更为温和的任务上，而这与认识上帝是截然不同的。虽然自然和超自然的神学经受了沉重的打击，雅克比还是赞同康德的这一观点，即上帝是不能成为认识论的对象的。不过，康德将信仰的上帝

---

① 有关雅克比与门德尔松的论辩的关键文本，参见 H. Scholz, ed., *Die Hauptschriften zum Pantheismus Streit zwischen Jacobi und Mendelssohn*, Berlin, 1916。
② Beiser, *Fate of Reason*, pp. 77-81.
③ Ibid., pp. 77-81.

重新界定为实践理性的假设①,雅克比却断然拒绝。雅克比进而将人类精神和思想探求中最高的目标即上帝问题从哲学领域中清除出去。在雅克比看来,理性的基础应当是其他激进的事物,这样的事物必须是一种不能被认识的无条件的存在,因为如果它能够被认识,就意味着这个事物对于认识者来说是一个对象,而不是一种关于认识的可能性的绝对前提。② 这样一来,就需要从这样一个可伸缩的信仰的质点上跨越过去,即活着的上帝是造物主和世界的可能性来源。甚至于,理性自身也要说:"如果上帝不是我的最高本质,那么,我也不是,而且我也不希望是。而实际上,我自身是不可能成为我的最高本质的。这样一来,我的理性就告诉我这样一种直觉:拥有最高点上的最高存在的不可抗拒力量的上帝,是悬放在我的上空并且外在于我的。"③直觉和情感使雅克比确信:这个上帝不仅仅是第一原因和无限的本质,而且也必须是一种超越性、不受客观世界条件约束的个人的智慧。

雅克比从他对个人上帝的情感式论证中得出了一个重要的、新的神学结论。斯宾诺莎主义者将所有的事物归于无限的本质,从而否定了事物的自主存在;而在雅克比这里,信仰一个"悬放在我的上空并且外在于我的"上帝,就肯定了有限的、暂存的事物的真实存在。雅克比用"Realismus"这个术语将世界万物描述为自己界域中的

---

① 在《纯粹理性批判》以及从《实践理性批判》到《纯粹理性局限中的宗教》的精选作品中,都有将上帝重新界定为实践或伦理理性之假设的论述。沃尔特·杰斯奇克认为,康德的"伦理神学"只是满足了他的少数同时代人。它引来了18世纪八九十年代哲学家们从道德无神论到各种各样的实践神学的过度扩展形式的一连串回应。这些回应都不支持康德将伦理行为建立在道德理性的自觉的基础之上。相关具体内容,可见 Jaeschke, *Reason in Religion*, pp. 11-122。

② 关于雅克比的这一观点,可参见 Beiser, *Fate of Reason*, p. 67。

③ Jacobi, "Open Letter to Fichte" (1799), *Philosophy of German Idealism*, ed. Ernst Behler, New York, 1987, p. 132.

真实存在，进而他将现实主义看作是斯宾诺莎虚无主义的唯一解药。① 与此同时，他将这一现实主义的主张扩展到了人类主体性问题当中。康德和他的后继者从先验直觉的原则中推导出一种合适的主体理论，雅克比却将自我的确证归于存在的直接经验、不可推论的基础的直觉以及我们自己有条件存在的无条件理由。② 也就是说，雅克比将主体理论建立在作为世界之组成部分的人类自主的基础之上。出人意料的是，雅克比又将这一观点向前推进了一步。他的目的在于将自由和自主的个体以及人类的价值领域从普遍理性的虚无主义一元论中拯救出来。饶有趣味的是，与19世纪早期基督教个人主义之政治倾向截然对立，雅克比将关于人类自由的有神论主张与一种温和的自由主义政治观点结合了起来。一些人认为，雅克比之所以将理性局限于神学领域，是因为他对政治启蒙理性主义中潜在的专制主义芒刺有所忌惮。③ 雅克比的范例有力地说明：基督教的个人主义可以根据语境和个体的特点发挥多种政治用途。

雅克比在对斯宾诺莎、莱辛、康德、门德尔松以及1799年对费希特否定个人上帝的回应中，得出的结论是唯一的。如果理性不能接受它的局限性，哲学就会建立在必然和同质的基础之上，而这自然会否定个人上帝的观念，并形成对自由与人类生存和价值之自主

---

① 相关论述，可参见 N. Wilde，*F. H. Jacobi: A Study in the Origin of German Realism*(New York, 1966)。

② 可见 Jacobi, "Open Letter", p. 132. 莱因霍尔德通过发展一种关于意识的理论而强化了康德的主体理论。这一点可见 Dieter Henrich, "The Origins of the Theory of the Subject", *Philosophical Investigations in the Unfinished Project of Enlightenment*, ed. Axel Honneth, et al. (Cambridge, Mass., 1992), pp. 55-70, 以及 Beiser, *Fate of Reason*, pp. 226-265. 关于费希特和黑格尔的主体理论，可见 Robert Pippin, *Hegel's Idealism: The Satisfactions of Self-Consciousness*(Cambridge, 1989); Frederick Neuhouser, *Fichte's Theory of Subjectivity*(Cambridge, 1990)。

③ Fania Oz-Schwarzenberger, *Translating the Enlightenment: Scottish Civic Discourse in Eighteenth Century Germany*(Oxford, 1995), pp. 257-279; Frederick Beiser, *Enlightenment, Revolution, and Romanticism: The Genesis of Modern German Political Thought, 1790-1800*(Cambridge, Mass., 1992), pp. 138-153.

现实的压制。这样一来，雅克比就为他的读者设置了一个没有余地的选择：要么是虚无主义，要么是现实主义。雅克比对思辨哲学关于"绝对"的考察的拒斥，其实正值德国唯心主义哲学开始之时。在哲学领域中植入信仰主义和有神论，以警示的方式预定了唯心主义的崩解。在19世纪早期围绕黑格尔的泛逻辑主义或者泛神论展开的论辩中，雅克比有神论的现实主义变体又得以重生，这是他为个人自由设定的神学路径的复现。海涅在1832年轻蔑地将雅克比描述成"假装披着哲学罩袍、拨弄是非的老妇"[1]。海涅尖酸刻薄的话语，可以说明雅克比设置的选择面临着什么样的挑战。

## 二、唯心主义中的宗教和自我的知识

雅克比开创了与理性主义哲学相背而行的有神论思想运动。他的观念在19世纪二三十年代获得了得以滋生的肥沃土壤，因为在这时正统的有神论哲学家面对着黑格尔。但在泛神论这个更为直接的术语中，雅克比的观念却产生了令人意想不到的结果。一个事实是，雅克比《关于斯宾诺莎理论的书信》(1785)本来是要将斯宾诺莎主义打压下去，但却无意间激起了人们对斯宾诺莎主义的兴趣，这是通过将斯宾诺莎主义界定为莱辛的信条以及通过对斯宾诺莎观点进行合理概括而实现的。更深层的问题是，尽管黑格尔和谢林的同道者都倾向于对雅克比进行攻击，但其实在后康德唯心主义者们面对康德的遗产时，是雅克比帮助他们将问题定格下来的。首先，雅克比的理性批判对信仰和知识进行了鲜明的界分，这对整个后康德主义都形成了挑战；其次，雅克比对信仰和知识的界分，强调的是由康德对现象界和物自体的区分所引出的怀疑论的更一般性问题。怀疑

---

[1] Heine, *Religion and Philosophy in Germany*, p. 79.

论问题与第三个问题交叉在一起。雅克比有神论的现实主义聚焦于对一种更完备的主体性理论的需求，特别是，这种理论要能够解决康德的主体本体论这一模棱两可的问题，并且它为人类自由提供的基础要比康德实践哲学提供的基础更为坚实。雅克比将自我的确证和个体的自主建立在对所有存在的无条件理由和个人上帝的直觉信仰基础之上，从一个极其重要的质点证明了后康德唯心主义的发展过程。正如迪特·亨里奇所写的那样，"自我确证与无条件的确证之间的连接"，意味着"如果自我确证能够在理论上被解释，那么，无条件的知识形式将不得不提供服务"[1]。所以，在将康德哲学的疑虑系于无条件的问题即上帝的问题之上去消除这点上，雅克比提供了助力。

　　康德的二元论深深困扰着施莱尔马赫、谢林、荷尔德林以及黑格尔这些18世纪90年代思想成熟的青年思想家。对他们中的每一个人来说，自我知识的复原依赖于进入无条件之绝对的可能性。在对绝对知识的探求中，谢林那朝气蓬勃的自然哲学是有开创意义的。尽管谢林接受了康德和费希特关于经验形式中人类主体之建构角色的论断，他还是竭力避免制造一种可能会否定自然的客观现实的单向度的主体主义，而他在费希特那里已经觉察到了这一危险。[2] 作为一种回应，谢林将康德和费希特以人为中心的哲学转换成以精神为中心的哲学，在后者之中，自然和人共同参与普遍性的精神活动和上帝的自我实现。[3] 绝对主体性的世界定位活动，也就是一种将斯宾诺莎主义和康德主义结合在一起的观念，成为后康德唯心主义的中心问题之一。这在谢林那个极其重要的命题中得到了体现："自然是看得见的精神，而

---

[1] Henrich,"Origins",pp. 81-82.
[2] 参见 Schelling,"Introduction", *Ideas for a Philosophy of Nature as Introduction to the Study of This Science*, trans. E. E. Harris, Cambridge, 1988。
[3] 这一观点是我在对查尔斯·泰勒《黑格尔》中从黑格尔到其他重要的后康德主义者的论述进行扩展中提出来的。

精神是看不见的自然。"在此，谢林论述了"我们之中的绝对精神和我们之外的自然"①的存在。谢林论述的前提说明，转向精神实际上是转向以人为中心，因为这一转向是以神和人的主体性的最终定位为基准的，这种主体性要么是通过直觉（如在施莱尔马赫、谢林、浪漫主义诗人等那里），要么是通过人类意识历史中绝对主体性的敞开（如在黑格尔那里）②而确立起来的。考虑到新的唯心主义者使上帝和人类的经验保持了同一性，所以，康德将知识限制于经验领域打开了一个思想的缺口，这是值得重视的。

对经验与现实、概念与客体之同一性的申言，对于宗教的理解产生了革命性的影响。正如埃米尔·费根海姆所写的那样："宗教不再被理解为人与他之外的上帝联系起来的尝试，它是一种由有限精神到无限精神的自我转换，在真正的宗教经验中，这种自我转换成为宗教的整体定位。真正的宗教经验和真正的上帝是同一的。"③每一位重要的后康德唯心主义哲学家都对这一基本的申言做出了自己的诠释。例如，施莱尔马赫影响甚巨的虔诚概念，就聚焦于个体信徒的自觉的情感：她或他完全是依赖性的，或者说，她或他处在与上帝的关联之中。在施莱尔马赫这里，宗教情感本质上就是一种包括了上帝和与上帝同在的自我在内的总体的直觉。谢林将情感从宗教领域转移到审美领域，认为艺术天才能够从直觉上表现意识和无意识、主体和客体、自我和宇宙的绝对同一性。④谢林实际上圣化了艺术天才，而这与他同时代的浪漫主义者的观点正相吻合。这些

---

① Schelling, *Ideas*, p. 42.
② 在这个问题上，我同意迪基(Dickey)在《黑格尔》(153～155页)中关于黑格尔的论述。
③ Emil Fackenheim, "Schelling's Philosophy of Religion", *University of Toronto Quarterly*, xxii, no. 1(Oct. 1952), pp. 3-4.
④ Schelling, "Deduction of a Universal Organ of Philosophy, or Main Propositions of the Philosophy of Art According to Principles of Transcendental Idealism", *Philosophy of German Idealism*, esp. p. 213.

浪漫主义者包括施莱格尔兄弟、荷尔德林、诺瓦利斯等。他们认为直觉可以让艺术家把主体性与人类和自然的总体性统一起来。①

在对这种统一之直觉基础的强调中，浪漫主义诗人以及谢林和施莱尔马赫，并非完全远离了雅克比，虽然上帝在他们那里是有所不同的。然而，当浪漫主义诗人承认与雅克比有同宗同源的思想时，谢林和施莱尔马赫却拒不接受雅克比的"信仰"，而是强调知识的坚实基础。他们并不赞同将信仰和知识统一起来，或者更准确地说，他们更愿意依赖一种由主体认知所提供的、确定性的、消除了信仰的知识。他们正是基于对主体性之自然的声张而将人与上帝的同一当作哲学"科学"的结论。

黑格尔哲学应当在多大程度上沿着谢林哲学被归结为一种建立在绝对的"实体—主体、神性意志或者精神单子"②观念基础之上的形而上学，这一点存在着相当大的争论。近来，对这一长期以来就凸显出来的问题的最大挑战，或许来自于罗伯特·皮平。皮平在《黑格尔的唯心主义》一书中认为，理解黑格尔哲学的关键在于澄清他与康德的关系："有没有一种理解黑格尔绝对精神中的'主体—客体'同一性结构的路径？这样的结构是康德哲学的延伸，还是对康德哲学的全面排拒，抑或是康德哲学不再现形的一种剧烈转换？"③皮平信心十足地指出，黑格尔把他自己的工作看作康德先验判断之学说的完成。在第一批判中，康德强调经验依赖于知识的两种能力：一是主体对感性的多样事物的直觉；二是主体的自发活动。后者既包括知性范畴的运用，又包括我的内在的自我法则，也就是让主体将自

---

① 弗里德里希·斯科拉格写道："人在艺术家那里变成了单一的个体，因为艺术家将过去和现在的人统一在一起。艺术家是灵魂的最高媒介，在他那里，所有外在的人的活着的精神会相遇在一起，内在的人会立即行动起来。"(转引自 Reardon, *Religion in the Age of Romanticism: Studies in Early Nineteenth Century Thought*, Cambridge, 1985, p. 19)
② Pippin, *Hegel's Idealism*, p. 168.
③ Ibid., p. 92.

已确认为经验主体的自我意识的知觉统一体。在《纯粹理性批判》第二版中,康德尽力通过将直觉的形式确定为知性的决定要素而将这两种知识能力统合在一起。在这一点上,不存在知性范畴给予其形式的给定的感性内容,毋宁说,甚至感性直觉本身也会受到"最低限度的概念化"①的支配。

康德没有沿着这条线推进下去。但皮平声称,黑格尔根据对费希特的批判性解读,对康德的问题进行了修正和引申,这一点是显然的。如果两种能力同时发挥作用,主体性就必须依赖于自然的判断力,主体在自由的自我决断上就会受到限制。而且,二元论的结构引出了怀疑论关于人类知识之范围的问题,因为它将我们的概念体系一分为二:我们据以认识事物的形式和物自体本身。然而,如果直觉和知性、内容和知识形式之间的区分不复存在,那么就有必要开出一条克服康德局限的路径。首先,主体的自由将由对决定知识的形式和内容的自我定位、自我反思、自我决断的主体之角色的完全承认来确保。费希特尤其专注于对自由问题的研究,因为他与认识和实践意义上的康德先验统觉之修正形式达成了妥协。② 黑格尔同样关注自由问题,并且接受了自我定位之主体性的概念。但他认为费希特的极端主观唯心主义并没有解决怀疑论的问题,这一观点谢林也同样坚持。因而,黑格尔又竭力去论证我们的主体能力的"客观性"。正如皮平描述的那样,黑格尔的任务在于理解理性如何将自身策划为"根本不被经验所决定、不以形而上学为根基的事物的秩序和结构。这个构成思辨哲学内容的问题,在某种意义上讲述的是一种特殊的自反性,即一种自我关系。这种自我关系的结果不会简单地决定主体能力的局限,但绝对会决定何物在场"③。这种特殊的自我关系,发展的并

---

① Pippin,*Hegel's Idealism*,p. 30.
② 参见 Neuhouser,*Fichte's Theory of Subjectivity*,尤其是第三、第四章。
③ Pippin,*Hegel's Idealism*,p. 69.

不是一种孤立的、个人的、内在的自我的感知统一体，而是一种历史、社会和群体的主体性的能力，这种主体性在皮平看来就是黑格尔的精神理念。皮平强调，黑格尔在主体性理论上或许已经超越了康德，但他仍然执着于对人类知识的先验条件以及它们对于世界的适洽性进行唯心主义的批判研究。因此，黑格尔一生都在探求的是认知对象的绝对或者终极本质，而不是绝对的神的知识。①

皮平对黑格尔所进行的密集研究，加深了我们对黑格尔与康德以及费希特关系的理解。而且，皮平剪除了黑格尔理论中所有陷入柏拉图、斯宾诺莎或者基督教困境的主体性的部分，这使黑格尔在更大程度上与近现代哲学家关联在一起，并产生交集。然而，正如黑格尔自己承认的那样，他是"最后一位对'总体'进行明确描述的哲学家，这体现在，他竭尽全力去理解科学、伦理、艺术、宗教、政治以及哲学等不同领域如何统合在一起"②。与旨在描绘哲学上能够得到辩护的黑格尔的研究相反，历史的研究必须认真处理一个整体的理论规划，这是在任何考察历史的黑格尔以及对他的同时代人产生的影响时都应具有的构件。这一点，对于宗教和形而上学的研究尤为重要。青年黑格尔在图宾根神学院学习神学，思想成熟后，他在宗教哲学方面做了大量的演讲，他总是将自己界定为一个新教哲学家。黑格尔是一位在他的时代完全投入到对信仰和知识、宗教和哲学、人和神之关系的研究中的哲学家，在每一个他论述的问题上，他的研究都构成了一个起点。

## 三、黑格尔思辨神学的回归

黑格尔的早期著述甚至都已经提出了有关他那个时代的核心哲

---

① Pippin, *Hegel's Idealism*, p. 247.
② Ibid., p. 260.

学问题的原创性观点。当黑格尔 1795—1796 年在波恩还是一个家庭教师的时候，他已经写出了《基督教的实证性》一文。这篇文章强烈的康德主义指向，催生出一种更加批判的理论立场。这一立场关系到如何看待康德作为道德命令的宗教的基督教概念，这体现在《基督教的精神及其命运》一文中。黑格尔这篇大概 1798—1799 年写于法兰克福的文章，对康德义务伦理学的抽象普遍性进行了批评，义务伦理学与将美德置于公共语境的伦理学概念是相对的。① 黑格尔在重新理解基督教时认为，基督教不是一种义务论的宗教，而是一种爱的宗教。基督教所讲的兄弟情在黑格尔看来构成了一个以团结为纽带的群体的基础。通过对卢梭的平民宗教概念自由地进行改造，黑格尔将基督教界定为一种能够缝合个体与群体之裂痕并能够克服现代经济与政治生活之分解与异化的平民宗教。

在此，有两点与我们的讨论直接相关：首先，青年黑格尔对特定、具体的社会语境中伦理的实现进行强调，隐性地表明他作为一个伦理生活或者道德的哲学家开始出场。② 在黑格尔接下来的全部思想生涯中，他的核心的社会政治概念都与青年时期的道德哲学不无相关，虽然在晚年的作品中他试图去提供一种远为复杂的道德概念的模式。其次，黑格尔将基督教界定为统合伦理生活的介质，这孕育了他的自由的基督教原则的成熟概念。甚至在 1797—1798 年写的论文中，黑格尔就已经更多地关注基督教如何为世界之伦理生活的实现提供基础，而不是去关注它如何提供救赎思想。黑格尔始终向基督教执迷于讨论耶稣基督这个神人的特殊身份发起挑战，进而强调人与耶稣基督共有的本质。③ 这样一来，黑格尔就坚信，耶稣基督实质上宣称"反对人格概念和个人上帝的思想，反对这样一种观

---

① 相关论述，参见 *Early Theological Writings*，trans. T. M. Knox（Philadelphia，1948），p. 214。
② 有关此的讨论，可参见 Dickey，*Hegel*，p. 181。
③ *Early Theological Writings*，trans. T. M. Knox（Philadelphia，1948），p. 239.

点，即认为他的本质包含了一种独特的个体性，这种个体性与同他结为盟友的人的个体性相对立"①。这段话清楚地表明，黑格尔在此阐述的并不是一种泛神论或者人类神化的见解，而是阐述人类如何通过提升与神共享的本质而走向神圣的可能。② 黑格尔在其思想旅程的早期，就开始否定正统的基督教个人主义，并以此构建他的人神交叉的概念，说明基督的伦理生活或者道德的实现。在他的成熟的思想体系中，无所不知的、全能的个人上帝的观念根本无处藏身。然而，正如将宗教哲学重新界定为他的绝对主体性理论的组成部分那样，黑格尔与其他唯心主义哲学家相比更执着于复兴上帝的人格概念。③

在《精神现象学》这部宣告与前辈以及同时代人分道扬镳的伟大著作中，黑格尔就已经将他对人类主体性发展的论述置放于一个更大的精神剧本当中。《精神现象学》对自我意识的发展进行了历史性的描述。在黑格尔看来，思想的每一种模式产生出另一种模式，后者克服了前者的矛盾，但在一个对现实更高的、更具有包容性的理解之点上保留了前者的部分真理。黑格尔描述了一种复杂的精神运动，人类意识在其中借助于各种各样的意识确证性、经验主义、形而上学的教条主义、神秘主义以及分析的理性主义④等形式而发展成一种更高的理性形式。更高的理性形式洞穿存在的多种样态，认识到暗含着分裂的更深层次的统一体（即所谓的同一性和非同一性的

---

① *Early Theological Writings*, trans. T. M. Knox(Philadelphia, 1948), pp. 269-270.
② 迪基在《黑格尔论宗教与哲学》中区分了"走向神圣"与"走向上帝"。
③ 关于这一点，可参见 Claude Welch, *Protestant Thought in the Nineteenth Century*, Volume I, *1799-1870*(New Haven, 1972), p. 100. 也可参见瑞亚顿在《宗教》中的论述："总体上看，唯心主义哲学家在缝合超越性与人格之无限性的裂痕时都陷入了困境。超越的无限性存在语词矛盾，而个人的神表达的仅仅只是一种拟人论。"
④ 这一点与黑格尔对启蒙之理解的批判相关，关于后者，可参见 *Phenomenology of Spirit*, trans. A. V. Miller(Oxford, 1977), pp. 329-355。

同一性），并将自身整合到充满矛盾和冲突的世界运动当中。皮平把这种精神的发展描述为一种社会能力的不断演进，这种社会能力包含了客观知识和对构建客观知识的主体角色的自我认知。这是一种不仅朝向绝对知识，而且更重要的是也朝向绝对自由的历史的发展，因为理性的进步承诺会克服所有异化的外在性。正如黑格尔在《法哲学原理》中所写的那样："只有在思维中我才在我自己那里，我只有理解对象才能洞察对象；对象不再与我对立，而我已把对象本身所特有而与我对立的东西夺取过来了……当我知道这个世界的时候，我便在这个世界中得其所哉，当我理解到它的时候，那就更是如此了。"①

理性在世界上认识自身以及在决定何物在场时认识自己的自发行为的能力，或许可以根据皮平指陈的严格的先验话语轻而易举地得到理解。然而，黑格尔自己的意图却在于在超越批判的唯心主义之路向的基础上延伸认识论的问题。因此，黑格尔将人类主体性的发展界定为有限的精神在世界上（也通过世界）参与绝对精神或上帝之自我实现过程的意识的出场。黑格尔在人类意识史中描述的自我意识，就是上帝的自我意识，是绝对精神将自己指认为"全部真理以及全部真理中的现实"②的意识。黑格尔论述上帝与人类知识同一性的每个方面，正如当我们谈到黑格尔的对手和追随者时看到的那样，容易在多个层面得到不同的解释。可是，更有可能的情况是，黑格尔的目的不在于说明上帝会变成人或者人会变成上帝；毋宁说，人与上帝的统一带来的是一种新的自我意识的精神的同一性："自然的神犹如人类，他们的统一尽显无遗。"③从这种自我意识的统一的视角出发，黑格尔声称绝对的主体性就是世界的原则和现实。黑格尔

---

① Hegel, *Philosophy of Right*, trans. T. M. Knox(New York, 1967), p. 226.
② *Phenomenology of Spirit*, trans. A. V. Miller(Oxford, 1977), p. 415.
③ Ibid., p. 460.

将这一点说成是对斯宾诺莎和青年谢林的重要纠正,因为上帝在斯宾诺莎的笔下变成了缺失主体性的普遍的实体①,而在青年谢林那里变成了自然的有生机的创造性力量,这也未给主体性留有多少空间。更为重要的是,黑格尔指认绝对主体性使人与神在差异性中保持必要的统一性,为他复兴绝对唯心主义宗教哲学的人格概念奠定了基础。

黑格尔对人格概念的说明,指涉到"抽象"和"具体"两种人格。他批判了对人格的启蒙式理解(只注意到事物的分解和异质而没有揭示异质背后的同质),这种理解将人抽象地界定为"严格的、保守的、独立的、以自我为中心的存在"。十分重要的一点是,当黑格尔将同样抽象的人格概念归于他的时代的新教教派时,他启引出了他的信徒关注的那些问题。② 黑格尔强调,一旦认识到自我需要相互的承认才能发展,那么抽象的人格就必须被一种更为具体的人格形式所取代。在现象学辩证运动重要的承认结构中,"自我"认识到自身是在独立和相互依赖的关系形式中得到确认的,因为自我意识要求得到他者的承认。如果这种承认产生意义,自我意识就必须既要认可他者的异质,也要认可与他者之间的同质。黑格尔19世纪20年代关于宗教哲学的讲演描述了作为爱的关系之相互承认产物的"具体的人格"。爱的关系排斥抽象的、与他者隔离的个人,但延伸了普遍性的人格:"正是在吸收他者和被他者所吸收的过程中产生出的有说服力的人格维度,构成了人格的真正本质。"③在后面的章节中我们会

---

① 相关论述,可参见 Jaeschke, *Reason in Religion*, p. 253, 以及 G. H. R. Parkinson, "Hegel, Pantheism, and Spinoza", *Journal of the History of Ideas*, 3, 38(1977), pp. 449-459. 饶有趣味的是,帕金森(Parkinson)认为黑格尔对斯宾诺莎的批评是错误的,这一方面是因为黑格尔在将斯宾诺莎观点比作普遍实体的"东方直觉"时过于仓促;另一方面是因为黑格尔将他反对的谢林的自然哲学强加到对斯宾诺莎的解读中。

② Andrew Shanks, *Hegel's Political Theology*(Cambridge, 1991), pp. 66-67.

③ Hegel, *Lectures on the Philosophy of Religion*, vol. 3, trans. E. B. Speirs and J. Burdon Sanderson(London, 1962), pp. 24-25.

发现，黑格尔对"抽象"和"具体"人格的界分，变成了一个黑格尔派和其敌手论辩时模棱两可、容易发生歧变的问题。黑格尔本人自然清楚地知道他的具体人格概念的论辩实质，但他不能保证他的成熟哲学中的每个重要概念都不会发生歧变。

在宗教哲学中，黑格尔将具体人格的理论模式运用到对基督教三位一体学说的诠释中。在黑格尔看来，启蒙式的理解之所以倚重个人上帝的观念，是因为这既可以仅仅构造抽象人格概念，又不至于逾越由圣父、圣子、圣灵这三个不同的人组成的三位一体的正统而幼稚的概念。相反，黑格尔认为三位一体概念阐发了人格的真理，人格只能在与他者的关系中具体地理解："我们说上帝永久性地生其圣子，是说上帝将他与他自身加以区分；这样，我们开始说上帝在与他者的关系中为之，并将他者指定为预设或确切的存在，上帝也仅仅还是他自身，他没有走出他自身，这就是爱的形式。我们应当知道上帝就是这种行为的全部。他是开始，他在确切地做这件事情；他也是唯一的结果，是精神的总体性。认为上帝仅仅是圣父，是完全错误的。"[1]人格概念尽管对黑格尔以及19世纪晚期三位一体的解释至关重要，但黑格尔的那些正统的同时代人还是认为这一概念显得过于脆弱。不足为奇的是，保守神学家不仅仅难以认同黑格尔哲学讲的爱的个人上帝理念，他们还在更多的方面对黑格尔表示不满。

黑格尔的绝对概念假设"宗教客体以及哲学的永恒真理存在于其客体性中，上帝与虚无仅仅就是上帝和对上帝的解释"[2]。众所周知，黑格尔认为宗教信仰和哲学知识享有同一个客体，但黑格尔还是对宗教与哲学的内容得以呈现的形式进行了区分。宗教只是稚嫩地理解

---

[1] Hegel, *Lectures on the Philosophy of Religion*, vol. 3, trans. E. B. Speirs and J. Burdon Sanderson(London, 1962), p. 12.

[2] Hegel, *Lectures on the Philosophy of Religion*, vol. 1, p. 19; *The Science of Logic*, trans. A. V. Miller(New York, 1976), p. 3.

"绝对"，因为它没有深思熟虑地考察绝对的内容，而只是将其内容以绘画的方式象征性地表现为启示的神对事件的叙述。结果，宗教意识只能以一种不自由的方式来认识宗教真理，它接受的真理不是来自于自我的自由决断，而是来自于权威。哲学在黑格尔看来占有着宗教的内容，因为它证明了宗教真理内核中理性化的必要性。对于黑格尔来说，这并不意味着像神学理性主义者以及黑格尔的信徒竭力说明的那样，宗教的教义需要一点一点全部理性化，而是意味着宗教需要用哲学真理来转换自身的表达方式。在典型的黑格尔模式中，这就是所谓的保留被克服事物之精华的"扬弃"。黑格尔由此认为，哲学可以拯救宗教的内容，而宗教在启蒙摧枯拉朽的攻击面前却不能捍卫自己。

黑格尔在1821年的讲演中对基督教向哲学的战略退避之意义表达了悲观的认识，而也就在此时，黑格尔正将哲学视为宗教的"避难所"，并与新生代的哲学牧师誓言要从一个充满敌意和漠不关心的世界中引出真理。[1] 然而，黑格尔在19世纪20年代从未放弃对这个问题进行思考。他这个时期的著述并不认为基督教在这个世界上无家可归，也不认为应当取代或者删除传统的宗教实践，而是试图证明哲学可以扩展、深化基督教的思想。而且，他的整个形而上学也建立在这样一个观念基础之上，即世界正越来越基督教化，尽管这是以重新塑造的哲学形式呈现出来的。也就是说，基督教将哲学概念作为避难所，意味着它所讲的最深层的真理在世界上的现实化，因为哲学概念就是对现实的理解。[2] 不仅19世纪20年代四个系列的宗教哲学讲演，还有历史哲学的讲演，都表达了这个观念。黑格尔的

---

[1] Hegel, *Lectures on the Philosophy of Religion*, vol. 3, p. 19; *The Science of Logic*, p. 151.

[2] Jaeschke, *Reason in Religion*, pp. 350-351; Jaeschke, "Christianity and Secularity in Hegel's Concept of the State", *The Journal of Religion*, 61, 1981, pp. 127-145; Dickey, "Hegel on Religion and Philosophy", pp. 309-311.

意图看起来足够清楚,但将宗教寓于哲学之中的结果却不清楚。宗教向哲学的回归,意味着思想被确证为绝对的法官,内容必须在其面前论证它的断言。无论如何,这是向理性批判的第一次妥协。① 正如随后的黑格尔派历史呈示的那样,任何可被认可的形式的宗教,都不可能逃过这一法官的审判,不管法官最初的意愿多么良好。

在黑格尔看来,宗教真理的理性占用,要求在绝对之人类意识的发展中对历史宗教的角色做出哲学的理解。黑格尔 18 世纪 90 年代中期的作品对实证宗教进行了批判,因为根据他所认可的康德的观点,实证宗教构成了理性自身道德自主性的外在制约。但思想走向成熟之后,黑格尔认为实证宗教是真正的宗教的合法的(当然也是次要的)方面。② 然而,不像施莱尔马赫那样认为所有的历史信仰都是一种正确的宗教的永恒真理的变体③,黑格尔将特定宗教的历史置放于意识演进的更大历史过程当中。《精神现象学》就已经开始这样来理解宗教史,而黑格尔直到 1831 年去世都在坚持这一宗教形而上学的基本观点。④ 在 1821 年、1824 年、1827 年以及 1831 年的讲演中,宗教哲学得到了更为系统的阐述,宗教史对宗教哲学的系统形式产生的影响显得更为强烈。⑤ 在这一点上,所有基督教产生以前的历史性宗教,作

---

① Hegel, *Lectures on the Philosophy of Religion*, vol. 3, p. 148.
② Fackenheim, *Religious Dimension*, p. 53.
③ 杰斯奇克在《宗教的理性》一书中认为:施莱尔马赫强调"宇宙的直觉"是所有信仰的真实内容,大大贬抑了宗教的历史性特质。耶斯克虽然批评施莱尔马赫由此走向了"总体的主体主义",但他并没有充分地阐述将施莱尔马赫看作现代宗教个人主义之父的人与强调施莱尔马赫思想之社会内涵的人之间的论辩。这一论辩中的前者将宗教个人主义等同于自由个人主义,约里克·施皮格尔的《市民社会的神学:社会哲学与施莱尔马赫以来的宗教信仰》、里查德·克劳特的《施莱尔马赫与市民社会的神学:对批判者的批判》,都对这一点做出过论述。克劳德·韦尔奇在《新教思想》一书中强调个人的关系并非是一种属于自己的独立关系,这样也就形成了对主体主义者批判的一种反批判。杰拉尔德·伊恩伯格的《不可能的个人性:浪漫主义、革命现代自我的起源(1787—1802)》,以及巩特尔·温斯的《现代基督教成就了宗教个人主义吗?》,都对施莱尔马赫所讲的信仰中激进的个人性与社会性之间的张力进行了探讨。
④ Jaeschke, *Reason in Religion*, p. 184.
⑤ Ibid., p. 208.

为精神之自我揭示与自我实现在不同时刻逐渐但又确切的彰显,都包含着一些真理。然而,这些宗教是支离破碎的,因为它们在精神的意识和自我意识之间制造了分歧与殊异①,也就是说,宗教的意识没有认识到它与宗教客体的连接。所以,自由的时刻在古希腊宗教中从城邦生活转移到庄严的神启之处,在旧约犹太教中从信徒转移到全能的上帝和他的律法当中,在古罗马宗教中从个体的人转移到被圣化的主宰者手中。黑格尔认为,基督教使宗教史的发展得以完善,因为它在世界的信仰中将自由归于实现全部价值的人本身,而这一点在所有其他宗教中都不存在。

在黑格尔看来,基督教是在继承人化的古希腊神以及犹太教的一神论之遗产的基础上产生出来的,神圣的宗教是纯粹的人类精神的表征。但是,我们对宗教的认识不能仅仅滞留于此。对于当前的讨论来讲,我们可以充分地考量沃尔特·杰斯奇克的下述论断:从出版《精神现象学》一直到去世,黑格尔始终都相信"基督教最直接的前提性预设不是旧约宗教,而是罗马世界"②。在论述基督教的产生时,黑格尔注意到了罗马关于人格的政治、法律原则的辩证变化过程。他认为,首次界定人格的正是罗马律法,但它在界定时所运用的术语并不完善。在解释这段历史时,黑格尔认为罗马的自我是在古典城邦之陨落的基础上形成的,在古典城邦中,牢不可摧的共同体与主体自我是不相兼容的。③ 这一点具体反映在罗马法对个人的"内部"界定中,即罗马法并不将个人指认为外部力量给予的特殊性

---

① Hegel, *Werke*, vol. 12, p. 242.
② Walter Jaeschke, "Christianity and Secularity", p. 134; Hegel, *Werke*, vol. 12, p. 386.
③ 关于这一论述,可见 Hegel, *Phenomenology*, pp. 279-289。在黑格尔看来,自我虽然没有被当作城邦之共同体的对立面,但却是在城邦对个体伦理行为之依赖与对主体行为之删除(为了维护城邦伦理之统一)之间的张力之外得到发展的。黑格尔是在安提歌尼的神话中看到这一冲突的。在某种意义上,罗马法中的"个人"正是古典城邦之陨落的一个具体产物。

存在或者特殊城邦的特定成员，而是指认为一个普遍抽象的"合法的自我"或者"合法的个体"。个体地位的提高对应于罗马法对个体权利的捍卫，当然这里讲的权利和个体还是十分抽象的。无论如何，罗马人用普遍的共同体来替换高度共享的共同体生活，前者仅仅依赖于个人或者说以个人的身份组成时才是存活的，否则它是没有精神、没有灵魂的。

个人的内容表现在"'占有'形式的多种存在中……这是一种同样抽象的普遍性，它据此被称作'财产权'"①，否则，个人就是一个空洞虚无的概念。这样一来，人格之权利在罗马法中就被收缩为财产权和交换权，因为主体只有在自我对交换之物的掌控之中才能得到确认和理解。对于黑格尔来说，没有任何东西可以在他的体系中被遗漏，所以他也根本不相信人格之权利在进入世界之时会遭到抛弃。实际上，正如我们会在第 2 章中看到的那样，黑格尔在理解个人的现代理性之自由时，把自我历史中的法律和神学－哲学向度的内容整合在一起了。然而，罗马法对人格的界定并不充分，因为抽象的形式主义将个人从实质的共同体中分离出来，因而否定了自我之具体的生活，并由此仅仅通过伦理秩序来说明主体性，而这种伦理秩序也只是要通过对君主之个人地位的抬高才得以持存的。② 而且，将具体的权利系于对财产的拥有，罗马法就否认了那些没有财产的人的个体性。

在黑格尔看来，基督教用一种真正意义上的普遍和具体相统一的个体性概念取代了这个并不完善的概念。杰斯奇克认为，人格和人类自由概念中实证的内容，主要"在于宗教所讲的绝对的存在是一个特定的自我意识而人作为人是有无限价值的，而这种价值根本不

---

① Hegel, *Phenomenology*, pp. 289-291.
② 个体自我被君主自我所取代，在《历史哲学》中得到了讨论。参见 Hegel, *Werke*, vol. 12, p. 387。

需要依赖于其他事物就能够存在。用宗教学的术语来表示就是：人类是上帝那无限大爱的对象"①。用哲学的术语来说，仅仅在基督教中，意识和自我意识的重要区分才得到克服，因为上帝被看作自我意识的"思想"。神圣性在自我知识以外的事物面前止息，"仅仅是在自我生产出这一事物，并通过自我的客体来反观自我"②的时候。基督教由此成为"绝对的宗教"，这是因为上帝和人在自我与他人相互渗透的共同关系中，即在具体人格的关系结构中达到了自我意识。这一点在作为圣子之上帝的具体意识中得到了阐述，同时也在哲学所讲的人与神、有限与无限、自由的主体性与自我的差异性统一中得到了理解。基督教不是某一个特定人群或者族群的宗教，因为它的"圣言"是对所有人讲的。它不像其他确定的宗教那样仅仅只是"实证的"；它的信义被揭示出来，但这些信义也是意识运动的一种结果，并且也是意识在内部予以掌控的东西。黑格尔认为，意识在基督教中是不受任何制约的，这与意识与神的等同相关。人与上帝的统一是符合后康德主义对主体之理性自主性的要求的。

## 四、虔诚派与正统派对黑格尔的攻击

黑格尔的学生们清楚地看到他在基督教面前的模棱两可，就像马克思问过的那样："假如有这样一些诉讼委托人，辩护律师除非亲自把他们杀死，否则便无法使他们免于被判刑，那么这究竟应当算什么样的诉讼委托人呢？"③然而，19 世纪二三十年代绝大部分的黑格尔后继者们都选择以保守的方式来理解他的宗教哲学。所以，黑格尔 1818 年接受费希特担任过的柏林大学哲学主席的职位后开始形

---

① Jaeschke, "Christianity and Secularity", pp. 134-135.
② Hegel, *Phenomenology*, p. 417.
③ 《马克思恩格斯全集》第 1 卷，100 页，北京，人民出版社，1995。

成的黑格尔派,其主要人物都认为黑格尔的宗教哲学远未构成对正统的挑战。它对基督教内容的活用,使传统的信仰得以复现,因为它把基督教的信条从怀疑论的质疑中解放出来。约翰·托维斯这样写道:基督教主义的黑格尔派成员,如马海奈克、道布、勾希尔、康拉迪以及拉斯特等人,"都着重强调这一点,而不是强调基督教和黑格尔哲学之间的差异,这就把黑格尔哲学中批判的、有生命力的、历史的内容排拒在外"①。黑格尔派中的一小部分人注意到了宗教与哲学之间的紧张,他们认为宗教与哲学所讲的绝对精神是有重大差异的。因而,从思想和个人的层面与黑格尔主义进行了很长时间的"斗争"之后,罗森克兰茨提出了一个有影响的和解理性与信仰的方法,这就不仅仅强调哲学对传统的守护,也强调哲学范式的转折意义。还有一小部分黑格尔派成员拒绝接受这一方法。早在1823年,辛里奇和卡普就强调哲学是通向上帝知识的唯一通道,神学却不是。在卡普看来,从宗教意识向哲学意识的转换是如此之剧烈,这不亚于一个时代的变换。

对于那些非黑格尔主义基督徒来说,只有极少数派的人承认黑格尔哲学与宗教信仰是完全一致的。黑格尔宗教哲学的对手并不是来自同一个群体,而是包括从《圣经》基础主义者到在宗教和政治上更加成熟的哲学家这些不尽相同的群体。虽然他们接近黑格尔的方式千差万别,但最终目标都大同小异。通过驳斥黑格尔泛逻辑主义和对个人上帝之否定,黑格尔的对手们都试图去揭示那个"鲜活的""自由的""实际的""个人的"上帝。② 这一对传统上帝观念的拯救,无论是以正统的方式还是以思辨的方式进行,都与对以上帝的形象塑造出来的个体之人格的守护相连接,这与黑格尔对个体性的隐性消解正好相反。

---

① Toews, *Hegelianism*, p. 151.
② Jaeschke, *Reason in Religion*, p. 400.

这样一来，反黑格尔话语的呼声在 19 世纪 30 年代逐渐高涨，以至于引起了黑格尔派的一连串回应。但在 1830 年之前，关于黑格尔宗教哲学的争论就已经将注意力导向上帝之人格这一中心问题上去了。黑格尔 19 世纪最初 10 年间在耶拿大学时对青年谢林自然哲学的青睐，确立了他作为泛神论者的角色；虽然他后来越来越明显地走向了对谢林的批判，但许多人在 20 年代还是宁愿将他看作谢林主义者。① 大约 1816 年前后，黑格尔的锋芒还被浪漫主义的光环所遮盖，浪漫主义正契合反拿破仑战争引发的宗教和民族热情之氛围。不过，在耶拿的最后两年间，他从那个热情洋溢的学术小团体中成长起来，他的著作也开始受到批判性的审视。1818 年到达柏林之后，他的名望与他的学术生涯并不对称，关于他的作品之意义的争论已经成为一个公开的话题。围绕他的政治学的争论，是由他在 1818—1819 年的政治哲学演讲以及 1821 年《法哲学原理》的公开出版所引发的。在《法哲学原理》中，他对以哈勒为代表的历史法学派以及以弗里斯为代表的浪漫民族主义者进行了批判。黑格尔在 1821 年的宗教哲学演讲，甚至激起了更大的反应。同时，他决然地将另一个神学学派，即施莱尔马赫学派当作"异类"来看待。1822 年在为辛里奇的一本著作所作的序中，黑格尔强烈指责施莱尔马赫，由此使得因为黑格尔支持将施莱尔马赫的一位朋友韦特从柏林大学驱逐出去而引发的冲突，迅速发展成一场施莱尔马赫情感神学和黑格尔宗教理性哲学之间的较量。②

---

① F. W. Graf, "Der Untergang des Individuums. Ein Vorschlag zur historisch-systematischen Rekonstruktion der theologischen Hegel-Kritik", *Die Flucht in den Begriff. Materialien zu Hegels Religionsphilosophie*, ed. F. W. Graf and F. Wagner (Stuttgart, 1982), p. 280.

② 关于这两者之间的较量，可参见 Toews, *Hegelianism*, pp. 49-67; Richard Crouter, "Hegel and Schleiermacher at Berlin: A Many-Sided Debate", *Journal of the American Academy of Religion*, 48. 这场较量在胡佛看来，是因为施莱尔马赫将黑格尔任职于柏林视为普鲁士政治向右转的一个推力，具体论述可参见 "The Origin of the Conflict Between Hegel and Schleiermacher at Berlin", *Owl of Minerva*, 20。

在正统神学家和虔诚派面前，施莱尔马赫难免不受其影响①，但黑格尔支持辛里奇哲学知识优于神学知识的断言，也支持道布和马海奈克与施莱尔马赫针锋相对的态度。在黑格尔支持的这些人看来，黑格尔就是一位泛神论者、斯宾诺莎主义者或者是泛逻辑主义者，这些术语总体来看都是那个时候无神论对神学世界观进行回应的一种表征。②虔诚派神学家奥古斯特·托拉克1823年在一篇匿名作品中对黑格尔发起了挑战③，他谴责黑格尔忽视了个体的神的存在，而这种谴责又被《基督教会报》的主编埃尔斯特·亨斯登伯所接手。作为神学和政治刊物的《基督教会报》创办于1827年，发起人是虔诚派神学家路德维希·格拉克以及安道夫·乐卡克。对黑格尔的种种攻击总体来看就是对宗教话语的一种政治监管的组成部分，这是19世纪最初10年普鲁士新教演进中的一种回应，是一场将矛头指向异教徒的政治运动。

1815年之后普鲁士新教的形成与两个现象直接相关：首先，加尔文教会与路德教会1822年的合并，大大加速了新教正统派与政治当局的结盟。解放战争后期，无数的地方统治者开始重新与各自境内的教会联手，以此确立新教信仰的正统性。这一政策受到普鲁士国王威廉三世的狂热追捧，他作为一个虔诚的加尔文教徒，开始希望将路德教派的信仰融合到他自己的信仰中来。1822年普鲁士联盟这个国家教会的成立，使威廉三世发起的宗教信仰和宗教仪式的改革达到了高潮。普鲁士联盟制定了一套统一的宗教仪式，建立了一套严格的宗教体系，最高主教由国王统一任命。联盟一开始遭到了

---

① 关于这一方面之内容，可参见 Robert M. Bigler, *The Politics of German Protestantism. The Rise of the Protestant Church Elite in Prussia, 1815-1848* (Berkeley, 1972), pp. 131-132。
② 参见 Graf and Wagner, "Einleitung", pp. 28-29。
③ Jaeschke, *Reason in Religion*, p. 362。

来自加尔文和路德教派的抵制，但到 1830 年，这个新的宗教组织已被普遍接受。① 当然，教权和王权之间的真正联手，主要还是在路德教派的领地上发生的。但无论如何，对各路教派的统一管理，构成整个 19 世纪普鲁士绝对国家权力的一种展示。② 腓特烈二世在位期间，宗教规范主要还是以国家统一为旗号的一个外部的政治帮手③，但虔诚的威廉三世钟情于宗教仪式的改革，力求使不同的宗教信仰走向融合，最终的结果就是普鲁士的政治和宗教交叉在了一起。1789—1815 年的革命结束之后，威廉三世明确地将教会中新正统的主张看作使政治权威回归国家的一种必不可少的要素。

其次，普鲁士新教的形成也是 19 世纪最初 20 年间虔诚主义的复兴和转型的一种结果。一般来说，宗教的复兴是对西欧启蒙理性主义以及革命效果的一种反向的回应，但在普鲁士，19 世纪 20 年代发生的启蒙却将对 18 世纪德国文化产生重要影响的虔诚主义的资源纳入其中。不过，与 18 世纪初期开引出虔诚主义的社会自发结构不同，"启蒙"是一项由贵族和知识分子精英所推动的伟大运动。用托

---

① 我对此的大部分描述，来自于 Shanahan, *German Protestants Face the Social Question*. Vol. I, *The Conservative Phase*, *1815-1871* (Notre Dame, 1954), pp. 94-95; Bigler, *Politics of German Protestantism*, pp. 3-75。同时，也可参见 Berdahl, *The Politics of the Prussian Nobility. The Development of a Conservative Ideology*, *1770-1848* (Princeton, 1988), p. 251。黑格尔虽然在《法哲学原理》中对教会和国家之结盟旗帜鲜明地提出了反对，但总体来看他在研究中对这一问题基本上保持了沉默。

② 教权和王权之结盟在德国加尔文教派内是有差异的。海因茨·谢林区分了"市民加尔文主义"和"宫廷加尔文主义"：德国西北部的市民加尔文主义强调在宗教和政治事务上的市民自治，而以统治者和国家为依托的宫廷加尔文主义则强调与加尔文教会的进一步结盟。相关论述，可参见 Schilling, *Civic Calvinism in Northwestern Germany and the Netherlands: Sixteenth to Nineteenth Centuries* (Kirksville, Mo., 1992)。

③ Birtsch, "The Christian as Subject. The Worldly Mind of Prussian Protestant Theologians in the Late Enlightenment Period", *The Transformation of Political Culture. England and Germany in the Late Eighteenth Century*, ed. Eckhart Hellmuth (Oxford, 1990), pp. 310-311.

维斯的话说,这是一场"自上而下的复兴运动"①。这场复兴运动在波美拉尼亚贵族群体的助推下走向强盛,冯在兄弟、安道夫·塔登以及格拉赫兄弟在其中起到了导向的作用。他们使这一运动具有了保守主义的特点,这一特点随着柏林虔诚主义贵族和资产阶级知识分子之关系网络的形成而得到了强化,埃尔斯特·亨斯登伯、奥古斯特·托拉克以及约翰尼斯·维歇恩等正统神学家在其中的作用格外突出。甚至连萨维尼这位著名的法学家,也向保守的虔诚主义敞开了理论的怀抱。②

在启蒙的开始阶段,许多贵族虔诚主义者强调宗教的内部体验,强调个人与上帝的关系,强调对路德教派所有信仰者之虔诚观念的真诚领受,这也成为17、18世纪虔诚主义的核心所在。这些虔诚主义者的信仰使普鲁士官员开始以一种怀疑的心态看待启蒙。③ 一方面,虔诚主义的个人性使精神关怀与政治和社会关怀分离开来;另一方面,虔诚主义凭借对人们之间以及人与上帝之间真诚关系的欲求,向已经存在的宗教和政治实体发起了挑战。在17、18世纪,这一点往往内化为实际改革的动力,这一改革的目标就在于实现虔诚主义对恒久的、神圣的人间关系之追求的愿望。④ 政府的恐惧不久后减小了,这不仅是因为启蒙越来越走向了保守,同时也是因为威廉国王支持宗教的复兴。迫于来自贵族们的压力,宗教的复兴开始将早期虔诚主义强调的个人内部的、主体的宗教体验看作一种潜在的颠覆性力量。这就使虔诚主义不再具有实至名归的含义,因为个人对教会和国家的绝对忠诚被凸显出来,新教的净化要以奥格斯堡

---

① Toews, *Hegelianism*, p. 245.
② Ibid., pp. 246-247. 也可参见 Bigler, "The Social Status and Political Role of the Protestant Clergy in Pre-March Prussia", *Sozialgeschichte Heute. Festschrift für Hans Rosenberg zum 70. Geburtstag*, ed. Hans-Ulrich Wehler (Göttingen, 1974), p. 176。
③ 参见 Bigler, *Politics of German Protestantism*, p. 93。
④ 参见 Shanahan, *German Protestants*, p. 31; Laurence Dickey, *Hegel*, pp. 40-137。

信条和早期新教改革者的宗教原则为标准。

虔诚主义者对于宗教原则的复原以及对于权威的服从的紧迫感和紧张感，随着巴黎"七月革命"之消息的传来而强化。反对 1830 年革命的一个直接的结果，就是以专制主义意识形态和哈勒的封建政治理论主导普鲁士保守主义达 10 年之久的《柏林政治周刊》的创办。面对新生的共和主义，保守的路德教派、加尔文教派以及虔诚主义者在 19 世纪 20 年代转而去思考如何在普鲁士形成一个宽广的阵营，以此光复正统、巩固复辟政治的神学。他们所期望的"基督教德国"的意旨即在于将王权与教权以同一的合法性原则整合在一起，用斯塔尔意味深长的话说就是，"是权威，而不是大多数"①。

对于新虔诚主义者和新正统的加尔文、路德教派来说，虽然在 1827 年之前出现了多种不同的政治和宗教倾向，但共同的政治和宗教敌人又使他们在 19 世纪 20 年代聚合在一起。② 在神学上，新正统主义的主要标靶是 18 世纪末主导普鲁士新教观念的启蒙理性主义信仰传统。18 世纪 90 年代之前，不仅像莱辛这样的著名文学家，还有许多牧师，包括普鲁士新教教会的主要领导人，都将基督教的伦理维度提升到一个超越救世神学之超自然信仰的神秘性的高度上，由此确立起这样一种信仰，即人类的意志能够决定对"善"的选择，这样一来，基督教所讲的"原罪"的成分就大大减少了。③ 启蒙理性主义与保守的虔诚主义者以及其他正统的新教派正相对立，后者认为，有如此之多的宗教领袖都信奉在他们看来是所有罪恶（包括颠覆宗

---

① 参见 Welch, *Protestant Thought*, vol. 1, pp. 194-198。
② Toews, *Hegelianism*, p. 247.
③ 关于神学理性主义的讨论，可参见 Welch, *Protestant Thought*, vol. 1, pp. 30-51；关于其政治意蕴的讨论，可参见 Hans Rosenberg, "Theologischer Rationalismus und vormarzlicher Vulgarliberalismus", *Politische Denkstromungen im deutschen Vormarz* (Göttingen, 1972)；关于启蒙所强调的人类意志在完成拯救中所扮演的角色的讨论，可参见 Dickey, *Hegel*, pp. 17-32；关于教士在对于理性主义之宣传的讨论，可参见 Birtsch, "Christian as Subject", p. 315。

教、社会和政治合法性的法国大革命)之起源的教条,实在是骇人听闻。① 保守主义者竭尽全力地取得在普鲁士新教和政治中的优势地位,以及将理性主义者从教士阶层和大学神学系中驱逐出去,成为他们越来越恶毒地对黑格尔进行攻击的一个背景。

黑格尔地位的上升使他看起来俨然就是 19 世纪 20 年代启蒙的最主要继承人和理性主义的最重要传人。他相信可以用哲学的方式来对宗教加以理性的诠释,这就假定了一种自足的、与正统教义完全不同的自我圣化的模式,这使他格外受到天启教的排拒。毕竟,在虔诚的基督徒看来,黑格尔的体系虽然不同于公开表明是无神论者的那种直接的诋毁,但它对理性真理的言说也已经构成了对天启教之教义的一种破坏。事实上,从在柏林进行学术研究的一开始,黑格尔就已经意识到他在普鲁士难以驭控的宗教政治中的身份是多么不确定。他看到他的影响实际上是非常有限的,具体地说仅仅局限于他的学术支持者和一小部分赞同他的观点的文职人员。在这种情况下,他对他的批评者的轮番回应既言辞激烈又小心翼翼,自然就不足为奇。面对那些宗教和政治上的对手,黑格尔毫不犹豫地进行回击。不过,在这一过程中,他也感觉到有局促和捉襟见肘的地方,泛神主义和斯宾诺莎的指控所持有的证据依然有其实际的说服力,而这一点自 18 世纪 80 年代"泛神论之争"以来就始终如此。

正因为如此,在柏林黑格尔派主要刊物《科学批判年鉴》上发表的论文以及《哲学全书》第二版中,黑格尔想方设法地澄清他的宗教身份。他宣称他既不是无神论者,也不是泛神论者,因此他不承认将人类圣化或者以他的哲学来超越基督教的意图。② 他不同意将他的哲学体系指证为泛逻辑主义(偶然的自由对逻辑必然性的依赖),因为他凸显的是将基督教的原则在现代生活中实现出来的积极的、

---

① Bigler, "Social Status", p. 181.
② Dickey, "Hegel on Religion and Philosophy", p. 309.

可变的因素，也就是说，他关注如何将思辨哲学的抽象概念转换为伦理生活的具体原则。这一思想的定位为他和他的那些更加激进的后继者建立联系奠定了基础，那些后继者主要包括契希考夫斯基、卡罗韦、里克特等所谓的"黑格尔老左派"①成员，他们将黑格尔的辩证法看作是世界精神和人文主义历史精神的无限展开。但实际上，黑格尔在面对那些将人类与上帝之差异的判断看成是人类完全圣化的一种学说的后继者时，表现得举棋不定。在对"非基督"的批评的反批评中，黑格尔强调思辨哲学与传统宗教的关联：如果他想勇敢地宣称将绝对观念释放为现实世界的必要，那么他就必须同时承认哲学与宗教在本质上的同一性。在或公开或隐秘的作品中，黑格尔既表达了对绝对观念之积极根由的信仰，又表达了对法理学家勾希尔（黑格尔的保守派学生）关于他的哲学体系所作的正统解释的认同。② 19世纪20年代后期，黑格尔已经清楚地表明了他的宗教哲学的进步和批判的立场，同时也表现出了他的怯懦，而这一点在他最后的政治宣言中也极为明显。③

黑格尔的妥协是否表达了他与日俱增的保守主义立场或者他精明的政治算计，这还是一个颇有争议的问题。但不管他的动机是什么，他针对保守主义的攻击所进行的捍卫却是十分不成功的。他在面对关于他思想的种种批评时所表现出来的举棋不定和犹豫不决，在他的那些批评者们看来是一种非常不真诚的表现；他没能清楚地

---

① 托维斯区分了"黑格尔老左派"与"黑格尔新左派"，后者指的是像费尔巴哈、鲍威尔这些严格地以内在的方法和人本主义的方法来看待历史的人。相关论述，可参见 Hegelianism, esp. pp. 241-243.

② 关于黑格尔对勾希尔的评论，可参见 Clio, no. 17-18(1988-9); Hegel: The Letters, trans. and ed. Clark Butler and Christiane Seiler (Bloomington, 1984), pp. 537-538; Graf and Wagner, "Einleitung", pp. 32-34.

③ 例如，黑格尔在与他的自由主义后继者甘斯关于1830年革命的争论中，就体现出这一点。相关讨论，可参见 Beyer, "Gans' Vorrede zur Hegelschen Rechtsphilosophie", Archiv für Rechts-und Sozialphilosophie, 45 (1959), p. 259.

表明他在 19 世纪 30 年代的立场,更是使黑格尔学派在理解他的思想之实质时束手无策。更重要的是,他的回应是以哲学的术语来表达的,因而打上了鲜明的哲学印记,但那些虔诚派和正统派的批评者们并不关注哲学对话,毋宁说,他们关注的是他(黑格尔)的结论是否与基督教的信义相对立,这是判断他的意图的一个根本标准。黑格尔制造的窘局随着《宗教哲学讲演录》在 1832 年的出版有所改善,自此之后,所有的学派和团体都不约而同地引用这一个文本的文献。然而,当黑格尔派成员罗森克兰茨以及《宗教哲学讲演录》编辑马海奈克等人希望以这一新的文本来教育黑格尔的批评者时,它相反却证实了批评者们的批评意见。[1]

## 五、思辨的有神论者

正统的有神论者,如奥古斯特·托拉克、埃尔斯特·亨斯登伯以及黑格尔派成员海因里希·列奥等,都在关于黑格尔体系的争论中起到了推波助澜的作用,但对于其宗教哲学的实际讨论贡献甚微。相反,19 世纪 30 年代所谓的"思辨的有神论者",却提供了更加成熟的哲学回应,虽然他们的最终目标是从各不相同的维度来表达同时代有神论者要去表达的东西。思辨有神论者的主要代表人物魏斯(1801—1866)、小费希特(1797—1879),以及小费希特的《哲学读物与思辨神学》的出版资助人,并没有形成一个统一的学派,但在哲学要揭示个人上帝这一点上,他们却是统一的。小费希特 1868 年曾回忆说,当他和魏斯在哲学的高度上来反对黑格尔的泛逻辑主义以及辩证逻辑的必然性时,他们标举的正是个人主义、自由主义和人格

---

[1] Graf and Wagner, "Einleitung", pp. 36-37.

解放的旗帜。① 魏斯和小费希特的思辨的有神论对 19 世纪 30 年代哲学和神学反黑格尔主义的发展产生了重要影响，这一点在今天可能容易被人忽视，但在那个时候却是十分突出的。

甚至就是在 20 年代（19 世纪），小费希特和魏斯也已经认为个人上帝的知识是思辨的最高目标，虽然他们在如何达及这一目标上是有分歧的。② 相比小费希特，作为莱比锡大学哲学教授的魏斯在更大程度上肯定了黑格尔。③ 实际上，魏斯也把自己看作 19 世纪 20 年代晚期的一个黑格尔追随者，但他对黑格尔哲学的热情转瞬即逝，过了一段时间后他的兴趣便转向不同方面了。即使当他认为黑格尔应该通过辩证的方法来持守一种更加积极的立场时，他所讲的东西也与"黑格尔老左派"讲的东西大相径庭。"黑格尔老左派"倡导无限性辩证法——人与神的无限的接近，魏斯却认为黑格尔应该走出哲学的逻辑循环，进而上升到一个更高的层面上，而不是"回到绝对的开始"④。

魏斯从来没有真正站在一个完全相反的立场上与黑格尔进行较量，但在他看来，在一个更高的层面上来完成和纠正唯心主义，是他义不容辞的责任。他赞同黑格尔将绝对精神描述为纯粹的主体性，但他拒不认为绝对精神与生动的个人上帝是完全等同的。魏斯认为，

---

① I. H. Fichte, "Bericht über meine philosophische Selbstbildung, als Einleitung zu den '*Vermischlen Schriften*' und als Beitrag zur Geschichte nachhegel'scher Philosophie", in *Vermischte Schriften zur Philosophie, Theologie und Ethik*, vol. 1 (Leipzig, 1869), p. 62.

② 小费希特在 1826 年的《神学入门导读》（杰斯奇克在《宗教的理性》368 页中转引）、魏斯在 1829 年的《黑格尔体系不同关系中的哲学立场》（格拉夫在《毁灭》285 页中转引）中都对这一情况进行过说明。

③ 从人物生平的角度来传递这一信息的文献有：Kurt Leese, *Philosophie und Theologie im Spatidealismus. Forschungen zur Auseinandersetzung von Christentum und idealistischer Philosophie im 19. Jahrhundert* (Berlin, 1929), p. 10; Albert Hartmann, *Der Spatidealismus und die hegelsche Dialektik* (Berlin, 1937).

④ Weisse to Hegel, 11 July 1829, *Hegel: The Letters*.

黑格尔将上帝视为纯粹的主体性，为人格理念的出场创造了可能性条件，但他始终纠缠的那个作为"普遍性之精神"的"神灵"（Gottheit）概念①，却将上帝的"客观的"存在降格为一种普遍的主体性。魏斯要去发展的，是一种积极的个人上帝的概念，为此，他吸收了黑格尔的思想史方法，但采取了一种不同的论述方式，从而得出了不同的结论。他认同黑格尔的这样一种看法，即与其他观念相比，人们所讲的上帝的观念在精神史上获得了更多的说明。但黑格尔的哲学主要是强调人的意志在上帝面前的自我证明，而魏斯的哲学却是强调对一个已然存在的超验的个人上帝观念的理性发现。在解读黑格尔并由此而确立起他的推论基础的过程中，魏斯注意到一种在黑格尔思辨的宗教哲学中凸显出来的稍显稚嫩的个人上帝观念，并由此发现了一种"真实的基督教正统理念的直觉"②，以及一种对黑格尔绝对主体性概念的半信半疑的理解，这让魏斯能够继续将宗教哲学与正统理念对接起来。

　　正如沃尔特·舒尔茨所观察到的那样，魏斯从理性中抽引出个人上帝的观念，并没有使他就此超越唯心主义哲学。③ 魏斯将神学与残损的哲学混合在一起，最终招来了其他一些哲学家的批评，如谢林就是其中重要的一位。而魏斯的同道小费希特甚至抱怨，魏斯与黑格尔派并无二致，因为他将个人上帝置于世界历史发展的末端。对于小费希特来说，上帝应该是一个起点。④ 理性和经验在个人上帝之证明中所扮演的角色问题，是使小费希特与魏斯分道扬镳的一个质点。魏斯认为经验扮演的只是一种补充性的角色，于是在他看

---

　　① Weisse, "Über die eigentliche Grenze des Pantheismus und des philosophischen Theismus (1833)", *Die Flucht in den Begriff*, p. 67. 小费希特在《神学入门导读》（第61-99页）中，对魏斯的观点进行过精彩的评论。
　　② 可参见 Jaeschke, *Reason in Religion*, p. 410。
　　③ Schulz, *Die Vollendung des Deulschen Idealismus in der Spatphilosophie Schellings* (Pfullingen, 1975), pp. 173-174.
　　④ Fichte, "Bericht", p. 102.

来，上帝在宗教经验中的在场，使有神论者之人格观念的哲学发现被放大。小费希特拒绝接受这样一种调和理性与信仰的准黑格尔主义哲学模式，他要求完全从经验中开引出那种"初生的理性的人格概念"，而经验在他看来是知识的唯一来源。① 饶有趣味的是，对于经验和精神因素的不同程度的强调，预设了19世纪经验主义和心理主义的分野，即便小费希特选择的特定事实并不直接与经验主义发生关联。② 对于小费希特来说，宗教经验是最高的心理学事实；他进而又说，它也是最高的世界的事实，因为它被证明是历史中最厚重的、最有创造性的力量。③ 循着心理学和历史中的"事实"，小费希特发现了最高的绝对即个人上帝，人类只能通过上帝在世间的启示而获得后验的知识。④

不管存在多大的差异，小费希特和魏斯还是一致的，这不仅是因为他们都强烈要求重申有神论之人格原则，并以此对抗黑格尔所谓的泛神论和泛逻辑主义，同时也是因为他们都强调以个人上帝的原则来捍卫在黑格尔哲学中遭到严重伤害的有限的人类自由。雅克比通过反对他在理性主义哲学中察觉到的"虚无主义"来捍卫一个有神论的人格概念；与此大致相仿，反黑格尔主义哲学的最重要因素，也是一种建立在个人上帝与人类主体之相似性基础之上的个体主义。上帝给予个体以形体，也就意味着上帝给予人类以意志。对于思辨有神论者来说，人类之人格与上帝之人格绝不是平行的，因为上帝之人格包含了绝对的自我证明的存在或者绝对的意识统一体⑤，而完全的自由需要这样一种上帝的自我统一体，绝对的人格经验无条件地建立在上帝意志

---

① 可参见 Jaeschke, *Reason in Religion*, p. 371; Schulz, *Vollendung*, p. 170。
② 赫尔曼·埃雷特在《小费希特：一位面向时代的哲学家》(斯图加特，1986)中认为，小费希特对经验事实的强调，实质上预设了对自然科学和神学的调和。
③ Fichte, "Bericht", p. 106.
④ Ibid., p. 115。
⑤ Ibid., p. 103; Weisse, "Grenze", pp. 84-85; Weisse, *Die Idee der Gottheit* (Dresden, 1833), pp. 159-160。

的基础之上。① 与这样一种有关神之人格的形象不同，小费希特和魏斯都承认人类既不能根据他们对上帝的依赖来抽象自身，也不能根据自然的他者而为之。然而他们都认为，保持相对自我同一的人类尽管在自由上面临重重限制，但人类个体的差异却保证了人格在今世和来世的完善。②

我们不得不承认，对有限的人之关注不仅仅是对基督教长期以来一直强调的"上帝按照他的形象来造人"论题的一种重复，同时也是对后康德宗教哲学的一种独特回应。后康德宗教哲学即使依赖于唯心主义的世代先驱来形成逻辑的推进，也最终从唯心主义的结论中退缩出来。魏斯在批评黑格尔的同时，也从黑格尔的哲学中开发出有实际价值的东西；而小费希特主要借助于他父亲和康德的批判哲学来构造他自己的经验概念。更为一般地说，自由的、有创造力的人类之人格的观点，回应了从歌德、席勒到洪堡的德国人文主义者的个人主义，同时也分享着后康德主义关于人类主体性之本质的研究成果。这一点对于小费希特来说尤为明显，他深受他父亲讲的作为绝对之最高表达的"我"的观念的影响，"我"是一个意志与行动统一的整体。③ 老费希特并没有讲清有限的人类主体和绝对之间的关系，也从来没有去讨论青年谢林所关注的同一性问题。但在生命终结之前，老费希特还是接受了一种彻底的人格主义和超验的上帝之本质的概念。当小费希特宣称人类主体是上帝的一种借贷物时，他完成了他父亲对同一哲学进行放逐的工作。

魏斯和小费希特的人格概念既然建立在神与人之相似性基础之

---

① 参见 I. H. Fichte, *Die Idee der Personlichkeit und der individuellen Fortdauer* (Elberfeld, 1834), pp. 97-98; Fischer, *Die Freiheit des menschlichen Willens* (1833), esp. p. iv。

② 参见 Weisse, "Grenze", p. 58。

③ 参见 I. H. Fichte, *Sätze zur Vorschule der Theologie* (Stuttgart and Tubingen, 1826), pp. xlvii-xlviii。

上，那么对于他们来讲，人之自由的学说就要求决然地拒斥同一性思维。这一对辩证逻辑的基础性批判，成为全面反驳作为黑格尔逻辑学之核心的同一性论题的一个节点。① 必须指出的一点是，19世纪二三十年代的那些黑格尔敌手们在批判黑格尔时并没有认真对待术语使用的问题，因为他们总是相沿成习地将泛神论、无神论、泛逻辑主义等术语合并起来。更有甚者，许多更加老练、在逻辑学层面上来面对黑格尔的批评者，以"无宇宙论"这样一个尖酸刻薄的术语来指责黑格尔。这个术语本来是黑格尔用来批评斯宾诺莎的②，当黑格尔的批评者们不加区分地使用时，就将"无宇宙论"和"泛神论"混为一谈。换言之，他们不是批评黑格尔将有限的存在绝对化和神圣化，而是批评黑格尔在确认精神的绝对地位时，将有限存在物的特定现实仅仅看作精神之发展过程的一个环节。

　　魏斯和小费希特对黑格尔逻辑的批判，以一种意味深长的方式回应了雅克比的指责：一边是有神论者的"现实主义"，另一边是理性主义者的"虚无主义"。魏斯和小费希特相信黑格尔的辩证逻辑将现实看作是思想范畴的一个依附品③，他们由此推断理性与现实不是同一的：理性是抽象的、一般的，而现实则是特定的、具体的、个别的。现实总是凭借溢出于理性范畴的个体化力量而弥漫开来。④ 这种力量作为自由的源泉，不是别的，正是意志本身。首先是上帝的意志，其次是上帝创造物的意志。"自由"成为个体化力量以及在上帝意志中获得其形式的人格的同义语。⑤ 这样一来，自由就成为

---

　　① 参见 Max Wundt, "Die Philosophie in der Zeit des Biedermeiers", esp. pp. 122, 130。
　　② 关于黑格尔对这一术语的使用，可参见 Parkinson, "Hegel, Pantheism, and Spinoza", pp. 449-459。
　　③ 魏斯将黑格尔的逻辑描述为"纯粹的范畴或绝对的思想和知识形式，同时也是存在与真理的绝对形式"，相关具体内容，可参见 Weisse, "Grenze", p. 85。
　　④ Weisse, "Grenze", p. 61.
　　⑤ 参见 Weisse, *Grundziige der Metaphysik* (Hamburg, 1835), p. 16; Weisse, "Grenze", p. 67。

外在于或者超越于理性的东西,魏斯在对黑格尔自由概念的批评中明示了这一点:"对于黑格尔来说,'和解'归根结底就是通过强调对立统一来讲述'主体与非外在客体的关系'。自由对他而言不在于具体地肯定,而在于扬弃,用他自己的术语就是'过程'。这些说法不仅表明实体是与严格的律法连接在一起的,而且也表明它是严格地限定在律法的链条上的。在所有的存在中,仅仅只有从存在到知识的过程才是黑格尔的自由的实质。但黑格尔对从知识到鲜活的行为与创造活动的存在之过程却知之甚少,而这才是我们所讲的自由的本质所在。"①

## 六、谢林的实证哲学

魏斯在讨论自由的过程中,由于强调实证事物的真实性而不是强调对它的克服,并且由于总是求助于对"否定"与"实证"哲学的区分,所以实际上由此说明了思辨有神论者与谢林晚年所讲的实证哲学相互交叠的两种方式。沃尔特·舒尔茨曾警示不要将谢林与思辨有神论者拉得太近。② 在这里,我的意图并不在于介入关于谢林或长期或短期思想生涯中连续性与非连续性问题的争论。毋宁说,谢林关涉到我们的讨论,是因为他的实证哲学为费尔巴哈以及其他青年黑格尔派成员树立了完美的人本主义世界观的榜样,而这样的世界观也为许多黑格尔的批评者所共享。实际上,谢林的实证哲学虽然在许多细节上与思辨有神论大为殊异,但它对于界定 19 世纪三四十年代反黑格尔运动的哲学话语起了决定性的作用。

谢林的实证哲学与其说是主要通过实际的学术研究而被认识,

---

① Weisse, "Grenze", p. 84.
② Schulz, *Die Vollendung des Deulschen Idealismus in der Spatphilosophie Schellings* (Pfullingen, 1975), p. 168.

不如说是主要通过"道听途说"和传言而被获知,因为自《对人类自由本质的研究》在 1809 年出版之后,他就再没有公开出版或发表过任何著述。人们所知道的谢林在这之后的哲学思想,主要是来自于 20 年代(19 世纪)早期他在埃朗根做的演讲,以及 1827—1828 学年第一学期在慕尼黑做的关于现代哲学史的著名讲座。① 慕尼黑的讲座已对"实证"和"否定"哲学进行了区分,这在他 1834 年为法国哲学家维克托·库辛的一本书作的序中得到了更进一步的说明。② 在为库辛的书作的序发表之前,"实证哲学"就已经进入了德国哲学的词汇当中,被魏斯、小费希特,尤其是第一次公开评论谢林新哲学思想的斯塔尔《法哲学》第一卷所使用。具有反讽意味的是,尽管谢林抱怨思辨有神论者和斯塔尔严重曲解了他的实证哲学,但对于一个十分看重自己公共形象的哲学家来说,却从理解的缺乏中获益良多。正如埃德曼在 1853 年回忆时所说的那样:"对实证哲学的内容以及如何从否定转变到肯定知道得越少,越会有人根据自己的口味来塑造一个谢林的形象。当没有人知道谢林在讲什么的时候,会有如此之多的思想家珍视他,这种情况是很少见的。"③

实证哲学是谢林摆脱他在 1798—1804 年发展的唯心主义④之漫长旅程的一个顶点。谢林并不满足于他早期对思想与存在的调和,到 1827 年的时候,他索性直接否定他青年时期那没有思想意义的泛

---

① Schelling, *On the History of Modern Philosophy*, trans. Andrew Bowie (New York, 1994).

② 参见"Zur Geschichte der neueren Philosophie. Münchener Vorlesungen (Aus dem handschriftlichen Nachlass)"; "Vorrede zu einer philosophischen Schrift des Herrn Victor Cousin" (1834), *Schelling's Sämmtliche Werke*, *1833-1850*, vol. 10 (Stuttgart and Augsburg, 1861)。

③ 转引自 Schulz, *Die Vollendung des Deulschen Idealismus in der Spatphilosophie Schellings* (Pfullingen, 1975), p. 173。

④ 安德鲁·鲍伊认为,谢林即使在发展唯心主义的阶段,也没有像黑格尔那样将存在看作是思想的依附品。相关具体论述,可参见 Bowie, *Schelling and Modem European Philosophy. An Introduction* (New York, 1993)。

逻辑主义的研究。他声称，自 1804 年以来，他就一直在竭尽全力地以关于自由的新哲学来代替关于绝对同一性的旧哲学，以关于存在的哲学来取代关于主体反思的哲学；自此之后，自由的基础将在存在中而不是在主体反思中去寻找。这就要求拒斥在更高的抽象反思水平上吸纳有限的存在的辩证逻辑，从而使一种能够包容有限性、特殊性、偶然性以及危机和决策的非连续性的灵活的思想模式出场。

在一本重要的书中，安德鲁·鲍伊强调了谢林哲学的当代相关性问题，但贬低了其神学思想的价值。[1] 当我们沿着鲍伊的解释来探寻谢林与 20 世纪晚期后形而上学思想家之间的关系时，鲍伊的学术工作是适洽的。但是，无论是从谢林哲学发展的历史语境还是从当代人对其哲学的理解来说，他晚期思想中的神学转折却是不能被忽视的。完美、鲜活的个人上帝的启示，是他去把握主体反思之外的存在的必要条件，这构成对他早期人格观念的一种激动人心的再估价。作为一个唯心主义者，青年谢林把上帝看作对意识一无所知的总体，把有限的人的人格看作绝对自我的一种分割。因此，谢林在 1795 年给黑格尔的信中写道："没有个人上帝，我们最高的斗争就是去破坏我们的人格，进而进入绝对存在的领域。"[2] 谢林在 1804 年还与黑格尔共同主编《哲学批判》，但《哲学与宗教》已经预示着他迟早会与同一哲学分手。他离弃唯心主义的步伐，因为黑格尔在《精神现象学》中对他的批评，以及他在让他 23 岁（1798 年）就获得教授席位的耶拿大学的经历而加快。耶拿是德国浪漫主义的中心，在那里，谢林走近了由蒂克、奥古斯特、施莱格尔、诺瓦利斯等人组成的学术团体，这个学术团体在当时越来越被 1800 年之后天主教的教

---

[1] 参见 Bowie, *Schelling and Modern European Philosophy. An Introduction* (New York, 1993), p. 14。

[2] 转引自 Reardon, *Religion in the Age of Romanticism*, p. 95。

皇绝对权力主义所吸引。1803 年谢林移居巴伐利亚，在接下来 40 年的绝大部分时间里他都在那里生活。虽然谢林从来就没有信奉过天主教，但至少像他的那些浪漫主义朋友一样，他对神秘主义和基督教的精神主义表现出越来越浓厚的兴趣。

受 17 世纪路德教神秘主义者雅各布·波希米亚——谢林的朋友、天主教哲学家巴德尔曾向他介绍波希米亚的思想——的影响，谢林 1809 年开始质疑、颠覆唯心主义那没有生命力的抽象性。唯心主义缺失了人格概念，反对由作为生活唯一原则的人格①赋予生命力的宇宙。谢林 1811—1812 年还与雅克比进行激烈的争论，但到 20 年代的时候，他就开始对这位老对手的系统理性进行称赞。在雅克比那里，谢林觉察到一种"从其青年时期开始就一直涌动着的东西，这种东西反对将任何事物缩减为仅仅是一种理性的关系，反对排除自由和人格"②。谢林相信，他 1809 年的《对人类自由本质的研究》第一次清晰地提出了人格概念。③ 就像拒斥唯心主义的绝对主体那样，谢林同样拒斥了正统的拟人的上帝。在他看来，上帝的人格就是纯粹的意志和自由的创造性。循着神秘主义者波希米亚的足迹，谢林探索到了这样一个问题，即在上帝那里存在一种不属于他自己的东西。谢林不再把上帝看作是自我确证的总体性，而是假定在他鲜活的统一体中有两种存在物，每一种存在物都是意志的动力。

上帝的意志旨在"把一切都普遍化，把一切都提升到一个光亮的统一体上"。与这种"光亮"原则相反的是一种立于"地上"的"黑暗"原

---

① 参见 Schelling, "Philosophical Investigations into the Essence of Human Freedom and Related Matters", *Philosophy of German Idealism*, pp. 247, 282。

② Schelling, "Jacobi. Der Theosophismus", *Sämmtliche Werke*, vol. 10, p. 168. 关于谢林与雅克比的争论，可参见 Dale E. Snow, *Schelling and the End of Idealism* (Albany, N. Y, 1996), pp. 205-213。

③ 参见 Schelling, "Philosophical Investigations into the Essence of Human Freedom and Related Matters", *Philosophy of German Idealism*, p. 281。

则,"黑暗"原则指向的是一种"把一切都特殊化,把一切都激活"①的非理性的意志,这就是自然的原则。上帝自身虽然包括了"地上"的意志,但不能抹杀它的独立性。人格像所有的特定事物一样,要依托于自然的特殊性来得到呈现。

被谢林界定为善和恶之能力的自由,根据鲍伊的指认,依赖于"它永远不会从整体中分离出去的基础,为了不至于使它自己丢失,它要根据这种基础来揭示自己和成为自己"。当然,自由同时也需要抵制存在的基础。自由对基础的依赖,可以防止由绝对主体的同一哲学观念所预设的循环的闭合。② 与黑格尔的观点截然不同,或许也正是因为如此,谢林早期的自然哲学以及《对人类自由本质的研究》中的上帝,可以用有序的东西来强力地纠正基础的无序和混乱状态,即"通过爱来克服它,使它在对自己的赞颂中服从于自己"③。

谢林1809年的哲学体系,如果准确地描述应当是一种"万有在神论"的形式。这种"万有在神论"假定上帝一方面已经先验完成,另一方面又依赖于他在世间的显现。④ 谢林《对人类自由本质的研究》之后的另一部写于1812年、在他有生之年并未公开出版的著作《世界时代》,拉近了他与超验的上帝概念之间的距离。在《对人类自由本质的研究》中最初得到阐述的两个主题,在这部著作以及19世纪二三十年代的其他著述中仍被继续讨论。首先,谢林继续将上帝的人格界定为纯粹的意志和不以理性为标准来说明的唯意志论形而上学的中心。唯意志论可以解释上帝那同时存在的普遍内在性和超验性,因为根据唯意志论,上帝创造世界仅仅是借助于一种非理性的

---

① Schelling, "Philosophical Investigations into the Essence of Human Freedom and Related Matters", *Philosophy of German Idealism*, pp. 267, 256.
② Bowie, *Schelling and Modem European Philosophy. An Introduction*, p. 96.
③ Schelling, "Philosophical Investigations into the Essence of Human Freedom and Related Matters", *Philosophy of German Idealism*, p. 270.
④ 参见 Schulz, *Die Vollendung des Deulschen Idealismus in der Spatphilosophie Schellings* (Pfullingen, 1975), p. 12.

创造性原则而不是必然性。相应地，上帝要在世界中也通过世界来揭示他自己，当然他也永远保持与世界的分离状态，他的启示完全是自主的。在 1809 年之后的文献中，谢林提出的"光亮"和"黑暗"原则卷进了"两种能力"的学说当中：一种能力指向外部的创造性，一种能力指向内部的上帝自我统一性。[1] 这样，在受到波希米亚暗示的谢林看来，在神启的背后和外部，神的存在处在一种未被明示的状态之下，"他保持着一种非理性的原则，他消除差异，因而他也与世界截然对立……将这种原则视为上帝的人格以及在他之中和为他而在的他的存在，是十分有必要的"[2]。这样一来，谢林上帝的人格概念就与黑格尔的概念尖锐对立起来。黑格尔所讲的上帝用谢林的隐喻来说就是，他从来不庆祝安息日，因为他从来就没有从世界发展的过程中解放出来。

第二个谢林继续讨论的主题关涉到他的人类概念。在青年时期，谢林就分享了浪漫主义所讲的普罗米修斯理念的思想。这种理念认为，自由通过承认所有自然中精神的普遍存在来积极地克服所有的他者。这种自由的概念需要至少补充进一个人与上帝之关系的概念，这个概念需要声明人与上帝最终是要走向统一的。1804 年，当谢林开始将《圣经》中关于"堕落"的话语引到他对人类自由的论述中的时候，他开始与这个概念分道扬镳。于是，奥古斯丁所描绘的那个背叛上帝的人的形象进入谢林的核心观念当中。谢林把"堕落"看作是人类意志的自我主张的一种结果，即"被激发的自我"[3]的一种结果。这是一种从神的统一到"分化"和"自我主义"的"堕落"。虽然"堕落"把人带到罪恶和

---

[1] 参见 Schulz, *Die Vollendung des Deulschen Idealismus in der Spatphilosophie Schellings* (Pfullingen, 1975), p. 327。

[2] 转引自 Brown, *The Later Philosophy of Schelling: The Influence of Boehme on the Works of 1809-1815* (London, 1977), p. 248。

[3] Schelling, "Philosophical Investigations into the Essence of Human Freedom and Related Matters", *Philosophy of German Idealism*, p. 271.

苦难中来，但它也揭示了神和人的基本关系。为了回应正统基督教的前提，谢林提出了这样一个观点：因为人类是按照上帝的形象被创造出来的，所以人类必然会有"人的统一性"，这种"统一性"使人能够将生命的特殊性提升为一种有意识的自我决断的原则。①

这引导谢林去接受一个与唯心主义截然相反的自由概念，这个概念不是建立在精神的无限自我基础之上，而是建立在源出于"罪"的人格基础之上，同时也建立在每个人的善与恶的根本能力的基础之上，简言之，建立在人对唯意志论的形而上学的参与基础之上。在第2章中我们将会看到这样一个自由概念，由这个概念引出的政治结论与黑格尔得出的结论截然不同。而且，青年谢林曾经认同黑格尔的观点，即真正的人类拯救在于个体与绝对观念的整合，但老年谢林则坚持另一种观点，即人类拯救的可能性有赖于作为神的形象的人的可能性。② 与他早期的致思路向相反，谢林现在认为个体会本能地反抗绝对并最终将它吞噬。进而，个体会选择去信仰一个生动的、个人的、救赎的上帝。所以，神与人的关系总是会表现为人与人的关系，表现为相似性和依赖性而不是同一性。因此，谢林1809年这样写道："为了对抗个人与精神的邪恶，精神之光作为调停者同样以人的形式显现出来；为了使上帝与他的创造物之间的和谐关系恢复到最高的水平，个人要医治个人，上帝必须变成为人进而使人能回到上帝那里去。"③三十多年以后，谢林的基本观点并未改

---

① Schelling, "Philosophical Investigations into the Essence of Human Freedom and Related Matters", *Philosophy of German Idealism*, p. 249.

② 谢林认同路德教所讲的奥古斯丁观念的一些方面，但在几个关键的问题上，谢林与路德的观点有着根本的差异。路德认为，"堕落"毁坏了作为神的形象的人的形象。承认人与上帝的根本异质以及上帝对人的解救，是路德派神学的统一原则。相关论述，参见 Stephen Ozment, *The age of Reform, 1250-1550. An Intellectual and Religious History of Late Medieval and Reformation Europe*, New Haven, 1980, p. 243。

③ Schelling, "Philosophical Investigations into the Essence of Human Freedom and Related Matters", *Philosophy of German Idealism*, p. 255.

变:"一个人寻找一个人,作为人格的自我需要人格;需要一个站在世界之外和宇宙之上的人,这个人可以理解并一直通达我们自己的内心。"①

谢林对他青年时期哲学的背离,让他更多地去接触基督教的正统观念。循着奥古斯丁对人的原罪的强调,谢林开始全面地接受传统基督教所讲的创世说。他通过反对归咎于黑格尔的泛神论来捍卫个人上帝,已经触摸到了基督神学中的一些恒久性的主题。实际上,谢林与黑格尔的争论根源于作为逻各斯(普遍的理性或必然性)或者自然(一种普遍的自然力量)的斯多葛上帝概念,与关于早期作为大爱之神的教父学说之间的古老辩论;同时,也根源于中世纪晚期强调上帝的意志和自由的斯科塔斯派与强调上帝的理性和由他创造的律法而成的约束的托马斯派之间的辩论。② 然而,如果认为谢林晚期的哲学仅仅是对基督教文化中永无止息的循环论题的简单重复,那就大错特错了。一个直接的事实是,谢林继续保持与唯心主义的某种联系(虽然这种联系看起来十分微弱),这是他立志于探究神的存在本质的一种表现,是对一种哲学知识的承诺的表现,这种哲学知识使他不仅不同于严格的路德教派,也不同于在1811—1812年与他发生争论的雅克比。另一个直接的事实是,谢林与思辨有神论者一样,他发展有神论是要去揭示基督教的传统,并对在他看来是唯心主义之失败的产物进行特别回应:自康德以来的德国哲学在解释主体和知识客体的关系时显然无能为力。谢林提出实证哲学,旨在通过将理性建立在存在之现实的基础之上,从而克服德国哲学的弊端。虽然他的哲学方案向后连接到传统神学的核心思想,向前指涉到后形而上学的思想,但仍然与唯心主义认识论的特定问题粘连在一起。

---

① 转引自 Reardon, *Religion*, p. 113.
② 参见 Prestige, *God in Patristic Thought* (London, 1981). 关于中世纪的辩论,参见 Ozment, *Age of Reform*, pp. 33-34.

在1834年一篇评论维克托·库辛的文章中,谢林向公众介绍了他的实证哲学。① 在这篇文章中,实证哲学表面看来是对库辛的经验感官论做出的一种批评,但实质上它是被谢林"雇佣"的黑格尔的一种幽灵。以谢林之见,黑格尔试图发展理解所有现实的辩证逻辑,是所有现代哲学取代指向现实的思想模式之雄心的一种最公开的表达。黑格尔实现这一雄心的失败,是对笛卡尔开创的"否定哲学"时代的一种公开裁决。与黑格尔思想与存在之统一的论断相反,谢林在辩证逻辑中发现不了解释辩证法通往现实的充足理由,也发现不了对于为什么有的东西在场而有的东西不在场的充分说明。谢林发现,从虚无到存在的原始过渡中的纯粹理性系统根本不可能包括经验、存在与现实②,这一点在克尔恺郭尔的《非科学的最后附言》中得到了一定程度的回应。谢林承认辩证法可能有能力对思想进行深入解剖,但在现实面前,它的能力就止住了。

通过否定哲学的能动性而反对哲学对于现实的疏漏,谢林由此也就寻找到了一种对现实的肯定性的解释,这需要把现实不是当作思想的尾巴,而是当作它的起点。他对实证哲学的阐述,将他早期关于存在的基础、上帝的证明以及堕落的人的不完美知识的局限等方面的论述架构纳入进去。否定性哲学辨识了世界的逻辑结构或者必然性的东西,同时也揭示了世界的秩序和束缚存在的法规;实证哲学则认为,在更深层次上的"必然性"的逻辑,作为上帝意志的产物是不受到任何律法约束的。因此,在思想和他赖以存在的基础之间有一种断裂,存在的规则依托于纯粹自发性的意志的自我管束。谢林写道:沿着自我启示的恒久行为来看,"所有都是规则,都是秩序,都是世界的形式,这和我们所看到情况一样。但无规则也在于

---

① Emil Fackenheim, "Schelling's Philosophy of Religion", pp. 1-17; "Schelling's Conception of Positive Philosophy", *Review of Metaphysics*, 1954, pp. 563-582.

② *Sämmtliche Werke*, vol. 10, pp. 212-213.

它似乎能够一次次从中突破出去的基础……这是一种事物之中不可理解的现实性的基础,一种即使耗费最大的气力也无法去除的残余物,相反它会永久性地存在着"①。思辨的理性因此在上帝面前达到了绝对的限制,因为所有现实的无基础的基础巧妙地绕过了纯粹理性的思想。

海德格尔在谢林的哲学方案中发现了与他发展作为西方形而上学传统代替物的基本本体论相关的东西,显然是不足为奇的。谢林不是将同一哲学的解体看作是对神学的支持和对哲学的放弃,而是将其看作对存在之新的思考方式的一种探寻,在这一点上,他与后来的海德格尔是一致的,而与雅克比则大相径庭。但不论谢林怎样开出了一条新的哲学化的道路,他对"实证"知识的释放还是远比海德格尔的理论要更为神学化。根据谢林的论述,认识到自身局限的理性,最终还是会将自己绽放开来,进而承认它的基础和知识可能性的条件并不在于它自己。因为理性存在这种局限,意志的行为将会超越所有的理性:"实证哲学是真正自由的哲学:人们不想得到它,就让它独立。"②实证知识源自于将无所不知的上帝当作是理性的起点和终点,因而,谢林无疑是将知识的基础指认为理性的先决条件,进而,他将自己的"科学"发现与雅克比的神秘主义对立起来。③ 沃尔特·舒尔茨在关于谢林的重要研究中指出,实证哲学依然是要去解决唯心主义所讲的意识的自我调节问题,因为最终否定了否定性哲学的正是理性的自我限制。然而,舒尔茨将谢林理性之实证基础的概念说成是唯心主义的完成,这显然是一种误导。实证哲学是一种将自我意识之自主的唯心主义观念当成理论末端的后唯心主义哲学。不管谢林承认

---

① Schelling, "Philosophical Investigations into the Essence of Human Freedom and Related Matters", *Philosophy of German Idealism*, pp. 238-239.
② *Sämmtliche Werke* vol. 13, p. 132.
③ Ibid., p. 208.

还是不承认,他的实证哲学在自身的循环中还是回到了雅克比在面对理性主义者的"虚无主义"时所提出的问题上。

可以说,谢林晚期的哲学是对黑格尔调和现实与理性、理性与信仰的一种倒退,在这一点上,谢林与思辨有神论者并无二致。在黑格尔左派发起最具有毁灭性的攻击之前,魏斯、小费希特和谢林已经证明了调和神学和哲学以消除它们之间的分裂的不可能性,虽然这种证明并不是有意进行的。只要黑格尔是启示宗教的敌人,魏斯、小费希特和谢林就会是理性法庭上的控告者,毕竟,实证哲学假定了理性的自决向它之外的东西和最终的实证事实的投降,而实证事实只有通过启示才能够被获得。被惩治的理性在尘世间寻找自己的居所,它只能借助于神秘的和神话般的语言来呼唤它那超验的能力,而黑格尔的辩证法恰恰就是以谢林反对的方式去穿越和否认实证的东西。不容讳言,20世纪晚期的读者将会在谢林的思想中开发出当代哲学问题的思想源头。这是对哲学史的一种极大的反讽:一个被他的众多同时代人斥责为顽固不化的叛逆者的人,可能会在与后现代时代的相关性中流淌出新鲜的思想血液。一旦我们在那个"叛逆者"自己所处的语境中误解了他的工作的宽广意义,那么我们就会看不到他的思想的实质究竟是什么。谢林与魏斯、小费希特一样,都清楚地认识到黑格尔的思想模式本质上是一种批判性的思维,因为它假定了理性审判现实的能力。相反,谢林将理性的起源追溯到超越思想的基础,大大弱化了理性,使理性在现实面前变得无能为力。理性不能在概念上理解现实,它只能被动地接受后者。[1] 这样一种对思辨理性之推理抽象的纠正,实质上是一种保守主义的担当,是政治复辟在哲学和神学上的一种对应,这种政治复辟旨在为君主的个人权威和给定的政治秩序的合法性立言,它自然将矛头指向自由的政治理性的宣言。

---

[1] 转引自 Snow, *Schelling*, p. 211。

# 第 2 章
## 至上的君主与复辟的政治神学

马克思 1843 年在给费尔巴哈的信中说,"谢林的哲学就是哲学掩盖下的普鲁士政治"①。马克思在此直接指向谢林与威廉四世反动政权的合流:威廉四世 1841 年任命谢林接手柏林大学黑格尔的哲学教席,并要求他"清除黑格尔泛神论的种子"②。然而,在更深层的意义上,马克思指认的是谢林的实证哲学和普鲁士政治神学之间的深度关联。正如马克思与费尔巴哈所看到的那样,谢林关于人格的有神论观点的声言,直接连接到复辟政治思想的同源主题上去了。关于人格的神学和政治话语的核心问题,就是密切关注不可再分的唯一的意志的本质和条件,简言之,关注专制制度的本质。谢林的启示哲学从其凄婉的形而上学层面来讲,就是要得出这样一个正统的结论:历史揭示出上帝的绝对统治和权威。与此类似,神授的个人权威的合法性是拿破仑被击败之后复辟时代保守主义政治思想家要去论证的主要问题。复辟主义者对个人权威政治之先验根源的关

---

① 《马克思恩格斯文集》第 10 卷,12 页,北京,人民出版社,2009。
② 约翰·托维斯从音乐史的角度对这位新君主的意识形态进行过富有趣味的研究。相关论述,可参见 John Toews, "Musical Historicism and the Transcendental Foundations of Community: Mendelssohn's *Lobgesang* and the 'Christian-German' Cultural Politics of Frederick William IV", *Rediscovering History. Culture, Politics, and the Psyche*, ed. Michael S. Roth (Stanford, 1994)。

注和考究，使保守主义政治思想家与黑格尔的必然性逻辑发生了碰撞。

## 一、世俗化和政治话语

个人上帝与个人权威之间的关联，在19世纪初期并不是一个新的问题。上帝与君主之间的同源性，在中世纪的政治思想中一直是有关君主政体观念的一个核心认识[1]，早期的现代君主理论进一步将这一认识推向前进。这一点不仅对于众所周知的神权学说，而且对于16、17世纪的国家理论来说都是成立的。在阐释现代君主理论的核心观点——一个共和国的君主权力必须是内在的、不可分解的、恒久的——的时候，法国法理学家吉恩·博丁把握住了对现实权威的最有说服力的表述，即君主个人是"上帝在地上的形象"[2]。与此大致相同，托马斯·霍布斯这位并非是正统有神论者的思想家，把利维坦看作是"活的上帝，我们在永生不朽的上帝之下所获得的和平和安全保障就是从它那里得来的"[3]。在一个直接的意义上，19世纪早期复辟政治理论让人意想不到的一个地方仅仅在于，政治神学在现代政治学语境中的复兴是一种时代错乱。我们究竟应当如何理解复辟政治神学中宗教和政治的关系呢？

我们可以通过考察颇有争议的德国政治理论家卡尔·施米特的下述论断来回答这一问题："所有现代国家的理论的重要概念都是世俗化的神学概念，这不仅是因为历史的发展——在其中，我们经历

---

[1] 关于这一问题的经典论述，参见 Ernst H. Kantorowicz, *The King's Two Bodies. A Study in Medieval Political Theology* (Princeton, 1957)。对君主话语的社会性别化本质进行的饶有趣味的考察，参见 Jean Bethke Elshtain, "Sovereign God, Sovereign State, Sovereign Self"。

[2] Jean Bodin, *On Sovereignty*, trans. and ed. J. H. Franklin, Cambridge, 1992, p. 46.

[3] Thomas Hobbes, *Leviathan*, ed. C. B. Macpherson, New York, 1985, p. 227.

了从神学到国家理论的转换，例如，全能的上帝变成了全能的法律制定者——同时也是因为它们系统的结构。"①施米特"世俗化论题"的基本前提是，政治概念是从在本体论和认识论上都在先的神学概念中开引出来的，即神学概念的思想主旨转移到了政治领域。正如这个论题隐性表现的那样，它不是没有缺憾。一个事实是，施米特的论断导致的后果就是政治领域在他那里的降格。考虑到他一贯将人类生活中的政治要素放在第一位来看待，他的这个论断是极具讽刺意味的。世俗化的观点作为一种分析的工具，也是与历史主角的自我理解相违背的，因为对于历史主角来说，"神学的"与"世俗的"之间的关系并不是单线的，而是交叉、渗透的。实际上，我们可以轻而易举地把施米特的话根据激进的黑格尔左派的精神反过来说，即神学概念是神秘化了的政治概念；而且，许多政治概念并没有神学的来源。与其说政治概念是从神学中引申出来的，不如说神学思想与政治思想只有在对创立和被创立、决定和行为、自由和法律之间的关系进行考量时，它们才共同指涉到权力。

汉斯·布卢门贝格或许是最杰出的世俗化论题的批评者，他强调了概念的"转移"和"类比"之间的重要差异。② 施米特在神学向世俗事务的移植中找寻政治概念的起源，而布卢门贝格则指认从神学词汇和神话中"隐喻的借取"行为，以此说明现代政治和社会现象的合法化与权力化。③ 这一问题，可以回到被施米特称为"完美的人格

---

① Carl Schmitt, *Political Theology. Four Chapters on the Concept of Sovereignty*, trans. George Schwab (Cambridge, Mass., 1988), p. 36.
② 参见 Hans Blumenberg, *The Legitimacy of the Modern Age*, trans. Robert M. Wallace (Cambridge, Mass., 1991), p. 93。
③ 诺瓦利斯祈求过一个连接到天国之高度的国家："我麻烦你参考一下历史，在历史连续性的指导下寻找相似的节点，学会运用类比的魔棒。"参见"Christendom or Europe" (1797-1798), *Romanticism*, ed. John B. Halsted (New York, 1969), p. 132。

主义和决断论主权"的理论家霍布斯①来加以审视。霍布斯"请来"了具有神的庄严外观的国家主权,但他很不自然地写道:"利维坦,用更尊敬的方式来说,这就是活的上帝的诞生。"霍布斯并不关注一种权力是由一个人还是由一个议会来掌控,主权对于他来说只要被唯一的权威所把握即可。这种权威作为一个国家的"人",既可以是一个君主制下的"自然的人",也可以是一个议会制或共和制下的"人造的人"②。当我们注意到这一点时,我们会更加清楚地认识到,上帝和君主的统一仅仅只是一种隐喻。这样一来,利维坦的合法性就不依赖于它与个人共享同一性的本质。霍布斯的利维坦与上帝之间的类比性,仅仅只在它们各自领域内可类比的无限权力层面上才可以言谈。霍布斯很难称得上是绝对君权理论的代表人物,许多主张绝对君权理论的人,都因为他将神的约束当作自然理性的依附而恼怒。他的范例对于假定无限制的政治权力和神的无所不能之间的直接同一性,是一个警示。

在评价政治话语中神学类比性的角色时,布卢门贝格正确地提到了实际语境和情形的重要性。施米特的世俗化主题给政治术语中神学概念的运用贴上了一个必然性的标签,似乎只要我们谈论政治权力,就必须运用神学的结构。这会因为将各种各样的政治语言缩减为一种同样的话语结构而遮蔽它们之间的实质性差异,也会将神学概念服务于政治目的或反映历史主角对他们时代之需要的理解而不是表达政治概念深层结构的程度降到最低。这一点在施米特的政治理论中是十分明显的,他的《政治神学》的结论就是对矗立在魏玛共和政体之上的无约束的独裁权力的支持。对于 19 世纪早期的反动

---

① Carl Schmitt, *Political Theology. Four Chapters on the Concept of Sovereignty*, p. 33.
② 这一观点可见于 *Leviathan*, p. 228;更具体的论述,可参见 Thomas Hobbes, "On Artificial Man", *De Homine*, trans. Charles T. Wood (Cambridge, 1991), pp. 83-85。

者来说，对政治神学的求助，随着他们精明地承认那个时代积极的力量但又着力阻碍这种力量的发展而加速。这不是说政治神学仅仅是一种愤世嫉俗的意识形态的操纵，而更多的是指复辟政治理论将深层的信仰和宗教－政治象征主义的资源纳入其中。神学和政治思想的统一是政治策划的一种结果，因而这种统一本身就是那个时代最大的政治问题。

## 二、个人主义和复辟政治学

复辟的天然敌人是打出"弑君王、反独裁、扬民主"旗号的法国大革命。然而，复辟在一个更宽泛的意义上，强化了18世纪保守主义对启蒙的复杂回应。弗雷德里克·贝舍认为，并不是所有18世纪的保守主义都反对启蒙。[①] 进而，贝舍对保守主义进行了一种有意义的区分：一种是"专制主义者"的保守主义，其中许多人都是力倡启蒙专制主义的启蒙者；另一种是"庄园主义者"的保守主义，其代表人物贾斯特斯·莫泽的意旨即在于守护作为反对专制主义国家向心力之保障的旧的封建庄园国。[②] 在分类的意义上，需要加入捍卫或者重新主张旧的家长制的国家观念的保守主义。在这种国家观念下，正如克劳斯·爱波斯坦指出的那样，"君主提升他的臣民的一般幸福，以此取代现代君主为了非个人的国家最大目标而牺牲这种幸

---

[①] 这是对克劳斯·爱波斯坦《德国保守主义的起源》(普林斯顿，1966)之观点的一种大致的假定，当然，爱波斯坦对保守主义起源的描述比贝舍所认为的要更细微。相关具体内容，可参见 Frederick Beiser, *Enlightenment, Revolution, and Romanticism*, pp. 282-283.

[②] 在贝舍看来，关于启蒙中的保守主义因素，可参见 A. J. La Vopa, "The Politics of Enlightenment: Friedrich Gedike and German Professional Ideology", *Journal of Modern History*, March 1990, pp. 34-56; James Schmidt, "The Question of Enlightenment: Kant, Mendelssohn and the *Mittwochsgesellschaft*", *Journal of the History of Ideas*, April-June 1989, pp. 269-291.

福的原则"①。这种家长制的保守主义当然与庄园主义的保守主义是不相兼容的,但它们都把启蒙的专制主义视为共同的敌人,因而启蒙保守主义与这两种保守主义有着质的差别。虽然许多现代启蒙主义者对法国大革命充满恐惧,因而纷纷走向对旧的君主制度的捍卫,但他们中的一些人始终保持着对政治理性的基本信仰。在革命的挑战面前,他们并没有从理性中退缩出来,而是要求得到更多的理性。结果,普鲁士那些最大的政治改革运动,如18世纪90年代对一般农业法的引介,1805年和1815年斯蒂恩和奥古斯特的改革,都旨在发起"从上而下的革命",都希望以政治理性主义的思想产物来为保守主义的目标服务。②

同被称作复辟意识形态之父的庄园制保守主义继承人和家长制保守主义继承人,却又是相当不同的。法国大革命的事件,使主张自然权利和理性政治改革的先锋派与守护给定权利和现状甚至是前现状的保守派之间的对立更加尖锐。埃德蒙德·伯克虽然广泛阅读了德国的历史,但他对这一状况做出的回应远不及贾斯特斯·莫泽的回应重要。③ 莫泽在18世纪90年代善于论辩的文章中,将针对德意志王国(主要是显赫的普鲁士)启蒙理性改革的前革命的等级敌对,与对革命的反抗连接起来。1800年之后的德国保守主义话语,重复性地将普鲁士国家的改革和同样超越法国君主制的理性精神联系起来,因为这两者都强调以抽象的法律规范和非个人的官僚国家取代

---

① Klaus Epstein, *The Genesis of German Conservatism*, p. 264.
② 哈登伯格1807年做出过这样一个论断:"这些原则的力量是如此之强大、如此之被普遍认同,以至于一个国家如果不能接受它们,那就面临被它们所强迫或者自己废止的窘局。"转引自 James Sheehan, *German History 1770-1866*, Oxford, 1989, p. 252。关于普鲁士从上而下革命的经典论述,参见 Reinhart Koselleck, *Preussen zwischen Reform und Revolution. Allgemeines Landrecht, Verwaltung und soziale Bewegung von 1791 bis 1848*, Munich, 1989。
③ 参见 Beiser, *Enlightenment, Revolution, and Romanticism*, pp. 287-288。

个人的权威关系。①

个人与非个人的权威之间的紧张,始终存在于 18 世纪 90 年代普鲁士一般农业法的引介、1806—1816 年的改革年代以及蒂鲍特 1814 年为德意志王国创立一部新的市民法典的努力当中。农奴的解放、行业社团主义约束的废止以及社会财产之间法律标界的设置,都打压了依托于旧的权威原则或个人统治领域内的贵族政治而存在的贵族权力的传统形式。在社会任何一种层面上以非个人的法律关系来取代个人的领域,都使普鲁士国家的个人主义因素大大减少,这对于贵族权力来说是一个明显的挑战。② 这一点不仅在符合法律和规则的事物上是成立的,而且在经济关系中也是成立的,农业的资本化在经济关系中由个人的相互作用转变为非个人的市场交换行为。非个人关系将贵族的许多责任推给农民,并且在许多时候加大了对私有财产占有的尺度,这帮助贵族经济走过了很长一段路程。但是,贵族阶级还是感受到对其权力基础的巨大压力。③ 结果,对权威的非个人化的抵制成为普鲁士贵族的主要政治目标。

普鲁士容克的政治议题反映在复辟政治理论的演化当中。在此,对浪漫主义理论家亚当·穆勒做出精彩论述的保守主义思想与哈勒描述的保守主义思想进行区分是大有助益的。在《国家治理的要素》(1809)中,穆勒把国家界定为"人类事务的总体,它们的一种结

---

① 哈勒的追随者雅尔克在 1833 年断言,"从一个更高的点上来看,专制主义和革命是同宗同源的"。相关具体观点,参见 Jarcke, "Revolution und Absolutismus", *Vermischte Schriften*, Bd. 1 (Munchen, 1839), pp. 166-203。

② 贵族对政治和经济权威非个人化的反应,是伯达尔的《政治学》的一个主要论题。

③ 在一种平衡的意义上,改革年代的效果是中性的。对此的评价,可参见 Hans Rosenberg, *Bureaucracy, Aristocracy and Autocracy. The Prussian Experience*, 1660-1815 (Cambridge, Mass., 1958), p. 203。然而,农业的资本化使拥有土地的贵族阶级强盛起来,以至于它在从普鲁士直到 20 世纪的德国政治和社会中扮演了主要角色。相关论述,可参见 Wehler, *The German Empire*, *1871-1918* (Dover, New Hampshire, 1985), pp. 10-14。

合"①。相应地，他反对机械主义理性国家和商业社会的自我个人主义。但因为他那国家的"有机体"理论和封建"社团"经济的概念赋予了有关控制、责任和交换等方面的直接关系以特权，因而他的政治理论包含了模棱两可、自相矛盾的内容，这弱化了他对个人权威的捍卫，也减弱了他对复辟理论和政治的影响，毕竟，他的理论使所有的个体性的东西依附于在本体上优先的社会总体性。实际上，"有机体"的隐喻本身会导致对类型学意义上不同政治决策的取代，进而就会导致对作为政治共同体之决定性力量的个人权威之重要性的贬抑。

穆勒理论的总体性定向，说明了为什么浪漫主义的机体论受到19世纪早期普鲁士保守主义主流的质疑。瑞士法理学家哈勒是一位特别符合复辟政治之口味的知识分子，这是考虑到他与等级传统和一种世袭的保守主义紧紧粘连在一起而言的。与穆勒相反，哈勒把社会界定为关于从社会的最底层面到最高层面的统治和服从的个人关系网络。② 在复兴封建主义观念的过程中，哈勒指出，权力只是一种个人财产的形式，合法的权力只能在个人领域内被使用。因此，统治权不是对国家的维护，而是个人所有权的一种功能。这一点同样可以推论于家庭中的男性家长、庄园中的领主以及君主，他们每一个角色都在各自的领域内享有不可再分的统治权。在这种结构下，国家、公共权威、公共律法等其实都是不存在的。国王是以一个财产所有者的身份来执行他的权力，行使他的权利和义务的，这和所有通过私人律法来界定的其他财产所有者一样。③ 通过将所有权力私人化，哈勒颠覆了近三个世纪的统治权思想。他将庄园保守主义

---

① Berdahl, *Politics*, p. 169.
② Ibid., p. 237. 哈勒的主要著作是多卷本的《复辟政治学》，其中第1卷出版于1816年，第5卷出版于1834年。
③ 参见 Berdahl, *Politics*, p. 231-263; Merriam, *History of the Theory of Sovereignty Since Rousseau* (New York, 1900), pp. 63-72.

推向极致,形成对现代国家中心化趋势的打击,将集中的统治权分散到星罗棋布的个人社会关系当中。

哈勒的社会关系理论在德国贵族和普鲁士国王威廉的至亲族群内受到了普遍的欢迎,他们与哈勒一样都抵制公共权力的膨胀。[1] 然而,哈勒的理论并非被无批判地接受。像格拉克兄弟这样的著名虔诚启蒙派成员,就指责他赋予了一种跨越基督教原则之律令的自然主义企图以特权。[2] 这是因为哈勒相信社会是人的"自然国家",它始源于家庭,继而又延伸为一种"上位"和"义务"的更加复杂的关系:权威首先从最初的私人征服权中生长出来,其次又依赖于上帝赐予的财产继承权。[3] 一种类似的批评将矛头指向历史法学派领导人弗里德里克·冯·萨维尼,他对合法的法典编纂的反对使历史学家错误地将他列为极端保守主义阵营之一员。[4] 路德维希·冯·格拉克虽然在1810年的时候还是萨维尼的学生,但他反对老师将法律的起源归于共同体的一般精神。[5] 1814年读过萨维尼著名的《论立法与法学的当代使命》之后,格拉克这样写道:"这种学说在泛神论的形式中,构造出一种本质上来自于个体性与不计其恒久起源或者圣

---

[1] Kroll, *Friedrich Wilhelm IV. und das Staatsdenken der deutschen Romantik* (Berlin, 1990), pp. 15-61; Berdahl, *Politics*, p. 242.

[2] 参见伯达尔《政治学》(255页)对奥托·冯·格拉克的评论。

[3] 费迪南德·托尼斯这样描述过哈勒的理论:"总结起来就是,在真实生活中强者统治弱者。这实际上可以被称作一种自然法,它或许也可以施惠于弱者,尤其是当他们接受这种自然法并通过契约屈从于它的时候更是如此。简单地说,作为一种生活中的事实,这必须被当作一种自然法来看待。"参见 Tonnies, "The Development of Sociology in Germany", *On Social Ideas and Ideologies*, trans. E. G. Jacoby, New York, 1974, p. 127.

[4] 约翰·托维斯认为,虽然萨维尼与改革进取派保持着勉勉强强的关系,但他并不是极端保守主义分子。相关具体论述,参见 John Toews, "The Immanent Genesis and Transcendent Goal of Law: Savigny, Stahl, and the Ideology of the Christian German State", *The American Journal of Comparative Law*, vol. xxxvii, no. 1 (Winter, 1989), pp. 139-169.

[5] 萨维尼写道:"根据自然的法则,国家起源于一群人,通过一群人,为了一群人。"转引自 Merriam, *History of the Theory of Sovereignty Since Rousseau*, New York, 1900, p. 96.

化的人及固定惯例的民族之历史演进的体系,它不足以抵御我们这个世纪革命性要素的攻击。"①

正如沙纳汉指出的那样,既不是哈勒也不是萨维尼,而是虔诚启蒙派"为在德国,尤其是普鲁士强调复辟之社会特质的基督教原则提供了精神基础"②。以在当时最出名的极端保守主义者路德维希·冯·格拉克为代表的虔诚派,接受了哈勒对社会关系的描述,但又以基督教对国家起源的解释取代了所有自然主义者对这一问题的解释。在格拉克看来,国家就是"堕落"的一种产物,它作为神的代表来管理"人的罪恶的生活"。根据这种见解,格拉克不仅重新"请出"了神授的、庄严的君主制度,而且将一种"顺乎天意"的角色"借"与国家。这是通过把抑制罪恶的任务指派给国家而实现的,这使国家分享着教会的那种神赐的使命。然而,沿取正统的路德教派之精神的格拉克还是坚持国家与教会的最终分离。自然的、"堕落"的人属于国家,是罪恶的产物;教会这个圣徒的共同体,则超越了国家,并指向最终的事情。格拉克认为,再生的人,"仅仅在这样一种情况下才属于国家,即他们没有完全生活在精神领域当中,因此他们需要国家的法律来对他们的生活加以管束,这种情况一直到他们死亡并被上帝的恩惠所赦免"③。基督教的神授主义与哈勒世袭的社会理论的合体,主导了 19 世纪 30 年代普鲁士主要的极端保守主义刊物——亨斯登伯的《基督教会报》和《柏林政治周刊》——的政治倾向。顺便一提的是,这种合体也代表了谢林晚期的政治观点。④ 这就是黑格尔宗教哲学的保守立场与其政治哲学的批判立场相结合的一种主要的意识形态模式。

---

① 转引自 Toews, "The Immanent Genesis and Transcendent Goal of Law: Savigny, Stahl, and the Ideology of the Christian German State", *The American Journal of Comparative Law*, vol. xxxvii, no. 1 (Winter, 1989), p. 162。

② Shanahan, German *Protestants*, p. 59.

③ 转引自 Berdahl, *Politics*, p. 256。

④ 参见 Gertrud Jäger, *Schellings politische Anschauungen* (Berlin, 1940), pp. 90-91。

## 三、黑格尔基督教观念的世俗化

正如在宗教上那样,在政治上,黑格尔被斥责为"制造"法国大革命和官僚专制主义的理性批判精神的一个缩影。黑格尔常常被看作普鲁士国家的保守主义辩护士,但这对于复杂的黑格尔政治哲学来说是极不公平的,也不能说明他在何种程度上将保守主义思想与激进的政治文化复兴结合起来。然而,正如在黑格尔宗教哲学的讨论中所呈现的那样,引发最激烈谴责的,并不仅仅是他的思想之明显的进步基调(保守主义者反对这一点,而许多德国自由主义者因为这一点而拒不承认黑格尔主义是一种反动哲学);毋宁说,真正激怒那些自身旨在形成一种基督教国家观念的保守主义者的,是黑格尔"成为一个基督教哲学家,一个基督教政治的哲学家,一个政治神学家"的断言。关于黑格尔政治思想争论的焦点,如果不计任何保守主义和自由主义之直接的冲突,那么应当在于后革命时代政治中的基督教意义。由此可以发现,典型的虔诚主义者指责黑格尔抹杀了教会和国家之间的区别,并将国家神圣化。[①] 保守的新教政治思想家虽然对"世俗"和"神圣"之间的区分保持怀疑,但他们却还是利用宗教来实现缩小社会和政治等级差别的世俗目的。相反,黑格尔把他的政治哲学建立在宗教与政治、神圣与世俗之统一的论断基础上。为了理解这种冲突,以及为了理解黑格尔派成员费尔巴哈、卢格、马克思等人的政治思想,有必要深入考究黑格尔政治世俗化的观点。

我们知道,黑格尔将基督教看作自我意识自由的一种宗教,是

---

① 关于这一方面的批评,可参见 Schubarth and Carganico, *Über Philosophic überhaupt und Hegels Encyclopadie der philosophischen Wissenschaften insbesondere* (*1829*) *Materialien*, ed. Riedel, pp. 209-210; Jarcke, *Vermischte Schriften*, vol. 1, pp. 170-171; Heinrich Leo, *Die Hegelingen: Aktenstücke und Belege zu der s. g. Denunciation der ewigen Wahrheit* (Halle, 1838). 列奥对自己家长制的、新封建主义观点的详尽阐述,可参见 Leo, *Studien und Skizzen zu einer Naturlehre des Staates* (Halle, 1833)。

现代历史的一种内在原则，因为"世界历史是自由意识的过程"①。然而更加重要的是，在黑格尔看来，主体如果不能在具体的政治和社会世界之镜像中认识其内在自由，那么自由就是抽象的。因此，他小心翼翼地指出，将基督教原始的精神原则延伸到世俗的领域"是一项推进性的工作，这项工作的完成需要一个艰难的、长期的过程，一个不断教化的过程"②。在黑格尔的特殊语境中，"世俗化"准确地说就是这种教化的过程，而这种教化被视为外部世界逐渐顺应内部世界、外在政治历史逐渐顺应内在精神历史的过程，这种"聚合论"使黑格尔能够讨论现代历史的两大事件——新教改革和法国大革命——之间的内在关系。宗教改革将基督教的基本自由注入到生活中来，在乔基姆·瑞特看来，这是通过创立"转向自我、自己的思想信仰、自己的祈祷、自己对上帝尊崇的自由个体的宗教"③而实现的。黑格尔认为，现代社会个体之自由在这个意义上被证成是新教的原则，但法国大革命又将这种自由转化为现代世界的法则以及所有真正的政治和社会秩序都必须建基于其上的具体原则，尽管实现这种转化的方式不尽完美。这种发现了其无限的精神价值的、拥有内在自由的人，或许认为他的自由的本质已成为现代世界的普遍原则；从现实世界到精神自由的天国之过渡，在他看来再也不会是必需的、不得不认同的。

黑格尔频繁重复的那个论断——自由是现代世界的原则——并不表明他认为他的时代的任何一个国家都完美地实现了自由。他要指出的是，自由原则成为了不断展开的历史以及据以衡量不断提出的所有关于人类的断言的实践原则的实质性内容，它就以这样一种

---

① Hegel, *Werke*, vol. 12, p. 32.
② Ibid., p. 31.
③ Joachim Ritter, "Hegel and the Reformation", *Hegel and the French Revolution*, trans. Richard Dien Winfield (Cambridge, Mass., 1982), p. 191.

方式进入到世界之中。这也彰明了黑格尔那个充满争议的命题"凡是现实的都是合乎理性的,凡是合乎理性的都是现实的"的真实意义。这一命题远不是为现实进行"道歉",而是要建立现实与理性之间的张力关系,这种理性或许可以判断存在的状况如何与历史的内核正相反对。黑格尔在柏林期间想方设法地减小对其命题的批判的可能性,强调哲学对"直到结束其形成过程并完成其自身的"[1]现实的理解。而且,在晚年或公开或私人的著述中,黑格尔表达了对普鲁士国家在卡尔·弗赖赫尔·斯坦和卡尔·奥古斯特时代发起的政治改革,以及国家生活中科学所扮演的重要角色之认同的称赞。然而,在黑格尔时代以及在我们的时代频繁地将黑格尔指证为反动的普鲁士国家的辩护士,却是不能成立的。黑格尔 1818 年被召唤到柏林之后,除了宗教和教育事务大臣奥特斯坦之外,普鲁士政府与他一直保持着距离。从哲学史的角度来看,在黑格尔的政治思想中发现批判性的因素并非是到了 19 世纪 40 年代黑格尔左派那里才实现,因为黑格尔自己就已经清楚地认识到,普鲁士的制度结构与他在《法哲学原理》中阐述的理论结构并不相吻合。

不仅如此,甚至黑格尔最早的那些信徒也越来越意识到他的政治哲学与普鲁士国家之间模棱两可的关系。约翰·托维斯曾指出,许多青年人 1815 年之后转向追随黑格尔,是因为他们希望寻求一种与此举动相关的政治意识形态。反对法国的爱国主义战争,以及从普鲁士国王威廉三世开始的制度改革的承诺,燃起了许多中产阶级

---

[1] Hegel, *Philosophy of Right*, pp. 12-13. 也可见 Toews, *Hegelianism*, p. 62。卡尔—海因茨·伊尔亭格察觉到黑格尔 1818—1819 年演讲与 1820 年《法哲学原理》之间的一种从"共和的"国家概念向"专制的"国家概念的转换,并将这种转换归因于普鲁士国家在接纳了卡尔斯巴德决议之后的一种"向右"的转型。相关论述,可参见 Ilting, "Hegel's Concept of the State and Marx's Early Critique", *The State and Civil Society*, ed. Z. A. Pelczynski, pp. 94-104。黑格尔在 19 世纪 20 年代越来越明显的保守主义立场,被许多黑格尔的解释者之前所指出,关于这一问题的较新的研究,可参见 Horst Althaus, *Hegel und die heroischen Jahre der Philosophie* (Munich, 1992)。

德国人对于民族复兴和第三等级政治角色之非暴力膨胀的信心。对于他们中的许多人来说，制度上的变化看起来是斯坦和哈登伯格改革的一个逻辑结果，但其实这是解放战争之民族牺牲换取的一种有价值的回报。但其实，拿破仑的失败没有带来制度上的改革，而是激起了不同的政治派别关于战后德国重建的具有火药味的争论。在那些既拒斥向旧的国家制度回归，又拒斥沙文主义民族共同体的浪漫主义梦想的年轻人看来，黑格尔现代国家与伦理生活的理论是颇具吸引力的。与任何一种政治选择相反的是，黑格尔的体系表达了一种普遍的、理性的合法性规范，这种规范强调个体与共同体之间的一种会通与和解。然而，一旦战后的希望变成了复辟的保守主义，政治化的黑格尔派的队伍就解体了。当黑格尔宣称要去发现现实性中的理性观念时，他就使其哲学服从于历史事件给出的判断。不难发现，在19世纪20年代中期，黑格尔派的解体就开始出现，这种解体乃是由于黑格尔政治哲学与现代历史之相关性问题而发生的，现代历史并非与黑格尔的绝对观念正相契合。

在后面的章节中，我们将会重新回到黑格尔派的政治解体这一论题上来。但现在强调这一点至关重要，即黑格尔的那个论断——内在自由的人类不需要从世界中退避出来——虽然有些含混不清、模棱两可，但他的世俗化观念的"内核"一旦被揭示出来，这个论断或许可以被理解为一种进步的、积极的指认。那就是，黑格尔以新教原则来说明现代世界，是要求将基督教所讲的自由观念进一步延伸到世界当中。黑格尔思想中的世俗化既不意味着宗教从社会和政治生活中退出（在20世纪晚期人们就是普遍地这样来理解这一术语的），也不意味着宗教的概念转变为非宗教的概念（在施米特那里就如此），或者由黑格尔坚决抵制的神权政治来主导政治和社会生活（神权政治是黑格尔同时代的那些极端保守主义者建构一种狭义忏悔的基督教德国的动力）。黑格尔之所以认为世俗生活是精神王国实际的体现，是因为他相信首先进入基督教中的自由概念现在已成为政治的原则。① 这样一来，黑格尔就完全以基督教的术语来描述世俗化，但这仅仅是指在基督教被理解为一种取消哲学的形式的时候而不是在任意一种状况下。

基督教的这一哲学重建，形成了作为黑格尔国家学说之核心政治理念的伦理生活的基础。实际上，伦理生活的逻辑结构就是绝对观念的结构，是主体与普遍性的事物之间的一种相互渗透。在伦理生活中，主体与主体、个体性与普遍性就完全处在一种相互作用的关系当中，每一位个体在这种关系中都既是手段又是目的。个体性与普遍性之间的相互作用，确保每一个人都把自己看作是他人的目的，以及实现他人目的的手段。或者返回黑格尔宗教哲学的论题上来，伦理生活就成为他的具体人格概念的社会政治体现。我们可以看到，黑格尔从18世纪90年代晚期就已经开始讨论伦理生活的概念，这一概念到他去世之前一直是他的宗教—政治思想的一个内容。但直到1820年的《法哲学原理》，黑格尔才完全根据分析的范畴和延续下来的观点阐明了这一伦理生活的概念。伦理概念旨在调节政治思想的两极：一方面是现代启蒙理解中的原子式的、自我的维度；另一方面则是古代城邦总体性的维度。前者要求突出孤立的、抽象的个人，后者则要求牺牲个人以实现总体的伦理生活。与古代城邦对个体之自由的否定不相一致的是，黑格尔认为现代伦理秩序将历史的意义完全实现出来，这是因为它允许共同体中的自由个体对自我进行表达。因此，现代伦理竭尽全力地将在古代伦理秩序中未被彰明的个体与群体之辩证统一关系呈示出来。

---

① 参见 Hegel, *Werke*, p. 524；Dickey, "Hegel on Religion and Philosophy", p. 323。在《历史哲学》中，黑格尔还这样写道："国家中的自由是由宗教建立起来并保存下来的，因为国家中的道德修养仅仅是构成宗教基本原则的那种东西的践行。"(*Werke*, vol. 12, p. 405)

在黑格尔的思想中，这种辩证的统一连接到他对现代市民社会与国家之关系的调解及这种关系的客观形式。《法哲学原理》对这种关系和形式进行描述的内在驱力，部分来自于实现理性的伦理生活中的基督教原则之目的的必要逻辑要求。当然，黑格尔也把他对市民社会与国家的描述建立在他对现代社会政治发展之机敏的理解基础之上，这对于从具体的历史趋势中开引出概念的辩证方法来说实至名归。正如曼弗雷德·里德尔指出的那样：黑格尔认识到"君主或者革命的国家政治中非政治化的社会的形成，以及社会向经济领域的推进，完全是现代革命的结果"①。黑格尔不仅注意到国家与社会之间的重要分离，同时也注意到不断膨胀的市场体系与革命国家和理性专制主义国家中政治功能的聚合。这就是说，无论是革命的实践还是启蒙专制主义的实践，都揭示出抽象的自由权利的有效性，因而都开启出一个合法性的领域，在其中，人们可以追求他们自己的利益。② 一个市民社会——虽然这个社会的成员的行为不一定是文明的——总是一个在结构上具有合法性的社会，而国家也认识到社会权利的存在，这是黑格尔政治哲学做出的至关重要的假设。

黑格尔不仅将市民社会理解为以爱为纽带的家庭和以伦理生活为核心的国家之间的一种重要的现代性结构，而且将之理解为形成

---

① Manfred Riedel, *Between Tradition and Revolution: The Hegelian Transformation of Political Philosophy*, Cambridge, 1984, p. 148. 对于黑格尔市民社会概念的新奇性以及这一概念对社会思想的影响的论述，参见里德尔的经典论文《市民社会》，*Geschichtliche Grundbegriffe*, vol. 2, ed. Otto Brunner, Werner Conze, and Reinhart Koselleck, Stuttgart, 1975, pp. 719-800. 关于市民社会在普鲁士之历史形成的论述，参见 Reinhart Koselleck, "Staat und Gesellschaft in Preussen, 1815-1848", *Moderne deutsche Sozialgeschichte*, Konigstein, 1981, pp. 83-84。

② 参见 Axel Honneth, "Atomism and Ethical Life: On Hegel's Critique of the French Revolution", ed. David Rasmussen, *Universalism vs. Communitarianism. Contemporary Debates in Ethics*, Cambridge, Mass., 1990, p. 361。对在德国语境中这一变化从一个饶有趣味的视角进行的研究，参见 Keith Tribe, *Governing Economy. The Reformation of German Economic Discourse, 1750-1840*, Cambridge, 1988, pp. 149-182。

现代社会个人自我认同的一种语境。在家庭中,每一位成员都被视为自然的伦理总体的一部分,而在市民社会中,所有人都被视为"具有自由意志的个体",即"人"。黑格尔描述的个体从家庭向市民社会的过渡,以一种重要的方式重现了他所追溯的从古希腊城邦到罗马的过渡,因为现代资产阶级在市民社会中首先获得的是一种抽象的人格——僵硬、保守、独立、自我中心。市民社会在本质上由自我确证和自我的利益所主导,由"自然需要和任性"所驱使,人们在其中以"资产阶级"或者"以自身利益为目的的私人"的角色行动。① 这种状况承认了"抽象权利"的合法性,而这一点最早在关于作为"人"的人权的罗马法中得到阐述,这是对人的自我和财产权的一种确证。在第3章中,我们将会回到财产所扮演的角色这个问题上来,这是黑格尔在论述人格的形成时谈到的一个内容。现在,我们要强调的是,黑格尔并不相信抽象的人格,即纯粹的自我决断的能力是可以被否弃的,因为如果是这样,那么就彻底伤害了现代的自由原则。然而,黑格尔同样认识到,这种人格的能力也会腐蚀共同的价值和实践的基础。阿克塞尔·霍耐特简明扼要地阐述了这一问题:"对于黑格尔来说,……时代提出的真正的挑战一定是由革命产生出的那个问题,即在政治斗争中所赢获的抽象自由的领域,如何被置放到一种总体性的语境当中,以便使其不能够无限地释放'分化'的能力,而是变成伦理总体中的一个实证性的构成要素。"② 对于黑格尔来说这成为一个问题,准确地说是因为他以伦理的条件来看待社会总体的目标,因此,他竭力以这样的方式在概念上对促成具体人格之形成的市民社会的经济和社会结构进行界定。

这样一来,市民社会在黑格尔这里变成了一个有助于人之教化的教育的过程。18世纪德国人讲的教化,是一个和谐的、朝向一个目标或者一种内在能力之展示的过程;与此不同的是,黑格尔将教

---

① 参见 Hegel, *Philosophy of Right*, para. 182 and 187。
② Axel Honneth, "Atomism and Ethical Life", p. 362.

化看作一个"分裂、解体以及对立的过程"①。在解读18世纪苏格兰社会理论家亚当·斯密、亚当·弗格森以及詹姆士·斯图尔特理论的基础上②，黑格尔认识到市民社会构成了一种"需要的体系"，在其中，个体因为自身不能实现其所有的需要，所以就使社会关系的网络开始形成。充满竞争性的个人主义之分化的结果，由此在劳动分工和社会交换的相互依赖关系中得到了补偿。黑格尔据此声称，那种自我主义的结果，也就通过一种看起来是实现自我之手段的普遍性来得到了调节。个人仅仅在以一种普遍性的方式来确定其知识、意志和行为并将自身连接到社会关系之锁链的情况下，才能够实现他的最终目标。③ 与一般地满足于由市场体系所促成的社会能力与社会凝聚力之局限形式的苏格兰社会理论家不同，黑格尔并不认为需要的体系就是人类最终意欲得到的结果。即使经济交换将资本主义提升为一种普遍性的形式，市民社会依然保持着与自我和自然需要的关联，因而也就保持着与外在依赖性的关联。不过，黑格尔是尊重市民社会中自我决断这一领域的，他相信同业公会、国家的私法和管理体系等组织机构一定能够克服社会的利己主义。

在《法哲学原理》开篇的讨论中，黑格尔就明确界分了市民社会与国家，后者能够超越市民社会之工具性的普遍性，因为它作为一种自我意识的对象承载了所有事物的普遍性的结果。黑格尔讲的国家虽然并不具有现代意义上"民主的"或者"参与的"内涵，但它实际地行使着政治的职能，因为它代表、践行着公众的意志，这与市民社会是大为不同的。它实际上是一种将世袭君主制、理性官僚制、

---

① 参见 James Schmidt, "A Paideia for the 'Bürger als Bourgeois': The Concept of 'Civil Society' in Hegel's Political Thoughts", *History of Political Thought*, vol. II no. 3 (Winter 1981), p. 480。

② Norbert Waszek, *The Scottish Enlightenment and Hegel's Account of "Civil Society"* (Boston, 1987).

③ *Philosophy of Right*, para. 187.

组合主义——庄园社会代理制以及教会制等的因素纳入其中的复杂制度结构。一方面，这种国家的观念是黑格尔对法国大革命之原则颇具挣扎性态度的一种脆弱的、模棱两可的产物；另一方面，它也是黑格尔如下信念的产物：对自由之革命的寻求一旦终结于暴力当中，那就只有制度革新的君主制能够辨识所有那些自由原则。

不论黑格尔的国家概念糅合进什么样的"杂质"，他在将现代伦理总体进行理论概括的时候，实质上是需要这样一种国家形式的。我们可以发现，只有囊括了直接的家庭纽带、个人的自我利益以及普遍的公共意志的辩证总体观念，才能够将理性的伦理生活实现出来，这一目标是黑格尔从历史探索这个问题到现在一直坚持的一个思想方向。换言之，在黑格尔的视野中，只有当个人不是通过手段而是通过发现他者的目的正是自己的目的才建立起与他者的关系时，具体人格的理性形式才可能被完全实现出来。因此，只有当"在他者中的自我"的自我关系呈现非异化状态时，"只有当一个国家的市民的个人利益正是国家的普遍利益，一个人在与他者的关系中获得幸福和自我实现时，这个国家才可能被完好地建构起来，并且内在地来看也是强有力的"[①]。

黑格尔现代伦理生活的理论，旨在通过将现代经济社会与政治国家分离的事实纳入对现代世界中敞开的基督教原则的论述当中，以此来纠正古代共同体的模式以及自由主义将社会仅仅还原为市场的行为。在《法哲学原理》中，无论是法理的人格概念还是宗教的人格概念，都承认了一种将市民的、政治的、精神的维度都包括于其中的完整的、具体的人格。黑格尔把对基督教理念的哲学重构运用到政治学中，对于理解他与世俗政治哲学传统的分道扬镳是具有重要意义的。这一分道扬镳突出地体现在他与卢梭的分野上。卢梭对

---

[①] *Philosophy of History*, p. 24.

黑格尔的影响，主要体现为后者毕生都在研究普遍意志、私人与公共生活的分离以及有公德心的市民理想与原子式自我的现代市民社会之间的紧张等概念与问题。然而，18世纪的共和主义将基督教连同商业一起视为对自由的公民或具有美德的政治的主要威胁。同样，在法国大革命的雅各宾时期，当古典的市民美德受到狂热地追求的时候，基督教是被看作公共精神的最大敌人而受到攻击的。黑格尔对现代世界伦理生活之分化问题的解决，偏离了卢梭的精神主旨，因为他将缝合公众和私人、市民和有产者之裂痕的重要使命归于基督教。简言之，黑格尔在基督教中发现了并非是圣徒而是市民的共同体的基础。

然而，政治的基督教化和基督教的政治化的交叉是极其脆弱的，因为黑格尔的整个体系所依赖的那个大大"变异"的基督教理念，都不可能被正统的或哲学的有神论者视为神学、哲学和基督教国家的充分基础。虔诚主义者出于对黑格尔国家观念的抱怨，指责他的那个论断——伦理生活在国家中实现——从教会这个神圣领域中抢夺了传统的伦理和精神领导权。在后一点上，一种热烈的争论围绕黑格尔对教会在制度上的独立以及基督教国家确定的宗教本质的解释而展开。虔诚主义的批判在海因里希·列奥1838年对黑格尔派有影响力的驳难中达到了高潮。然而，虔诚主义对黑格尔政治学的否定并不仅仅滞留于此，黑格尔政治哲学最著名的批评者弗里德里希·斯塔尔就将虔诚主义批判的资源吸收到自己的理论结构中。[①] 斯塔尔将他对黑格尔的批判作为建构自己政治理论的主要支柱，这一点比他的任何一位同时代理论家都走得更远。他是谢林政治哲学和思辨有神论者宗教哲学的对手，因为他将基督教国家意识形态之创构建立在哲学的戒律而不是基督教正统的特定吁求的基础之上。

---

[①] 对虔诚主义之回应的讨论，可参见 John Toews, *Hegelianism*, pp. 226-228; Shlomo Avineri, "Hegel Revisited", *Contemporary History*, III(1968), pp. 133-147.

## 四、19 世纪 30 年代反黑格尔主义的政治学：弗里德里希·斯塔尔与实证的国家哲学

在 1835 年的信中，费尔巴哈将斯塔尔描述为"从最新的谢林主义哲学之神秘梦想的陆地走出的使者"①。斯塔尔实际上精通谢林的实证哲学，但比这更为明显的是，他也接受了那个时代大部分的保守主义思想。他深受启蒙的影响，与历史法学学派密切地关联在一起，他希望自己的工作将会为理性主义之死树立墓碑。② 斯塔尔《法哲学》（第一卷出版于 1830 年）的出版，使其开始成为旨在重申新教教会和国家中权威的保守主义运动的先锋。1830 年的法国大革命强化了斯塔尔反民主、反理性主义的情结，并使他进一步将神学和政治哲学结合起来，以此捍卫君主制度。在这一点上，斯塔尔与宗教觉醒中的其他正统派大致相同。

斯塔尔 1832—1840 年在巴伐利亚埃朗根大学担任教授。1840 年，也就是谢林接替黑格尔哲学教授职位之前不久，斯塔尔成为柏林大学法学院教授职位的提名人，这一职位是爱德华·甘斯这位有名望的黑格尔主义法学家去世之后留下的一个空缺。斯塔尔的提名得到了亨斯登伯的虔诚主义小组以及萨维尼的强力支持，萨维尼将斯塔尔的政治哲学当作其历史法学研究的形而上学基础。③ 然而，许多柏林的保守主义者并不赞同斯塔尔来到柏林，这不仅是因为他出生于犹太家庭，而且也因为他是哈勒新封建主义理论的拥护者。实际上，斯塔尔真正成为普鲁士的保守主义先锋，是在他的《君主制

---

① Feuerbach to Christian Kapp, 13 January 1835, *Ludwig Feuerbach. Brie fwechsel* I (*1817-1839*), ed. W. Schuffenhauer and E. Voigt(Berlin, 1984).
② Friedrich Julius Stahl, *Die Philosophie des Rechts*, 5$^{th}$ ed., vol. 1 p. xxviii.
③ 参见 Toews, "Immanent Genesis", p. 162; Shanahan, *German Protestants*, p. 102。

的原则》19世纪40年代中期出版之后。1840年,将他强力"推荐"给普鲁士新国王威廉四世与新教育和文化大臣艾科恩的,是他对黑格尔的批判(这在当时是众所周知的)。他被召唤到柏林大学也就是为了联手谢林来驱赶黑格尔的幽灵。实际上,斯塔尔在19世纪30年代名扬于德国知识界,主要是因为他对黑格尔政治哲学持之以恒的批判。他对历史法学学派及其代表人物萨维尼的同情,使他成为黑格尔最大的敌手之一,但不能忽视的一点是,他对黑格尔的批判是通过将谢林的实证哲学调整为政治理论而进行的。

斯塔尔1802年出生于一个犹太家庭,但在1819年违背父母的意愿转向了路德主义。许多德国犹太人把宗教洗礼看作是职业前进的一个必要过程,但斯塔尔却是因为被一种真诚的信仰所驱使才去行洗礼之事的。① 弗里德里克·斯尔克,这位斯塔尔在慕尼黑威廉姆斯中学的老师,帮助斯塔尔确证了他转向路德主义的真诚。而且更重要的是,他将雅克比的作品推荐给了斯塔尔。从雅克比的著作中,青年斯塔尔引出了一个核心问题,即人的自由人格与个人上帝的关联。② 1822年,斯塔尔离开慕尼黑前往谢林曾于1820年做过演讲的埃朗根大学学习。虽然我们无法证明斯塔尔在那时听过谢林的演讲,但谢林的影响在这所新教主义大学里面无处不在。当巴伐利亚政府发现斯塔尔涉入学生运动时,他正常的学习生活随即被打断。他起初被永久禁止大学的学习,但当政府发现他反对学生运动的政治化时,又将永久禁止学习减缓为两年的学业暂停。

那两年中,斯塔尔近距离地接触了黑格尔的思想。这对于他来

---

① 与斯塔尔相反的一个著名范例是,海涅把宗教洗礼描述为"市民社会的入场券"。

② 关于斯塔尔的早期教育以及雅克比对他的影响的描述,可参见 Dieter Grosser, *Grundlagen und Struktur der Staatslehre Friedrich Julius Stahls*(K. ln, 1963), p. 11。

说是一个促成深层的个人危机的"遭遇",而这个"遭遇"又使得所有的事情更加严重起来,这与黑格尔思想中的许多方面对他产生了强烈的吸引力不无关联。被黑格尔哲学的严密所吸引,斯塔尔认为黑格尔的严肃对雅克比神秘主义的思想漂浮来说是一种极有意义的纠正。不仅如此,黑格尔那个一目了然的信念——现存的国家是精神的客观表现——对在政治现状面前的顶礼膜拜的斯塔尔来说也是极具诱惑力的。[①] 然而,斯塔尔被巩固黑格尔政治哲学的形而上学所困扰。像谢林以及思辨有神论者那样,斯塔尔开始质问:哲学是否必须导向一种消解个人上帝的逻辑辩证法?在回答这一问题的过程中,斯塔尔感觉到他走入了绝境,到了雅克比早在40年前就描述过的那个选择面前:他要么选择哲学,这有可能使他由此沉入虚无主义的泥沼;要么选择信仰,这就要为了个人的、鲜活的上帝的"实现"而放弃哲学的严密。

这些依然困扰他的问题并没有束缚住斯塔尔的勤勉,1826年他回归到大学的学习生活中。在很快完成法律学位的学习之后,他在慕尼黑的一所新设立的大学得到了一个职位。[②] 这样一来,他就能够在1827—1828学年第一学期直接参与到谢林关于实证哲学的著名的慕尼黑讲座中来。在谢林的思想中,斯塔尔发现了一条可以通过雅克比两难抉择的路径,这使他大受鼓舞。谢林对在黑格尔绝对理念中达到顶点的哲学"否定性"的尖锐批判,为人格的自由提供了一种哲学的证实;而谢林将信仰具有自由创造力的个人上帝的必要性论证为实证知识的前提,为斯塔尔包含雅克比诗性直觉的信念提供了更为坚实的基础。正如斯塔尔回忆的那样,谢林的"自由体系"使

---

[①] 黑格尔与斯塔尔之间的基本相似点在阿里·纳布里斯的研究中被放大。相关具体内容,参见 Arie Nabrings, "Der Einfluss Hegels auf die Lehre vom Staat bei Stahl", *Der Staat*, vol. 23(1983), pp. 169-186。

[②] Berdahl, *Politics*, p. 351.

他有勇气迈向"哲学的新纪元"①。

19世纪20年代后期谢林的"发现"消除了斯塔尔知识上的危机,为他的第一本重要著作《法哲学》的写作扫清了道路。谢林影响之强大的一个佐证在于,《法哲学》第一版基本上完全复制了实证哲学;斯塔尔在随后的版本中虽然竭力将他与谢林区别开来,但谢林的印记却是无法擦除的。② 谢林唯意志论的所有要素都存在于斯塔尔的基本概念当中:对黑格尔逻辑的批判、对泛神论和有神论的区分、对必然和自由的划界、对概念与存在的分离、对有条件的和有限的个体性以及创造的自主性的强调,如此等等。甚至于,斯塔尔的历史观也直接建立在谢林的确证性和自由的理论见解的基础之上。

斯塔尔将他的法哲学描述为一种"历史的"理论,这屡屡被指认为他是在向萨维尼和历史法学派致以谢意。但这种关系实际上是相当复杂的。他是萨维尼的一个支持者,但又不是无批判的信徒。他认可萨维尼对实证法的偏爱,但他担忧萨维尼的那个观点——实证法在演进时与一个人或一个民族的性格是相一致的——隐含了一种危险的相对主义,因为这一观点完全不可能为法提供一种先验的规范。当斯塔尔阐述他"历史的"观点的时候,他是将法的发展与谢林如下的神学观点联系起来:世界是自由的上帝的行动,人类在得到上帝的许可之后参与到世界中来,进而展示自己的自由行为的能力。作为一种对抗斯塔尔认为使"危机"和"决定"从属于被决定了的历史过程的理性主义政治理论的观点,"历史的"意味着对世界中具有自由创造性的意志之角色

---

① Stahl, "Vorrede zur ersten Auflage", *Die Philosophie des Rechts*, 5th ed., vol. 1, p. xvi.

② 在同上引注的文献中,斯塔尔对谢林的人格概念委婉地进行了批判。谢林的影响最明显地体现在第一次公开评论谢林实证哲学的《法哲学》第一版中,而随后的版本则试图减少与谢林的关联。但与朱利叶斯·洛文斯坦的那个论断——斯塔尔的原教旨主义将他与谢林区分开来——相比,斯塔尔政治哲学的形而上学基础保持着谢林主义的色彩这一事实显得更为重要。有关具体论述,可参见 L. wenstein, *Hegels Staatsidee. Ihr Dorrelgesicht und ihr Einfluss im 19. Jahrhundert*(Berlin, 1927), p. 95。

的一种欣赏。在开引个人上帝、人类个体的自由行为以及历史行动的事实性之间的关系时，斯塔尔明显地在政治上倾向于雅克比18世纪80年代阐述的有神论的现实主义。作为这种有神论现实主义之历史理解结果的"实证法"，完全不同于萨维尼所讲的实证法，因为斯塔尔相信实证性并不在于一个民族的演化，而在于统治者人格的裁决的权威。① 重要的是，萨维尼本人越来越倾向于接受斯塔尔对实证法的重新界定，这位最著名的历史法学家在19世纪30年代就是以斯塔尔的政治形而上学来巩固自己的理论的。

在将上帝的人格描述为"世界的原则"②的过程中，斯塔尔发展出了一种同源的观点，以此支持个人君主的权威以及我们会在下一章中看到的个人财产的神圣性。如此的同源论证使斯塔尔可以顺理成章地宣称：黑格尔对神之人格的否定，足以威胁到所有形式的人格和权威；非个人的理性，使有限的现实、个体的自由、家庭以及国家从属于精神的自我实现的过程。③ 这种情况的结果，用斯塔尔引人注目的话来说就是，"人不能够在家庭、国家、哲学以及上帝中认识他自己，相反，思想的体系、家庭和国家的观念等却在人身上认识自身，这相当于说，镜子在人身上看到了自己"④。斯塔尔意识到人格在黑格尔的思想体系中也占有一席之地，但让他感到悲哀的是，这种人格却被黑格尔当作一个次要的构件来处理，这是黑格尔《法哲学原理》"抽象的权利"一部分传递出来的信息。虽然评判斯塔尔对黑格尔批评的准确性并不是现在的讨论之目的，但我们必须认识到他对人格的处理并非是公正的。在使其批评更加尖锐和使其倡导的理论观点更加突出的过程中，斯塔尔忽视了黑格尔"人的权利对于现代伦理生活来

---

① 马尔库塞在《理性与革命：黑格尔与社会理论的兴起》中将谢林和斯塔尔与萨维尼紧密联系起来的时候，并没有在不同意义的"历史"之间进行区分。
② Stahl, Die Philosophie des Rechts, 5$^{th}$ ed., vol. 2, pp. 7-69.
③ Stahl, "Hegels Naturrecht und Philosophie des Geistes", Materialien, ed. Riedel, p. 231.
④ Stahl, Die Philosophie des Rechts, vol. 1, p. 68.

说是必不可少的"的断言，同时也忽视了黑格尔对个体要素和群体要素的平衡。相反，他反复地指责黑格尔没有注意到"真实的、有差别的人格"，而只是将"抽象的人格"理解为终极目标在于克服人格的精神的手段。① 重要的是，在指认黑格尔仅仅提出了一种抽象的人格观念时，斯塔尔颠倒了黑格尔对"具体"和"抽象"的区分，因为黑格尔的真实观点在于：精神的终极目标将孤立自我的抽象人格引向具体人格，具体人格来自于在主—客统一关系的形成中起作用的主体的自我意识。

在斯塔尔看来，黑格尔摧毁自由意志——在对神和人之人格本质的理解中体现出来——的最坏的结果，就是"主权之人格"的覆灭。② 根据黑格尔的论述，君主被置放到国家的本质和其伦理观念当中，而真正的权威也就居于"作为理性实现的成熟的法规"当中。③ 然而，黑格尔同样认识到，合法的规范是不能够在自身内部做决定的，因为这需要一个能够说"我愿意"进而能够使讨论过渡到行为和现实的特定的人作为代理。在黑格尔的体系中，君主能够满足这种需要，这是由于君主将政府的各种各样的枝权绑定于一个有能力做决定的主体统一体之上，于是把现实借与抽象的国家之人格。这样一来，黑格尔也就通过君主之有限的角色将决定概念中必要的界定性的"要求"转译为一种"必须"，并因之而做出如下著名的论断：在一个完整组织的国家中，这仅仅是一个正式决定之顶点的问题，君主仅仅说出是或者不是"我"④。进一步说，这导向关于长子继承制的独特的见解，因为准确地说，王位继承的"偶然性"特征确保了君主实际的个人品性不会影响到他的严格的正式角色。黑格尔体系中

---

① Stahl in *Materialien*, ed. Riedel, p. 232.
② Stahl, *Die Philosophie des Rechts*, 2$^{nd}$ ed., vol. 2, pt. 1, p. 16.
③ Hegel, *Philosophy of Right*, trans. T. M. Knox(Oxford, 1967), para. 279.
④ Hegel, *Philosophy of Right*, addition to para. 280.

这些逻辑上有说服力的观点既不能取悦 19 世纪 30 年代后期他的激进的追随者，更不能取悦他的保守主义诋毁者，前者对黑格尔随意为君主世袭制加以辩护进行了谴责，后者为了弄清楚黑格尔对人格主义原则的修正而去对之加以辨识。

斯塔尔在《法哲学》1845 年的版本中指出，黑格尔的年轻门徒主张的共和主义并不令人感到惊奇。黑格尔的观点在他看来很容易导向一般主权论，因为黑格尔的"极端政府主义"缺乏任何实际的中心和最终权威的来源。相反，斯塔尔认为，社会和政治生活必须在一种能够包容和统一一切的人格那里达到顶点，正如上帝之自我同一的意识统一所有的创造物那样。① 对于斯塔尔来说，合法的国家也就变成了由君主执掌主权的"个人的王国"，君主至上的人格将会是所有其他人格的活的统一体。② 与此同时，就像超验的上帝不能被他的创造物所束缚一样，具有统治权的人必须在社会生活的总体性中揭示自身，同时还要保持着自身的独立性。斯塔尔这样就强调了主权对社会和制度之限制的超越，这有助于他解决君主和法律之间的二元论，这一二元论使几百年中关于君主决定权的思想弊病重重。这一定位显然与所有将主权之人格赋予国家的理论不相兼容，这不仅指向黑格尔，也指向康德和费希特抽象的权利理论。③ 在法治国家问题上，康德主义的理论家将国家看作是拥有权利和义务的抽象"法人"，而斯塔尔则强调将"法人"和"政治人"区别开来。只有后者才能够成为君主，因为政治人具有

---

① 参见 Christian Wiegand, *über Friedrich Julius Stahl (1801-1862)*: *Recht, Staat, Kirche* (München, 1981), p. 255.

② Stahl, *Philosophie des Rechts*, 2nd ed., vol. 2, pt. 2, p. 5. See also Wilhelm FüBl, *Professor in der Politik*: *Friedrich Julius Stahl (1802-1861)* (Munich, 1988), p. 28.

③ 欣斯利认为，主权之现代思想发展的中心线索，并非导向具有统治权的个人的学说，而是导向国家之主权的观念。相关具体论述，参见 Hinsley, *Sovereignty* (New York, 1966), p. 126. 关于法治国家的理论，参见 Merriam, *Theory of Sovereignty*, pp. 112ff. 国家的法律和规范的人格论是卡尔·施米特《政治神学》的主要目标，而实际上，施米特具有争议性的主权观已被斯塔尔谢林主义的政治神学所预设。

代言行为和决定的能力，这与仅仅是一种把国家捆绑于或消极或积极的义务的合法关系之总体的抽象国家人格是不相同的。①

斯塔尔的观点也使他与哈勒明显地区别开来，在他看来哈勒的理论是对封建关系的一种夸张复制。哈勒认为，国家只是君主个人之间无数关系中的一种，而斯塔尔则认为在私人主体的权利和君主的权力之间有一个明显的界分。哈勒仅仅承认私人法，而斯塔尔把国家置放于公共法之下。这是斯塔尔的理论与黑格尔和其他自由主义者之理论的一个重合点，因为他们都认为国家不仅仅是君主个人的财产，而且也是一种客观的制度性的存在。因此，斯塔尔也就能够像黑格尔在概念上区分国家与市民社会那样区分公共领域与私人领域。罗伯特·伯达尔指出，斯塔尔通过对国家进行一种"现代化"的理解而在德国保守主义的发展中做出了贡献。他的国家概念与19世纪国家的实际发展正相契合，不仅如此，他对公共法的承认更加符合社会和经济的变化，这样的变化对于贵族阶级来说再也忽视不起。正因如此，他对早期复辟主义者的超越，足以引来自由的黑格尔主义者辛里奇在著名的《政治讲座》中的赞扬。②

然而，我们必须对斯塔尔政治理论的"现代性"严格加以审理。他假定个体拥有非外化的权利，就意味着向法律面前人人平等的理念做出了最小限度的让步，因为所有的个体作为人都有天生的尊严。他在支持各种各样如神授的次序和权威那样的合法的不平等时，并没有发现有任何矛盾之处："权利必须因性别、年龄、财产和阶级的不同而不同。"③而且，不管斯塔尔认可了什么样的现代制度特征，

---

① 参见 Stahl, *Philosophie des Rechts*, 5th ed., vol. 2, pt. 2, p. 17。顺便一提的是，对君主之"自然的"人的强调，也使他与霍布斯区别开来，后者正如我们已经指出的那样，并不关注利维坦是自然的人还是人造的人。

② Hinrichs, *Politische Vorlesungen*, vol. 1(Halle, 1843), p. 327.

③ 参见 Stahl, *Philosophie des Rechts*, vol. 1, p. 277; Berdahl, *Politics*, p. 363。费尔巴哈在1841年对斯塔尔关于人格之基本权利最小化的担保的真诚性提出了质疑，相关具体论述，参见 Feuerbach, "Ein kurzes Wort gegen die Hypokrisie des liberalen Pietismus", *Ludwig Feuerbach und die Philosophie der Zukunft*, ed. Hans-Jürg Braun, et al. (Berlin, 1990), pp. 771-776。

这些特征无一不被当作神学的逻辑根据来对待。因此国家在他看来，无非是一个神授的道德组织和"伦理的王国"。"伦理的王国"表达了一种合法统治的观点，以及一种顺从所有主体都自愿认可和接受的权威的观点。然而，"伦理的王国"仅仅存在于国家的外部形式中，存在于对作为自由人的人类本质的法律和制度的正式承认中。① 人们应当竭尽全力地按照神的形象展现他们的生活，根据神的意志成为完整的人，但他们又不会这样去做，因为在现实中，人都是难以驾驭的、会犯错的、"堕落"的人。因此，斯塔尔区分了"本体的人"和"现象的人"，前者是按照上帝的形象被创造出来的正直的人，而后者是在自由上任性的、真实的人。② 对于斯塔尔来说，黑格尔主义对于个人倾向、义务、自由、美德、神以及世俗之最终和解的乐观主义并不存在；相反，他循着虔诚主义者路德维希·格拉克进行了一种平均分配：一方面是国家对伦理王国的偶然预示，另一方面是国家对人类事务中绝对规范的戒律执行。斯塔尔由此澄清了谢林对自由人格进行奥古斯丁式的捍卫的政治意义。在他看来，当自由指称到神授的次序时，它就是"好的""正确的"；当自由指称到排斥外部权威的自我时，它就是"邪恶的""应当得到惩罚的"。

斯塔尔强调，在顽固不化的人类当中，只有君主可以借助主权人格的因素接近于最高的伦理观念。因为人格主义维度在其政治理论中一直居于中心，所以斯塔尔对于德国法治国家理念之演进的贡献是极其有限的。虽然他认为国家居于法律规则之下，但是君主权力的不可再分阻止了下述观念的延展：议会或者相关的理性公众的思考能够在保持合法规范之稳定性中扮演积极的角色。这样，他就不得不以一种排他的方式依赖于君主的自我局限性。③ 正如谢林所

---

① Toews, "Immanent Genesis", p. 166. See also Füßl, *Professor*, p. 32.
② Stahl in *Materialien*, ed. Riedel, p. 229; and *Die Philosophie des Rechts*, 2nd ed., vol. 2, pt. 2, p. 275.
③ Füßl, *Professor*, p. 47.

认为的那样，宇宙的秩序依赖于自发的神的意志的自我约束。斯塔尔也就相应地认为，整个国家由来已久的法律规范是由君主的意志创造出来并加以维持的。君主的权威遍展所有政治和社会制度当中，但在君主意志不被制约的情形下，其权威又超越于所有制度，当它们发生冲突时，"无罪推定"的格言就要先于所有的规范而行了。①于是，像谢林那样，斯塔尔就根据"无中生有"的原则将法律解释为从本来无内在秩序的混乱状态中引申出来的规范。这就导向了民主理论中完全不可理解的"人"概念，这一概念不同于"普遍意志"概念，因为在斯塔尔看来，后者并不能构成作为君主人格的自我。市民对公共事务的参与作为一种共享的政治和社会生活，不能被解释为人格实现中的范例；大众仅仅是在个体统一于君主规则之意志的情形下才可能形成一种政治共同体。②

斯塔尔的政治理论是否足以被描述为一种神学概念的"世俗化"？政治和神学概念的统一对于一个宣称"国家是个人上帝之赐品"③的思想家来说是足够清晰的吗？斯塔尔看上去是在支持卡尔·施米特的神学和政治概念结构平行的观点，但这是否意味着他支持神学和政治概念本质同一这一施米特强调更多的观点呢？现在看来，答案是否定的。必须强调的是，斯塔尔看到了世俗尊严和神之尊严的类同关系，但在他看来这并不是一种统一关系，更不是一种同一体的关系。虽然他声称君主是按照神的意志来行使统治权的，但这并不能由此而导向一种"神的权利"之理论。实际上，在《法哲学》第二版以及其后的版本中，他竭力强调上帝和国家的关系并不是直接的。④

---

① Wiegand, *Stahl*, p. 255.
② 在这个意义上，斯塔尔不仅退缩到民主理论的身后，而且也退缩到中世纪对双重尊严——人民的尊严和君主的尊严——之合法性的认定身后。相关具体论述，可参见 Kantorowicz, *King's Two Bodies*, p. 20; Hinsley, *Sovereignty*, passim.
③ 转引自 Hermann Klenner, "Berliner Rechtsphilosophie in der ersten H. lfte des 19. Jahrhunderts", *Klassische deutsche Philosophie in Berlin*, W. F. rster(Berlin, 1988), p. 297.
④ 参见 Stahl, *Philosophie des Rechts*, 5$^{th}$ ed., vol. 2, pt. 1, p. viii.

君主制度并不能将可能引出泛神论的上帝当作一个直接的源头，毋宁说它建立在"世界原则"领域和人类生活之内在权利（共享的人格理念）领域之间的类比性基础之上。复辟政治神学也不可能类似于黑格尔理解的世俗化，因为黑格尔认为现代伦理生活需要基督教原则在现代世界中实现出来，而斯塔尔（也包括格拉克）则强调国家的东西要和神圣的东西分离开来。国家作为世俗化世界的一个组成部分，从追求世界终极目标的宗教中抽脱出来，因而它远不可能完成属神的使命。复辟理论与黑格尔基督教国家观念的界分是十分明显的，前者始终是在一种奥古斯丁—路德主义的视野内进行逻辑的推导，而黑格尔意义上的世俗化在这一视野内是不可理解、需要被推上断头台的，这与奥古斯丁教条对两个王国的分离不无相关。如此一来，复辟的基督教国家准确地说是存在于国家与精神的分离当中。

我们现在转向青年黑格尔派对宗教—政治之人格主义的回应，我们会由此看到费尔巴哈等思想家面对的双重困境。青年黑格尔派意欲颠覆复辟理论所讲的伦理生活的世俗化，但这并非是以求助于黑格尔的世俗化概念为前提。黑格尔在哲学重构的基督教基础上创造伦理生活观念的企图，在青年黑格尔派将基督教本身与反社会的自我主义连接之时遭到挫败。费尔巴哈以及其他黑格尔左派成员，最终在一种具有反讽性的倒转中看到了黑格尔与他以前的敌手之间的类同性。这一思想运动，是在19世纪30年代进步的黑格尔派深深卷入黑格尔主义与反黑格尔主义在对抗变换的普鲁士和德国政治时展开的辩论语境中发生的。黑格尔讲的基督教政治世俗化，在他最激进的追随者那里变得声名狼藉；他们的最大挑战，来自于对一种社会神圣生活之新的世俗基础以及一种具体人格实现之新基础的发现。

## 第3章
# 费尔巴哈和基督教市民社会

"新教讲的道德,从过去到现在一直是基督教与自然的、政治的、市民的、社会的人或其他非基督教徒的合体。"①在《基督教的本质》中,费尔巴哈的这种描述,表明了青年黑格尔派在基督教的信仰、政治和社会相互渗透问题上的理解的复杂性。1841年,费尔巴哈出版《基督教的本质》一书后,像费尔巴哈这样的青年黑格尔派成员开始很清楚地认识到,有必要改变基督教脱离世俗政治、社会主体的超世俗性。在费尔巴哈的这本著作中,一个中心任务就是分离基督教与"人",从而使被基督教信仰扭曲的政治的、市民的和社会的生活得到解放。对费尔巴哈及19世纪40年代的黑格尔左派来说,这并不是一项突然出现的任务。在这一章及以下两章中,可以看到,在19世纪30年代,由于其时的社会政治氛围及知识分子的关注和影响,一些黑格尔左派开始猛烈地抨击基督教特别是新教所带来的社会及政治效应。

在黑格尔派成员中,费尔巴哈最先对基督教的信仰与政治、社会间的联系进行了批判。在19世纪30年代,人格主义已在新教中

---

① Ludwig Feuerbach, *Das Wesen des Christentums*, vol.5 of *Ludwig Feuerbach. Gesammelte Werke*, ed. Werner Schuffenhauer(Berlin, 1973), p.246.

占统治地位。随着对基督教文化和社会的认识越来越清晰，费尔巴哈发表了一系列抨击人格主义的激烈言辞，这已不仅仅停留在神学或哲学层面。因为当新教重新确认了反黑格尔泛神论的人格原则时，费尔巴哈直面了新教的这种行为的政治和社会方面的问题。费尔巴哈介入人格主义的争论，使他走上了反对他那个时代正统哲学和神学的道路，也在他的思想准备中注入了政治激进主义的素材，最后，为他日后批判黑格尔奠定了基础。

本章对费尔巴哈政治和社会问题的高度重视可能会颠覆一些读者之前的观点，这些读者已习惯于将 19 世纪 30 年代的费尔巴哈在本质上看作是一个执着于由黑格尔唯心主义、现代哲学传统及基督教信仰所提出的认识论、本体论和神学问题的哲学家。重申一下导论中的一个限定性条件，我并不认为费尔巴哈的哲学依附或服务于他对政治和社会问题的研究。这可能需要重新在社会政治和哲学神学之间进行界分，但这又是我要挑战的内容。在强调费尔巴哈指向基督教市民社会的宗教-哲学批判时，我的目的即在于消除对费尔巴哈思想之一维度的长时间的忽视，而这一维度对于理解他的思想发展以及他在一般意义上对黑格尔派激进化的影响是至关重要的。

## 一、费尔巴哈早期的黑格尔主义

费尔巴哈最终在 19 世纪 30 年代末以一种公开的方式同黑格尔决裂。他对于黑格尔主义的忠诚从来就不在于其字面意义，而是在于其激进的、理性的承诺，这种承诺在费尔巴哈看来是黑格尔哲学振奋人心的精神之所在。他或许是黑格尔最优秀的学生，在对老师的思想吸收方面无人能及。然而，青年费尔巴哈从黑格尔的思想中得出结论，即更多的保守的黑格尔追随者陷入了一种不温不火的妥协之中，从其早期著作一直往后，他将黑格尔思想为己所用。

费尔巴哈的独立性或许部分源于其早年的家庭及教育背景。①1804 年,费尔巴哈出生于保罗·冯·费尔巴哈家族。出生于普鲁士新教家庭的老费尔巴哈在耶拿和基尔接受教育,是巴伐利亚天主教的著名教授和法理学家。作为一个在精神气质和教育背景上的启蒙者,老费尔巴哈不仅在巴伐利亚法制改革中扮演了核心角色,而且出版了许多法理和政治理论方面的著述。② 与当时启蒙和进步的社会标准格格不入,在费尔巴哈家族中,老费尔巴哈控制着五个孩子的教育,这些孩子们最终都取得了很高的学术成就。虽然费尔巴哈与其父亲的理性主义相决裂,他还是受到了其父亲怀疑主义、超越神秘主义的哲学以及对 1815 年之后极端保守主义复辟的抵制的影响。

1816 年费尔巴哈的离家出走,使老费尔巴哈强力控制下的家庭平静被打破。费尔巴哈传记的作者曾用这段不愉快的经历来解释费尔巴哈 10 岁时强烈的宗教情结。③ 费尔巴哈对宗教的热爱也是战后德国学生中普遍存在的宗教爱国情结的反映。④ 但是,这种热爱只持续了较短的时间。费尔巴哈 1823 年离开安斯巴赫中学进入海德堡大学神学系时,他已经开始站在一个反思的立场上来对待基督教了。对于天国圣父的遵从既不能满足他的情感需要也不能满足他的知识需要,虽然他在对宗教信念的追求中获得了丰富的基督教知识,而

---

① 约翰·托维斯在《黑格尔主义》中,提供了关于费尔巴哈的生活传记的具体描述。另外,也可参见 Rawidowicz, *Ludwig Feuerbachs Philosophie. Ursprung und Schicksal* (Berlin, 1931); Uwe Schott, *Die Jugendentwicklung Ludwig Feuerbachs bis zum Fakultätswechsel* 1825 (Göttingen, 1973); Hans-Martin Sass, *Ludwig Feuerbach* (Hamburg, 1978); Eugene Kamenka, *The Philosophy of Ludwig Feuerbach* (London, 1970)。

② 关于这一方面的知识,可参见 20 世纪杰出的法理学家古斯塔夫·拉德布鲁赫的研究,即 Gustav Radbruch, *Paul Johann Anselm Feuerbach : Ein Juristenleben*, 2nd ed. (Göttingen, 1957)。

③ 关于费尔巴哈早期信仰的描述,可参见 Schott, *Jugendentwicklung*, pp. 24-30; Walter Jaeschke, "Feuerbach redivivus", *Hegel-Studien*, 13(1978), pp. 213-214。

④ Toews, *Hegelianism*, pp. 179-180.

且这种知识成为他后来发起神学批判的一个重要源泉。①

还是一位安斯巴赫中学学生的费尔巴哈，在他的老师西奥多·莱默斯的刺激下，欲求去理解基督教教义的思辨真理。莱默斯是一位神学家，他将黑格尔的思想看作是一条复兴基督神学的可能之路。青年费尔巴哈传记作者尤韦·肖特推测说，莱默斯或许是最早将黑格尔介绍给费尔巴哈的人。不仅如此，费尔巴哈也是通过莱默斯第一次了解了卡尔·道布这位海德堡大学的神学家和哲学家。道布向黑格尔主义的转向，对于莱默斯的思想探索来说是一个启迪。② 正是考入海德堡大学学习这个机会，使费尔巴哈迅速投向了道布这个"大人物"，从而也使他就此拒绝了更加习以为常的保罗斯的神学理性主义，保罗斯的讲座被费尔巴哈嘲笑为"诡辩的蛛网"③。因为保罗斯是费尔巴哈父亲的一位朋友，而且与他的父亲在宗教问题上共享着理性主义的观点，所以费尔巴哈对思辨哲学的染指也使父子之间发生了一场冲突。不过，当费尔巴哈提出要去他认为可以使他更好地从事"神学学习"的柏林时④，他的父亲予以了默认。

1824年春天到达柏林之后，费尔巴哈发现他不能忍受声名显赫的神学家施莱尔马赫和尼安德的"自由与依赖、理性与信仰的混合体"⑤。于是，他开始旁听黑格尔的课程，并集中学习了思辨哲学。与黑格尔的初次接触，就如同一道闪电击中了他。听了黑格尔四周的课程之后，费尔巴哈就对他父亲说道："在道布那里学习时遇到的那些晦涩难懂的问题，现在对我来说已经了然于心。……我发现那条慢慢燃烧的导火

---

① Van Harvey, *Feuerbach and the Interpretation of Religion* (Cambridge, 1995), p. 14.
② Schott, *Jugendentwicklung*, pp. 31-32.
③ Feuerbach to P. J. A. Feuerbach, Autumn 1823, *Briefwechsel* (1817-1839), vol. 1, ed. W. Schuffenhauer and E. Voigt (Berlin, 1984).
④ Feuerbach to P. J. A. Feuerbach, 8 January 1824, *Briefwechsel*, vol. 1.
⑤ Karl Grün, "Ludwig Feuerbach. Philosophische Charakterentwicklung", in *Ludwig Feuerbach in seinem Briefwechsel und Nachlass*, vol. 1, ed. Karl Grün (Leipzig, 1874), p. 16.

索现在喷发出闪耀的火焰。"①三个月之后,他不无激动地写信告诉道布,他与黑格尔的相遇成为"整个生命的转折点",而柏林也成为黑格尔课程揭示出来的"一个新世界的伯利恒"②。

在同一封信中,费尔巴哈阐明了他的这样一个观点,即思辨哲学可以代替低层次的基督教信条之真理。他对超越启示的哲学之优先性的与日俱增的信任,促使他在1825年不顾父亲的强烈反对,从神学系转到哲学系。他在给哥哥的信中这样写道,"没有哲学就没有拯救","要我现在重新返回到神学中去,就相当于是把不朽的精神逼回到它那死去的、被遗弃的空壳中,或者相当于让一只蝴蝶重新变成为蚕茧"③。费尔巴哈那新生的羽翼使他带着精神的光芒飞翔在新的伯利恒的上空,但当新任的巴伐利亚国王路德维希一世因为怀疑费尔巴哈的父亲具有自由主义倾向而取消费尔巴哈的皇室薪俸时,他不得不在1826年初离开了柏林这座标志着宗教启示的城市。不过,费尔巴哈对于离开柏林并没有表示出什么遗憾,相反他认为他已经完全"走入了黑格尔的思想世界",所以当他重新回到巴伐利亚他父亲的居住地时,他自信他可以在精神上独立地向前行走了。他确信他不仅掌握了黑格尔哲学的内容,而且掌握了其方法。④ 他由此开始潜心撰写埃朗根大学的博士学位论文《普遍和无限的理性》,并于1828年完成。

关于费尔巴哈早期对黑格尔哲学的探索,我们在此需要指明几个细节性的问题:首先,费尔巴哈迅速地使自己成为黑格尔批判的

---

① Feuerbach, "Fragments Concerning the Characteristics of My Philosophical Development", *The Fiery Brook: Selected Writings of Ludwig Feuerbach*, trans. Zawar Hanfi (New York, 1972), p. 268. See also Feuerbach to P. J. A. Feuerbach, 24 May 1824, *Briefwechsel*, vol. 1.

② Feuerbach to Karl Daub, September 1824, *Briefwechsel*, vol. 1.

③ Feuerbach, "Fragments", p. 269. See also Feuerbach to Eduard Feuerbach, 1825, *Briefwechsel*, vol. 1.

④ Feuerbach, "Fragments", p. 269.

门徒。① 在1828年给黑格尔的信(连同博士论文)中,他这样描述黑格尔对他的影响:"与其说是对形成您的著作和口授课程内容的观念或概念的一种形式上的吸收和想象,不如说是一种活的、根本性的吸收和想象。"②对黑格尔体系与方法的区分,是判断黑格尔主义者将抗拒体系束缚的批判的辩证法转化为一种绝对知识的标准。费尔巴哈早在22岁的时候就能对这两者进行区分,足以说明他在思想独立性上的"早熟"③。其次,对黑格尔思想的"活的"吸收,使费尔巴哈列席为托维斯称指的"老左派"——其成员如克里斯蒂安·卡普、赫尔曼·辛里奇——中的一员。④ 同成为他密友的卡普一样,费尔巴哈认为黑格尔哲学就是一种新的思想分配,是"世界历史新时期的发祥地"⑤。在1828年给黑格尔的信中,费尔巴哈一方面表达了对黑格尔无比崇高的敬意,另一方面也表达了对黑格尔哲学的热切渴望。但黑格尔的观念因其"纯粹性、清晰性、祈福性、统一性"而隐隐约约地与费尔巴哈的推理方式形成对比。在费尔巴哈看来,他的推理方式是从天国而来,又采取了一种穿越特殊性事物并在自身的显现中删除或掌握显现的直觉的形式。黑格尔世俗化观念中特定的基督教维度,在对观念的实现和世俗化以及纯粹的圣子之现形的扶持中被丢弃了。这样,哲学也就被成功地宣布为一种后基督教的理论,由此成为所有人类的事务,其任务即在于为"观念的王国"奠基。在这封信中,我们除了看到这种具有预兆性的反基督教的基调之外,

---

① 对这一问题的经典论述,见于 Rawidowicz, *Ludwig Feuerbachs Philosophie* (p.19)。在这本书中,作者认为将费尔巴哈指认为一位"正统黑格尔主义者"是荒谬的。

② Feuerbach to Hegel, 22 November 1828, *Hegel: The Letters*.

③ 对黑格尔体系与方法进行区分,不仅对于黑格尔左派,对于以后的马克思主义关于黑格尔的批判来说也是重要的。卢卡奇就提供了对这一问题的论述,具体参见 Georg Lukács, *Hegel's False and His Genuine Ontology*, trans. David Fernbach(London, 1982), p.55。

④ Toews, *Hegelianism*, p.328.

⑤ Feuerbach to Hegel, 22 November 1828, *Hegel: The Letters*.

还注意到费尔巴哈以同等方式来看待外在观念的哲学与人类的内在命运。虽然在这一时期他的概念显然还是唯心主义的,但他已经开始将自己的思想模式与一种实践的形式联系起来。费尔巴哈的另一位密友道默,在对前者的博士论文充满热情的解读中引申出了这样一个结论:"整个思辨的体系,在我看来必须变为简单的精神和世界的历史。黑格尔把这只是看作他的方法的一种延伸,但实际上,像黑格尔那样让世界历史仅仅进入总体历史的一个片断中,是极其荒谬的。"[1]最后,对我们的讨论来说重要的一个事实是,费尔巴哈在青年时期,表达了对一种在黑格尔辩证法中以牺牲"特殊性"为代价的"普遍性"的偏爱。在1824年时,费尔巴哈感谢道布第一次使他从"基础主体性"和"个体的贫穷的小我"中走出来,进而走入精神中的"生活、真理和现实"的具体的统一体中。[2] 确定的一点是,对与浪漫主义的情感和唯我论的放纵消极地联系在一起的主体性之克服的强烈欲望,对于一个转向黑格尔哲学的年轻人来说并不是偶然的,因为黑格尔自己就宣称,思辨哲学引导我们超越了"个人的立场和观点"[3]。必须指出的是,费尔巴哈在对抗主体主义上坚定不移,这与他青年时期以精神的内在性来满足他的情感和思想需要的最终失败是直接相关的。

  费尔巴哈写作博士论文时,黑格尔根据辩证法对普遍性和特殊性之紧张进行的细致入微的处理,已经使他意识中的哲学和基督教、理性的普遍和自我的特殊性之间的对立尖锐化,这种对立对于黑格尔来说处在世界历史的层面上。因此,在致黑格尔的信中,费尔巴哈宣称:建立观念王国需要"推翻自基督教产生以来就一直主导世界的、处于宝座上的自我,自我将自身看作是唯一的精神的存在,这

---

[1] Georg Friedrich Daumer to Feuerbach, 12 February 1828, *Briefwechsel*, vol. 1.
[2] Feuerbach to Karl Daub, September 1824, *Briefwechsel*, vol. 1.
[3] *Hegel: The Letters*, p. 547.

种精神作为绝对，通过抑制真正绝对和客观的精神而使自身合法化"①。在这里，费尔巴哈颠覆了黑格尔的论断，他不是将基督教与一种新的共享的精神性的普遍观念联系起来，而是将它与古希腊哲学中的实体联系起来。在他看来，基督教将个人自我的不朽提升为一种最高的信仰原则，由此使古希腊哲学讲的"知觉"绝对化。基督教在这一意义上，就成为一种具有固定边界形式的宗教，一种"纯粹的自我、作为独立精神的人"②的宗教。

费尔巴哈给黑格尔的信，在一种高度抽象的水平上预示了他 1830 年的著作《死亡与不朽》的中心主题；与博士论文相比，也更加清楚地阐述了对他的哲学来说至关重要的内容。实际上，在博士论文中，费尔巴哈几乎没有提到基督教，也几乎没有对那个时代许多哲学家的这样一种理论取向进行反拨，即使单一的、偶然的个人成为推理的原则和内容。费尔巴哈不仅在康德、费希特，而且在雅克比、诺瓦利斯那里察觉到了这一理论取向。③ 以费尔巴哈之见，将理论聚焦于自我意识，就把思想缩减为思想着的个体的自我关系，这意味着所有的知识仅仅只是个人的。与这种认识论上的个人主义相对立，费尔巴哈将黑格尔理性反思的普遍性论题推向一个极致。也就是说，费尔巴哈强调仅仅只是自我意识构成个人自我的个体统一性，思想将自我意识提升为一种普遍性。理性就此而论就是哲学唯一和确当的客体，哲学为了维护普遍性就必须避开特殊性。在那种理性中，"个人的实质"就在于，"在我认识到的范围内，我不再是一个个体"④。

为了指陈这种对个体性的超越，费尔巴哈明确地依赖了黑格尔

---

① Feuerbach to Hegel, 22 November 1828, *Hegel: The Letters*.
② Ibid.
③ Feuerbach, "Über die Vernunft", in *Gesammelte Werke*, vol. 1, pp. 145-147.
④ Ibid., p. 18.

的关系概念,甚至引用了黑格尔在《哲学全书》中对具体人格之关系形成的讨论。① 因此他这样写道,"同一种行为中的我与他者不仅统一在思想中",而且"在思想中,我与他者是不加区分的,我既是我又是他者,他者不是一个确定的他者,而是作为类的总体的他者"②。不过,费尔巴哈虽然对差异性之统一进行了一种黑格尔式的论证,但他对"类"概念的说明实际上已经将他与黑格尔区分开来。这一时期费尔巴哈的语言虽然并不是前后一致或确定的(如他有时谈到"上帝"或者"上帝的统一",而有时则没有),但他实际上已经用他者与自我的自我关系中的"类"来取代了上帝。这样一来,费尔巴哈就以理性和构成普遍的人类本质的语言,即以严格的人类学术语来对普遍性进行了注解。③

费尔巴哈博士论文中有两点对于我们的讨论来讲尤为重要:首先,费尔巴哈将个体性(纯粹的自我意识)界定为未加调节的自然,而将普遍性即总体的人类与精神连接起来。以后来的自然主义转向为标尺加以衡量,早期费尔巴哈对超越自然之精神的首要性的强调是尤为突出的。其次,他在普遍性的理解中注入了社会政治的含义。他援引亚里士多德的论断——城邦之外,非神即兽——来支持他自己的这样一个观点,即所有的思想都是社会的、交往的行为:"理性既不是个体的,也不是私人的,而是社会的。只有社会的人才能达及理性或思想。"费尔巴哈这一推论的一个结果,是对国家起源之契约理论的否定,因为他不能接受任何理性的自然国家的概念。④ 自然和精神的对立,也就这样变成了人类两种概念之间的对立:一是

---

① Feuerbach, "Über die Vernunft", in *Gesammelte Werke*, vol. 1, p. 62, n15.
② Ibid., p. 21.
③ 费尔巴哈认为理性既不是有限的东西,也不是总体意义上的人类。在这里他将人类指认为个体性,而不是人类的本质。相关论述,参见 Feuerbach, "Über die Vernunft", in *Gesammelte Werke*, vol. 1, p. 43。
④ Feuerbach, "Über die Vernunft", in *Gesammelte Werke*, vol. 1, p. 73, no. 60.

作为基本本体之现实独立的前社会的人或自我中心的人，二是在费尔巴哈看来作为社会存在而存在的人。费尔巴哈的观点显然浸染着强烈的黑格尔主义的色彩，但与此同时，他对理性之社会本质的强调也是不容置疑的，因为他隐性地将黑格尔对内在性和超越性之调节降到理论结构的下位。

费尔巴哈的博士论文确保他成为批判的门徒，这正如他所预计的那样。即使他已经以一种决定性的方式从黑格尔的思想框架中抽脱出来，但实质上他依然还是在这一框架内进行理论的阐述。在这一点上，我们可以说，费尔巴哈与黑格尔的批判关系不仅存在于他对超越和反对基督教的思辨哲学的坚定支持上，而且也存在于他对恰好标志为泛逻辑主义的知识的热情上，泛逻辑主义被黑格尔的批评者们看作是黑格尔的专利。费尔巴哈批判基督教对自然的否定态度，这仅仅是因为基督教只是满足于使自然看起来没有被精神所理解和拯救。对于费尔巴哈来讲，纯粹的逻格斯之光最终要擦掉自然的特殊性[1]；进一步说，当特殊性被保留的时候，它仅仅是通过一种否定的方式与自然和非自由联系起来。费尔巴哈在这一阶段之思想的发展过程中，实际上已经退避到"具体总体性"概念的背后，这一概念曾赋予了黑格尔的思想以鲜活的生命。自我与客观存在的关系被费尔巴哈指认为主观主义的解毒剂，更近距离地看，这种关系就是理性的一种自我关系。

结果，虽然费尔巴哈对浪漫主义之主观主义进行了拒斥，但他的普遍精神的一元论观点又把主观主义注解为宇宙的唯一原则。因此，在给黑格尔的信中，他声称观念王国的基础"将不是个体，或者将是独立地作为世界精神的个体"[2]。虽然费尔巴哈在整个19世纪

---

[1] 这一论断与对费尔巴哈同时表达了黑格尔式的思维与存在、逻辑与自然之关系的质疑是有冲突的。相关论述，参见"Fragments"，p. 269。

[2] Feuerbach to Hegel, 22 November 1828, *Hegel: The Letters*.

30年代都试图反对各种形式的个人主义和主观主义,但他又从来没有克服个人主义的残余,这遮蔽了他对人类一般本质的描述。19世纪30年代后期他向人类学和唯物主义立场的挺进,看起来使问题复杂化了,但也没有克服这一困境。因为他的新立场包含了一种不可化解的紧张:一方面,他把人类解释为统一的类的主体;另一方面,他认为人类个体一旦从神学的视像中"解放"出来,其本质就会无法界定。

青年费尔巴哈人格化观念下具有重要意义的人类总体的视域或许并不令人满意,因此有必要重复的是,从其严肃的哲学著作写作的一开始,费尔巴哈就没有隔离他对思辨哲学从文化转型中提出的种种技术性问题的回应,虽然这些因素在很大程度上是毋庸置疑的。在他的下一本重要著作《死亡与不朽》(匿名发表于1830年)中,费尔巴哈完全以文化批评家和文化先知的角色,将个人自我的批判转变为对当时社会和政治问题的评论。

## 二、不朽与个人上帝

费尔巴哈1830年发表《死亡与不朽》时,认为只有以匿名的方式,才能够对基督教所讲的个人不朽的观念进行攻击。由于斯塔尔以及其他虔诚派成员在埃朗根大学已经获得了很高的名望,所以试图在此获得永久教席的费尔巴哈似乎有理由以匿名的方式来发表这一著作。[1] 实际上,他的作者身份暴露之后,他也就永久地失去了他的大学教席,虽然19世纪30年代早期他在巴伐利亚以及普鲁士曾经煞费苦心地去加以挽救。他身份的暴露并不偶然:一个事实是,《死亡与不朽》延续了他20年代作品的主题,虽然这一点只有少数的

---

[1] Toews, *Hegelianism*, p. 252.

几个朋友和老师知道；更重要的一点是，费尔巴哈越来越不在意这部著作的禁忌，因而他经常在通信中引用其内容，似乎谨小慎微就会让他失却与傲慢对抗的自由立场以及历史意义。①

作为一部攻击基督教的著作，《死亡与不朽》预示着费尔巴哈成熟的宗教批判思想的形成。当然，这本书本身也构成了对宗教的实质性批判。如果事实正如卡尔·路德维希·米克莱托在 1841 年指出的那样，"上帝人格"的问题支配了先前 10 年的哲学讨论，那么，《死亡与不朽》则表达了对这一问题的激烈驳斥。瓦托夫斯基认为，费尔巴哈只是到了 1838 年才开始正面攻击人格概念②，但费尔巴哈在《死亡与不朽》中对上帝人格与个人不朽之相关性的紧密关切，表明实际情形并非如此。费尔巴哈博士论文的主要标靶是当时流行的主观唯心主义，《死亡与不朽》则将批判的对象扩大至基督教以及新教的正统派、虔诚派和理性派。

如果没有看到《死亡与不朽》同时也指涉政治问题，那么它的意义也将被大大低估。在费尔巴哈批判基督教个人不朽观念的话语深处，包藏着一系列社会和政治的思想关切，这在其 19 世纪 30 年代晚期和 40 年代早期的著述中进一步被彰明。费尔巴哈居住在柏林的时候，《死亡与不朽》的部分内容就已经成形，但总体而言，这本书还是迎合了 1830 年法国革命引发的思想潮流。③ 虽然我们难以找到直接的例证来说明费尔巴哈对七月革命的回应，但是正如他 1830 年

---

① 纵使费尔巴哈不直接面对埃朗根大学对著作权的质询，他身份的暴露在我看来也是理所当然。关于这一点，也可参见 Feuerbach to J. G. V. Engelhardt, 2 October 1836, *Briefwechsel*, vol. 1.

② Wartofsky, *Feuerbach* (Cambridge, 1977), p. 169. 瓦托夫斯基认为《死亡与不朽》对于理解费尔巴哈只是一个外在性的文本，这显然是对这一著作之重要性的一种漠视。相反的观点，可见 Alexis Philonenko, *La jeunesse de Feuerbach. 1828-1841. Introduction à ses positions fondamentales*, vol. 1 (Paris, 1990), pp. 55-167.

③ Werner Schuffenhauer, "Neue Daten zum Corpus der Schriften Ludwig Feuerbach", *Ludwig Feuerbach und die Philosophie der Zukunft* (Berlin, 1990), p. 765.

第 3 章　费尔巴哈和基督教市民社会

之后的大部分信件的内容所表明的那样,《死亡与不朽》对当时的反动力量进行了极大的挑衅:

> 现在可以看到,那些生活在我们时代、无视历史教训的人们,是如何漠视了人类充满活力的行动和艰辛的工作,以及如何凌辱了人类的权利。他们没有意识到,理性已经通过千年的战争赢得了自己的地位,而现在却又退回到旧有的路向上去。他们不祈求变化,他们使自己走上复辟的道路,似乎过去岁月的鲜血之河在被漫无目的地冲刷……①

基于费尔巴哈对权利与自由的这一明确伸张,一位杰出的马克思主义学者指出,《死亡与不朽》表达的是 1830 年德国新生资产阶级的利益。② 这一指认虽然注意到了费尔巴哈神学批判中的政治内容,但忽视了这样一个事实,即费尔巴哈批判的矛头不仅仅指向复辟政治,同时,也指向了资本主义精神。对资本主义精神的批判构成了费尔巴哈考察基督教信仰之人格主义维度的内在部分。

费尔巴哈对个人不朽观念的批判,主要是通过对基督教的个人上帝观念(纯粹自我的宗教,唯一精神的个人)的逻辑与历史的考证来完成的。在博士论文中,费尔巴哈还对基督教的上帝概念(上帝拥有自我意识、自由、意志、决定权、目的)与自己的上帝概念(上帝作为普遍的理性③)进行了比较。然而,《死亡与不朽》却标志着费尔巴哈在思想上彻底转向了自然主义。这是因为,这部著作将上帝看作是一切存在的无限统一体和普遍行为的泛神精神。与 1828 年的泛

---

① Feuerbach, *Thoughts on Death and Immortality*, trans. James Massey(Berkey, 1980), pp. 15-16.

② Werner Schuffenhauer, *Feuerbach und der junge Marx. Zur Enstehungsgeschichte der marxistischen Weltanschauung*(Berlin, 1965), p. 16.

③ Feuerbach, *Thoughts on Death and Immortality*, p. 23.

逻辑主义相比，1830年费尔巴哈眼中的上帝就像是一位"遗忘自我的诗人"，在抛弃自我意识的前提下推动世界前行。自然不仅仅是最终会被理性吞噬的一个思想的潜在客体，毋宁说，自然是一个理性与非理性、光明与黑暗的混合体，因为"自然的光明正是在上帝的黑暗当中生成的"①。费尔巴哈现在将上帝看作是生活中肯定与否定的循环，于是，一种神秘的、悲观主义的因素从《死亡与不朽》中浮现出来，这与费尔巴哈博士论文那过于乐观的理性主义形成了对比。我们身内和身外的生活，即自然的他者，现在进入到费尔巴哈的视野当中。将所有存在统摄在一起的"爱"，成为费尔巴哈哲学的核心范畴，由此也取代了"思维"概念。

费尔巴哈的话语实际上回应了关于上帝的神秘主义概念，后者在雅克·博梅那里得到过阐释，谢林在1809年的《对人类自由本质的研究》中也对此进行过论述。曼弗雷德·弗兰克以及彼德·科奈豪尔自信地认为，谢林的《自然哲学》对费尔巴哈摆脱博士论文的极端泛逻辑主义起到了重要的刺激作用。费尔巴哈1827年在埃朗根时，曾将自己的博士论文以及一封充满敬意的书信呈送给谢林（谢林在埃朗根有着巨大的影响）。谢林对存在基础的考量，影响到费尔巴哈对人类理性之自然基础的研究。费尔巴哈对超越主体性的自然实体以及自然之光的日渐关注，预示着他不得不面对意识与存在之间那道难以跨越的鸿沟，而这道鸿沟对于谢林来说就是一个要去克服的障碍。不仅如此，弗兰克还认为，谢林1827—1828年的慕尼黑讲座，正解释了费尔巴哈为什么在19世纪20年代晚期的笔记中对黑格尔逻辑之思维与存在的关系感到惶恐。② 这些观点与费尔巴哈的博士论文或《死亡与不朽》的主旨并不完全吻合，但弗兰克等人却还是把握到了费尔巴哈1839年对黑格尔辩证逻辑进行批判的玄机。在这个意义上，我们不得不承认，谢林对费尔巴哈19世纪30年代思想的

---

① Feuerbach, *Thoughts on Death and Immortality*, p. 82.
② Frank, *Der unendliche Mangel an Sein. Schellings Hegelkritik und die Anfänge der Marxschen Dialektik* (Frankfurt, 1975), p. 195.

发展有着初始但持久的影响。①

然而同样重要的一个事实是，对于青年费尔巴哈来说，他与谢林之间也存在着相当大的差异，这一点弗兰克没有充分认识到。谢林关于黑格尔思维与存在之统一性概念的批判，费尔巴哈虽然予以认可，但他指向的是一种自然主义的观点，而谢林则指向的是一种神学观点。当谢林坚持存在之物与一般概念的非统一性时，费尔巴哈则反对谢林理论批判中的唯名论倾向。费尔巴哈提出那个强调感性与实体的"类存在"概念，并不在于消解"一般性"概念，而是在于以一种内在的自然主义的方式来对其重新加以界定。最后，费尔巴哈从未放弃理性主义的立场，即使理性在一定意义上是以承认自然中的局限性（我们的生活强加于主体的局限性）为前提而存在的。19世纪30年代前期，费尔巴哈就已经开始批判雅克·博梅的神秘主义。同时，他也在演讲中将批判的矛头指向谢林早期唯心主义中的主观直觉论，以及谢林实证哲学中的非理性主义。② 整个30年代，谢林对费尔巴哈产生的或多或少的影响，并没有阻止后者最终确立起一种完全相反的立场。

费尔巴哈对基督教个人不朽观念的辨析，是通过心理的和历史的判断来完成的，而如此这般的判断则在许多重要的方面预示着他在《基督教的本质》中对宗教的批判。正如费尔巴哈在这本著作中所做的那样，他是将人们对上帝的信仰归于现实人的心理需求。他强调：虽然上帝是以人格之原型（即创世主）的形象出现的，但这只不过是人类逃避自己在自然中的局限性的一个产物。按照人类自我的形象来创造上帝，满足了人类对自己奇异能力的一种追求。③ 费尔

---

① 关于这方面的观点，也可参见 Toews, *Hegelianism*, pp. 196-197; Ursula Reitmeyer, *Philosophie der Leiblichkeit* (Frankfurt, 1988), p. 140。

② 相关论述，可参见 Feuerbach, "Schelling und die 'intellektuelle Anschauung'", *Nachlaβ*, pp. 326-328。

③ Feuerbach, *Thoughts on Death and Immortality*, p. 23.

巴哈强调，从对外在于自我的上帝之人格的信仰中，信徒们获得了一份关于自己现实存在的神圣"证明"和"担保"。因此，个人不朽的观念起源于个人自我的一种现实需求，即祈求在肉体死亡面前获得对自我价值的一种无限和永久的承认。[1]

在费尔巴哈看来，人类创造神的基本心理需求最终以基督教的形式出现，是有其历史原因的。当费尔巴哈将基督教个人不朽的信念与古代政治生活的衰微联系起来的时候，他听上去与青年黑格尔（他并没有读过青年黑格尔的作品）或英国著名古罗马历史学家爱德华·吉本（青年费尔巴哈读过吉本的作品）十分相似。[2] 费尔巴哈认为，古希腊人和古罗马人仅仅在公共生活的界域内审视美德，他们能够坦然地面对死亡，因为他们相信后人会永久地记住他们的美德。随着古希腊城邦和古罗马共和国的衰亡，社会和政治世界不再是个人自我世界的介质，于是个人不得不在社会和政治世界之外思考自己身后价值延续的问题。[3] 对于基督徒来说，他们求取的那个无限存在的世界，比个体的公共的或自然的世界更加"现实"。为了逃避尘世的种种局限和威胁，基督徒将他们的希望与活力寄托于一种不受约束的人格的幻象（即上帝），而这一幻象贬低了具体生活着的个体以及以抽象人格观念的名义而存在的世界。在《死亡与不朽》中，"异化"甚至成为费尔巴哈理解宗教信仰的核心概念。更加重要的一点是，费尔巴哈是在"存在主义的"和"政治的"意义上来看待"异化"的。自我由原子式的人格理念所决定，而这样的人格理念在世俗世界中是无法被认识的，所以，自我也就远离了社会和自然的事物，

---

[1] Feuerbach, *Thoughts on Death and Immortality*, p. 24.
[2] 费尔巴哈的一位儿时的朋友，曾谈到过这一点。相关内容，可参见 *Ludwig Feuerbach. Werke in Sechs Bänden*, vol. 2, ed. Erich Thies(Frankfurt, 1975), p. 338。
[3] 费尔巴哈的这一论见，与青年黑格尔在18世纪90年代并未发表的论文的观点多有一致之处。黑格尔对罗马共和国以及罗马人不朽观念的讨论，可参见"The Positivity of the Christian Religion", *Early Theological Writings*, p. 157。

将个体行为与具体的公共生活联系在一起的"实践性"美德，与自我的实现再无任何干系。结果，自我在政治上也就"异化"了。

  为了消解基督教所讲的"人"的概念那日渐式微的影响，费尔巴哈从对充满生气的宇宙精神之本质的讨论中得出了全然不同的结论。如果"精神"存在于从差异性事物的连续性存在到相互再吸收最后到形成一个存在的永久性统一体这一过程中，那么，"精神"既是差异性中人格的基础，又是统一性中绝对人格的否定。① 基督教将孤立的个人安放于"永恒性"中来看待，而费尔巴哈则强调，人仅仅作为具体生活着的、相互作用着的、有局限性的存在者才是可以理解的。这样的认识引导费尔巴哈重申了主导他博士论文的"社会性"维度。然而，如果费尔巴哈始终坚持人类的"社会性本质"的话，那么必须指出的一点是，他的目的并不在于消解人格，而是在于强调人格是有不同层次的。使费尔巴哈承认个人社会身份的，并不仅仅是关于自我的社会本体论。持守自己思想之基本转向的费尔巴哈，反对了既作为一切有限存在物的最终否定，又作为本体统一之最基本本源的自然循环的背景。

  像"黑格尔老左派"成员克里斯帝安·卡普那样，费尔巴哈坚信，从宗教意识到哲学意识的转换，将会在人类精神史上开创一个新纪元。这使费尔巴哈在对基督教之人格主义的分析中获得了一种新的"福音"和一种积极的元素。例如，他说人在面对由死亡而带来的局限性时，就会"找到一种开始新生活和经受压力的勇气，这是一种绝对现实和绝对真实的行为。实际上，对于全部的精神活动来说，这也是一种'无限'"②。费尔巴哈1830年的这本著作，把人本精神从幻象拉回到现实，从以自我为中心的尊崇拉回到人的社会性存在的实现。从1828年致黑格尔的信中，我们再一次发现费尔巴哈将他自己的思想形式与一种行动主义的形式结合起来，以期将"唯我"的世界

---

① Feuerbach, *Thoughts on Death and Immortality*, p. 110.
② Ibid., p. 17.

转换成"观念的王国"。在费尔巴哈的思想形式中，我们不仅看到了青年黑格尔主义之政治思想的根芽，同时也看到了一种"行动哲学"的基础，实际上，这也就是马克思主义的基础。[1]

然而，马克思后来以物质生活之世俗基础的矛盾来解释宗教的"虚假"意识，而费尔巴哈仅仅满足于对虚假信仰的批判。结果费尔巴哈自信地以为，一旦真实意识取代了虚假意识，"绝对现实和绝对真实"的世俗基础就会成为社会共同体的基础。推进地看，费尔巴哈的乌托邦理想是通过对"爱"的揭示来得以表达的。"爱"在他看来是社会存在的源泉，也是一个新纪元到来的推动力。虽然他竭力将"思维"与"爱"指认为在普遍性中超越特殊性的一种力量，但他认为"爱"是一种比"理性"更为有力的纽带。在费尔巴哈的论述中，"爱"既是人类社会的本质，又是对人格的一种最强劲的否定性力量。基督徒相信在上帝身上体现着他们自己的特殊性本质，而费尔巴哈则声称，"爱"这样一种世界的创造性原则，既肯定自我又否定自我，因此，"只有真正的泛神论者才知道什么是爱"[2]。在费尔巴哈那里，人类的"爱"是一种自我之丧失的突出体验，是一种取代他者、在他者中又置身于自我之外以及丢弃唯我主义之枷锁的感觉。费尔巴哈描绘出了一个从自我超越之最原始的表达（即性的接触），到作为自我牺牲和自我奉献之对象的人类之"爱"的连续统一体。到19世纪30年代中期的时候，费尔巴哈开始将爱的普遍化力量看作是基督教的真正本质，同时将个人主义的特殊性动力与这种本质的扭曲联系起来。

费尔巴哈1830年已经看到了，当爱与作为信仰之主要推手的唯我主义发生抗争时，基督教历史的新纪元就会到来。当然，当时的

---

[1] 社会主义诗人和政治活动家乔治·赫尔韦格，曾讨论过费尔巴哈《死亡与不朽》对马克思主义的直接影响。相关具体内容，可参见 Ingrid Pepperle, "Philosophie und kritische Literatur im deutschen Vormärz: Ludwig Feuerbach und Georg Herwegh", *Ludwig Feuerbach und die Philosophie der Zukunft*, pp. 575-592。

[2] Feuerbach, *Thoughts on Death and Immortality*, p. 29.

费尔巴哈对此并没有充分的研究。早期的基督教，甚至中世纪的天主教，都包含了一个社会性的维度，而这一维度对自我的固恋是一种放逐。① 唯我主义变成基督教的一种原则，仅仅是现代社会的事情。因此，《死亡与不朽》一书实际上反复地比较了两种不同的信仰：一种是"古代最初真正的基督教"，或者为社会创造诸如科隆、斯特拉斯堡大教堂这样遗产的信仰；另一种是堕落、颓废的现代信仰。② 费尔巴哈以为，新教破坏了中世纪天主教的精神实体，由此促使信仰转向自我中心。所以，新教将唯我的人格主义之发展推向了顶峰。早期的新教呼吁以人与上帝的直接关系取代对"唯一的、世界历史的基督个人"（即救世主）的依赖。③ 在17世纪形成的虔诚主义中，"每一个人都处在自身的内在世界中，都置身于他自己的现实中"④，所以，在新的祈祷方式面前，围绕基督个人的狂热削弱了。费尔巴哈相信，虔诚主义以独特的方式清晰地表达了新教的这样一个核心指向：对个人宗教情感与日俱增的迷恋。

彼德·科奈豪尔认为，费尔巴哈对现代社会主体主义和个人主义的尖锐批判，在很大程度上开引出了浪漫主义的历史叙事。根据诺瓦利斯的指认，相比中世纪基督教的社会团结，新教的产生是一个信仰上的陨落。从费尔巴哈对狂热的现代个人主义的批判中，我们可以很容易看到诺瓦利斯的影响。当然，费尔巴哈的"观念的王国"并不在于对新教之个人主义进行恶意攻击，而这样的攻击恰恰是诺瓦利斯对中世"基督教世界和欧洲"⑤进行赞颂的一个标志。《死亡与不朽》决然反对任何对过去的依恋，反对回归过去。同时，费尔

---

① Feuerbach, *Thoughts on Death and Immortality*, pp. 7, 135.
② Ibid., p. 216.
③ Ibid., p. 10.
④ Ibid., p. 11.
⑤ Cornehl, "Feuerbach und die Naturphilosophie", p. 52. Novalis, "Christendom or Europe."

巴哈对一个新的"普遍性"时代之到来的"准末世论"式的期许，澄清了他在1828年的信中向黑格尔提出的挑战，因为费尔巴哈对新教的批判，包含着对黑格尔"新教原则"的一种完全的倒置。在黑格尔看来，作为"自由个体之宗教"的新教，是基督教自由观念之世俗化的方式；而在费尔巴哈看来，新教远未彰明一种政治上的自由观念，新教的自由仅仅意味着自我从社会生活中退缩出来。根据费尔巴哈那准末世论的理解，未来要求激进地颠覆新教，而不是让其逐渐演进。

费尔巴哈在他的同时代人中并不是唯一对新教进行批判的理论家。劳伦斯·迪基在一篇文章中要求读者注意"对新教进行否定的无数范例……圣西门、孔德等人至少从1820年开始的作品就包括于其中"。迪基写道，新教以及与之紧密联系在一起的种种形式的"反思"唯心主义，在一个"批判性"的历史时代被安放到突出的位置上。这个时代在整体上反对社会性价值：表现在宗教、哲学、文学、政治学、经济学中。① 正如在费尔巴哈的范例中看到的那样，圣西门将新教与现代利己主义连接起来，似乎有更早的理论源泉，特别突出的是关于个人主义和自由主义精神的现代批判。在18世纪末19世纪初的保守主义天主教徒路易斯·纳德、约瑟夫·梅斯特以及诗人菲利西特·拉梅奈等人那里，都可以发现这种批判。通过描绘这样一个思想图谱，迪基提出了一个重要的见解，即圣西门的理论构成了一个"具有战略意义的意识形态交叉点，那些自诩为'左派'的'传道士'凭借这个交叉点将'右派'的历史神学概念据为己有"②。圣西门与费尔巴哈等激进主义者的关系，是下面两章要加以讨论的内容，但我们现在要指出的是，费尔

---

① Dickey, "Saint-Simonian Industrialism as the End of History: August Cieszkowski on the Teleology of Universal History", in *Apocalypse Theory and the Ends of the World*, ed. M. Bull(Oxford, 1995), p. 178.

② Ibid., p. 186.

巴哈的《死亡与不朽》同样清晰地揭示了从现代主体主义的保守主义批判到初生的左派的历史过渡。

费尔巴哈通过宗教的个人主义批判，将关于新教的历史评判不断向前推进。当他把宗教改革后的人格概念与现代资本主义的社会和政治关系对接起来时，他的目标就得到了更为具体的呈现。几乎毋庸置疑的一点是，在费尔巴哈的论述中，相信自己具有无限价值的现代宗教信仰者，实际上就是处在市民社会、市场领域以及自私自利的个人主义场域中的资产者，黑格尔在《法哲学原理》中对此有过论述。费尔巴哈在1828年12月写道，"直接人格"的"幻象"，"仅仅只是在个人将自己看作是绝对和无限存在者的时代，才会产生出来"①。费尔巴哈不仅指认了现代性之宗教和哲学问题，而且也指认了社会和政治问题。在《死亡与不朽》中，费尔巴哈说，现代商业社会之"分化"的力量将共同体和"关系"人格的外衣层层剥去，由此使现代世界的个人变得裸露而孤单。这是费尔巴哈对自己时代状况的一种批判，而学者们在解读《死亡与不朽》时常常忽视了这一点。但这种批判无疑又是与关于基督教唯我主义之更一般的批判同时出场的。

费尔巴哈的话语揭示出了基督教人格观念与资本主义市民社会的关联性。他以嘲讽性的语言说道，令人心旷神怡的永久性生活的镜像，"将大自然的惨痛悲剧映射到市井的经济生活领域当中，因为大自然那深不可测的沟谷，变成一条狭窄的草原溪流，人们在附近沐浴着生活和理性的阳光，采摘着迷人的勿忘草，惬意地品尝着茶和咖啡。在这里，他们仅仅看到了他们自己"②。从一个更为正式的层面来看，费尔巴哈对爱与自我、泛神主义与人格之对立的描述，表明他是将关于人格的神学定义与法学定义交融起来，进而形成对现代孤立自我的一般性批判。在一段揭露性的段落里，费尔巴哈对

---

① Feuerbach to Johann Paul Harl, December 1828, *Briefwechsel*, vol. 1.
② Feuerbach, *Thoughts on Death and Immortality*, p. 82.

基督徒在存在的无限性中保留有限的特殊性的意欲和订立一份并非由无限自身所签许的"社会契约"的要求进行了对比。① 在1828年的博士论文中,费尔巴哈排拒了社会契约的概念,因为这一概念假定了前社会的本体论主导。到了1830年,费尔巴哈以隐喻的方式将对不朽的信仰与个人建立与"契约性"共同体(即以自我为中心的共同体)之关系的欲图联系起来。通过对比,费尔巴哈声称"爱"能够克服"律法意义的、排他的、特殊性的自我":在"爱"之外,一切都是唯我主义的、唯利是图的、自大的、贪婪的、偶像(金钱)崇拜的;在"爱"之内,你不再生活于自己的特殊利益中,不再局限于你自己的事务,不再与你过去接触过的事物接触。同时,费尔巴哈也比较了那种牺牲个人存在的"爱"和保护单一的、可感知的事物(如金钱等确定的事物)而生成的"爱"。②

在一首题为"商业投机以及对一个坏的时代和基督教世界的贫乏产物的抱怨"的反讽诗中,费尔巴哈写道:

> 自从信仰成为了模式,一切事物都静止不前,
> 甚至头脑中的观念和静脉中的血液也停下来了。
> 在市民美德和一种对正确事物的确切感知构造起城市的时候,
> 我们拥有什么样的牢固基础!
> 在公众没有被阻止进入美德的那些日子里,
> 破产的状况比今天要少很多!
> 真正的坏的时代到来了,
> 最深重的悲剧就在眼前。
> 基督徒不允许我们进口任何外部的产品,

---

① Feuerbach, *Thoughts on Death and Immortality*, p. 36.
② 可参见 Feuerbach, *Thoughts on Death and Immortality*, p. 122。

如果我们精神消费的管理者没有像耶稣那样被钉死在十字架上,

那么他们就会禁止外部产品的输入,哪怕是好的产品。①

费尔巴哈的这首反讽诗包含了许多社会和政治批判的潜在要素。其中,关于破产和贸易保护的经济学隐喻,为了宣指基督教文化在精神和政治上的死亡,利用了基督教文化本身的价值。在"过去",美德是市民的公共财富。费尔巴哈对"过去"的呼唤,并不是一种怀旧的表达,而是一种修辞手法的运用,是为了使对当代基督教社会之唯我的、自私的、去政治的价值的批判更加尖锐。费尔巴哈曾预言,"警察不久将会成为宗教的基础"②,而这首反讽诗也指出了基督教国家在维持这种情况中所扮演的角色。在这首反讽诗以及其他诗篇中,"外部的产品"大概指的就是法国启蒙运动以及在1830年重新掀起但在德国又被镇压的革命中的无神论精神。

我们知道,到1830年的时候,黑格尔的那些神学和哲学敌手开始普遍地指责黑格尔的哲学取消了上帝的人格以及灵魂不死的观念。正如费尔巴哈在其博士论文中所做的那样,他是接受黑格尔的批评者们归于黑格尔本人的那些结论的。他谴责黑格尔的批评者都是主张复辟的人,在他们那里,"似乎过去岁月的鲜血之河在被漫无目的地冲刷"③。而且,费尔巴哈将他对神学之人格的批判系于他对私人的、自我中心的、去政治的德国资产阶级的批判,由此使前者(对神学之人格的批判)具有了政治意义。就此而论,费尔巴哈公开地要求一个公民在积极地实现共同体之精神的过程中实现美德,以及从他自己的泛神论的人本主义中引申出民主政治的思想,都不会显得过

---

① Feuerbach, *Thoughts on Death and Immortality*, p. 244.
② Ibid., p. 189.
③ Ibid., p. 16.

于唐突。虽然这些结论在《死亡与不朽》中还显得十分含蓄，但它们预示着费尔巴哈后来更为激进的批判，也预示着 19 世纪 30 年代晚期以及 40 年代左派的一些重要政治思想的出场。①

## 三、费尔巴哈对弗里德里希·斯塔尔的批判

《死亡与不朽》匿名出版之后，费尔巴哈从激进的反基督教立场转向了关于现代哲学史的研究。然而，他的三本重要的历史著作远不止于一种学术性的研究，而同时也通过对现代哲学发展之过程的批判澄明了他自己的思想。他的《从培根到斯宾诺莎的现代哲学史》②，开启了他对影响自己哲学思想的历史之根的再考察。在这本著作中，费尔巴哈批判了以前的经验主义和原子论的单向性和抽象性，同时也批判了唯心主义。他批判唯心主义将经验论降低为意识的自我反思，而这种批判不仅隐性地将矛头指向了黑格尔，也指向了他自己博士论文中彻头彻尾的唯心主义。费尔巴哈的每一次历史研究，都标志着他向新的经验主义和唯物主义迈出了重要一步，而

---

① 虽然《死亡与不朽》包含着费尔巴哈思想运演的一些重要结论，但这本书并未得到广泛的关注。另一位黑格尔派成员弗里德里克·里克特 1833 年的作品《终极之物的法则》《新不朽论》，在相当大的程度上直接影响到关于黑格尔不朽观与人格的讨论。杰斯奇克在《宗教的理性》一书中声称，费尔巴哈的《死亡与不朽》没有得到有力的回应，是因为在 1830 年黑格尔《宗教哲学》的任何版本都是极其稀缺的，而这种情况并不允许对不朽与人格等问题做出"理性的批判"。这是唯一的一种针对费尔巴哈著作之接受程度的部分令人信服的解释。黑格尔的那些批评者们掌握了足够多的证据，证明黑格尔在 1830 年之前的其他出版物中形成了一种立场，而这种立场在 1832 年《宗教哲学讲演录》出版之时，也未曾发生多少改变。而且，除小费希特和魏斯等严肃的哲学家之外，黑格尔的批评者们对理性的批判并不感兴趣，这一点杰斯奇克在其他地方也指出过。我认为里克特引发了更多的争议，因为他将自己认定为众所周知的黑格尔主义作者，同时也因为他从严肃的黑格尔主义的立场攻击基督教原则，进而使黑格尔主义中模棱两可的地方变得明朗起来。费尔巴哈在很多地方都不同于黑格尔，所以他的《死亡与不朽》也没有被指证为黑格尔主义的著作，而是被指证为一本匿名的亵渎书。

② 这本书之后便是《对莱布尼茨哲学的叙述、分析和批判》(1837)与《比埃尔·拜勒》(1838)两本著作。

新的经验主义和唯物主义也正界定了他在 19 世纪 40 年代的哲学。①

历史研究带给费尔巴哈的那种出奇的镇定，被他变得越来越强烈的关于个人、思想以及政治的挫败情绪所驱赶。他对基督教的公然对抗，以及他的反神学的黑格尔主义立场，使他成为埃朗根保守的虔诚派群体中的一个被孤立者、被遗弃者。虽然他在埃朗根的演讲都没有薪酬，但他的关于可得到薪水教席的申请一概遭到了拒绝。他在巴伐利亚越来越孤立，他得到一份工作的希望越来越渺茫，于是在 1832 年他去了法兰克福，计划从那里移居巴黎。在德国他感觉到被迫害，也不能表达他的思想，而巴黎在他看来"完全适合我的个性和哲学"②。当他的计划因为他父亲不能够支撑他在巴黎的生活而最终破灭时，他决定在普鲁士从事学术工作。

自此之后，费尔巴哈重新开始接触柏林的那些黑格尔派成员，甚至也包括在过去被他认为是"一个伟大的思想者的奴仆"③的那些人。1834 年 5 月，黑格尔派刊物《科学批判年鉴》的主编亨宁致信费尔巴哈，告知他柏林黑格尔派对他的《现代哲学史》的反应是积极的，因此邀请他加入主要的黑格尔派组织"科学批评社"。费尔巴哈接受了这份邀请，同时也应亨宁之约为《科学批判年鉴》写了几篇评论。约翰·托维斯曾指出，费尔巴哈在 1834 年与黑格尔组织之关系的恢复，不是一种简单的投机行为，因为他重新宣称与黑格尔派的连接，乃是基于他对吞没埃朗根的基督教神秘主义的深恶痛绝。④ 费尔巴哈以一个更大的现象描述他对埃朗根的感觉："这不是一种局部的罪

---

① 关于费尔巴哈历史著作最全面的探讨，可参见 Wartofsky, *Feuerbach*, pp. 49-134。
② Feuerbach to Friedrich Feuerbach, 12 March 1832, *Briefwechsel*, vol. 1.
③ 参见 Toews, *Hegelianism*, p. 330。
④ 参见 Toews, *Hegelianism*, p. 331。然而，托维斯错误地认为，埃朗根保守派的思辨有神论是从"谢林绝对统一哲学之保守的政治和宗教寓意"引申出来的。正如我们在第 1 章中看到的那样，正是谢林对绝对统一哲学以及实证哲学之要义的放弃，才构成对斯塔尔等保守主义者的吸引。

恶，基督教又一次以其蛮夷之势吞并了整体欧洲。"①不过，在所有再生的基督教形式中，最让费尔巴哈厌恶的是在他的家乡巴伐利亚形成的思辨哲学与虔诚神学的合并，这在谢林和斯塔尔的著作中可以找到佐证。1833年下半年，费尔巴哈对青年谢林唯美论和直觉论发起的尖锐攻击，转换为他对老年谢林实证哲学的辛酸批评。但与此同时，随着费尔巴哈对从"最新的谢林主义神秘主义哲学梦境"②中走出的"使者"斯塔尔的批判之热情的高潮，他（指费尔巴哈）对谢林本人的"仇恨"在减弱。

费尔巴哈与斯塔尔之间实质性哲学争论的升级，或许伴随着相当的职业嫉妒的因素，因为斯塔尔这位"神秘主义的使者"自1832年起就在埃朗根大学任教，并于1834年获得了一个全职教席；相反，费尔巴哈在憎恶与挫败中离开了埃朗根。他1834年夏天返回埃朗根并作短暂的停留后，写信给卡普："我无言向你描述这所大学的丑陋、鲁莽、不知羞耻以及对当代新教神学之野蛮无知的置若罔闻。"③那一年之后，费尔巴哈向亨宁提议，他来为《科学批判年鉴》撰写关于斯塔尔《法哲学》第二卷的评论。当同样旨在反对斯塔尔的甘斯最终谢绝了这一任务之后，亨宁接受了费尔巴哈的提议。不过，尽管费尔巴哈对斯塔尔满腔愤恨，但他也对攻击这样一位有势力的人物而不安，因为任何一种否定性的评论都有可能葬送他在巴伐利亚安全地从事学术研究的机会。实际上，他在评论斯塔尔的同时，也向特里希抱怨他不能获得一个教席，因而也无法解决"将我与所有政治趋向隔离开来"④的窘局。但同时他也认为，针对斯塔尔与谢林"非哲学"的致命打击，或许会使有利于他在普鲁士获得一个安全的

---

① Feuerbach to Christian Kapp, 3/18 February/3 March 1835, *Briefwechsel*, vol. 1.
② Feuerbach to Christian Kapp, January 1835, *Briefwechsel*, vol. 1.
③ Feuerbach to Christian Kapp, 1/23 August 1834, *Briefwechsel*, vol. 1.
④ Feuerbach to Friedrich Thierisch, December 1834, *Briefwechsel*, vol. 1.

位置。① 然而，这些颇具计谋性的考虑都是次要的，因为费尔巴哈坚信，他的批判主要是基于一种迫切干预的需要，而这种干预直接具有哲学和政治意义。考虑到谢林与正统新教的政治－宗教影响与日俱增，以及柏林黑格尔主义保守派的不断成长，费尔巴哈有理由相信斯塔尔代表着"一个越来越有害的、但又在日渐膨胀的党派"②之利益。因此，他在给未婚妻伯莎·洛的信中写道，他正手握一把"批判的利剑"，不仅指向了斯塔尔，也指向了"谬论层出、背信弃义、自大无知、造谣中伤的谢林"③。

费尔巴哈忍受着痛苦向诸如卡普、甘斯、亨宁等大名鼎鼎的黑格尔派成员强调，他是第一个以书面的方式来批判实证哲学的人。这或许就是1841年《德国年鉴》的一篇匿名文章指出费尔巴哈关于斯塔尔的论文"在那时（1835）具有划时代的意义"④的一个原因。当然，这一指认也有其他的可能性原因。一个事实在于，费尔巴哈的批判突破了柏林黑格尔主义组织的那种盛气凌人的姿态，进而确凿无疑地暴露出将神学与思辨哲学混为一谈、许多黑格尔派成员也为之感到自责难当的愚蠢行为。费尔巴哈1835年提出来的问题，到19世纪30年代晚期成为黑格尔派内部争论的核心。反对斯塔尔的论辩，为19世纪30年代晚期和40年代早期黑格尔左派政治批判奠定了主要基调。从个人的角度来说，批判斯塔尔也成为费尔巴哈个人职业的一个转折点。他在给卡普的信中写道："1830年那首反讽诗描述的精神又一次向我袭来。"⑤纵使他那激进批判的冲动获得了新的力量，他的文章也让他只能成为文化的局外人，因为对斯塔尔的攻击，

---

① 参见 Toews, *Hegelianism*, pp. 331-332。
② Feuerbach to Bertha Löw, 12 February 1835, *Briefwechsel*, vol. 1.
③ Feuerbach to Bertha Löw, 3 February 1835, *Briefwechsel*, vol. 1.
④ "Stahl und die Willkür, nebst Erinnerung an Feuerbach über ihn", *Hallische Jahrbücher*, no. 23, 1841, p. 92.
⑤ Feuerbach to Christian Kapp, 3/18 February/3 March 1835, *Briefwechsel*, vol. 1.

他丧失了拥有一个安全的学术位置的机会。接受了这个事实之后，费尔巴哈与伯莎·洛于1837年结婚，并开始管理妻子在巴伐利亚一个小城布鲁克贝格的生产瓷器的家庭工厂。由于远离德国思想生活的中心，费尔巴哈索性把自己当成布鲁克贝格隐士中的一名读者。当然，他在19世纪40年代早期享受自由的同时，也没有放弃寻找任何一个可能在大学任教的哪怕是极其微小的机会。

费尔巴哈批判斯塔尔的文章开引出在《死亡与不朽》中发起的人格批判的神学和社会—政治的路向。但现在，对神学之人格的批判，并非将矛头直指新教本身，而是指向实证哲学把思辨哲学奠基在个人的、唯意志论的上帝观念之上的企图。费尔巴哈在1838年关于实证哲学的文章中更为详细地讨论了这一问题，本章在后面还会涉及这方面的内容。不过，我们在此处所关心的，是他在社会—政治领域内对斯塔尔人格观念之运用的批判。

斯塔尔《法哲学》中被费尔巴哈评论的，就是个人上帝与个人君主建立起类同性的那一卷。费尔巴哈不能忽视斯塔尔建立的类同性的重要性，他认识到通过否定上帝的人格，就可以削弱复辟政治理论对个人君权的主要支撑。他实际上也是希望接手这一问题的，正如他在1843年向马克思告知的那样，他对斯塔尔的批判是基于政治环境的一种需要。① 然而，在君权问题面前，费尔巴哈还是保持了沉默。这或许是在审查制度面前的一种谨慎和怯懦的表现，但也表明费尔巴哈在人格问题与社会主题之间建立起了更强的联系。虽然他没有公开地阐述君权之本质，但关于斯塔尔的文章却在很大程度上阐明了在《死亡与不朽》中隐含指认的基督教讲的人与自我中心的市民社会资产阶级之间的关系。在《法哲学原理》中，黑格尔认为原子式的资产阶级个人主义仅仅是市民社会的一个原则。正如他说的

---

① Feuerbach to Marx, 25 October 1843, *Briefwechsel*, vol. 2.

那样，"特殊的人本质上同另一些这种特殊性相关，所以每一个特殊的人都是通过他人的中介，同时也无条件地通过普遍性形式的中介，而肯定自己并得到满足。这一普遍性的形式就是市民社会的另一个原则"①。我们会看到，市民社会的另一个原则在费尔巴哈对一种新的社会结合形式的展望中扮演了重要的角色。费尔巴哈谴责斯塔尔的人格概念只是非辩证地接受了黑格尔讲的市民社会的第一个原则，即特殊的个人追逐自己特殊的个人利益。

这一点，在费尔巴哈对斯塔尔"公法"和"私法"之解释的集中剖析中得到了说明。"公法"与"私法"的分离是 18 世纪晚期自由律法改革者的一个根本要求，这些改革者包括费尔巴哈的父亲。法国 1789 年大革命之后，公法和私法在德国的法律理论与法律实践中被写到法典中。② 这种状况反映了法学针对垄断政治权力的中心国家与以私人家庭的、经济的行为作为核心的市民社会之历史分野的调整。与之相应，那些自由主义法律改革的拥护者，都认为法律的主要功能不再是鼓励法律主体去积极地生活，而是区分和保护自我决断的个人的私人自由。③ 虽然斯塔尔面对着哈勒、穆勒等早期保守主义者提出的自由主义之"机械的"理性论的质疑，但他依然持守着公法与私法之自由主义界分的精华部分。费尔巴哈没有过多地去关注斯塔尔面对现代法理学时的姿态，但他认为，斯塔尔已经在实质上把私法变成为一种绝对，而这又是一个伴随着重重矛盾的过程。就斯塔尔将人看作是上帝的形象而言，费尔巴哈指出，"因为人是上帝的形象，所以人的每一种关系都是私法的关系；因为人是上帝的创造物，所以人要为上帝服务，人的关系又是公法的关系。私法的原型是律法之'本质'，

---

① Hegel, *Philosophy of Right*, para 187 and 182.

② Dieter Grimm, *Recht und Staat der bürgerlichen Gesellschaft* (Frankfurt, 1987), p. 295.

③ 关于普鲁士"普法"结构中法律与德行原则之关系的论析，可参见 Koselleck, *Preussen zwischen Reform und Revolution*, pp. 23-51。

公法的原型是上帝掌控的律法"①。在斯塔尔对私法与公法之界分的说明中，费尔巴哈发现了一个令人吃惊的、重要的结果：当斯塔尔将人看作是上帝的形象时，他的基督教政治理论推出的结论与早期抽象的自然法理论的结论在本质上是相同的。

> 在私法中独立存在的个体，在早期自然法中被认定为绝对存在者和社会契约的预设前提，而现在也被当作绝对存在者，但指的是在上帝形象的神学视阈内的绝对存在者。公法，也包括国家，则是作为直接的限制，作为对上帝形象与特点的否定，以及作为在自身内部只有否定性因素的事物而出场并反对私法的前提。

在费尔巴哈看来，这种情形使社会组织变得难以让人理解，因为如果作为国家之主体的个人为了进入上帝的掌控之下而必须在上帝面前放弃自己的形象，那么，就完全可以证明个人是拒绝服从国家的。他无不嘲讽地说道："发现处于霍布斯讲的自然状态中的人屈从于文明的状态，要比发现高贵的、神圣的人屈从于国家容易得多。"②斯塔尔对人格的强调，其实没有根据基督教的原则来证明社会生活的合法性，而是使他开始支持他曾经在自然法的传统中否定了的唯我的个人主义原则，这是一个悖论。

费尔巴哈令人惊异的见解，构成了对黑格尔《法哲学原理》之如下论断的一种回应：封建的政治权利理论以及社会契约理论犯下了同样的错误，即将"私人财产的特性转移到了一个完全不同的、更高的自然领域"③中进行审视。费尔巴哈 1835 年的研究，召回了他在

---

① Feuerbach, "*Die Philosophie des Rechts nach geschichtlicher Ansicht*, von F. J. Stahl", *Gesammelte Werke*, vol. 8, p. 40.
② Ibid., p. 41.
③ Hegel, *Philosophy of Right*, para. 75.

## 第 3 章 费尔巴哈和基督教市民社会

1833 年《现代哲学史》中公开表明的对霍布斯政治理论的批判。① 指出霍布斯将"绝对权力"赋予将所有意志统一于一人之身的利维坦之后，费尔巴哈赞颂这位英国人看到了国家必须构建一个统一体。当然，他对霍布斯也还是持有保留意见，因为在他看来，霍布斯国家的统一不是建立在理性基础之上的，而是建立在"特性和任意性"基础之上的。因此，霍布斯是把自然国家和独立个体的原则提升到市民国家的塔尖。然而，"市民仅仅作为群体之成员，会反对国家的统一"②。也就是说，市民的理性意志，并不足以构成霍布斯个人国家的统一；市民被降低为"互不关心的个体"③。国家的统一形式构成了对自由的约束和否定，但市民群众会强调，"只有这样一些自由，对于幸福与和平的生活才是必要的"④。这样一来，市民依旧存在于孤立的、自我中心的自然状态之下；他们那种天然的放纵与野蛮，虽然在社会契约面前有所遏制，但没有被克服。确切地说，因为社会契约的订立是为了结束自然国家的战争，所以，即使个体被排除于国家生活之外，市民个体之和平的存在也是国家的目的。国家"本来应当是理性与客观道德的存在，现在又重新成为一种纯粹的手段，作为手段，它也仅仅只是在个体的物质福利方面才实现其目的"⑤。

费尔巴哈对霍布斯的批判，明显欠下了一笔黑格尔债务，这特别指向黑格尔的这样一个假定：国家负有伦理的义务来克服市民社会的私利性。⑥ 与 19 世纪 30 年代中期的政治和哲学背景尤为相关

---

① 1832 年 5 月，费尔巴哈建议卡普更改期刊《雅典娜》的主题进而强调政治问题之后，他在此期刊上专题批判了霍布斯。
② Feuerbach, Geschichte der neueren Philosophie, p. 107.
③ Ibid., p. 98.
④ Ibid., p. 97.
⑤ Ibid., p. 108.
⑥ 在《法哲学原理》中描述市民社会时，黑格尔提到了霍布斯的"一切人反对一切人的战争"，黑格尔的政治哲学这时是隐含地批判了霍布斯。但是，他在《哲学史讲演录》中对霍布斯的评论，并不像费尔巴哈那样详细且带着否定的口吻。

的，是费尔巴哈对两种理论之兼容性的认可：一种是主权之专制理论，一种是市民社会之所有权的个人主义理论。[1] 对专制国家与自由社会之"聚合"的理解和认识，构成费尔巴哈的斯塔尔批判以及19世纪30年代晚期和40年代黑格尔左派政治立场最重要的问题，在后面的章节中我们会看到这一点。

霍布斯极力地以他的契约理论来调和作为社会原则的个人主义与作为国家原则的绝对权威，这在费尔巴哈看来也正是斯塔尔试图借助基督教的个人主义来寻求的目标。费尔巴哈批评说，人格观念的唯我主义，与将社会的律法立基于基督教原则的欲图正相矛盾。因为基督教的真正实质不是人格，而是"爱"。人格是与特殊性联系在一起的，社会领域中的人格观念是宣讲"私有权与财产权""我的东西与你的东西"的私法的源头。人格"使人们孤立起来，聚集于自我，将自己设定为反对他人的单一的在者"。换言之，在费尔巴哈的眼中，建立在人格基础上的法律适应于自然国家的人类状况，而并非适应于精神的、理性的、社会的国家之状况。而作为最纯粹宗教的初始形式的基督教，独立于外在的因素和利益关系。虽然早期的基督教没有向世界的合法性结构提出挑战，但通过"爱"来整合人类的新的信仰，却承诺要去软化尘世律法的僵固。因此，基督教除非扭曲自身的本质信仰，否则是不能成为财产法的基础的。真正的基督教一定是对所有权漠不关心的，但"法律上的个人却将他所拥有的那份财产权视为他自身的一部分，他痴迷于这份权利，并为之而疯狂"[2]。早在1830年，费尔巴哈就指出，基督教之真实的、隐性的本质就在于对人类"爱"的统一；到了1835年，为了批驳引人注目的当

---

[1] 我其实并不愿意支持麦克弗森在《所有权个人主义的政治理论：从霍布斯到洛克》中所提出来的论点，然而，饶有趣味的是，费尔巴哈对霍布斯的评论，却预示了麦克弗森论点的要素。

[2] Feuerbach, "Die Philosophie des Rechts", p. 38.

代财产权理论，他显然又回到这个问题上来了。

费尔巴哈指证道，斯塔尔那伪善的话语，就是出于一种错误的基督教观念。基督教的个人主义禁令，没有将社会世界转变为真正的"基督徒"的领域，而是遮蔽了像"自然法条律"所要求的那种以自我为中心的对私有财产权的捍卫。实际上，财产所有权是斯塔尔人格概念的中心问题。他认为，当人格要求自己的意志客体化时，便会首先选择在财产中实现客体化，这种观点在黑格尔那里也存在。然而，黑格尔强调，人格不能在孤立个体意志与客体的关系中得到完全的表达，毋宁说，必须通过契约以及批准和支持契约的合法结构来将人与人之间的相互认同关系纳入进来之后，人格的完全表达才是可能的。在这种情况下，财产关系最终会超越纯粹的利益攫取，进而指向人与人之间的社会关系。如此，财产权被整合到我们在黑格尔具体人格概念的其他节点上发现的关系结构中（如宗教和政治的）。

斯塔尔则认为，财产权是一个原生形态的概念，因此它既没有预设一种契约，也没有预设一个国家，毋宁说，它预设了"超越自然的人类之自然权力"以及"克服消极客体的能力"，这种能力"标志着一个作为财产所有者的人的胜利"[①]。当然，斯塔尔不得不承认，财产继而成为契约和法律的客体，但他坚持认为，财产法的根本目标在于保护"实际的、现存的客体关系的神圣不可侵犯性"[②]。因此，斯塔尔的财产权概念没有将人与人之间的关系包容进去，而是严格限制在超越客观世界的个人的领域内。他进而指出，黑格尔财产权概念的原则被置放到"非人理性"这样一个更高形式的表述中，但这对于超越事物的人的具体把握是有害无益的。重要的一点是，正如斯塔尔在1845年宣称的那样，黑格尔的君权概念导向了共和主义，

---

① Stahl, *Philosophie des Rechts*, 5<sup>th</sup> ed., vol. 2, pt. 1, p. 285.
② Ibid., p. 315.

他同样也相信,黑格尔的财产权概念导向了共产主义。① 在任何一种情形下,"统一体的魔力"以及人格都溶解于辩证理性当中。

复辟主义之极端保守主义者接受哈勒所讲的关于社会和政治权力以及作为私有财产之存在形式的特殊权利的观点,因此对他们而言,财产权就是一个至关重要的问题。斯塔尔以一种重要的方式与这种对私有财产的社团主义式的守护分道扬镳:哈勒将个人财产占有者置放于等级制的、家长制的、庄园制的范畴中加以讨论,斯塔尔的财产理论则是从人与财产的关系开始讲起的。在这个意义上,斯塔尔虽然是从上帝的形象而不是从理性自我决定的启蒙原则中引申出人格范畴,但他认识到了1844年一位匿名作者敏锐观察到的社会转型:"1789年法国大革命之前,社会是由因特权而不同的庄园组成的;而现在,社会仅仅与人格息息相关。"② 以斯塔尔为代表的保守主义者,已经难以忽视现代市民社会的历史发展以及随之而来的法律上的要求。所以,斯塔尔的理论拥护资产阶级财产权,甚至拥护平民获得贵族土地的权利。③ 然而,他的财产理论依赖于从上帝那里引申出来的君主人格之连续性的学说,即从君主到市民的学说。所以,他就隐性地将现代社会关于个人财产权的合法性要求镶嵌到以基督教的人格观念为基础的非理性主义独裁论中。

根据这样一种将财产所有权建立在个人上帝概念基础上的企图,那些"不幸的有限关系的局限",似乎可以从上帝的"无限存在"中推演出来。费尔巴哈对此进行了嘲讽,并批判了这两者相似性的基础。他指证道,如果上帝是可以自由地"占有"或"处理"财产的财产所有者,那么,世界的实际秩序将只体现为一种专断的选择的结果,上

---

① Stahl, *Philosophie des Rechts*, 5th ed., vol. 2, pt. 1, p. 80; Stahl, *Materialien*, ed. Riedel, p. 226.

② Anon., Über den vierten Stand und die socialen Reformen (Augsburg, 1844), p. 18.

③ 参见 Berdahl, *Politics*, pp. 364-365。

帝将会完全随意地"以各种各样的方式来揭示自己巨大的本质"。如此，自由就会失却与理性的所有联系，进而降格为种种可能的选择。既然费尔巴哈将斯塔尔的自由概念嘲讽为"糖果店里无限多样性的幼稚空想"，那么，他对一种消费主义者的自由理念的呼唤就不会发生"时代错位"。费尔巴哈认为，斯塔尔形而上学唯意志论的社会性维度，系于沦落在坏的无限性中、无止且无果地纠缠于获取种种物品之斗争的原子式的个人。

重要的一点是，费尔巴哈将这种引人注目的非互动的、专断的、多样性的观点，与"窘困、物质生存的需要"联系起来，进而也就再次将对个人上帝的信仰与黑格尔讲解市民社会时指认的贫乏、任性以及物质需要等联系起来。费尔巴哈相信，对神性之真正的泛神自然的哲学理解，揭示了上帝创造世界以及上帝在世界中存在的必要性，因为多样性以及任性总会屈从于本体论的统一："在上帝面前，不计其数的个人只会拥有一种本质，那就是人类。"①直到19世纪40年代，当费尔巴哈将自己的类哲学与共产主义连接起来时，他才阐释了这一论断之于社会和财产关系问题的激进寓意。然而，我们将会在第5章中看到，德国第一本社会主义著作（即赫斯的《人类的神圣历史》），恰恰就通过批判神之人格与人之人格的类同性而批判了私有财产制。

费尔巴哈在论文中得出的结论是，人格概念虽然竭力通过超验的神去说明尘世的生活，但最终又无能为力。他在1838年的文章中辩称，谢林主义者发展的实证哲学如果不对接到他们极力回避的泛神论中，那么就不能解释上帝的内在性。结果，谢林、斯塔尔等哲学家不得不坚持上帝与他创造的世界之间的一种纯粹的独断关系。②在讲述神与尘世的分离时，人格学说使内在的人类关系具有了世俗

---

① Feuerbach, "Die Philosophie des Rechts", p. 29.
② Feuerbach, "Zur Kritik der positiven Philosophie", Werke, vol. 8, p. 189.

化的特色，这是一个悖论。因为基督徒将其最高的旨归理解为根据上帝的形象来实现对作为一个人的纯粹私人之完美性的教化，所以，参与群体生活的观念，以及作为整个人之自我表达组成部分的政治或社会美德的观念，都变得没有意义。基督徒在潜意识中要求放弃人类的群体，进而趋从于市民社会之孤立的、唯利是图的资产者。正如费尔巴哈指证的那样："无德的、唯我的宗教笃信"不啻为"人类政治活力的一剂毒药"。①

## 四、人格之宗教—哲学论辩的终结

费尔巴哈1843年致信马克思说，他在1835年对斯塔尔进行批判，更多的是基于一种政治的需要而非哲学的需要。但实际上，他的论文打开了一个关口，自此之后开始涉及谢林实证哲学提出来的哲学和神学问题。对斯塔尔的批判，构成了他对将神学与哲学混为一谈的愚蠢行为进行指证的首要工作。在其19世纪30年代后期的著作中，神学与哲学混淆的问题也成为讨论的中心主题。1835年，费尔巴哈将神学与哲学的混淆看作是披着理性外衣的、玩世不恭的神秘主义企图；尔后，他越来越认识到，这是所有思辨哲学都有的一种基本定向。在对莱布尼茨以及贝尔的历史性研究中，费尔巴哈发展了对现代哲学进行否定性评判的维度。但在1838年，费尔巴哈又回到了谢林的实证哲学上。他认为，这种哲学就是标志着当代德国哲学走向的"相信无信仰"或者"不相信信仰"的一个典型范例。在对实证哲学的评论中，斯塔尔批判中的许多议题又得到了重复：自

---

① 参见 Feuerbach, "Dr. Karl Bayer, *Betrachtungen über den Begriff des sittlichen Geistes und über das Wesen der Tugend*"(1840), *Werke*, vol. 8, p. 96; "The Necessity of a Reform of Philosophy", *Fiery Brook*, p. 151。

由与意志之独断践行的错误平行①，有神论的人格观念之分化的、反社会的后果②，以及根据有限的人格条件来构设神时造成的悖论性的制约。费尔巴哈1838年对实证哲学的批判，与之前的论文相比走得更远，这不仅表现在对批判术语的使用上，同时也表现在对人格主义之实质的解释上。

到1838年，费尔巴哈开始将人格原则视为哲学的直接对立物。人格在他看来不能成为哲学研究的对象，因为具体的人格与特殊性粘连在一起，于是就总是显现为哲学之概念抽象化过程的一个析出物。③ 他认为，实证哲学通过在上帝的具体人格中寻求一种"绝对的自我根基"，就遗弃了普遍的、泛神论的、理智型的"哲学上帝"，从而捍卫了神学和一般信仰中的上帝。④ 实证哲学既想成为哲学，也想成为神学，但最终都止步不前，因为当它试图将一种信仰的非理性原则不加改变地提升为理性的客体时，它却将自身绑缚于这种非理性原则之上。⑤ 在这些见解的引导下，费尔巴哈称赞了他在1837年描述为"自我覆灭哲学"⑥之作者的雅克比的忠诚。原因在于，雅克比从未把人格看作是科学研究的对象，而总是将之视为"一种直接的、显白的感觉的神秘定理，也就是一种纯粹个人的真理和事实"⑦。雅克比的感觉哲学是费尔巴哈能够认同的一种东西，因为后者得出过这样一个结论：宗教的本质是感觉，而非理性。

费尔巴哈在他早期的研究中就已经表达了这一观点，在《实证哲

---

① Feuerbach, "Die Idee der Freiheit und der Begriff des Gedankens. Dr. K. Bayer", *Werke*, vol. 2, p. 141.

② Feuerbach, "Positive Philosophie", p. 190.

③ Ibid., p. 182.

④ 关于费尔巴哈对"哲学上帝"的讨论，可参见Wartofsky, *Feuerbach*, p. 122。

⑤ 在布鲁诺·鲍威尔的《对黑格尔、无神论者和反基督者的末日宣告》中，我们可以清楚地看到费尔巴哈对于实证哲学之批判的影响。

⑥ Feuerbach, *Darstellung, Entwicklung und Kritik der Leibnizschen Philosophie* in *Gesammelte Werke*, vol. 3, p. 122.

⑦ Feuerbach, "Positive Philosophie", p. 183.

学批判》中,他将这一观点运用到作为《基督教的本质》之前设的"投影理论"当中。在解读雅克比的过程中,费尔巴哈看到,这位伟大的哲学虚无主义的批评家无意地揭示出了宗教概念的人本起源。也就是说,雅克比凭直觉认识到:在人与神的关系中,人出于情感的需要,根据他自己的形象来设计出一个神的形象。然而,当雅克比满足于阐述情感在其中"引发"出宗教的关系时,实证主义哲学则要求使作为神之属性的人之属性客观化。因此费尔巴哈指出,实证哲学实际上已经倒退至雅克比直观的宗教人类学背后,进而接受了幼稚信仰的那种"幻觉",即将人之人格的属性归结到一个自主的、"真实存在"着的上帝那里。

费尔巴哈 1830 年就已经提出了关于个人上帝之信仰的人类学来源的类似论断,但他 1838 年的指认有一个根本性的不同:赋予上帝以人性,在他看来并不仅仅是对神之真实本质的错误认知,毋宁说,这是人将自己的属性投影到虚无中的一个结果。因此,思想家在思索上帝之本质的时候,总是严格按照自己的本质来进行推理,即便他没有意识到上帝就是他的本质的对象,情形也会如此。在一处关键的指陈中,费尔巴哈颠覆性地重释了宗教哲学:"宗教哲学仅仅当知道并把宗教看作是一种神秘的心理学时,它才是一种哲学。"①这样,费尔巴哈在他的名著《基督教的本质》中用来分析宗教信仰的投影理论,首次被发展为一种对实证哲学之谬见的批判。于是,发现费尔巴哈把他最出名的著作描述为在宗教领域内对思辨哲学的批判,自然就是不足为奇的。②

学者们在研究中有一点没有注意到,即费尔巴哈的《实证哲学批判》将另外一种新的元素注入其宗教理论中。他无不痛心地指出,思辨哲学误以为是神之本质的投影后的人之本质,是建立在一种扭曲的人本主义基础之上的,这种人本主义把孤立的、原子式的个人当

---

① Feuerbach, "Positive Philosophie", p. 205.
② 参见 Feuerbach, *Briefwechsel*, vol. 2.

作人类生活的根基。① 这就是费尔巴哈在个人上帝的荒诞影像中发现谦卑与傲慢混合在一起的内缘。正如他在这篇文章中指出的那样，思辨有神论者在指认神之存在的属性时，将他对自己特殊人格的感知与一般的人类本质混为一谈。② 也就是说，人们将人类社会存在之属性投影于上帝，但又错误地将其作为孤立状态中的特定个体存在之属性而使其具体化。所以，要想克服宗教的消极影响，不仅要求重新将谓词"神"与其确当的主词"人"统一起来，而且也要求纠正人本主义那扭曲的自我观念。我们将会在第 7 章中看到，当马克思将费尔巴哈主谓倒置的观点作为社会批判的基本工具时，他也像费尔巴哈那样赋予了主谓倒置以双重意义。

施特劳斯 1835 年《耶稣传》发表之后，针对基督教讲的"转世说"的论辩开始勃兴。③ 在 1838 年的文章中，费尔巴哈并没有明确地将他的研究与这种论辩联系起来。但同时，施特劳斯引发的基督学的争论，为费尔巴哈的论断提供了一个重要的语境。施特劳斯用作为群体之本质的人类概念来对抗人格概念，这与费尔巴哈如出一辙。施特劳斯去除了对基督教转世说进行驳斥的那些"声名狼藉"的方式。他将信仰描述为群体神话的一个产物，而群体神话的"真理性"并不依赖于个人与上帝的统一，而是依赖于人类的神本身。在这个意义上，耶稣象征的只是人类之神的完美。但实际的情形是，历史上的耶稣并不可能代表着完美，因为"在其他的事例中，我们从未发现一种理想完全在一个单一的个体身上实现，而仅仅只是在一个整体的

---

① 参见 Feuerbach, *Briefwechsel*, vol. 2, p. 193。
② 参见 Feuerbach, *Briefwechsel*, vol. 2, p. 195。
③ 围绕施特劳斯展开的神学与哲学论辩，在下述文献中得到了很好的考察：Jaeschke, *Reason in Religion*, pp. 349-421; Hans-Martin Sass, *Untersuchungen zur Religionsphilosophie in der Hegelschule*, *1830-1850* (Munster, 1963); Peter Cornehl, *Die Zukunft der Versöhnung* (Gottingen, 1971); Jürgen Gebhardt, *Politik und Eschatologie* (Munich, 1963); and Toews, *Hegelianism*。

循环中，通过相互的作用才实现出来"①。这样一来，施特劳斯就使个人的完美从属于作为类的人的完美。作为一个"称职"的黑格尔主义者，施特劳斯将作为类的人的实现指认为一个历史的过程，他称之为"类的演进"。杰斯奇克认为，施特劳斯的见解与黑格尔本人对神—人的解释完全一致。② 这一指认显然不无道理，虽然我们必须承认施特劳斯在其结论上没有像黑格尔那样模棱两可，在运用历史和语言的分析来支撑其形而上学的观点上比黑格尔更具有开创性。

费尔巴哈在《基督教的本质》中对"转世说"的指证比施特劳斯更为激进，但在1838年论实证哲学的文章中，他选择的是一种与施特劳斯反对当代德国哲学十分类似的证明方式。令人大跌眼镜的是，费尔巴哈在将黑格尔与实证哲学的思辨有神论分离开来的著述中，最后是通过呼唤哲学去超越黑格尔；但现在，他又把黑格尔指认为"哲学基督"："相信特定历史形式中的哲学上的实际'转世'，就是一种思辨迷信。"③费尔巴哈对"哲学基督"的指认，很快成为青年黑格尔派克服黑格尔"绝对观念"之客体化的中心隐喻。《实证哲学批判》并没有把黑格尔直接地与对思辨有神论的攻击联系起来，但到了1839年，费尔巴哈有了一个变化。在发表于卢格主编的《哈雷年鉴》上的《黑格尔哲学批判》中，费尔巴哈宣告了他与黑格尔思辨唯心主义的决裂，这对青年黑格尔派之"反黑格尔"转向影响至深。

无疑，费尔巴哈与黑格尔的公开决裂，是他对黑格尔长期以来的顾虑（他早在1827年就表达过这种顾虑）导致的一个结果，同时也清楚地表明了他对自己唯心主义之根进行自我批判的内在过程。然而在许多方面，他的黑格尔批判源自于他对实证哲学的批判性反思。一个事

---

① Strauss, *The Life of Jesus*, George Eliot(Philadelphia, 1972), p.770.
② Jaeschke, *Reason in Religion*, esp. p.375.
③ Feuerbach, "Positive Philosophie", p.207. 我并不是认为费尔巴哈是从施特劳斯那里开引出哲学或神学转世论之话语的，关于卡尔·巴赫曼的论文就已蕴藏了他对转世论进行批判的元素。

实是，当反黑格尔之声音日渐高涨时，就特别需要将对黑格尔的批判性讨论导入到多种路向中。费尔巴哈1835年通过批判康德主义者卡尔·巴赫曼的《反黑格尔》来捍卫黑格尔时，实际上就已经推进了这一思想方略。考虑到在当代德国思想生活中对黑格尔的置换，费尔巴哈在1835年清楚地感知到应当谨慎地掩盖他对黑格尔的诘疑。即使到1839年初，他依然担心他自己对黑格尔的批判会在有意无意中放大以合唱的方式出现的嘲弄、污蔑的反黑格尔运动。不过，他在给卢格的信中又这样写道："对黑格尔的批判不仅应当掌握在他的思想敌人的手中，而且也应当将批判的接力棒传递给那些敬重黑格尔并把黑格尔好的精神当作他们行动的思想智慧的人。"[1]从另一个层面来看，费尔巴哈与谢林哲学的密切接触以及他的同道人让他逐渐相信，实证哲学远远不是一种哲学的偏误，更为根本的是在它那里暴露出现代思辨哲学的内在性质。也就是说，实证主义那种特定的将神学与哲学混作一谈的无羞耻的行为，正暴露出包括黑格尔哲学在内的所有形而上学思辨的内核。在这个意义上，费尔巴哈批判实证哲学的那些观点，能够而且在实际上也运用到了对黑格尔的解析上。

最先在《实证哲学批判》中开引出的基督教转世说与绝对观念的偶像崇拜论之间的类同性，变成了《黑格尔哲学批判》的关键论题。在这篇重要的文章中，费尔巴哈驳斥了黑格尔追随者的如下见解：黑格尔仅仅代表了"哲学自身"，即"绝对观念的现实"[2]。费尔巴哈拒绝用转世说来解释人类任何行为领域的文化现象，而是提倡以一种激进的历史主义的视野取而代之，这一点与施特劳斯十分相似。他指出，无论是宗教、艺术还是哲学，每一种人类的文化现象，都

---

[1] Feuerbach to Ruge, 13 February 1839, *Briefwechsel*, vol. 1.
[2] Feuerbach, "Towards a Critique of Hegel's Philosophy", *Fiery Brook*, p. 56.

是"其特定时代的表征,其文化之根深扎于自己时代的土壤当中"①。这样,在反对转世概念暗示的历史闭合论的过程中,费尔巴哈发展出一种开放的历史观,由此驱逐了转世论指向终极完美的目的论历史观。乍一看,这像是包括青年费尔巴哈在内的那些欲图分离黑格尔体系与方法的黑格尔主义者早在 19 世纪 20 年代就做出的论断。但费尔巴哈 1839 年的批判将他所知悉的体系与方法放在同等的平面上加以检视,由此摆脱了之前在面对黑格尔时看到的体系与方法的紧张。在这一过程中,费尔巴哈以他在一年前的论实证哲学的文章中构造出的"神秘心理学"来分析黑格尔。根据费尔巴哈的界定,"神秘心理学"在本质上是一门有关起源的科学,它本着一种"基因批判"的研究态度,总是要去质询"一个客体是否是一个真实的客体,或仅仅是一个观念,抑或只是一个心理的现象"②。这样一种"基因学"的批判维度,引导费尔巴哈去考量在他看来所有思辨形而上学共有的"酶素",以及形而上学基于思想者主体意志的起源。在这一学术路径内,黑格尔对主体与客体之和解的呼吁,就如同是实证哲学具体化的人格观念之投影理论的一个折射。本着这一解悟,费尔巴哈把黑格尔的体系指认为"理性的神秘主义",因为它错把主观的需要当成客观的绝对。③

如此一来,费尔巴哈对黑格尔的批判就开辟出一条将黑格尔与哲学之神学模式连为一体的研究路径。至于哲学的神学模式,费尔巴哈在讨论实证哲学时就已经做出过批判。费尔巴哈 1839 年主要是在形式上将黑格尔与神秘化的哲学模式联系起来,这主要指向投影与对象化的深层结构。但当费尔巴哈在澄明投影理论与宗教概念之起源的关系时,他越来越认识到,在内容与目标上黑格尔与思辨有

---

① Ibid., p. 59.
② Feuerbach, "Towards a Critique of Hegel's Philosophy", *Fiery Brook*, p. 86.
③ Ibid., p. 86.

神论以及神学存在着共同点。《基督教的本质》1843年再版之前,费尔巴哈奚落了那些"有学识的暴徒"没能将黑格尔认作是他们的同盟,而实际上黑格尔却正是他们的同道中人。① 在1842年和1843年的文章中,费尔巴哈完整地指认了黑格尔与他的批评者之间的相互同化、相互渗透。费尔巴哈的手法就是将黑格尔哲学在形式和目标上还原为神学,即将黑格尔哲学定义为"通过哲学来持久而华丽地实现基督教复归的企图"②。

1843年的费尔巴哈坚信,使黑格尔哲学走向神学不归路的,正是一种仅仅在思想中弥合思维与存在的抽象辩证法。费尔巴哈承认现代哲学有这样一个指向,即将上帝的绝对存在重新界定为普泛的主体性、意识或者思想本身。他进而指出,这样一种对神学的"否定",实际上重新制造了作为"在者"的上帝的神学观念,而在这个上帝的实质中就包含着"存在":

> 被神学定位为专属于上帝观念的特质,则被思辨哲学只是概括、定位为一般意义上的思维或概念的特质。因此,思维与存在的统一性仅仅是理性之神的一种表达。那种思维或理性是绝对的存在,是所有真理与现实的总体。不存在任何一种与理性相对立的东西,毋宁说,理性就是一切,就是所有根本性、真实性的存在,这就如同是严格的神学中的上帝那样(上帝就是一切)。③

费尔巴哈将黑格尔思维与存在的抽象和解与神学连接起来之后,

---

① 参见 Feuerbach, *Gesammelte Werke*, vol. 5, p. 384。
② Feuerbach, *Principle of the Philosophy of the Future*, trans. Manfred Vogel(Indianapolis, 1986), p. 34。
③ Feuerbach, *Principle of the Philosophy of the Future*, p. 38。

也就结束了他十多年来对黑格尔理解思维与存在之关系的合法性的质疑。他不仅在1827年表达过这种质疑,而且在1835年论巴赫曼的《反黑格尔》的文章中又一次予以说明。费尔巴哈在这篇文章中是要捍卫黑格尔的统一性论题,但他在区分上帝中的思维与存在的统一和黑格尔《逻辑学》中人类表征的思维与存在的统一时,却在实际上解构了这一论题。① 清除了对实现思维与存在统一的绝对精神信仰的所有残余之后,费尔巴哈在1839年准备将黑格尔的逻辑看作是一种混淆了哲学的形式或表达手法与事物本身的武断的结构。简言之,他观察到在真实的存在与黑格尔对思维与存在进行调和之间存在着一道鸿沟,这道鸿沟又隐藏于以为一切都是存在的思想之神学隐喻的背后。从1839年批判黑格尔开始,费尔巴哈就致力于以一种"新哲学"取代抽象逻辑,这种"新哲学"在真实的意义上实现了思维与具体存在的和解,而没有将一方归入另一方。

在定位与黑格尔的批判关系时,费尔巴哈实际上回应了小费希特、魏斯、谢林等人对黑格尔逻辑学的批判。当然,在一些重要的思想上,他与这些人也存在着对立之处。费尔巴哈1841年向卢格承认,"当巴赫曼的《反黑格尔》觉察到在黑格尔那里缺少一种现实主义时,它的推论基础是一种鲁莽但又正确的直觉"②。但这种遮遮掩掩的让步,还不足以说明费尔巴哈对黑格尔早期的批评者欠下的思想债。需要着重指出的是,当费尔巴哈指证黑格尔具有他在《实证哲学批判》中谴责过的神学倾向时,他也由此导出一种与思辨有神论者和实证哲学家表达过的黑格尔逻辑学批判十分相似的批判话语。实际上,谢林相信,那些包括费尔巴哈在内的叛逆的黑格尔主义者,并不情愿一同放弃黑格尔的体系,他们希望得到像实证哲学那样的东

---

① 参见 Feuerbach, "Anti-Hegel", p. 72。
② Feuerbach to Ruge, 20 December 1841, *Briefwechsel*, vol. 2。

西。① 魏斯也认识到了费尔巴哈1839年的文章对他观点的回应，于是，不足为奇的一点便是，他认为这是费尔巴哈最有说服力的作品。小费希特则在《哲学读物与思辨神学》中指责费尔巴哈没有承认他在黑格尔逻辑学批判上的前贤。② 所有这些人在指认这个问题上是共同的。费尔巴哈实际上曾于1837年给卢格写信索求批判唯心主义的参考文献，他在这一年可以列出一个巨大的参考书目录。③ 费尔巴哈是一位批判黑格尔逻辑学的后来者，他毋庸置疑受到了黑格尔早期批评者的影响。

虽然承认谢林以及其他反黑格尔哲学家在费尔巴哈思想发展中所起的作用具有重要意义，但同样重要的是，不能忘记费尔巴哈对谢林的持久的矛盾态度。对谢林思想中的非理性和神学倾向的持续批判，挑战了曼弗雷德·弗兰克的如下见解：费尔巴哈反实证哲学的辩术，受驱于隐藏他对谢林实际依赖的意图。④ 确切地说，谢林对黑格尔逻辑学的批判，使他成为费尔巴哈以及后来的马克思的唯物主义哲学的开路人，因为谢林颠覆了黑格尔存在与思维的关系，坚持存在从迂回曲折的意识之自我关系中独立出来，这一点与费尔巴哈以及马克思相同。然而，这种影响是十分有限的，因为谢林对存在之自主性的持守，实际上并没有与他的形而上学唯意志论和人格有神论分离开来。因此，不管费尔巴哈与实证哲学的接触对于他思想的发展多么重要，他对反黑格尔逻辑学资源的占用本身，就夹杂着一种深层的对形而上学和神学理论基础的批判。当谢林假定他的实证主义甚至战胜了激进的黑格尔主义者时，他却认为自己只讲了一半真理。费尔巴哈既不希望将哲学奠基于一种对于思想来说不

---

① Schelling, *Sämtliche Werke*, vol. 13, p. 90f.
② 参见 Rawidowicz, *Feuerbachs Philosophie*, p. 79。
③ 相关内容，可参见 Feuerbach to Ruge, 5 December 1837, *Briefwechsel*, vol. 1。
④ Frank, *Der unendliche Mangel an Sein*, p. 184.

可企及的、未经调停的"存在",也不愿片刻忽视实证哲学彻头彻尾地依赖于一种以哲学的方式重构的神学这一事实。

因此,费尔巴哈以"实在论"来抵抗黑格尔所谓的泛逻辑主义,其实就是强调"真实的存在"之意义,我们在思辨有神论者和谢林主义者那里也看到了这种"真实的存在"。但实际上,在19世纪早期德国"实在论"的路向上,费尔巴哈选择的是一条不同于实证哲学家走的岔路。实证主义者求助于始自雅克比批判理性虚无主义的实在论,实证哲学吁求的是一种建立在人格之个体化原则和造物主与他创造的世界相分离基础上的唯名论的实在论。这就是谢林将他晚期的实证哲学描述为"形而上学经验论"①的内缘所在,同时这也可以说明施特劳斯为什么在1837年对这两者进行了区分:一是唯名论意义上对经验个体性的依赖;一是在其中"真正的现实不在于这个或那个人而在于一般人类"②的"真实的实在论"。与此同时,这也有助于解释费尔巴哈在19世纪30年代对经验论的复杂态度:他一方面坚持认为哲学必须严肃地对待经验论问题;另一方面他又排拒英法传统中未加反思的经验论,以及"乔装成一种新的现实哲学"③的实证哲学之有神主义的经验论。

---

① 马尔库塞在其《理性与革命》中引用了谢林的这样一段话:"如果我们在经验论与极端理性主义强制的先验论之间进行选择,那么,所有人都会毫不犹豫地选择经验论。"

② Strauss, *In Defense of My "Life of Jesus" Against the Hegelians*, trans. Marilyn Chapin Massey(Hamden Conn., 1983), p. 43.

③ Feuerbach to Kapp, 27 June 1835, Briefwechsel, vol. 1. 在《费尔巴哈》一书中,瓦托夫斯基区分费尔巴哈与巴赫曼、多戈斯的批判性论文中的两种主体时,忽视了19世纪30年代经验论的不同意义。作为黑格尔的敌手,巴赫曼和多戈斯从"左"的向度,也就是经验主义和唯物主义的向度来批判黑格尔。多戈斯实际上是一位爱尔维修、霍尔巴赫式的唯物主义的倡导者,费尔巴哈批评他非辩证地将理性降低为生理学。巴赫曼实际上参与了思辨有神论者对黑格尔发起的批判,所以深入解读费尔巴哈1835年批判巴赫曼的文章会发现,此文与批判斯塔尔的文章在很大程度上是相似的,尤其是涉及理性与上帝之关系时更是如此。相关于此的讨论,可参见 Jaeschke, *Reason in Religion*, pp. 362, 367-368, 370;至于实证哲学之"乔装"的论述,可参见 Feuerbach, "Preliminary Theses on the Reform of Philosophy", *Fiery Brook*, p. 167。

费尔巴哈认同雅克比的这样一个观点，即哲学的旨归在于揭示存在，所以他就理所当然地将眼光从上帝转移到自然和作为存在之最终基础的情感上。"揭示存在"对于费尔巴哈来讲，就意味着发现一个新的调解普遍性与特殊性、思维与存在、意识和自然的中介，人们可以根据这个中介来认识现实以及存在的自主性。这要求与实证主义者以及施特劳斯的实在论相分离，因为他们的实在论观念看上去越来越像费尔巴哈拒斥的唯心主义和神学推理的残余。从哲学人类学的视角来看，这需要剔除抽象的自我以及神学之人格概念的哲学推理，继而代之以被费尔巴哈描述为"有血有肉的理性"的"整个人类的真理"。因此，"思考"必须被理解为一种不能从整个人类存在中抽脱出来的行动，真实的、具体的人必须被理解为生理的存在物。"我是一个真实的、感性的存在物，我的身体的全部其实才是我的自我，才是我的本质。"[1]真正的人生活在时间和空间中，有性别，有生理的需要。[2] 费尔巴哈相信，他在"感性存在"中发现了个体化原则之奥秘，而这个问题在他早期的著述——如1828年的博士论文《普遍和无限的理性》——中是个难题。感性存在的提出，构成了对神学和现代哲学传统中抽象自我的根本性思想矫正。

尽管费尔巴哈19世纪五六十年代的著作转向了一种与十七八世纪的感觉主义有着惊人相似性的还原论的心理主义，但他在19世纪40年代并没有将人类的存在还原为个别的、具体的生命体的感性存在[3]，若非如此，他将会构造一种建立在特定的、个别的、具体的生命体基础上的个人主义。实际上，他竭力将作为自我之载体的生命体看作是内部和外部、主观和客观、私人和公众的一个结合点，这与他早期研究人类之社会自然的旨趣并无二致。这一旨趣是在他与黑格尔主义之唯心主义前提紧密粘连在一起的时候形成的，但对

---

[1] Feuerbach, *Principle of the Philosophy of the Future*, p. 54.
[2] 参见 Feuerbach, *Wesen*, pp. 203-205。
[3] 参见 Wartofsky, *Feuerbach*, p. 3。

于他来说，以感性存在为基础的不可还原的个体化也被纳入他加以拓展了的视野当中："人类的本质仅仅包含于人与人共同体中，然而，这个共同体又依赖于我与你的区分。"① 从对感性与理性、思想与非思想、个体与群体之整合的新的强调中，费尔巴哈引申出一种"绝对命令"："在存在中、在个体是其一员的世界中思考，而不是在作为单细胞、作为绝对君主、作为来世的外在上帝的抽象真空中思考。所以，你可以确切地说，你的观念就是存在与思维的统一。"②

费尔巴哈最富有思想创造力时期的根本理论进取，终结了在19世纪30年代主导德国哲学发展的关于人格的宗教—哲学论辩。《基督教的本质》与《未来哲学原理》之后发生的关于上帝之人格的论辩，忽视了费尔巴哈的论题，由此而来的风险便是一种时代错位的制造，因为只要黑格尔主义者将绝对精神与上帝关联起来，那么在19世纪30年代发展起来的关于上帝之人格的论辩就不会止息。似乎只有在那样一个语境中，泛神论与人格主义之间的冲突才会被理解，才会有意义。施特劳斯的《耶稣传》仅仅只是强化了这种冲突而没有使之终结，因为他对人之本质与神之本质的界定仅仅使他成为一个最彻底的黑格尔泛神主义者，或者说成为最忠于黑格尔的解释者。

能够宣告"关于上帝之人格或非人格的争论无结果、无意义、非批判、令人厌倦"③的人，正是费尔巴哈，这是他在1838—1843年做出的一个重要贡献。费尔巴哈将个人上帝看作人出于对自己完美存在的欲求而构造的一种想象，是人类本质的一种异化。他将泛神论揭示为一种在神学土壤上生长起来的无神论，一种将上帝替换为自然的、延续性的、具有神学倾向的神秘理论。这就是浪漫主义泛神论者以及施特劳斯观点的要旨之所在，他们始终坚持人类的实际神性观。费尔巴哈以一种激进的方式将泛神论与人格主义之间的选择

---

① Feuerbach, *Principle of the Philosophy of the Future*, p. 71.
② Ibid., p. 67.
③ Feuerbach, *Wesen*, p. 199.

还原为信仰与无神论之间更为基本的选择，进而又在把黑格尔的思辨哲学直接归入神学阵营中，颠覆了黑格尔对信仰与知识的调和。种种思辨哲学之间的选择——黑格尔主义的或谢林主义的，唯心主义的或实证主义的——于是变成了神学化的形而上学与费尔巴哈新的人本主义、唯物哲学之间的简单的选择。

# 第4章
# 人格的社会和政治话语：
# 1835—1840

费尔巴哈在1843年奉劝人们"在存在中、在个体是其一员的世界中思考，而不是在作为单细胞、作为绝对君主、作为来世的外在上帝的抽象真空中思考"，应当说正合时宜。这些比喻显然将他长期讨论人格主义过程中的神学、哲学、社会和政治等同源性问题串联在一起，毕竟，基本的宗教理论以及费尔巴哈与思辨哲学的决裂，都关涉到他在神学—政治著述如《死亡与不朽》以及他讨论斯塔尔政治神学的文章中探究的问题。如果说有区别的话，那么就是19世纪30年代晚期和40年代早期的著作更加强调宗教和思辨哲学批判的社会政治维度。例如，他在1839年的一篇文章中就是根据政治的类同性来描述信仰奇迹的不合逻辑的："上帝给予自然以法则，正如同国王给予国家以制度；他给予的东西，也可以再拿走。"[①]在《基督教的本质》这一批驳上帝人格观念的著作中，费尔巴哈有这样一个附加性的论述，即"人格仅仅只是一种君权的抽象的现代表达"[②]。

费尔巴哈对基督教人格主义、社会以及政治等关系的研究，与一个更大的、使黑格尔学派在19世纪30年代晚期发生分裂的宗

---

① Feuerbach, "Über das Wunder", *Werke*, vol. 2, p. 223.
② Feuerbach, *Das Wesen des Christenthums*, p. 578.

教－政治争论的语境交叠在一起。如果说费尔巴哈对宗教－政治人格主义的攻击变得越来越无所忌惮、越来越直截了当，那么，这在很大程度上是由于围绕人格概念之后果的争论在 1835 年之后变得更为激烈了。这种争论实际上是在两条相互分离的路径上展开的：首先，人格的政治意义成为普鲁士基督教国家捍卫者与反对者之间争论的关键问题。弗里德里希·卡拉沃 1841 年就宣称，人格概念已成为一个对于普鲁士政治来说生死攸关的问题，一个反映米希勒对 19 世纪 30 年代宗教－政治论辩加以评价的政治论断。[①] 另一条路径集中在人格的社会意义上，这条路径虽然并不突出但却依然重要。德国与法国社会思想在 19 世纪 30 年代的相遇，是引发关于人格之争论的主要因素。法国社会观念的接受与转换，与发生于德国基督教人格主义者和泛神主义者之间的宗教－政治争论直接交叉在一起。在德国 30 年代社会主义观念接受的过程中，神学论题与社会论题的汇合，放大了泛神论与人格主义之政治－神学讨论的社会维度。

　　本章将根据 19 世纪 30 年代后期的人格话语来考察这两条路径。接下来的两章会将一般性的论述转换为一种更为周详细致的分析，以此来说明我们指陈的论题如何促发 19 世纪 30 年代和 40 年代早期重要的激进主义者思想的形成。第 5 章将会揭示，在海涅、契希考夫斯基、赫斯等的著述中，法国社会思想如何与德国形而上学结合起来，进而形成了一种社会本体论以及一种宗教和社会转换的千年预言。这一章的最后，将根据我称为"社会泛神论"的东西，重新考察费尔巴哈对之后思想发展产生重大影响的神学和唯心主义的批判。第 6 章将话题集中在关于君权、立宪和国家自然之政治－神学讨论的影响上，这主要是通过考察深受政治辩论之压力影响的黑格尔主义者卢格的思想来加以论析的。在这些章目中，我们总是会发现人

---

[①] 参见 Carové, "Hegel, Schubarth und die Idee der Persönlichkeit in ihrem Verhältniss zur preußischen Monarchie, von Dr. Immanuel Ogienski", p. 269。

格话语之政治和社会维度从未完全分离开来。实际上，社会和政治问题的相互渗透使它们之间的边界变得模糊不清，而这一点可以解释 19 世纪 30 年代后期和 40 年代前期意识形态转型的内在玄机。

## 一、施特劳斯争论与黑格尔右派的缺陷

在 1839 年的一篇文章中，杰出的黑格尔主义法哲学家爱德华·甘斯指出了反黑格尔政治哲学运动中的一个重要变化。在 1832 年黑格尔《法哲学原理》第二版前言中，甘斯通过谴责自由主义者指证黑格尔过于屈从普鲁士国家而捍卫了黑格尔。他现在注意到，"随着风向标的变换，1832 年以来发动的对黑格尔的攻击来自于另外一方"；而随着这股势力的勃兴，黑格尔主义"与自由主义相比越来越感觉腹背受敌"[1]。正如甘斯指出的那样，黑格尔主义是德国政治中普遍的保守主义转向的一个牺牲者。1830 年的法国革命激起了德国自由主义者以及共和主义者的极大希望，德国宪政改革则在这场革命的影响下遭遇了严重的挫败。[2] 最臭名昭著的反对立宪制的运动，发生在普鲁士之外。在黑森－卡塞尔，威廉二世于 1832 年发起了一场反对宪法的运动，他在混乱的 1830 年曾被迫接受宪法条规。当黑森州议会被解散、其发言人西尔维斯特·约旦被逮捕之时，议会在捍卫自身以及宪法上是无能为力的。撒克逊政府同样也镇压了政治的暴动，并解散了议会。在汉诺威，当欧内斯特·奥古斯特于 1837 年取得王位的时候，他也解散了议会并宣布宪法无效。这些情况中的每一个，

---

[1] Eduard Gans, "Erwiderung auf Schubarth", *Materialien*, ed. Riedel, p. 269.
[2] 关于自由主义者要求实现君主立宪制的研究，参见 Hartwig Brandt, "Die Julirevolution(1830)und die Rezeption der 'principes de 1789'in Deutschland", Roger Dufraisse, ed. *Revolution und Gegenrevolution*, 1789-1830. *Zur geistigen Auseinandersetzung in Frankreich und Deutschland*(Munich, 1991), pp. 225-233。

都在整个德国引起了强烈的回声。① 当哥廷根的七位反对奥古斯特行为的教授被草率解聘、其中三位被流放的时候,汉诺威政府的这场军事政变引起了德国其他地方的密切关注。② 当殉道者死于迫害、自由主义观点重新广泛流布(如在"哥廷根七君子"事件中)时,自由主义者谨小慎微地表达了他们脆弱的希望和收获的意义。另一方面,保守主义者则大胆地相信,国王的法令可以在政治上(不是在自然上)平息潮涌。

在普鲁士,复辟主义者于19世纪20年代发起的针对改革时期之精神的"反攻",在30年代产生出了效果。③ 虔诚主义者在1830年"哈雷事件"期间对新教理性主义神学家的指责,使官方开始对学术职位的候选人进行严密审察。当普鲁士于1835年向德意志联邦承诺取缔青年黑格尔派的作品时,它也就率先再兴了1819年的卡尔斯巴德法令。普鲁士政府于1837年竭力去解决与天主教会在莱因区的长时间冲突,手段是以叛逆的罪名监禁了科隆的大主教并接管了其辖区。普鲁士自由主义者对这种专断权力之运用的反应,与他们对"哥廷根七君子"事件的义愤填膺相比显得温和许多,这也表明自由主义原则往往是会成为反天主教的牺牲品的。科隆事变揭示出,德意志君主政治对立宪主义者和自由主义者所持的理想越来越嗤之以鼻,这与汉诺威军事政变所揭示的情况并无二致。

普鲁士态度的转换,反映在改革派当局影响的式微上。然而,埃尔斯特·亨斯登伯、路德维希·格拉克等虔诚的原教旨主义者,却开始将他们看作普鲁士国王威廉三世的精神和政治顾问。④ 如果国王的"依附"在普鲁士进步主义者眼中成为一种可疑的东西,那么,其依附

---

① 相关这方面的研究,可参见 Thomas Nipperdey, *Deutsche Geschichte*, 1800-1866. *Bürgerwelt und starker Staat*, 6th ed. (München, 1993), p. 375。
② 这方面的论述,可参见 Sheehan, *German History*, p. 614f。
③ 参见 Berdahl. *Politics*, p. 257。
④ 参见 Bigler, *Politics of German Protestanlism*, pp. 106-107。

机构的行为无疑是出于对他政治上的同情,因为他被虔诚派、神秘派以及浪漫派组成的小集团包裹起来的情况就说明了这一点。① 虽然存在这样一些让人感到无望的征象,但普鲁士的改革派和自由主义者在19世纪30年代并没有放弃他们的理想,而是乐观地认为,普鲁士进步精神的焰火一定会重新燃起,"自上而下的革命"一定会最终完成。他们宁愿相信威廉四世1840年继位之后许下的宪政改革的短暂诺言,充分说明自由主义者对普鲁士国家的进步精神的基本信念是坚韧的。像德意志其他地方的自由主义者一样,19世纪30年代后期普鲁士的自由主义者是不能对面前的挫败视而不见的。他们的事业面临着这样一个事实,即国王看上去越来越不愿意做出宪政改革的承诺,但这样的改革曾激起过拿破仑战败之后的进步希望。

普鲁士保守主义者在19世纪30年代后半段对黑格尔政治哲学的攻击愈演愈烈,这只能被理解为对立宪的反对在继续、强度在加大。绝对君权的捍卫者与主张取代君权的先锋派,在人民、议会或法律是否应当被纳入主权结构这个问题上发生了范围更广的冲突,这在很大程度上也是黑格尔主义者与反黑格尔主义者在人格观念上的政治争论愈益激烈的一个佐证。更为具体地说,批判黑格尔政治哲学的声音日隆,以及政治争论中人格问题的凸显,都是施特劳斯《耶稣传》1835年发表之后爆发的论辩风暴的重要表征。无论是非黑格尔主义者还是黑格尔主义者,都很快发觉了隐藏在施特劳斯反基督转世说、强调人类之神背后的革命的、政治的意蕴。但正如沃尔特·杰斯奇克指出的那样,"大多数致力于研究黑格尔左派和右派的文献,都没有注意到(而且还持续地忽视)这样一个事实,即正是施

---

① 具体内容,可参见 Lothar Kroll, *Friedrich Wilhelm IV und das Staatsdenken der deutschen Romantik* (Berlin, 1990); Dirk Blasius, *Friedrich Wilhelm IV. 1795-1861*: *Psychopathologie und Geschichte* (Göttingen, 1992)。

特劳斯争论使宗教哲学的辩论转变为政治的辩论"①。当然，我们也看到斯塔尔早在1830年就阐明了黑格尔宗教哲学的政治意蕴，而巴赫曼在1835年的《反黑格尔》中将黑格尔所谓的泛神论指认为一种雅克比主义的东西。② 而且，自1830年"哈雷事件"以来，当政府指责新教神学理性主义者对正统的信仰产生了有害的影响时，政治就再也没有远离普鲁士新教徒之间的争执。不过，杰斯奇克的这样一个观点是正确的：施特劳斯争论使围绕人格概念的宗教－哲学论辩之政治维度明显减弱。

具有反讽意味的是，第一位注意到施特劳斯的上帝人格之"非政治"批判的政治意蕴的人，是最有名望的保守主义黑格尔派成员、法理学家卡尔·勾希尔。③ 施特劳斯对上帝—人的否定，以及对人类的美化，其实证实了黑格尔的对手最糟糕的质疑，这让所有保守的黑格尔主义者都难堪至极。亨斯登伯其实难以隐藏他内心的喜悦，因为施特劳斯最终暴露出黑格尔主义的反基督教倾向，并由此开引出有关信仰之强固斗争的主线。④ 从另外一个向度来看，非黑格尔主义的神学理性主义者，在施特劳斯争论中看到了一个机会，不仅由此可以使黑格尔主义名誉扫地（黑格尔主义遮盖了他们在19世纪20年代和30年代早期对宗教的理性解释），并且也通过将虔诚主义者和正统的路德教徒加进谴责的大合唱中而使指向他们自己观念的攻击发生了转向。保守的黑格尔主义者在这种叫嚣声中，看到他们证明黑格尔哲学与基督教的原则相兼容的努力遭到了严重破坏。⑤

---

① Jaeschke, *Reason in Religion*, p. 377.
② 转引自 Avineri, "Hegel Reivsited", p. 138。
③ 我对勾希尔的讨论，是建立在杰斯奇克的下述文章基础上的："Urmenschheit und Monarchie", *Hegel-Studien*, 14(1979), pp. 73-107。
④ 参见 Toews, *Hegelianism*, p. 243。
⑤ 施特劳斯描述过他的著作对黑格尔主义者和非黑格尔主义者的影响，相关于此的内容，可参见 Strauss, *In Defense of My "Life of Jesus" against the Hegelians*, trans. Marilyn Chapin Massey(Hamden, Conn., 1983), p. 7。

施特劳斯的《耶稣传》出版之前,勾希尔就已经将他的事业定位于调解基督教的虔诚与黑格尔的思辨唯心主义。黑格尔本人在1829年曾赞扬过勾希尔的这一点,不过,黑格尔平淡地表达其赞赏,主要是希望抑制正统派对其体系的批判,而不是出于一种真诚的意愿。勾希尔1834年对里克特的《新不朽论》进行了尖刻的指责,这本书以更晦涩难解的语言表达了后来施特劳斯《耶稣传》的主要观点。[1] 勾希尔在1835年自己论不朽问题的书中,推进了他的批判。他在这本书中认为,最尊崇人格之神圣原则的,实际上是黑格尔的思辨哲学。通过指认这一观点,勾希尔试图去回答小费希特对黑格尔的这样一个谴责,即黑格尔排拒了不朽观念。[2] 勾希尔1837年应普鲁士宗教和教育事务大臣奥特斯坦的要求,对施特劳斯进行了批判。奥特斯坦19世纪20年代早期以来对黑格尔主义者的同情和支持,使他自己的命运与黑格尔主义者的命运系于一处。他现在迫切地想要看到,黑格尔主义能够再次建立在安全的虔诚基础之上。

在1837年未公开发表的《承诺》(发现于奥特斯坦的个人文稿中)以及1838年的书中,勾希尔试图去证明:黑格尔的思辨哲学确切地说并没有支持施特劳斯这样一个反传统的结论,即耶稣基督是人类之神的"虚构的"人格化,而是证实了基督的历史和宗教的真理性。[3] 然而更为重要的是,在重新强调超越施特劳斯颠覆性的类概念的正统上帝观念之首要性的过程中,勾希尔将他的言论一方面建立在君主与上帝之相似性的基础之上,另一方面又建立在国家政体与群体信仰之相似性的基础之上。他向施特劳斯承认,作为群体的类共享着一种"道德人格",即一种统一性。不过,施特劳斯认定的是"神秘

---

[1] 参见 Göschel, *Jahrbücher für wissenschaftliche Kritik* (1834)。

[2] 具体内容,可参见 Göschel, *Von den Beweisen für die Unsterblichkeit der menschlichen Seele im Lichte der spekulativen Philosophie*: *Eine Ostergabe* (Berlin, 1835)。

[3] 杰斯奇克的文章《人类的起源与君主制》第一次涉及勾希尔的《承诺》,而《承诺》的关键部分被合并到了勾希尔1838年的书中。

的、理智的人格",而勾希尔则认为群体必须通过高贵的个体来获得具体性。在勾希尔看来,哲学的最高智慧就是要承认,国家政体如果不在君主的"实际人格"中得到体现就不能完成,而精神群体的道德人格需要在耶稣基督的个人中实现出来。

为了抵抗施特劳斯反等级制的、民主的泛神论和共和主义指向,勾希尔的"政治基督学"在本质上复兴了中世纪对耶稣基督两个身体的区分,即一个是自然身体,一个是神秘身体。① 在立场与观点上,勾希尔与斯塔尔以及其他人格主义君权的复辟主义捍卫者有着惊人的一致,虽然斯塔尔并不认为作为群体之实体的"人民"有任何的人格,有道德性或者其他。不仅如此,勾希尔以最为专制的话语解释了黑格尔对人格问题的评论,由此去论证黑格尔政治-神学的正统思想。在勾希尔看来,黑格尔在《法哲学原理》中有些同义反复的论述——人格最终必须体现在一个人身上——变为对君主和耶稣基督之个人的绝对承认;而黑格尔对国家中主体性的认定,变为对超越国家以及法规的个人君主的一种捍卫。在勾希尔这里,仅存的"黑格尔主义"因素表现为对从抽象的多样性到具体的单一性的辩证过程的描述,这一辩证过程存在于意识对人格之不同模式的认定中。通过如此这般的论述,施特劳斯的类概念就可以被整合到一种目的论的认识结构中并被克服,这种结构在于承认尘世和天国实际人格的权威。

马海奈克、舒尔茨等黑格尔右派,极力通过删除《法哲学原理》第二版中潜在的批判性评论来保护黑格尔的政治名声免受保守主义

---

① 埃尔斯特·坎托罗维奇在《国王的两个身体》中描述过耶稣基督两个身体的学说:"一个是自然的、个人的身体;另一个是政治的、超个体的、群体的身体,即神秘的身体,它也可以解释为神秘的人格状貌。"(Ernst Kantorowicz, *The King's Two Bodies*, p. 206)卡尔·珀里特在1827年将"共和国"界定为一个其规则不在于生理之人而在于道德之人的国家。具体内容,可参见 Wolfgang Mager, "Republik", *Geschichtliche Grundbegriffe*, vol. 5, p. 619。

者攻击①；勾希尔则通过使他在与小费希特关于人格与不朽的早期冲突中运用的策略政治化来面对批评者。也就是说，勾希尔暗示，黑格尔在神学和政治学中恰恰是他的最"坏"的敌人的最"好"的同盟者。这一令人诧异的结论并没有在多大程度上安抚住反动主义者，但勾希尔的策略却证明了保守的黑格尔主义者向哲学和政治立场的转向，这种立场与实证哲学家谢林、斯塔尔以及思辨有神论者小费希特、魏斯的立场几无差异。勾希尔、盖布勒、海涅等黑格尔主义者，从一开始就把黑格尔的思辨唯心主义当作对正统信仰的哲学支撑。迫于施特劳斯用黑格尔的范畴来激进地反对基督教的压力，勾希尔等人不得不抛开对哲学与正统观念的调和，继而去寻求一个更为具体的过程，把黑格尔右派吸纳为黑格尔体系的哲学批评者。其实施特劳斯的《耶稣传》出版之前，费迪南德·库纳在深入地讨论勾希尔与小费希特关于个人不朽的争论时，就已经隐隐约约地看到了这一点。库纳对勾希尔在黑格尔主义基地上捍卫个人不朽观念的做法表示震惊，他指出："无论是谁，只要将绝对置于人格而不是观念之中，就会分解黑格尔的体系……如果勾希尔可以被看作是黑格尔主义的当前代表，那么在绝对被置于人格之中的情形下，这种哲学就与其敌人联手了。"②

正在形成中的黑格尔左派，清楚地认识到黑格尔右派倾向于基督教人格主义哲学家的立场。重要的一点是，费尔巴哈1837年告诉卢格，他对斯塔尔的批判"间接地"适用于勾希尔。③ 费尔巴哈1837年应当不会知晓勾希尔的《承诺》，因为它的写作乃为奥特斯坦私人所用，况且其基本言论到1838年才得以发表。费尔巴哈主要是针对勾希尔的早期作品，特别是其1835年论不朽的著作，同时可能还包

---

① 可参见卡尔·米希勒在《我的真实生活》中的回忆。
② Kühne, "Bücherschau", *Literarischer Zodiacus* (Juni, 1835), pp. 472-477.
③ 参见 Feuerbach to Ruge, 15 December 1837, *Briefwechsel*, vol. 1.

括其对政治复辟抱有莫大同情的法理学作品集。① 施特劳斯在 1837 年《对我的〈耶稣传〉的捍卫》中,也谴责保守的黑格尔主义批评者背叛了思辨哲学的精神。施特劳斯指出,虽然对于所有黑格尔主义者来说,理性的权利在批判哲学和宗教意识上是不证自明的,但是在宗教问题上,黑格尔主义者仅仅是要去界定直接的信仰或直觉给予的东西,因此会接受宗教实证主义而不是批判它。于是,施特劳斯得出的结论是:保守的黑格尔主义者在本质上滑到他(指施特劳斯——译者注)参照斯塔尔来说明的谢林学派的实践中去了!②

首先,无论是费尔巴哈还是施特劳斯,都没有以政治的方式指认黑格尔右派的缺陷。然而,这两人却是根据实证哲学家最具有政治性的维度来辨析核心的黑格尔右派,这说明政治对于他们来讲与神学和哲学紧紧粘连在一起。实际上,施特劳斯通过直接指陈黑格尔右派之神学实证主义的政治推论而放大了对后者的批判。他认为谢林主义者使"历史法则"超越于"理性法则",并使其附着于束缚普鲁士复辟的"稳定性原则"之上。因此,施特劳斯总结说,那些跟随谢林和斯塔尔进入同样的政治实证主义国度中的黑格尔主义者,显然都无视黑格尔政治哲学中清晰的思想信息:"任何一位读过黑格尔《法哲学原理》的人都知道,许多根本性问题的阐述在这本书中完全不同于在普鲁士国家中的阐述。"③施特劳斯大胆地坚持黑格尔的自由主义,并不是保守的黑格尔主义者想要听到的结果。想要使正在形成的政治辩论从宗教—哲学辩论中分离出来,几乎是不可能的事情;施特劳斯决定用受到严苛指责的后革命时期欧洲政治的术语来描述黑格尔学派内的"右派""中派"和"左派",自然也不可能做到这一点。

---

① 这指的是匀希尔的 *Zerstreuten Blätter aus den Hand-und Hülfsacten eines Juristen*, 3 Bde. (Erfurt, 1832-1842)。

② 参见 Strauss, *Defense of My "Life of Jesus"*, pp. 11-13。

③ Strauss, *Streitschriften zur Vertheidigung meiner Schrift über das Leben Jesu* (New York, 1980), p. 205.

## 二、黑格尔左派的谴责与激进化

勾希尔对施特劳斯的回应,已经表明了在转世说的本质这一问题中神学与政治的混杂,但将施特劳斯争论中的政治性推向前台的,却是海因里希·列奥于1838年对青年黑格尔派发起的批判。青年列奥是一位执着的黑格尔主义者,但成为哈勒大学的历史学教授之后,他开始接受政治中的正统主义和宗教中的正统新教之原教旨主义。[①] 对黑格尔主义的这一"叛逃",使列奥"理直气壮"地指出:黑格尔右派实际上已经抛弃了黑格尔哲学,所以他们可以被当作欺骗的伪君子立即排拒于黑格尔主义之外。列奥在反对黑格尔中派和左派——他真正的敌人——的时候,更是无所畏惧地用一连串的抱怨来指责后者所谓的泛神论。[②] 甚至于,他索性将青年黑格尔派的宗教"异端邪说"与其革命的政治诉求直接关联在一起,而这也不足为奇。[③] 然而,与前面讲的人相比,列奥在其言论上影响更大,因为他是在施特劳斯使黑格尔派格外容易受到"祛宗教""亵渎上帝"之类谴责的时候抛出其言论的。他指证激进的黑格尔主义者是黑格尔的正宗继承人,由此也就直接抨击了在黑格尔右派中流布的自我质疑[④],这种质疑是在黑格尔学派"危险"发展的情势下提出来的。更有甚者,列奥强调应当以更有劝诱性的审查者、监禁者的话语来取代学术争论,这大大增加了政治—神学论辩的苦涩与阵痛。列奥对警察行为的呼吁发生于"哥廷根七君子"迫害事件之后不久,它是引起黑格尔主义

---

　　[①] 参见 Toews, *Hegelianism*, pp. 226-227。
　　[②] 具体内容,参见 Leo, *Die Hegelingen, Actenstücke und Belege zu der s. g. Denunciation der ewigen Wahrheit*(Halle, 1838), pp. 4-5。
　　[③] 与之相类似的指责,在虔诚主义者的主要刊物上不厌其烦地被重复。相关内容,可参见 Hengstenberg, "Die Hallischen Jahrbücher für Deutsche Wissenschaft und Kunst", *Evangelische Kirchen Zeitung*, August-September, 1838, pp. 545-568。
　　[④] 参见 Leo, *Die Hegelingen*, p. 14。

者警觉的导火索。

列奥论调的提出，是青年黑格尔派激进化的一个决定性的转折点。列奥颇具挑衅性的攻击，使黑格尔左派瞬时产生的迫害感和异化感变得具体而真实，同时也使其愿意承认哲学与神学的冲突必须被纳入政治领域中解决。在激进的黑格尔派刊物《哈雷年鉴》上发表的无数回应列奥的文章也揭示出，在黑格尔派沿承的对普鲁士国家理性主义的信仰与其对骚乱的普鲁士现实的感受之间存在明显的落差。[1]

列奥的指责同时也鼓动了其他的反黑格尔主义者。[2] 卡尔·舒伯特指出，黑格尔的学说已经受到来自各方的攻击；而在1839年，他发表了最著名反黑格尔主义的言论，将矛头直接指向斯塔尔《法哲学》第一卷出版以来的黑格尔主义的政治学。[3] 舒伯特是一个学术外行，其边际性与非正统的学术观点毫无关联。为了填补自己在学术天分上的不足，舒伯特阿谀奉承那些文化界的名人，如此也就在19世纪20年代莫名其妙地得到了歌德的支持。歌德曾于1827年求助于黑格尔，希望他能帮舒伯特在柏林得到一个学术职位。尽管黑格尔并不愿意通过个人的关系来使舒伯特成为一位年轻的编外教师，但在其谋求职业的过程中还是倾其所能，不过

---

[1] 关于其内容，可参见 Feuerbach, "Über Philosophie und Christentum in Beziehung auf den Hegelschen Philosophie gemachten Vorwurf der Unchristlichkeit"(1839), *Werke*, vol. 2, pp. 278-287; Ruge, "Die Denunciation der Hallischen Jahrbücher"(1838), *Die Hegelsche Linke*, ed. H. and I. Pepperle(Leipzig, 1985).

[2] 例如，下列文献就说明了这一点：Chalybäus, "Philosophie der Geschichte und Geschichte der Philosophie", *Zeitschrift für Philosophie und Spekulative Theologie*, 1 (1837), pp. 301-338; Platnèr, "Über die Bedeutung und Realität des Rechtsbegriffs", *Zeitschrift für Philosophie und Spekulative Theologie*, 3(1839), pp. 286-311; Kahnis, *Ruge und Hegel*(Quedlinburg, 1838).

[3] Schubarth, "über die Unvereinbarkeit der Hegelschen Staatslehre mit dem obersten Lebens-und Entwicklungsprinzip des Preußischen Staats"(1839), *Materialien*, ed. Riedel, pp. 249-266.

最终无功而返。① 两年之后（即 1829 年），舒伯特与一位名叫卡尔加尼科的人联名发表了一篇攻击黑格尔的文章。这篇文章决然地表达了一种对超越黑格尔的"立宪君主"的"纯粹君主"的喜好，但它最尖锐的批判却也为黑格尔从整体上总结国家的形象所用。舒伯特与卡尔加尼科实际上在此反对黑格尔将教会的伦理和宗教的角色移向国家，这正是众所周知的虔诚主义者表达的一种批判。② 他们的批判引起了人们极大的关注，以至于黑格尔感到不得不对此做出回应，虽然他并没有过多地去面对批判所牵涉的一系列哲学上的混乱。

舒伯特 1839 年以一种更具有攻击性的辩论方式重新回到黑格尔的国家学说上来，而他早期的那种虔诚主义的论调此时在斯塔尔政治神学之幽灵面前相形见绌。舒伯特 1829 年认为，与黑格尔所持的观点不同，伦理生活"建立在人格、善良意志基础之上，因而最终建立在国家无法超越的宗教基础之上"③。然而到了 1839 年，舒伯特通过将人格主义形而上学运用于普鲁士国家而有意遮盖了正统路德教派对尘世国家与伦理－精神领域的分离。他不再认为国家仅仅只是一个"权力和法"的领域，毋宁说，他认为国家在君主的具体体现中象征着人格概念的完美表达，而"人格"是由新教激发和创造的一个

---

① 这方面的信息，可参见黑格尔与歌德在 1827 年春夏之际的通信，相关文献：*Briefe von und an Hegel*, vol. 3, ed. Johannes Hoffmeister(Hamburg, 1961)。

② 关于舒伯特与卡尔加尼科 1829 年的文章，以及黑格尔对这篇文章的回应，可参见 *Materialien*, vol.1, ed. Riedel,；Schubarth, *Erklärung in Betreff der Recension des Hrn. Hegel*(Berlin, 1830)。

③ Schubarth and Carganico, "Zu Hegels Staatsbegriff(1829). Über Philosophie uberhaupt, und Hegel's Encyclopedia der philosophischen Wissenschaften insbesondere", 209. 格拉夫、瓦格纳在《观念的流变》中认为，舒伯特与卡尔加尼科的观点"成功地产生出了历史的效果"。

概念。① 所有形式的立宪，包括黑格尔的立宪君主制，都与这种"普鲁士国家的最高生活原则"相违背。因为"立宪君主制不过只是一种穿着君主外衣的共和政体"，所以，舒伯特实际上在其结论中支持了列奥以警察行为来对抗黑格尔主义的颠覆性的主张。②

舒伯特"著名的谴责"（卢格语），实际上推动了黑格尔主义者关于人格概念的讨论，这一概念与黑格尔的政治哲学以及普鲁士国家都不无相关。③ 在与投靠正统主义者和实证主义者阵营的黑格尔右派的尖锐对立中，少数激进的黑格尔主义者承认了反黑格尔主义的反动派和黑格尔主义的保守派的言论，这也是批判普鲁士现状以及黑格尔妥协的权宜之计。例如，柯本、福斯特就承认反动派的这样一个观点，即普鲁士实质上并不是一个立宪君主制国家。④ 更有甚者，福斯特还接受了黑格尔右派的这样一个论断，即黑格尔的政治观点必然是要去支持君主的个人权威。通过诘问黑格尔的"自由主义"和"立宪"，福斯特预演了19世纪40年代前期来自卢格、鲍威尔以及马克思的更为激进的对黑格尔政治哲学的批判。不仅如此，福斯特对黑格尔政治学中人格主义要素的批判，也预示了黑格尔左派最终以实证哲学之政治人格主义来对黑格尔做出的认定。

很少有黑格尔主义者在1839年像福斯特这样大胆、公开地表达自己的不满，更为普遍的策略是，通过辩称历史在自己的一边而直

---

① 参见 Schubarth, "Über die Unvereinbarkeit der Hegelschen Staatslehre mit dem obersten Lebens-und Entwicklungsprinzip des Preußischen Staats"(1839), *Materialien*, ed. Riedel, pp. 249-250。

② 参见 Schubarth, "Über die Unvereinbarkeit der Hegelschen Staatslehre mit dem obersten Lebens-und Entwicklungsprinzip des Preußischen Staats"(1839), *Materialien*, ed. Riedel, p. 252。

③ Ruge, "Politik und Phiosophie"(1840), *Die Hegelsche Linke*, p. 189.

④ 参见 Köppen, "Über Schubarths Unvereinbarkeit der Hegelschen Lehre mit dem Preußischen Staate"(1839), *Materialien*, ed. Riedel; Förster, "Noch ein Denunziant der Hegelschen Philosophie"(1839), *Materialien*, ed. Riedel; Köppen, "Zur Feier der Thronbesteigung Friedrichs Ⅱ"(1840), *Die Hegelsche Linke*, pp. 128-146。

接迎头痛击舒伯特的论断。也就是说，黑格尔主义者强调：欧洲历史的基本发展轨迹已远离个人权威，而是朝向国家本身的主权，国家是一个由理性宪政统一起来的权力的集合。在对现代欧洲国家这样一种历史趋势的概括及其详尽描述上，爱德华·甘斯比其他黑格尔主义者都做得更多。在整个19世纪30年代的讲演与著述中，甘斯将现代国家的起源追溯到路易十四对一个克服非理性的、分裂的封建碎片的统一国家的创造。虽然这种统一最初只是被认作对"自我性"或绝对君主之主体性的确认，但甘斯还是相信，现代国家已经在接下来的发展中走向了一种客观的、非个人的统一。① 在对舒伯特的回应中，甘斯认定普鲁士已经步入了这样一种进步的历史发展过程。他并不认为普鲁士是一个完全意义上的现代国家，而是认为在普鲁士国家及其政治机构、司法管理之制度中实际上存在一种立宪。甘斯同时还认为，黑格尔关于君主的观点准确地描述了普鲁士国王被限定的但也十分重要的角色。② 为了支撑其观点，甘斯挑衅地指出："人格之神化"只不过是一个象征，此象征是在对现代国家复杂的、非个人的总体性的理性审视中产生出来的。③ 重要的是，甘斯对权力的外观与其现实之差异性的认知，把"象征"与"概念"之对立从当时人们更为熟悉的黑格尔宗教哲学领域转移到了政治领域。这一点，预示了卢格和马克思在19世纪40年代的批判，他们的批判不仅指向基督教的君主政治原则，也指向黑格尔自己的君主制概念。

---

① 参见 Gans, "Vorlesungen über die Geschichte der letzten fünfzig Jahre", *Historisches Taschenbuch*, 1834-1835; "Über die Provinzialgesetze", *Beiträge zur Revision der Preußischen Gesetzgebung* (Berlin, 1831), p. 368. 甘斯对现代国家发展中政治专制主义之角色的解释，可参见 Reinhard Blänkner, "'Der Absolutismus war ein Glück, der doch nicht zu den Absolutisten gehört.'Eduard Gans und die hegelianischen Ursprünge der Absolutismusforschung in Deutschland", *Historische Zeitschrift*, 256(1993), pp. 31-66。

② Gans, "Erwiderung auf Schubarth"(1839), *Materialien*, ed. Riedel, pp. 267-275.

③ Gans, "Erwiderung auf Schubarth" (1839), *Materialien*, ed. Riedel, 3, ed. Riedel, pp. 272-273.

其他进步的黑格尔主义者同样既支持黑格尔的立宪,又支持远离斯塔尔、舒伯特主张的个人政治的根本性历史运动。① 伊曼纽尔·奥根斯基(切梅诺的一位中学教师)对舒伯特做出过最为详尽的回应,他强调立宪君主制最好地实现了人格原则,由此也就抛弃了舒伯特的言论。"纯粹的君主制"仅仅只是针对一个人的人格而言的,而立宪君主制则依赖于许多有思想和行为能力的人的互动。通过动用黑格尔具体人格观念和政治参与者施作用于市民的一般假设,奥根斯基提出如下断言:一个立宪君主国家是一个真正意义上的"个人国家",因为它既保证和养育了"管理者"的人格,也保证和养育了"被管理者"的人格。② 舒伯特讲的人格导向一种否定"人民"的"独断权力",而真正的人格概念在奥根斯基看来,则要求"所有处于非个人状态下的人在政治和精神上被解放"③。这一政治的规范本来可以轻而易举地引导奥根斯基对现存的普鲁士制度做出批判,声讨其在克服政治生活与人民的疏离上无能为力;但他实际上畏惧不前,而且认定普鲁士国家已经走上了基本的理性、进步的发展轨道。

确切地说,奥根斯基并不是 19 世纪 30 年代后期进步的黑格尔主义者中唯一急迫要求维护普鲁士的人。不过,其他黑格尔主义者对舒伯特的回应,在对普鲁士现状的评价上更显得矛盾重重。甚至于,甘斯对普鲁士国家合宪法性的捍卫,与他一生的对立性立场和为"一个反动时代的自由"④而突然献身(1839 年)的风骨相比,都被

---

① 关于其内容,可参见 Varnhagen von Ense,"Hegel und Schubarth",*Materialien*,ed. Riedel,p. 317;Varnhagen,"Zur Charakteristik Schubarth's",*Intelligenzblatt zu den Hallischen Jahrbüchern*(1839),pp. 6-11;Ludwig Buhl,*Hegels Lehre vom Staat und seine Philosophie der Geschichte in ihren Hauptresultaten*(Berlin,1837),pp. 16-17。

② Immanuel Ogienski,*Hegel*,*Schubarth und die Idee der Persönlichkeit in ihrem Verhältnis zur preußischen Monarchie*(Trzemeβno,1840),pp. 35,47. 1853 年,奥根斯基又向布雷斯劳大学哲学系呈交了一篇教师资格论文,标题为《人论》。

③ Ogienski,*Idee der Persönlichkeit*,pp. 57,59.

④ Anon.,"Eduard Gans",*Hallische Jahrbücher*,132(June,1839),p. 1049.

认作是一种夸张的策略。实际上,甘斯真正的观点在19世纪30年代早期的这样一个论断中得到了更好的阐释,即普鲁士是一个"作为监护人的国家"①。对普鲁士国家进行长期批判的自由主义黑格尔派成员弗里德里希·卡拉沃,认同奥根斯基对人格观念的改造,但他又对后者接受普鲁士的现状表示谴责。② 在一本匿名出版的《黑格尔与普鲁士》中,卡拉沃批评普鲁士没有重视弗里德里希的这样一个伟大的宣言,即他是这个国家的第一位仆人,他的个人权力从属于理性国家。进而,他又尖锐地指出,普鲁士不愿意承认"国王的升迁仅仅只是人民的事务",因而实际上已经从西欧、西南德国,甚至是自己的发展轨道歧出。③ "文明世界的所有国家现在最迫切的要求,是排拒任何形式的专断,捍卫法律、自由以及所有人的自主发展。"④ 卡拉沃将这些目标在普鲁士的实现寄希望于"德国民族情感"的觉醒,但他又认为不能仅仅局限于民族主义。首先,他认为普鲁士需要政治的自由和能够得到其他德意志国家的人们的赏识的代理机构,只有这样,才能够激发出一种"政治团结感"⑤。莫里茨·卡里尔为《黑格尔与普鲁士》写的书评,进一步强调了卡拉沃回应奥根斯基的自由主义和共和主义维度。卡里尔直截了当地指出,一位能够拒绝人格主义形而上学、支持一种限制自己权力的理论的国王,会成为这个

---

① Eduard Gans, *Philosophische Schriften* ed. Horst Schroder(Glashutten im Taunus, 1971), p. 308.

② [Carové], "*Hegel, Schubarth und die Idee der Persönlichkeit in ihrem Verhältnis zur preußischen Monarchie*, von Immanuel Ogienski", pp. 269-292. 这篇人物传记是以匿名形式发表的,卡拉沃说其实是出自于他的笔下。有关于此的说明,可参见 Albert Schürmann, *Friedrich Carové. Sein Werk als Beitrag zur Kritik an Staat und Kirche im frühliberalen Hegelianismus*(Bochum, 1971), p. 298.

③ [Carové], *Hegel und Preußen*(Frankfurt, 1841), pp. 62-65. 令人诧异的是,竟没有人注意到卡拉沃对奥根斯基著作的评价与匿名出版的《黑格尔与普鲁士》保持一致。基于这一事实,可以将此书的著作权合乎情理地归于卡拉沃。

④ [Carové], *Hegel und Preußen*(Frankfurt, 1841), p. 69.

⑤ Ibid., p. 66.

国家之自由的第一位启蒙老师。①

一位名叫费尔德曼的基督徒在 1842 年这样写道：对于青年黑格尔派来说，胜利意味着"君主原则真正让位于共和原则，最高上帝的完美威权被千千万万的尘世之神焚毁"②。此时，费尔德曼直白地指出，在关于人格的政治争论之演进中，宗教和政治因素应当继续交叠在一起。施特劳斯否定神之人格后发生的论辩，使政治化的人格之争大白于天下，而这对于君权和普鲁士国家之不同观点的融合是一种催化剂和手段。在所有黑格尔主义者表达其自身立场的过程中，基督教人格主义者的神学—政治言论起了决定性的"推动"作用。直到 19 世纪 40 年代，黑格尔主义者的政治话语才与政治权力问题深埋于其中的神学和哲学论辩渐行渐远。进一步说，政治论辩应当被看作黑格尔派在 19 世纪 30 年代后期无可挽回地发生解体的一个重要起因。学者们在解释黑格尔派之解体的时候，通常将焦点"推定"至一种无政治的神学和哲学之争。对政治论辩之历史角色做出恰如其分的评价，是对这一学术现状的重要纠正。

人格之政治意义的争论，促使黑格尔派内部的"忠诚度"发生了一种重要转向。到 1841 年，一些黑格尔主义者选择将君主看作活在尘世的"耶稣基督"，而另一些黑格尔主义者却将之看作一位"普通的公民"③。随着黑格尔主义意识形态之统一的根据彻底崩塌，黑格尔主义自身能确立一种充分的、自足的政治立场的观念让位给这样一种认识，即黑格尔主义者个人会在时代政治运动的大变化中明确地确立自己的立场。黑格尔主义者就像是来到一个新大陆的移民，他们不得不通过一种人为的"连接"来确立其学派认同。黑格尔右派发

---

① Carriere, "*Hegel und Preußen*", *Jahrbücher für wissenschaftliche Kritik*, 1841, pp. 687-688.
② 转引自 Eßbach, *Die Junghegelianer*, p. 229。
③ Carriere, "*Hegel und Preußen*", *Jahrbücher für wissenschaftliche Kritik*, p. 688.

现，他们对黑格尔主义的钟情，要弱于他们对宗教正统派和政治保守派这些"哲学"敌手的吸引。实际上，黑格尔右派与其说适应了人格主义政治神学，不如说最终在其面前降服。卡尔·古茨科在1839年指出，黑格尔思辨哲学和谢林实证哲学之间的冲突，在一些黑格尔主义者中引发了激烈的怨责，即他们再也不能假定黑格尔学派内部哲学"弟兄"的忠诚。① 至于黑格尔中派和在短时间内形成的左派，其对专制个人权威的批判拉近了与德意志其他自由主义者和进步分子的距离。

这种结盟对于黑格尔左派来讲是短暂的，但进步的黑格尔主义曾一度与自由主义在言辞上相重合。这种重合在实践中得到了体现，如体现在甘斯对"哥廷根七君子"的有力捍卫中，或者体现在许多自由主义者和黑格尔主义者之间个人的、职业的和政治的交往中。② 如果人们接受发表于著名的自由主义刊物《国家百科全书》上对黑格尔主义充满敌意的文章③，那么就会很容易忽视19世纪30年代后期进步的黑格尔主义者与南、北德意志自由主义者之间在理论水平上的平行。中立的黑格尔主义者希望避免极端的绝对专制和极端的民主政治，而温和的德国自由主义者亦复如此。在精神实质上，这两方都试图持守国家自身的统治权。自由主义者坚持认为，国家与个人君主之同一性应该让位于对国家的一种启蒙式的理解，即国家自身代表的是一种"法理型的人格"。这种观点与爱德华·甘斯对国家

---

① Karl Gutzkow, *Beiträge zur Geschichte des neuesten Literatur*(Stuttgart, 1839), p. 212.
② 例如，在《哈雷年鉴》出版的最初两年中，许多非黑格尔主义的自由主义者都被列为是《年鉴》的合作者。
③ 这一文章即是指 Scheidler, "Hegel'sche Philosophie und Schule, insbesondere Hegel's Naturrecht und Staatslehre", *Staatslexikon*, vol. 7, ed. Carl von Rotteck and Carl Welcker(Altona, 1839). 古斯塔夫·迈耶的文章为理解黑格尔主义与德国自由主义之关系提供了最为丰富的理论资源，具体可参见 Mayer, "Die Junghegelianer und der preussische Staat"; "Die Anfange des politischen Radikalismus im vormärzlichen Preussen", *Zeitschrift für Politik* 6(1913), pp. 1-117。或者也可参见 Eβbach, *Die Junghegelianer*。

之演进——从君主的"我"到立宪国家之客观统一体——的理解基本一致。另外，对个体权利加以捍卫，作为自由主义的一个要求（这一点众所周知），同样也构成进步的黑格尔主义回应复辟主义者阻挠立宪改革的一个重要方面。①

自由主义者与甘斯、卡拉沃、奥根斯基等黑格尔主义者虽然并没有对实现政治参与和政治代表的具体途径做出清楚的说明，但他们的国家观念假定的是一个"公民国家"，其特质就在于理性和自主。这两方都以其典型的"启蒙式"的人格模式——建立在人类之内在尊严和权利基础之上——来对抗复辟主义者的神学和等级制的人格模式。米希勒1840年对黑格尔精神观念的捍卫，就包含了一种对人类及其权利之平等的"严肃的自由主义"的讨论。② 更加令人意外的是布鲁诺·鲍威尔在其1838年的《启示史批判》中对"人格权利"以及"市民社会"的"冗长"分析。③ 考虑到这本书是在鲍威尔还是施特劳斯的一个右翼黑格尔主义对手的时候撰写的，他对理性的个人自主之自由观念进行倡言，足以表明神学和政治的立场并没有总是完全保持一致。或许可以说，鲍威尔早年神学观点和政治观点的分离，正预示了他在19世纪40年代向极端黑格尔左派的转向。

很显然，反动势力到1840年就在普鲁士占据了上风。在许多黑格尔主义者看来，他们失败的征兆是随着甘斯去世后斯塔尔接任柏林大学法学教席这个空缺而来的。④ 实际上，让一位最知名的黑格尔主义对手来取代一位有影响力的黑格尔派成员，完全是普鲁士政

---

① 关于德国自由主义理论这些方面的研究，可参见 Ernst Rudolf Huber, *Deutsche Verfassungsgeschichte seit 1789*, vol. 1(Stuttgart, 1960), pp. 374-377。

② 参见 Michelet, *Anthropologie und Psychologie, oder die Philosophie des subjectiven Geistes*(Berlin, 1840), pp. 512-540。

③ 不可思议的是，关于鲍威尔的学术研究并没有讨论到这本书中对家庭、市民社会以及国家的区分（这是黑格尔《法哲学原理》的一个内容）的部分。

④ 例如，卡拉沃在《黑格尔与普鲁士》中就谈到了这一点。

府最高层一手策划的。① 斯塔尔任教柏林大学后不久，谢林也被任命为哲学教授。1840 年年末，威廉三世与奥特斯坦死亡，浪漫主义王子威廉四世继位。示意立宪改革之后，威廉四世又故态复萌，否定了改革意旨。结果，自由主义幕僚被保守主义者取代，政治生活以及有关于此的讨论之规则被一种"新"的元素所操纵，费尔巴哈 1835 年斥责的"邪恶的朋党"在普鲁士执掌了大权。

## 三、19 世纪 30 年代的德国人和社会问题

发生分歧的政治人格之争，对于 19 世纪 30 年代后期和 19 世纪 40 年代黑格尔激进主义之发展不啻为一种重要的催化剂。我们已看到，这一争论正是德国政治在君主制之本质、立宪改革以及更广泛的政治参与等问题上更大冲突的一种表征。所有这些问题在 1789 年法国革命的实践政治形式中最早被提出。1815 年席卷欧洲大陆的君主和专制霸权的复辟短时间内控制住了这些问题，但 1830 年七月革命又重新激活了所谓的"运动党"。然而，法国革命在德国引起的回声，不仅仅只是震撼到自由主义者和一小部分共和主义者进而使其处于警觉状态。德国社会主义的历史就开始于七月革命——这不是就无产阶级政治的形式而论的，而确切地说，是就巴黎学派关于一个社会平等的新时代的预言而论的。法国社会主义观念在德国的接受与放大，是一个比黑格尔主义与非黑格尔主义在普鲁士的冲突范围更广的现象，这与 19 世纪 30 年代的立宪之争是十分相似的。然而，在标志德国社会主义之讨论的神学与社会问题的交汇中，德国人对这种新的社会思想的兴趣是与 30 年代后半期的关于泛神论和人格主义之政治论辩交叉在一起的。

---

① 参见 Hermann Klenner, "Stahls Berufung-Kein Briefwechsel", *Unzeit des Biedermeiers*, ed. H. W. Weise Bode(Leipzig, 1985), pp. 206-216。

泛神论之政治话语必须与政治论辩一道被视为黑格尔左派激进化的关键因素。

赫尔曼·鲁勃曾这样写道:"社会问题在19世纪30年代初期是一个发现;到19世纪40年代末,它变成了口号。"[1]德国"社会问题"在两个方面具有"发现"的意义:首先,社会观察者、新闻工作者、官员以及知识分子越来越注意到德国下层群体的窘境。[2] 观察者发现,过去长期被认为是贫困者固有的、稳定的困难已发展成一种不断恶化的普遍贫瘠和无家可归,这与那个年代百万德国人的客观状况完全一致。无数的现代研究者认为,普遍贫瘠是适应新兴工业资本主义秩序之阵痛过程的一个结果。[3] 但实质上,工业化在当时德国只能带来一种初生的阵痛,存在的一些工厂并不能成为大规模贫瘠产生的根本原因。学者们现在也基本达成了一个普遍的共识,即这种严重危机的经济根源只是在很小的程度上(而不是在很大的程度上)与工业化有关。19世纪30年代德国较低的社会阶层处在这样一些问题之交叉的煎熬中:一方面是18世纪晚期以来人口的急剧增长,另一方面是下层群体之解放的要求,还有就是缓慢发展的经济根本无力吸收在转型——从野蛮社会到工业社会——初期形成的大规模就业大军。[4] 在乡村,不断增长的人

---

[1] Hermann Lübbe, "Die Politische Theorie der Hegelschen Rechten", *Archiv für Philosophie*, Bd. 10/3-4(1962), p. 218.

[2] 参见 Carl Jantke and Dietrich Hilger ed., *Die Eigentumslosen. Der deutsche Pauperismus und die Emanzipationskrise in Darstellungen und Deutungen der zeitgenössischen Literatur*(München, 1965)。

[3] 这一观点的一个重要阐述,可参见 Theodore S. Hamerow, *Restoration, Revolution, Reaction. Economics and Politics in Germany, 1815-1871*(Princeton, 1958)。

[4] 有关于此的研究文献可谓汗牛充栋。早期的研究,参见 Frederick D. Marquardt, "*Pauperismus* in Germany during the *Vormärz*", *Central European History*, 2(1969), pp. 77-88;近期的研究,参见 Sheehan, *German History*, pp. 638-652。

口、贫民摆脱农奴制的解放、公有土地的占用[①]以及减少对贫民合法义务的新的贫困法,使一个新的无土地的贫困阶层产生出来。在城镇和城市对封建残余的攻击,也带来了类似的结果。随着德国废除了对行会的保护,工匠在自由贸易和主导性的工业化之压力面前变得敏感而脆弱。一部分技艺娴熟的工匠能够进入新的工厂管理层这样一个相对安全的职位上,而剩余的工匠则只能与来自乡村的那些贫民为获得有限的、低薪的工厂工作机会而竞争。德国的任何一个部分(除城市工人和工厂)在1850年之前都没有"工业"经济,但城市工人却使之在19世纪30年代的时候就产生出来了:工人不再与旧的行会有任何关联,他们现在是在规模不等的机械化工厂中劳动。[②]

现代社会的观察者以指定一个新阶级的"无产阶级"这一术语来回应这些社会变化。"群氓"这个旧术语逐渐被抛弃,标志着对贫民之分析的一个重要变化,同时也表明现代德国人开始讨论工业阶级的问题。"群氓"总是用以指认根据等级次序来划界的传统社会中生活在底层的人,而在这样一个相对固定的语境中,最底层的人的贫困被认为是社会的一个自然属性,或者是人类原罪的一种显现。相反,无产阶级这样一个由贫困工人所组成的社会群体,被看作是由新的经济力量、新

---

[①] 以青年马克思之见,林地和公有土地的占用并不仅仅只是使农民与贵族对立起来,而许多"小农和中农"却同时也受益于此。可参见 R. J. Evans, "The 'dangerous classes'in Germany from the Middle Ages to the twentieth century", *Proletarians and Politics. Socialism, Protest and the Working Class in Germany Before the First World War* (New York, 1990), p.11。

[②] Sheehan, *German History*, pp. 493-495.

的劳动和工资关系造就的一个社会阶级。① 贫困问题于是就成为许多德国人"科学"研究的对象；但在更宽广的意义上，当现代人将这一问题与一种特定的现代危机联系起来的时候，它便具有了历史性的内涵。到19世纪30年代后期，贫困问题以及新生的工人问题已成为重要的论辩和讨论的主题，虽然在关于德国现状的研究中没有对此进行专门论述。这些问题在30年代或许已经完全凸显出来，不过只是到40年代，才在严重的经济危机——根植于经济脱位、竞争的加剧以及社会同情和社会团结之早期形式的崩解——放大其积攒的消极后果后变得前所未有地严峻。我们有必要承认，德国人在19世纪30年代对社会问题的感知，实际上在根本上是来自于他们对英国社会经济状况的认识②，同时也来自于他们的早期法国社会理论知识（这是最重要的）。在这个意义上，德国的社会问题也是一个借助于外来的文献资料和概念框架而并引出的"发现"。

## 四、空想社会主义的新基督教

在19世纪20年代晚期和30年代早期的语境中谈论"社会主义"颇有几分时间错位，因为这一指涉到特定的、自我觉知的意识形态

---

① 有关于此的讨论，可参见一个经典的文献，即 Werner Conze, "Vom 'Pöbel' zum 'Proletariat. 'sozialgeschichtliche Voraussetzungen für den Sozialismus in Deutschland", *Vierteljahrsschrift für Sozial-und Wirtschaftsgeschichte* (1954), p. 340. 英国语境下相似的社会变化，也得到了充分的研究，可参见 Gertrude Himmelfarb, *The Idea of Poverty: England in the Early Industrial Age* (London, 1984); J. R. Poynter, *Society and Pauperism English Ideas on Poor Relief, 1795-1834* (London, 1969); Gregory Claeys, "The Origins of the Rights of Labor: Republicanism, Commerce, and the Construction of Modern Social Theory in Britain, 1796-1805", *Journal of Modern History*, 66 (June, 1994), pp. 249-290.

② 基思·特赖布在《管理经济》以及关于德国人对英国政治经济之理解的早期著述中讨论到此问题。恩格斯著名的《英国工人阶级状况》与其说是德国人观察、理解英国社会状况的一个理论传统的起点，不如说是这一传统的顶峰。

的专用名词，是在 30 年代中期开始使用的①，这一情况需要说明。但我们可以梳理出（在更早的时段内）由一些法国社会理论家——他们曾一度试图解决由法国和英国新的工业社会之形成所带来的问题——开引的重要思想支流，其中就包含有傅立叶对商业社会的尖锐批判以及通过爱与群体团结来改造社会的详尽的思想计划。② 不过，傅立叶的名著《四种运动论》在出版之后的 25 年内，在法国并没有很多追随者，而相反，19 世纪 20 年代晚期的社会探索领域由圣西门的门徒所掌控，这让傅立叶十分懊恼。③ 圣西门的一生充满了"传奇"色彩：从美国独立战争的一名士兵到法国战争的投机商，从贵族伯爵到穷苦的社会预言家；从自杀的绝望到目空一切的自负，从精神失常到温和的疯狂。他在法国革命政治下提出的经济设计耗费了他将近一生的时间，而最终又让他穷困潦倒。他放弃这一设计之后，于 1800 年开始去思考道德和社会问题。在接下来的 25 年内，他完成了一系列令人叹为观止的著述，在其中他以关于未来社会之乌托邦的视野来深度地审视社会和经济问题。④ 圣西门 1825 年去世之前，已经吸引了一小帮虔诚的追随者，其中有巴黎综合理工学院的学生和新毕业生，也有巴黎复辟活动的共谋者。⑤ 他去世后不久，包括

---

① 皮埃尔·勒鲁曾在 1834 年的文章中使用到"社会主义"一词。有关这方面的考察，可参见 R. Picard, "Sur l'origine des mots *socialisme* et socialiste", *Revue socialiste*, li (1910), pp. 379-390; Wolfgang Scheider, "Sozialismus", *Geschichtliche Grundbegriffe*, vol. 5, pp. 923-998. 关于这一术语之更早的使用（但不包含勒鲁所赋予的特定意义），可参见 X. Joncière, "Les Feuilles d'automne, poesies par M. Victor Hugo", *Le Globe*, 13 February 1832.

② 傅立叶研究最好的一本书是乔纳森·比彻的《傅立叶：一位空想家及其思想世界》。

③ 傅立叶对圣西门门徒的嫉妒和反驳，比彻在《傅立叶：一位空想家及其思想世界》中做出过指认和论述。

④ 圣西门的研究卷帙浩繁，弗兰克·曼纽尔的《圣西门的新世界》《巴黎的预言家》以及《西方世界的乌托邦思想》，对圣西门的生活与思想进行了精彩讨论；对圣西门精神加以捍卫的文献，可参见 Robert Carlisle, *The Proferred Crown. Saint-Simonianism and the Doctrine of Hope* (Baltimore, 1987).

⑤ Alan Spitzer, *The French Generation of 1820* (Princeton, 1987), p. 155.

奥林德·罗德里格、阿曼德·伯赞德、菲利普·布歇等在内的第一批门徒，以及成为空想社会主义富有感召力的领导者的普罗斯珀·巴斯林米·昂方坦，共同组建了"圣西门社"，并主办了短期刊物《生产者》(1825—1826)。在《生产者》与接踵而至的《组织者》(1829—1831)和《地球》(1831—1832)上，以及在1828—1830年于巴黎举办的人数众多的公共演讲中，空想社会主义者提出了一套引人注目的社会和伦理学说。圣西门的门徒澄清说，他们并不是在简单地重复老师的话语，而是在圣西门卷帙浩繁和兼收并蓄的著述之启发下发展一套有活力的学说。①

空想社会主义，和早期其他各种形式的社会主义一样，不能被简单地理解为关于经济的一系列命题。它关于商业社会的分析，也并没有假定物质利益在历史中的先决地位。尽管圣西门和他的追随者相信他们发现了社会生理学的科学理论，他们的理论实际上还是一种推测的社会心理学，因为他们认为信仰和价值从根本上塑造着人类历史。②空想社会主义的历史观充分体现了它本质上的空想性。在空想社会主义者看来，欧洲历史就是"和谐、统一的'有机'时期和竞争、抗议、展望、过渡的'关键'时期的交替"③。空想社会主义者认为，在目前这个关键的年代，敌对普遍存在于各种关系之中、国家之间、性别之间；对于社会主义历史而言，它十分不容乐观地体现在工薪阶级和雇佣者之间。④他们声称现代工资关系是一种奴隶制的存续，它寻求通过用生产和消费的理性组织代替目前效率低下、无政府、竞争的社会，以缓解"最穷的极少数阶层"的痛苦。空想社会主义的将来意味着真正的

---

① 参见 *The Doctrine of Saint-Simon: An Exposition. First Year*, 1828-1829, trans. G. G. Iggers(New York, 1958)。

② 关于圣西门对于生理学这个比喻的使用，参见 Robert Wokler, "Saint-Simon and the Passage from Political to Social Science", *The Languages of Political Theory in Early Modern Europe*, ed. Anthony Pagden(Cambridge, 1987)。

③ *The Doctrine of Saint-Simon*, p. 53.

④ Ibid., p. 80.

平等，但这并不是就实现社会财富均等这个意义上而言的。相反，空想社会主义者希望通过允许真正的能者担任产业和社会的领袖，从而充分实现精英社会。正如他们那句有名的口号：不同的才干将获得不同的回报。① 所以，空想社会主义者采纳了精英社会的基本原则，但是他们将这一法国自由主义者的信条扩展到远超任何自由主义者可以接受的程度。为了实现这种新的社会秩序，空想社会主义者坚持废除遗产权。当努力强调这一点的时候，他们的目标并非在于私有财产本身，而是在于继承财产的权力，因为财产继承妨碍了分配财富时不要考虑继承人这一价值原则。而且，他们还指控它（财产继承）非理性的和非生产性的财富分配有碍于社会改革。因此，政府必须将这种家庭财富占为己有并作为社会资金分配给真正有能力的人，他们的出色和勤劳将丰富整个人类的社会福利。

空想社会主义者的主张远远没有达到要求废除家庭财产的地步，但是他们对于继承权的发难深深地震撼了现有的社会价值。罗伯特·卡莱尔写道："对于财产之讨论的关键点是……如果带来了（用于继承的）财产服务于全人类这种转换的话，它将使另一种关于家庭、婚姻、性别以及男女关系的观点成为必然。在这里，转换是关键词。不对现有的各种价值进行重新评估的话，任何（新的）观点都是不合适的。"② 卡莱尔的观点是正确的，因为空想社会主义者寻求导致现代自我中心主义的原因并不是物质生活上的改变，而是为了这个时代的主流精神价值，这一如圣西门在《新基督教》中所说，他们从新教改革的结果中追寻这个关键时代的直接源头。从前一章中我们可以看出，由于受较早时期天主教作家的影响，空想社会主义者极度批判他们之前所认定的现代资本主义社会、政治关系与现代宗教个

---

① *The Doctrine of Saint-Simon*，p. 89.
② Robert Carlisle，*The Proffered Crown. Saint-Simonianism and the Doctrine of Hope*（Baltimore，1987），p. 74.

人主义之间的深刻联系。这种对新教的评判在空想社会主义者同时代的其他人身上并没有流失。正如法国运动中的一位德国学生在1834年所报道的，在圣西门看来，"卢瑟暴乱"使"人类精神从（中世纪基督教的）一般性的观点发展到了对特定性的分析……对普遍性的忽视产生了统治社会各个阶层的自我中心主义"①。在费尔巴哈看来，许多空想社会主义者对于基督教的攻击，大部分都应该被视为他们的确反对他们认为新教中存在的"反社会价值"②。

然而，又和费尔巴哈一样，他们也认为宗教改革强调了甚至在较早时期天主教中就已经呈现的一些东西。那就是，尽管他们赞扬有机整体论和中世纪天主教秩序，并且开放地从像博纳德和迈斯特尔这样的天主教保守分子的著作中吸取思想养分，他们还是认为天主教与早期基督教的原始教义渐行渐远。空想社会主义者的目标是最起码要实现一次能够满足人类本质的根本转换，他们的这一野心使得他们直接对抗两千年的基督教历史，他们认为那是构成他们对人类本质进行综合理解的唯一对手。取消社会敌对和实现经济正义，是他们在完成取代基督教这个更大任务中的两个方面，他们希望在反对现代社会之状况的斗争中，通过鼓吹他们所认为的基督教的本质而完成对基督教的取代。③ 空想社会主义者们从圣西门的《新基督教》中发现了新时代的征兆。在这本书中，圣西门将基督教的发展追溯为从一种兄弟姐妹之爱的普遍宗教到崇尚天堂而贬低人间的二元信仰的衰落。为了给"仁爱的上帝"这个泛神论理念做辩护，他坚持

---

① Moritz Veit, *Simon und der Saint simonimus. Allgemeiner Volkerbund und ewiger Friede*(Leipzig, 1834). p. 104.
② Dickey, "Saint-Simonian Industrialism as the End of History." p. 178.
③ 当然，这是早期社会主义者普遍采取的一个策略，如斯特德曼·琼斯在《重思的乌托邦社会主义》一文中所强调的。

"真正的基督教必须使人在人间和天堂一样快乐"①。他写道,"所有人都应该表现得像兄弟那样",将基督教的整个内容浓缩成这个"庄严的原则"②。圣西门设想的这个原则实质上属于早期的基督教,而友爱的社会联系将在未来作为宗教信仰而"重生",这种新的宗教"引导社会走向迅速改善最穷苦阶级之状况的总体目标"③。

在这个愿景的激励下,圣西门的追随者们在1829年自己组建了一个"教会",并将昂方坦和伯赞德加冕为两个"教皇"。具有讽刺意味的是,和罗马教皇的统治集团一样,空想社会主义者调整了天主教仪式的很多方面,使其适应于从各种超自然的服饰上剪下的一角新信仰,并且唯一的目标就是指向社会关系的神圣化。有一种十分普遍的观点认为,空想社会主义者们创造一种宗教的做法违背了圣西门的意图;果若如此,这种违背即在于空想社会主义者们一开始就抵制圣西门源于对乌托邦之出现的恐惧的宗教理念。④ 的确,第一份空想社会主义刊物《生产者》只是关注社会组织和社会改革的技术和器物层面。仅仅在该刊物停办后的两年内,空想社会主义运动的内部决策圈就开辟了一条新的路径。他们开始相信人类物质生活的转变必须在道德精神改变之后才能发生。在一个个人主义和利己主义的关键时代里,人们必须学会互爱。于是空想社会主义者们开始寄希望于这样的社会转变:从"敌对"到"联合",从"批判性"的当下到过去的高度"有机"的时代,从基督教到一个充满人性之爱的宗教。⑤ 空想社会主义者革新教义几个月后,这个"全

---

① Saint-Simon, "The New Christianity. Dialogues Between a Conservative and an Innovator", *Socialist Thought. A Documentary History*, by Albert Fried and Ronald Sanders (New York, 1964), p. 91.

② Ibid., p. 78.

③ Ibid., p. 82.

④ Robert Carlisle, *The Proferred Crown. Saint-Simonianism and the Doctrine of Hope* (Baltimore, 1987), p. 41.

⑤ 特别参见 *The Doctrine of Saint-Simon*, pp. 244-262。

新的基督教"就在他们一系列公开演讲中广受公众好评,这些演讲是在1829—1830年于塔拉纳大街租赁的大厅内进行的。

空想社会主义者视圣西门为新基督教的耶稣,但正如他们热心效仿的耶稣弟子们那样,他们远远没有止步于只是颂扬其老师的启示。在他们分析旧基督教——特别是天主教——与社会无序和不公正之关系,以及努力号召艺术家、学者和实业家为新的信仰服务的时候,他们明显地超出了圣西门。进一步,他们为新基督教设立了一个全面的哲学基础,以此集中分析正统基督教中"精神"和"实体"的基本二元论。空想社会主义者们坚持认为,这个二元论就是基督教对于世间人们的幸福漠不关心的核心所在,因为它鼓励人们修行肉体以圣化精神,放弃人类社交而内转于自身灵魂的教化。克服基督教的肉体精神二分法的要求,鲜明地体现在空想社会主义著名的口号中。正如伯赞德第二次阐述他们的教义时所声称:"先生们,人类整体进步中最显著、最新奇也是最重要的任务,就是明示'今天'在于'实体的复兴'。"①从这个广泛传播的旨在实现肉体与精神之和解的泛神论信仰中,空想社会主义者们不仅引出了支持神圣的社会关系的论据,还引出了支持上帝雌雄同体、自由性爱以及两性平等的理论。②

空想社会主义在巴黎人的思想生活中占据的统治地位,和它的短暂生命一样彻底。1831年年末,该运动的两位"教皇"之一伯赞德,在和皮尔·昂方坦就婚姻、自由性爱以及妇女解放等问题上发生严重的分歧后离开了教会。其他一些重要的成员,包括皮埃尔·李劳斯、朱尔斯·里彻瓦里尔以及亚伯·特里森等,都投向了竞争对手

---

① 引自 E. M. Butler, *The Saint-Simonian Religion in Germany. A Study of the Young German Movement*(Cambridge, 1926), p. 44。

② 关于这些问题,参见 Robert Carlisle, *The Proferred Crown*; Claire Moses, *French Feminism in the Nineteenth Century*(Albany, 1984), pp. 41-59; Moses and Rabine ed., *Feminism, Socialism and French Romanticism*(Bloomington, 1994)。

傅立叶的阵营。① 空想社会主义者的"教会"在其公社中的滑稽、空想社会主义者们对天主教僧侣秩序的模仿以及如同中东人寻求女性弥赛亚般的不幸，引来的嘲弄如同公众对它的兴趣一样多。1832年夏天，当空想社会主义者们因为触犯了公共道德而出庭受审的时候，公众对空想社会主义的关注达到了顶点，然而随着他们神圣超凡的领袖被送去圣—派拉吉服刑一年的时候，这一切都黯然退去。尽管这个团体在1832年元气大伤，但是这出荒诞的闹剧不应该使我们忽视它在全盛时期以及之后相当长的一段时间内造成的影响。空想社会主义的理念对那些在拿破仑统治时期的最后几年里成年的年轻作家和知识分子产生了深远影响，他们在法国王朝复辟中感觉被王权和教会的反动勾结压得喘不过气来。② 这一代的许多人，对于保守浪漫主义最初的信仰也在复辟的波旁王朝积累的压迫、经济的停滞不前、意识形态的不谐之音，以及那场推翻了旧君主却又拥立新的资产阶级贵族统治的七月革命中瓦解了。七月革命后迅速吸引了大量法国最有智慧的年轻人的新"浪漫主义"，在空想社会主义之理性的批判、伤感的人文主义和救世主的乌托邦主义的结合中得到了最完满的体现。

我们可以从两个转投进步和社会解放理念的个人惊人的转变中追踪到法国浪漫主义发生的深刻变化。维克多·雨果，1830年未满30岁却已经是法国浪漫主义者中非常杰出的一位，在1827年便从保皇主义转向自由主义。③ 19世纪30年代初，他通过反对愚昧和穷困来支持争取政治自由的斗争。响应他那个时代"社会问题取代政治问题"的潮流，他宣称文学"肩负着民族使命、社会使命以及人类使命"④。雨果不是唯一主张社会责任感的诗人。事实上，空想社主

---

① 参见 Beecher, *Fourier*, pp. 422, 30。
② 参见 Spitzer, *French Generation*。
③ Spitzer, *French Generation*, p. 143。
④ 转引自 D. O. Evans, *Social Romanticism in France, 1830-1848* (Oxford, 1951)。

义者们关于艺术应该具有"社会价值"的坚决主张,在七月王朝那些年的艺术家和美学家那里是司空见惯的。① 在另一个类似雨果的转向中,老一点的诗人菲利赛特·拉梅内也赞成这个艺术使命的新理念。他放弃了在其四卷本《论麻木不仁》中主张的天主教集权主义和保皇主义,而在他 1834 年的《信徒的主题》中则致力于"在人类社会的中心发生的惊人革命"②。比雨果更有震撼力的一点是,拉梅内将深刻的宗教信仰、革新精神以及道德的渴望与对社会正义的向往结合起来。社会愤怒、急剧兴起的理想主义以及各种其他易于传播的信仰,决定了乔治·桑德、阿方斯·拉马丁、尤金·苏、阿尔弗雷德·维尼、圣佩韦、皮埃尔·李劳斯以及其他无数次要人物的观点。可以说,浪漫主义从反动到"运动的政党"的变迁,构成了 19 世纪 30 年代法国人思想生活的主要特质,而且这一变迁对法国产生了巨大的影响,一直持续到 1848 年。空想社会主义者并没有只手开启这个转变,但是他们关于人性之爱的宗教的全面理解,却特别满足了法国浪漫主义这一代人的理智和情感的需求。

## 五、德国的空想社会主义

第一位报道法国文化和政治上这些转变的德国人,是柏林历史学家、政治思想家、《德国新月刊》编辑弗里德里希·费尔巴哈。1824 年以来,布赫兹发表了很多译自空想社会主义者杂志《生产者》

---

① 参见 Neil McWilliam, *Dreams of Happiness: Social Art and the French Left, 1830-1850* (Princeton, 1993). 斯皮策在《法国 1820 年代的人》中认为,甚至法国的自由主义者也都分享着艺术之功利主义的观点。弗里德里希·奥古斯特·冯·哈耶克在《科学的反革命——理性滥用之研究》中将这一点与对艺术之政治化的谴责加以比对,由此说明了空想社会主义之"功利主义"的冲动。

② Lamennais quoted in Evans, *Social Romanticism*, p. 39.

的文章，包括奥林德·罗德里格对圣西门思想的综合呈示。① 然而，只有在七月革命重新燃起了德国对于法国政治和思想的极大兴趣之后，空想社会主义者们才成为德国热议的话题。巴黎再一次成为所有欧洲进步人士的思想家园，在巴黎，空想社会主义者们是最受关注的阵营。德国书籍、报纸和杂志上洪水般涌现的文章，让德国的广大读者了解到了这个流派。② 当（空想社会主义）运动突然出现在歌德和艾克曼的对话以及黑格尔去世前不久的冥想中的时候，被流放到法国的著名德国人路德维希·博恩和海因里希·海涅都写了关于空想社会主义的著述。③

就德国对于空想社会主义的兴趣而言，有些人是因为对法国发生的那些事情的兴趣而产生不知其所以然的好奇心。然而，该运动引致了很多德国教徒的严厉谴责。这样的基督徒们轻描淡写或者干脆无视该运动在社会和政治上的抱负，相反却抓住它在宗教和伦理上造成的后果不放。在空想社会主义者声称要战胜或者改造基督教的过程中，无论是将圣西门奉为新基督教的救世主，还是对性爱自由的热情欢呼，都有太多使基督教各派震惊之处。但是天主教和新教教徒也发现了一些特殊的凌辱方式用以反击。这个法国团体对于

---

① 这些译文收于 Saint-Simonistische Texte. Abhandlungen von Saint-Simon, Barard, Buchez, Carnot, Comte, Enfantin, Leroux, Rodrigues, Thierry und Anderen in zeitgenössischen übersetzungen, 2 vols., ed. Rütger Schäfer (Aalen, 1975); 另见 R. Schäfer, Friedrich Buchholz-ein vergessener Vorläufer der Soziologie, 2 vols. (Gottingen, 1972)。

② 参见 Butler, Saint-Simonian Religion, esp. pp. 52-59（此文献提供了空想社会主义著作在1830-1834年在德国出版的情况）; Werner Suhge, Saint-Simonismus und junges Deutschland. Das Saint-Simonistische System in der deutschen Literatur der ersten Hälfte des 19. Jahrhunderts (Berlin, 1935); Charles Rihs, L'école des jeunes hegeliens et les penseurs socialistes francais (Paris, 1978), pp. 292-320; Thomas Petermann, Der Saint-Simonismus in Deutschland. Bemerkungen zur wirkungsgeschichle (Frankfurt, 1983); Hayek, The Counter-Revolution of Science (Glencoe, 1952), pp. 158-167。

③ 博恩对空想社会主义运动的批判甚于海涅，见 Börne, Briefe aus Paris (Wiesbaden, 1986), esp. 30 December 1831。

天主教架构的模仿,在顶端将昂方坦设为真身教皇,这深深得罪了一些天主教徒,如特里尔的大主教,后者专门在1832年发表声明反对空想社会主义者。① 基于同样的理由,天主教徒开始相信,空想社会主义者们比假扮的耶稣会并没有超出多少。② 空想社会主义者对新教也予以特殊敌视,认为它是比天主教更为自我中心主义的宗教,这仅仅在德国路德教徒和加尔文主义者负面的评价中即可得到确认。③ 在他们令人窒息的花言巧语背后,德国的诋毁者们对这个带来灾难的怪兽采取了敌对的立场:一方面,德国基督徒们歇斯底里的回应和那些好战的文章,意味着他们将空想社会主义视为对公共虔诚和道德的真正威胁;另一方面,他们把空想社会主义看作是仅有法国式的轻浮才能产生的荒谬小把戏而不放在心上,并且他们否认这个派别可以在德国土壤上扎根。

然而,一些德国知识分子确实从空想社会主义者当中发现了丰富的灵感。如诗人和散文家亨利希·洛布所言,这个新的信条激发了对于"解放事业"和"社会推测"的充满生气的热情。④ 对于布赫兹或甘斯等一些著名的黑格尔派空想社会主义支持者而言,空想社会主义的重要性在于其"社会科学",而不在于其宗教主张。⑤ 布赫兹或甘斯的情形虽然如此,但法国这场运动对于德国的吸引力,却并不在于可将空想社会主义理论以"世俗的"或"科学的"方式应用到社会问题的分析中,而正是社会浪漫主义使得空想社会主义吸引了不

---

① 见 *Allgemeine Kirchenzeitung*, Darmstadt(March 8, 1832)。
② 特别参见 K. G. Bretschneider, *Der Saintsimonismus und das Christentum. Oder: beurtheilende Darstellung der Simonistische Religion, ihres Verhäunisses zur christichen Kirche, und der Lage ds Christenthums in unserer Zeit* (Leipzig, 1832)。
③ Heinrich Leo, "Nouveau Christianisme, dialogues entre un conservateur et un novateur", *Erganzungsblatter zur Allgemeinen Literatur-Zeitung* (März, 1831), p. 179.
④ Heinrich Laube, *Austewahlte Werke in zehn Bänden*, vol. 8, ed. H. H. Houbern (Leipzig, n. d.), p. 186.
⑤ 参见 Buchholz, "Was ist von der neuen Lehre zu halten die sich die St. Simonistische nennt"(1832), *Saint-Simonistische Texte*, ed. R. Schafer, pp. 523-548。

计其数的年轻德国作家。这个令人兴奋的信条,对于海因里希·海涅、法恩哈根·冯·恩瑟、拉赫尔·法恩哈根、西奥多·蒙特、卡尔·古茨科夫以及亨利希·洛布等王政复辟时期的文学叛将来说至关重要。青年德意志派作为一个松散的为人所知的团体,开始了一场双线斗争,以此反对那个时代占统治地位的文学势力:保守浪漫主义。它对于王座和祭坛有着哥特式的狂热,在德国文学中有着歌德般的不朽地位。然而很快这些运动迅速传播开来,不再只是关于艺术价值的狭义冲突。① 七月革命之后,政治运动和幸福新时代的希望开始出现,这些年轻作家们抓住了法国左翼运动中的社会问题和政治激进主义。与莱茵河以东令人窒息的政治、社会以及艺术氛围相反,青年德意志派发现了他们和社会浪漫主义的诸多共同之处,社会浪漫主义来自拉梅内、拉马丁、雨果、桑德,更为重要的是来自空想社会主义者。

空想社会主义对于青年德意志派的吸引,更多在于其使大多数宏大的要求焕发活力的道德观,而较少在于其具体政治或者社会方案。空想社会主义对于人类社会进步历史观的乐观信念吸引了青年德意志派。青年德意志派批判对家庭和性习俗的约束,"自由性爱"教义带来的解放前景以及新基督教对于"实体复兴"的渴求,都激起了青年德意志派的兴趣,而"实体复兴"经常被德国人误解为"肉体复

---

① 有关于歌德的论述,可参见 Theodor Mund, "Über Bewegungsparteien in der Literatur", *Literarischer Zodiacus*, Januar 1835, pp. 1-20; Heinrich Heine, *Die Romantische Schule*。并非只有青年德意志派对歌德存在矛盾情绪,尼古拉斯·波义耳曾这样写道:"也许可能有例外的情况,歌德在他前5年的写作生涯里从来不是一个让整个时代都效仿的模范。"青年德意志派和青年黑格尔派都因为席勒在这个时代的道德和政治冲突中的虔诚投入而更加喜欢席勒,参见 Else von Eck, *Die Literaturkritik in den Hallischen und Deutschen Jahrbuchern* (1838-1842) (Berlin, 1925), pp. 22-23。席勒在俄国受尊崇的情形,可参见 Martin Malia, *Alexander Herzen and the Birth of Russian Socialism* (Cambridge, Mass., 1961), pp. 38-56。

兴"①。事实上，青年德意志派的一些人，特别是亨利希·洛布，似乎对于空想社会主义承诺的更大的社会"许可"求之不得，但同时他们也强烈地渴望性爱、社会、政治以及宗教等方面的革命迅速发生。② 因此，青年德意志派对空想社会主义泛神论的新基督教加以期待的最终结果，是希望在社会和道德领域发生革命性变化。正如卡尔·古茨科夫在1832年所写的那样："空想社会主义教义的真相，在于它表达了将精神与物质生活联合起来的需要。它是时代精神论的先兆。"③也许，空想社会主义在德国被疏远的年轻反叛者和敌对的正统基督徒中引起共鸣的最显著原因在于这样一个事实：德国作家可以立即将针对空想社会主义的讨论和德国已有的对于泛神论和人格的讨论迅速结合起来。正如一位批评者恼怒地声称，对于空想社会主义者，"一切都是宗教"④。当然，在另一些德国人，如海涅和青年德意志派其他某些人看来，这正是这个流派最吸引人的地方。另一方面，保守主义者们则利用早已准备好的指责和谩骂当作武器来对抗这个新的法国学说。黑格尔泛神论派中的一些最严厉的批评者迅速地攻击空想社会主义。谢林将空想社会主义贬低为"粗鄙的丑闻"，该运动还引来了理性有神论者魏斯、神学理性主义者布莱特施耐德、虔诚派利奥以及亨斯登伯《基督教会报》圈子的详尽回应。⑤他们对于空想社会主义的批判和对于黑格尔派的反对是平行的，并且不假思索地指出斯宾诺莎－黑格尔式泛神论传统和这个法国"新基

---

① See "Einleitung", to Eduard Gans, *Naturrecht und Universalrechtsgeschichle*, ed. Manfred Riedel(Stuttgart, 1981), p. 239 n40.
② 苏格直截了当地批判了巴特勒对空想社会主义之宗教和道德影响的特殊强调。
③ K. Gutzkow, *Briefe eines Narren an eine Narrin*(Hamburg, 1832), p. 38.
④ Carl M. Kapff, "Der Saint-Simonismus in Frankreich", *Tübinger Zeitschrift fur Theologie*, 2. Heft, 1832, p. 89.
⑤ Schelling, "Vorredz zu einer philosophischen Schrift des Herrn Victor Cousin", p. 223; C. H. Weisse, "[Über]Moritz Veit, *Saint Simon und der Saint Simonismus*", *Jahrbücher fur wissenschaftliche Kritik*, no. 120, Juni 1834, pp. 1017-120; Bretschneider, *Der Simonismus und das Christenthum*; Leo, "*Nouveau Christianisme.*"

督教"之间的联系。事实上，一些早期的德国空想社会主义反对者认为德国对这个法国舶来品不会太关注的原因主要是，它的主题无论如何已经和德国哲学如此相似了。①

当保守主义者们意识到空想社会主义已经在德国的文学青年中找到帮手的时候，一切扬扬得意的漠视都迅速消失了踪迹。指责迅速地转向了唯物主义、泛神论以及青年德意志派的放荡主义。《基督教会报》专门发起了一场声势浩大的运动，反对被视为青年德意志派的领袖并已遭驱逐的海因里希·海涅。② 同样，《文学报》的编辑沃夫岗·门泽尔也严厉指责海涅、古茨科夫、温伯格以及青年德意志派的其他人。③ 到了1835年年底，神学家兰格谈到了反对青年德意志派的"肉体复兴"的"公开战争"。④ 这场战争在那年立刻取得了胜利，并非由于兰格、亨斯登伯、门泽尔，或者他们的学术同盟，而是由于德国联邦的行动。由于卷入了卡尔·古特茨的小说《废物》的出版引来的控诉，联邦禁止了青年德意志派的作品，理由是他们"在能够覆盖到所有阶层读者的纯文学作品中，公然攻击基督教，颠覆现存社会秩序，并且摧毁所有规则和道德"⑤。巴特勒有力地证明了

---

① 参见 Carové, *Der Saint-Simonismus und die neuere franzosische Philosophie* (Leipzig, 1831) pp. 195f; Kapff, "Der Saint-Simonismus in Frankreich", p. 3; Warnkonig, "Rechtsphilosophie in Frankreich. Die Lehre der Anhanger Saint-Simons", *Kritische Zeitschrift fur Rechtswissenschaft und Gesetzgebung des Auslandes*, 4. Bd., 1832, p. 79; Fr. Tappehorn, *Die vollkommene Assoziation, als Vermittlerin der Einheit des Vernunftstaates und der Lehre Jesu. Ein Beitrag zur ruhigen Losung aller großen Fragen dieser Zeit*(Augsburg, 1834), pp. 40f(这是第一本研究傅立叶的著作)。

② 据现代的一位海涅著述的编辑称，《基督教会报》的攻击严重损害了他在德国反对者中的声誉。参见 *Heinrich Heine. Historichkritische Gesamtausgabe der Werke*, vol. 8/2, ed. Manfred Windfuhr(Hamburg, 1981), p. 576。

③ 关于门泽尔和空想社会主义的研究，可参见 Rihs, *L'école des jeunes hegeliens*, p. 307。

④ J. P. Lange, "Über die Rehabilitation des Fleisches", *Evangelische Kirchenzeitung*, Nov. 1835, p. 729. 这篇文章被错误地认为是亨斯登伯自己的作品。

⑤ Sheehan, *German History*, p. 579。

青年德意志派和空想社会主义的联盟在催生普鲁士州和德国联邦的镇压机器中扮演了重要的角色。①

在关于海涅和青年德意志派的长篇论文中，兰格认为黑格尔已经在德国为空想社会主义奠定了基础："大体上，空想社会主义——它主张此时此刻的神圣的教义，特别是对肉体的赞颂——是为现有的主流哲学命题所支持的……即使这个学派的意思和方向多少和空想社会主义《世界的童年》的主张有所不同，对于此时此地的强调却是一样的。"②一年后，声称《基督教会报》的神圣使命是在诸多伪装中监视泛神论的兰格，更加坚信黑格尔哲学和空想社会主义之间的联系了。在一个过渡时期，施特劳斯《耶稣传》的出现确认了兰格对于黑格尔哲学的评价，并促发出他（指兰格）在1836年的作品中更加急切的批判语调。施特劳斯对正统基督论的攻击和对人类的敬若神明，似乎让兰格在总体批评空想社会主义、黑格尔哲学和青年德意志派三者表现出的泛神论倾向时游刃有余。③

这位普鲁士最突出的虔敬杂志代言人，并不是唯一在施特劳斯身上发现合并这些流派的新理由的人。曾经在早些时候揭示过法国和德国的泛神论之间一致性的纳德，同样在1837年的一篇关于施特劳斯的文章中寻求二者之间的关联。他将黑格尔派、青年德意志派以及空想社会主义都归于"不仅从精神方面将人类的生活神圣化，还从物质生活层面"④的同一类之中。到了1839年，一些自由主义者也相信在黑格尔派和空想社会主义之间有一种特别的紧密关系。例如，施德尔在《国家百科全书》中宣称：

---

① Butler, *Saint-Simonian Religion*, p. 85; Suhge, *Saint-Simonismus*, p. 62.
② Lange, "Über die Rehabilitation des Fleischs", pp. 498-499.
③ Lange, "Bericht über ein pantheistisches Trisolium", *Evangelische Kirchenzeitung*, Oct.-Dec., 1836, pp. 665-782.
④ Marilyn Chapin Massey, *Christ Unmasked*, p. 89.

在法国，空想社会主义鼓动了人们；幸运的是，这个理论在德国只出现在了支持黑格尔泛神论和黑格尔神圣国家的书里。……尽管如此，这样一个颂扬时代中的一般感官享受和道德堕落的教义，如果不对其传播加以限制的话，则很可能带来最严重的实际后果。进一步说，源自空想社会主义的哲学体系可能也是高度攻击性的。[1]

当然，德国反对空想社会主义的人，在偶尔试图通过贬低它的来源而抵消它的影响力的时候，常常持有这样一个观点：德国在19世纪30年代已经存在的泛神论和无神论的争论，与空想社会主义的发源地法国毫无关系。这些争论一直从根本上指向来自斯宾诺莎、经过启蒙运动和18世纪末莱辛和费希特的论辩、直到19世纪30年代黑格尔派和青年德意志派的传统。甚至有显著的证据表明，空想社会主义之泛神论的灵感，就源自于德国斯宾诺莎主义者对法国的影响。[2] 然而正如施德尔所揭示的，企图通过使空想社会主义通俗化而消解它的影响力的努力，并不足以完成这项任务，因为德国哲学对于这个新法国思想的接受能力持续地显示出来。进一步说，如果德国批评家真的相信空想社会主义只不过是德国传统的一个影子的话，那么他们就不会到一直到19世纪30年代——那时空想社会主义在法国早已淡出了公众的视线——还在德国文化范围内持续攻击这个流派了。

事实上，许多同时代的人都知道，空想社会主义将实体的复兴

---

[1] Scheidler, "Hegel'sche Philosophie und Schule", p. 619.
[2] 维克托·库辛对现代哲学的折中讲授，帮助法国学生熟悉了这一德国传统。尤金·罗戈里格斯在1832年翻译了莱辛的《论人类的教育》。关于古斯塔夫·伊彻塔尔在柏林当学生时扮演的将德国思想传入法国的角色，参见 Mary Pickering, "New Evidence of the Link Betwwen Comte and German Philosophy", *Journal of the History of Ideas*, vol. L, no. 3(July-Sept., 1989), pp. 443-463; Rihs, *Lecole*, pp. 297-298.

与社会和谐的愿景联系起来,已经把一种强有力的新元素注入到了德国泛神论中。因此,西奥多·奥莱克斯在 1844 年宣称,空想社会主义把基督教变成了一种"社会宗教"①;青年德意志派的一员,西奥多·蒙特在 1837 年精辟地评论道,"空想社会主义尝试着将泛神论延伸至社会关系、两性的位置,以及政治经济中"②。这些德国见解呼应着法国空想社会主义者的自我理解。曾在 1832 年写了一本广为传播的空想社会主义著作的卡拉沃在 1836 年指出,昂方坦相信法国已经"在欧洲开辟了政治和工业泛神论"。卡拉沃引用昂方坦的话说,"将泛神论转换为政治语言,好比在人与人之间以及人类与地球之间建立起联系"③。

新基督教将虔诚的信仰重新定义为兄弟般的爱,并且欣赏虔诚的信徒对穷苦人民的帮助,欣赏用利他主义代替利己主义,同时也通过认可个体的社会基础性价值而真正地尊重个性。在空想社会主义思想中,人类从信仰一个超越的神向泛神论的转变,与社会从"敌对"到"联系"的转变是完美并行的。事实上,早期使用的"社会主义"一词,在意义上与"泛神论"基本相同。在一些和德国神学、政治学话语有强烈共鸣的篇章中,法国空想社会主义者容谢尔写道:"我们并不想将个人牺牲给社会,最多不过是将后者牺牲于前者。人类生活两面的和谐化是我们全部努力的目标。"④这正如皮尔·巴劳尔特在 1831 年认为的那样,新基督教"并不吞噬人格"⑤。尽管如此,和其他空想社会主义者一样,巴劳尔特还是明确地从更加基本的社会

---

① Theodor Oelckers, *Die Bewegung des Socialismus und Communismus* (Leipzig, 1844), p. 27.

② Theodor Mndt, "George Sand und die sociale Speculation", *Charaktere und Situationen* (Leipzig, 1837), p. 154.

③ 引自 F. W. Carove, "H. Heine und Prosper Enfantin", *Neorama*, 2. Th. (Leipzig, 1837), p. 154。

④ Joncière, "Les Feuilles d'automne."

⑤ 引自 Frank E. Manuel, *The Prophets of Paris* (New York, 1962), p. 176。

神学的泛神论范式中引出"人格"。简而言之，对于空想社会主义者来说，就黑格尔学派对基督教个人主义的批评而言，人格是社会的产物，而不是它的先决条件。

## 六、爱德华·甘斯与圣西门的黑格尔化

这一章追溯了19世纪30年代泛神论和人格在社会政治话语中的两条路径。首先，19世纪30年代晚期普鲁士关于宪政和主权的讨论，从它与施特劳斯将黑格尔哲学激进化引发的争议的交叉中吸取了能量和意象。其次，空想社会主义宗教社会主题和德国关于人格讨论的不期而遇，极大地影响了19世纪30年代德国兴起的关于社会问题的讨论。如接下来的章节即将展示的，这两条主线在许多方面交织在一起。尽管如此，强调针对基督教人格主义的所谓"政治"批判和"社会"批判二者之间的紧张关系，依然具有重大意义。当我们在接下来的章节中谈到海涅、赫斯、契希考夫斯基、费尔巴哈、卢格以及马克思的时候，这将更为明显。本章剩下的内容将集中在通过讨论柏林大学卓越的黑格尔派法哲学家甘斯来初步探索这些紧张关系。在1839年英年早逝以前，甘斯对于19世纪30年代的社会政治争论的研究，比其他任何人都更加投入。他试图以黑格尔的框架来调和这些争论的政治和社会维度所付出的努力，与接下来我们即将探讨的那些更加激进的处理方法形成了极其有意义的对比。

甘斯从来不是黑格尔的正式学生，但是黑格尔后来将他视为自己最有天赋的追随者之一。在甘斯于19世纪20年代中期成为柏林大学法学教授之后，是他，而不是黑格尔自己，对一代学生讲解了黑格尔政治哲学的复杂性。值得一提的是，在这些学生中，马克思分别在1836—1837学年上学期和1839年选修了甘斯的刑法和普鲁

# 第4章 人格的社会和政治话语：1835—1840

士普通法的课程。① 甘斯 1839 年去世之前，已经写了数卷关于财产法的历史和哲学的文稿，还有许多关于发生在他老家普鲁士以及整个欧洲的政治事件的文章，而且还出版了一种遗腹版本的黑格尔《法哲学原理》。甘斯在 1826 年科学批评社的成立中扮演了核心角色，这是一个黑格尔派为回应普鲁士皇家科学院而成立的"对立学术机构"。他还是这一机构旗下杂志、黑格尔主义在德国的主要传声筒《科学批判年鉴》的重要合作人。② 作为一个黑格尔派学者和自由主义者，甘斯已经习惯了遭遇反对，他早期也受到过普鲁士官方的反犹太主义机构的迫害。由于他是犹太人，当局拒绝给他任何学术职位。这次经历强化了他作为犹太人的身份认同，也有助于解释他在"德国犹太人解放协会"以及后来的"犹太人文化和科学协会"中的共同创始人和领导者的角色。那时，他还是柏林大学的一名学生。他在职业上一直受挫，直到 1822 年，威廉三世颁布一道特别的内阁命令给予了他回应，该命令解决了 1812 年犹太人解放法令中导致犹太人不能获得教学职位的含糊不清的说法。在这个他一直期望的职位上，甘斯得到了一份政府津贴，使得他可以支付 1825 年在巴黎的大部分开销。在国外，他转向了新教，那是对犹太学者开放的唯一路径。他回到柏林，终于能够开始在这所大学任教。学术成就和政治积极性的结合甚至在青年时代就塑造着他，并且使得他死后被德国民主党人和自由主义者赞颂为"为自由而演讲的人"，一个在反动的年代里"将讲台当作法庭"③来宣示他对自由的激情的人。

威廉三世在 1822 年的那个决定是在萨维尼的积极鼓励下做出

---

① H. G. Reissner, *Eduard Gans. Ein Leben im Vormärz* (Tübingen, 1965), p. 157.

② 关于科学批评社的论述，可参见 Toews, *Hegelianism*, p. 60；关于甘斯在酝酿《科学批判年鉴》过程中扮演的角色，可参见 Norbert Waszek, "Eduard Gans, die *Jahrbücher für wissenschaftliche Kritik* und die französische Publizistik der Zeit", *Die "Jahrbücher für wissenschaftliche Kritik." Hegels Beliner Gegenakademie*, ed. Christophe Jamme (Stuttgart, 1994).

③ "Eduard Gans", *Hallische Jahrbücher*, no. 132 (3. Juni 1839), pp. 1049-1051.

的，后者不仅是一个著名的犹太解放反对者，而且是坚定的反黑格尔主义者，他有着充足的理由惧怕甘斯这样一个同事带来的前景。①而且实际上，在他的那个时代，甘斯可能因为反对历史法学派的运动而为人所知。他长期以来与萨维尼和他的追随者们辩论的焦点，就在于哲学和法律史的关系问题。和萨维尼主张的实证法之历史发展的特定"限价"相对抗，甘斯坚持法的普遍历史与合法哲学的观念演进之间的内在一致性。那就是，甘斯谴责历史法学派不够基于历史，因为没有看到发展中的那个更为广泛的模式是历史发展中看上去不相干的事实的基础。顺便说一下，这个来自黑格尔的立场也使得甘斯与康德自然法中的先验论和道德形式主义相对抗。② 甘斯对历史法学派一般意义上的哲学反拨，被收入《所有权的基础》，这是一本反驳萨维尼著作《对所有权的辩护》的小册子，《对所有权的辩护》从1803年第一次出版起就开始引起争议。

引人注目的是，甘斯将他的批判集中在人与财产的关系上，正如我们已经看到的，这是关于人性讨论的一个重要方面。和斯塔尔一样，萨维尼的财产理论基于一个人获得和拥有一个物体的意愿的行动上。追随黑格尔，甘斯争辩道，这种原始的占有仅仅是法的开端；除非对于财产的权利得到了所有人的认可，否则这种所有权便一直不充分。所以，和历史法学派将财产当作一种自然的事实相对立，甘斯强调的是财产与不断演化的社会观念之间的关系。对于甘斯而言至关重要的地方——对于黑格尔也是如此——在于财产如果不是一种武断力量的非理性表达，那么它肯定是人们之间社会与法律关系的表达，简而言之，是人类共同体的客观精神

---

① 参见 Norbert Waszek, ed., "Einleitung", *Eduard Gans (1797-1839)*: *Hegelianer-Jude-Europaer*. Frankfurt, 1991, pp. 16-18; Hermann Klenner, "Zwi Savigny-Voten über Eduard Gans nebst Chronologie und Bibliographie", *Topos*, 1(1993), pp. 123-148。

② Gans, *Naturrecht und Universalrechtsgeschichte*, p. 46.

的表达。①

甘斯对于萨维尼和历史法学派的反对与费尔巴哈对斯塔尔的批判意见一致。事实上，甚至早在费尔巴哈决心写作反对实证哲学的政治衍生物以前，甘斯已经告诉费尔巴哈自己创作了"反对谢林、斯塔尔等人的重磅辩论"，后来他执意将其收录在黑格尔的遗腹版《法哲学原理》序言中。② 尽管部分内容的出版被他的编辑阻止而且现在已经遗失，但是它的内容我们可以通过将费尔巴哈对于斯塔尔的基督教个人主义的攻击和甘斯与萨维尼长达十年的论战联系起来进行猜测。甘斯相信，一直到19世纪30年代，历史法学派都在试图通过借用后来的谢林来赋予它的实证主义财产论以哲学说服力。③ 费尔巴哈和甘斯双双从一种连接于人与人以及人与财产之关系的财产理论中察觉到了反社会的和自我中心主义的暗示。费尔巴哈和甘斯谁都没有攻击私有财产本身，而是都从社会对于理性自我决定的优先权利中引出了私有财产的权利。当这些思想家遭遇社会问题的时候，后者占据了优先于前者的权利。费尔巴哈和甘斯同等地批判了实证主义财产观和将国家视为君王个人财产的人格主义财产观之间的联系。

尽管甘斯认为黑格尔在本质上是一位现代性哲学家，但是他后来又相信黑格尔忽略了现代生活当中重要的动力。所以他在1833年版黑格尔《法哲学原理》的序言中写道："这种哲学属于历史。哲学中

---

① Gans, *Naturrecht und Universalrechtsgeschichte*, pp. 55-56; Gans, *Über die Grundlage des Besiztes*(Berlin, 1839), pp. 6-20. 关于甘斯和萨维尼之论战的简要论述，可参见 Donald R. Kelley, *The Human Measure. Social Thought in the Western Legal Tradition*(Cambridge, 1990), pp. 246-249. 对于该论战之人格问题的集中讨论，参见"Eduard Gans und den Besitz, und seine neuesten Gegner", *Hallische Jahrbücher*, 206-207, April 28-29, pp. 1641-1653.

② Gans to Feuerbach, 4 January 1834, *Feuerbach Briefwechsel*, vol. 1.

③ 参见 Ferdinand Tönnies, "The Development of Sociology in Germany in the Nineteenth Century", *On Social Ideas and Ideologies*, trans. E. G. Jacoby(New York1974), p. 134.

从同样的基本原则中开始的一个发展,将会足以为改变了的事实提供新的诠释。"①甘斯对于这个时代的革命性力量的敏锐发现,使得他很难接受黑格尔试图调和传统与变化的努力。七月革命让他相信民主革命还没有到达终点,商业贸易的全球影响使他坚信工业主义是未来的决定性社会力量。

这种对于社会转型进程的敏感,让甘斯认识到了社会问题的全部意义。和19世纪30年代其他敏感的德国人一样,这只是德国社会观察的一部分结果。甘斯在19世纪30年代早期访问了英国,他在自己关于黑格尔政治哲学的演讲中补充了从斯密到李嘉图等英国政治经济学家的详细论述。②更重要的是,他对于法国事态的浓厚兴趣使他对新兴的法国社会思潮予以关注。他经常造访巴黎,说一口流利的法语,被他同时代的人们当作两个伟大的大陆文化之间的联络员而受到热烈欢迎。在法国首都被认可为一位主流德国法学家,使他与这个城市的社会名流和知识分子圈的交往游刃有余。他认识这个城市绝大多数的政界和知识分子名流:从维克托·库辛到温和的自由主义者蒂埃里,从基佐到社会主义者和空想家。当1830年7月革命爆发的时候,他跑到了巴黎。

无可争议,在那次旅程中没有什么比空想社会主义更让他印象深刻的了。在空想社会主义的学说中,甘斯发现了对于工业社会危机、工业社会问题的潜在补救方式,以及对于黑格尔关于国家与社会哲学缺陷的至关重要的纠正等令人信服的阐述。甘斯被他认为独一无二的空想社会主义社会学现实主义以及它为社会和政治提供的

---

① Gans, "Vorwort zur 2. Ausgabe der Rechtsphilosophie", p. 248.
② 甘斯在他广泛为人们所阅读的《关于身份与状况的回顾》(柏林,1836)中描述了他的旅行。他关于法国和英国政治经济学的广博知识,在他的《自然权利与普法史》中可见一斑。关于他广泛阅读的另一方面,可参见 Norbert Waszek, "Eduard Gans, die Jahrbücher für wissenschaftliche Kritik und die französische Publizistik der Zeit", pp. 93-118。

"世俗"科学定义所吸引。结果,他放弃了新基督教;但很明显,他完全是借助于新教并在黑格尔主义的基地上这样做的,基督教的哲学真理已经作为个人自由之世俗原则进入现实世界中。尽管甘斯是普鲁士犹太人,并且为了具备获得学术职位的资格而被迫转信新教,但是他看重新教的原因正是空想社会主义批判新教的原因——新教是把基督教之个人无限价值的申言转变为个人自由之世俗政治原则的代理。① 在甘斯看来,基督教原始的解放与平等之承诺的世俗化,使得这些原则再也不可能回溯到宗教形式,即使是空想社会主义假定的冗长的形式。

他对新教和现代个人主义的积极评价,引导他抵制空想社会主义之社会议程中一些很重要的方面。和他们消灭一个利己主义的竞争社会的所有对立面的企图相反,甘斯捍卫支撑黑格尔观念的市民社会的自治主张。他在1835年争论道:"古人和奴隶一起工作。我们和我们自己的人民一起工作。""因此,人属于他自己,他的快乐或者不快、成功或者失败同样如此。消极的一面同样属于生活:正如美好以邪恶为先决条件,所以彻底的不快也必须是可能的,这是为了让快乐更加具体。"②这个黑格尔般的对于主观自由的强调,进一步解释了他对空想社会主义要求废除私人继承权的反对,尽管他在争辩继承权实际上是现代财产中唯一道德元素(因为它将个人从市场的自我中心主义拉回到家庭的更大的需要)时捍卫了人们处置他们自己东西的权利。

这个不温不火的观点,显示出在甘斯捍卫市民社会基本原则的背后,是他对自由竞争之影响的深深忧虑。他相信,在政治和社会最发达的欧洲国家,七月革命妥协后的结果使得未来的冲突几乎不

---

① *Rückblicke*, pp. 92-93;"Vorlesungen über die Geschichte der letzten fünfzig Jahre", pp. 290-292.

② 特别参见 Gans, *Rückblicke*, p. 99。

可避免。尽管波旁王朝的覆灭令人欢欣鼓舞，但是在甘斯看来奥尔良派的中庸之道让这个政治国家变得与"统治资产阶级"和"店主"如出一辙了。面对资产阶级表面上的胜利，甘斯指向了西欧社会日益增长的财富不均和贫困。甘斯相信，强调这场社会危机的紧迫性，正是空想社会主义者们对于时代精神的根本性的贡献。甘斯在他1832年的信中发问："贫穷的平民一定要存在吗？""有必要吗？这里我赞同空想社会主义的观点，他们在这个问题上是唯一正确的。"①在1836年，他坚持"空想社会主义者们说出了一些伟大的东西，并且把他们的手指放在了这个时代敞开的痛楚之上"，因为他们意识到奴隶制度以资本家对工人的暴政形式留存着。"去看看英格兰的工厂吧"，他力劝他的读者，

> 在那里你将看到数以千计的男人和女人，忍饥挨饿、惨不忍睹。他们牺牲掉健康和生命的欢愉，换取的仅仅是生活必需品。人们像动物般被剥削，否则他们只能选择饿死，这难道不是奴隶制？未来的历史将一次次论及最底层人民反抗社会中间阶层的抗争。②

甘斯对于雇佣劳动和阶级划分的谴责，表达的不仅仅是他对工业社会的批判立场，还包括他与黑格尔在对社会问题的处理方式上的分歧。当然，并不是说黑格尔对于现代社会的贫困问题没有察觉。实际上，早在《伦理学体系》(1802—1803)中，黑格尔就对现代社会劳动与私有财产关系的划分带来的恶果提供了敏锐的洞察。《法哲学原理》继承了对于市民社会"少数人手中不成比例的财富"的集中和随之而来形成的"贫困底层社会"倾向的诊断。尽管黑格尔对于社会问题

---

① Gans，*Naturrecht*，p. 92.
② Gans，*Rückblicke*，p. 100.

的讨论愈加清晰了,然而他对于解决贫穷困局的可能性的看法却越来越悲观了。他预想的作为公司义务之一的福利援助只延伸到其成员,而悲惨的穷人、没有假期和公司成员身份的人,是名副其实的"底层社会"群体,他们跌出了黑格尔设计的福利之网。黑格尔认为,在某种程度上这些不幸的人可以通过私人慈善和公共机构得到援助;但是他断定慈善机构不是有效的解决方法,因为它剥夺了人们"个人独立和自我尊重的感觉",从而违反了市民社会的原则。贫困也不能通过为失业者创造工作而得到缓解,因为那样仅仅是在创造供需不平衡而已。因此,黑格尔以一种非典型的放任总结他对于贫困的探讨:"事情变得很明显:纵使有超额的财富,市民社会还是不够富裕,那是因为它自有的资源不足以遏制过度的贫困和贫困的底层社会的产生。"他最具体的提议是促使穷人移民到海外殖民地去。①

诺伯特·瓦斯泽克表示,在1830年前甘斯不加任何修改地接受了黑格尔关于贫困问题的探讨。对比之下可以发现,在他1832—1833年的演讲之中,一种新的道德谴责使他关于贫困的讨论更加尖锐,让他很难再满足于黑格尔的答案。② 空想社会主义已经为甘斯证明,找到解决问题的方法与明确地提出贫困问题同样重要。首先,甘斯从法国流派那里求得黑格尔难以忍受的更高级别的国家干预的论据:"难道正在受苦的无产阶级真的连一点点体面生活的曙光也无法看到吗?……对于这个时代而言,伟大的见解在于国家必须关心最贫困的人和最多数人的阶层,如果他们希望工作,那么他们便不能被抛弃,必须用很大的精力来消除通常所谓的市民社会的'群氓'。"甘斯继续阐述他认为是更加重要的另一个空想社会主义的见

---

① 参见 Hegel, *Philosophy of Right*, para. 244-245。对这个问题的澄明,参见 R. Treichgraeber, "Hegel on Property and Poverty", *Journal of the History of Ideas*, 38 (1977), pp. 47-64。

② Norbert Waszek, "Eduard Gans on Poverty: Between Hegel and Saint-Simon", *The Owl of Minerva*, 18, 2(Spring 1987), pp. 171-172.

解。"在中世纪,"他写道,"由于有同业公会的存在,劳动者们有一个有机的架构。现在同业公会已经被摧毁了,永远无法恢复了。可是难道解放了的劳动者现在就应该从同业公会沦落至残酷压迫中,从领主的统治中沦落至工厂主的统治中?难道就没有办法改变这一切吗?恰恰相反。自由合作,联合就是办法。"①

在主张工人联合捍卫他们的利益的时候,甘斯借用了圣西门主义者和傅立叶等早期法国社会主义者的核心策略。瓦斯泽克的一个观点无疑是正确的,即甘斯的"自由合作"理念预告了贸易联合主义的基本形式。② 尽管如此,在试图弄清楚这个发展的时候,进一步认识甘斯的理念是如何将黑格尔对于合作的理解进行了有意义的现代化阐释是很有必要的。甘斯认同黑格尔这样的见解,即公司不仅将现代劳动部门组织成生产性和盈利性的单元,而且还通过将原本孤立的个人与一个"相对公正的目标"连接起来而发挥伦理上的功能;③ 不过,他对现代政治经济学和激进的社会思想的学习,以及对英国工厂的访问,使他相信将公司理解为一个包含由于他们职业实际的需要而结合的师傅和熟练工、老板和工人的组织,对于工业社会的劳动部门分工来说已经不够了。这样的一个利益结合体在一个由利益驱动的社会里是无法想象的。于是,甘斯从根本上重新调整了黑格尔的观念。他不再将公司视为一个垂直地整合市民社会成员的架构,而视其为一个适应工业社会分解为不同阶级和不同利益的雇佣工人和雇佣者的状态的水平联合体。尽管甘斯继续坚持公司在伦理层面的功能,然而他对于工业时代的洞悉使得黑格尔的混合结构站不住脚了。因此,他急于提出"自由合作"是因为"工人必须在社会中寻求根基",否则,"工资的决定权便置于工厂主的手中,这

---

① Gans, *Rückblicke*, pp. 100-101.
② Waszek, "Eduard Gans on Poverty."
③ Hegel, *Philosophy of Right*, para. 253.

种工作关系的相互性便被摧毁了"①。

　　甘斯"自由合作"的概念明显回应了旧的社团主义劳动组织的衰落，它还通过非正式的或正式的社会组织反映了德国资产阶级生活与日俱增的统治性，这些组织仅仅是由于18世纪晚期以来更加开放和灵活的社会结构才可能存在。托马斯·尼佩代曾表达过对资产阶级活动到1840年就借此而高度组织化的交往性组织的喜爱。② 考虑到已经形成了与这种交往形式相反的趋势，19世纪40年代中期甚至许多保守派也开始援引各种形式的"联合主义"来矫正竞争的商业社会中分裂的个人主义，便显得毫不出奇了。③ 甘斯是主张将联合作为治疗社会问题良药的先锋；而且，他的劳动人民"自由联合"概念所蕴含的市民社会的合作结构明显超出了自由主义者中自愿结合的拥护者所能接受的程度。确实，在为"自由联合"的工人之联合权利立言的时候，甘斯表现出对于早期法国和英国社会主义者所走的一步棋的"黑格尔式的"挪用，当时他们采纳了自由主义的辞藻来支持自愿联合中的个人权利，以实现促进劳动阶级在市民社会中维护他们共同利益的集体权利。④

　　虽然甘斯善于接受法国社会思想，但他拒绝接受空想社会主义

---

① Gans, *Rückblicke*, p. 101.

② Thomas Nipperdey, "Verein als soziale Struktur in Deutschland in späten 18. und 19. Jahrhundert. Eine Fallstudie zur Modernisierung", *Gesellschat, Kultur, Theorie. Gesammelte Aufsatze zur neueren Geschichte*(Gottingen, 1976), p. 175.

③ 参见 Werner Conze, "Staat und Gesellschaft in der Frührevolutionaren Epoche Deutschlands", *Historische Zeitschrift*, 186(1958), pp. 1-34; Herman Beck, *Authoritarian Welfare State, Conservatives, Bureaucracy, and the Social Question, 1815-1870*(Ann Arbor, 1995), p. 60。正如贝克(Beck)明示的那样，保守形式的"联合"依旧附加在新封建主义的家庭、社会特权阶层、不动产和"公司"之中。

④ 威廉·史威尔在《法国的劳动与革命：从旧制度到1848年的劳动语言》中，从法国的语境出发，对这个过程做出了令人信服的分析；而关于英国语境的分析，可参见 Gareth Stedman Jones, "Rethinking Chartism", *Languages of Class. Studies in English Working Class History*(Cambridge, 1983); Gregory Claeys, *Citizens and Saints. Politics and Anti-Politics in Early British Socialism*(New York, 1989)。

所说的新基督教泛神论和社会联合主义之间的联系。在泛神论与社会联合的结合中，甘斯发现了一个对现代市民社会之主要特质即个人主体性自由的威胁。这种警觉使他与很多早期西欧社会主义者分道扬镳，包括摩西·赫斯和威廉·魏特林等德国人，他们将自由主义的联合模式迅速推进为一种整体共同体的范型。甘斯的立场更加接近 1831 年脱离空想社会主义的一位才华横溢的年轻人皮埃尔·李劳斯，后者曾于 1834 年写道："我们既不是个人主义者，也不是社会主义者。我们信仰个性、人格和自由；但是也同时信仰社会。"①一个在紧密的社会联系中保护个性的类似愿望，使得甘斯同样将社会问题置于一个更为宽泛的政治联合观念中。

这样一个"冲动"有助于解释甘斯对于他在 1835 年遇见的托克维尔的兴趣。然而，他关于政治联合的观点并不能由他与托克维尔的相遇来解释，这不仅仅是因为这些观点的提出在日期上早于那次会面，也早于 1835 年《论美国的民主》第一卷的出版，而且也是因为没有证据证明甘斯确实读过这本书，尽管他明显意识到了该书的主要论点。②尼佩代描述的对于交往性组织的喜爱，也许可以帮助解释甘斯关于政治联合的观点，但是他也可能受到了法国政治思想另一方面的影响。当甘斯在 1823 年居住在巴黎时，他开始去深深地崇拜杂志《地球》的作者们。在空想社会主义者们接管该杂志之前的那些年，它非常尖锐地致力于创造"新"自由主义的一种形式。转投空想社会主义之前的皮埃尔·李劳斯、西奥多·杰弗里以及保尔·弗兰克斯·都波依斯等人，为甘斯体现了"属于法国年轻和奋斗的一代人的一切"③。这些人已经开始着手对王朝复辟加以公共批判，并且热

---

① 引自 Horst Stuke，*Philosophie der Tat：Studien zur "Verwirklichung der Philosophie" bei den Junghegelianern und wahren Sozialisten* (Stuttgart，1963)，p. 87。

② 瑞斯纳在《爱德华·甘斯》中评价了甘斯对托克维尔的热情，但是他不确定他是否真的读懂了后者。关于他和托克维尔的会面，参见 Gans，*Rückblicke*，pp. 133-134，156-157。

③ 引自 Waszek，"Eduard Gans，die Jahrbucher fur wissenschaftliche Kritik und die franzosische Publizistic der Zeit"，p. 111。

烈拥护自由的原则；但同时，他们宣称自己是新一代的自由主义者，他们的"自由"源于他们在意识形态上与旧的自由主义者区分开来的青春与活力，后者包括基佐、康斯坦丁以及还执迷于18世纪90年代战斗的反动分子们。① 正如乔治·阿姆斯特朗·凯利宣称的那样②，这也许是一种朦胧的自由主义，但它似乎有利于帮助甘斯集中自己的思考。尽管《地球》的自由主义者们对于民主心存疑虑，杰弗里和都波依斯确实与君主主义者们划清了界限，自由主义典型的"杰出者"原则被载入1814年宪章，以实现"自由、多样化的社会，求取新的、艰难的合法性，使其支持新获得的自由"③。

诺伯特·瓦斯泽克已经辩称过，甘斯通过《地球》的例子，为他于1826年帮助创办的《科学批判年鉴》树立了榜样。他不仅从《地球》的审慎风格中吸取了经验，而且吸收了用杂志来为知识分子社会呐喊的主意。④ 由自发的知识分子创办杂志来表达他们的党派立场的蓝图，和黑格尔将《年鉴》作为一份"国家出版物"，即一份官方认可和支持的出版物的做法形成了鲜明的对比。但瓦斯泽克忽略了甘斯和黑格尔之间这种不同的更深层的意义；在这当中，我们看到了甘斯对公共领域之政治讨论的认可，以及对市民社会承担重要政治角色的信仰。简而言之，对于甘斯，这份党派知识分子出版物的目标，不仅在于推进哲学的信条，而且也在于诉求市民和政治目的。考虑到这个观点和杰弗里以及《地球》其他领袖的观点之间的对比，似乎可以很合理地假设除了空想社会主义，甘斯的联合主义概念还受到了另外一个来自法国的影响。如果是这样的话，这可能是甘斯和托克维尔之

---

① 参见 Alan Spitzer, *The French Generation of 1820*(Princeton, 1987), p. 108。

② George Armstrong Kelly, *The Humane Comedy: Constant, Tocqueville And French Liberalism*(Cambridge, 1992), p. 137.

③ Ibid., p. 138.

④ Waszek, "Eduard Gans, die Jahrbucher fur unssenschaftliche Kritik und die franzosische Publizistik der Zeither", pp. 115-116.

间的一个连接点，后者的民主和社会相互作用观点也可能受到了杰弗里与 19 世纪 20 年代晚期《地球》的自由主义背景的影响。①

甘斯离开黑格尔的距离，可以根据他将联合主义视为政治社会的"教导者"的程度来丈量。在法国自由主义者杰弗里和托克维尔的精神中，这一程度比在黑格尔的精神中更大，因为甘斯主张的是一种社会和国家政治生活之间的更为直接的互动——准确地说是一种黑格尔煞费苦心地试图通过一系列复杂的社会与国家间的调解来移除的互动。因此，甘斯将社会描述成一个开启了政治"教化过程"的未成年人，实际上是以一种引人注目的方式告别了黑格尔。根据社会的"见习期"已接近其终点的判断，他预测社会将很快成长，进而不再受制于普鲁士这样的"监护人"国家。② 这样的预测，不仅使他成为了普鲁士国家一些官员眼中永远的嫌疑犯，而且让他与黑格尔的观点不再一致。毕竟，甘斯关于市民社会可以自我构建成为政治社会的信仰，让公共意见、一种对立的公共领域以及代理性的政府变得至关重要，而在任何情况下黑格尔都对这些事物深表怀疑。③ 甘斯坚信社会活动和联合会使市民生活产生出更加自由的形式，这支撑了他通过将更多的权力从中央政府转移到城市而改革普鲁士法律准则的想法。④ 最后，同样的信仰使他抵制通过财产来投票，取而代之的是拥护满足纳税人这一最低要求的无限制的成年人投票权。⑤ 他认为，这是 1789 年法国大革命的启示中唯一可以捍卫的立

---

① Kelly, *Humane Comedy*, p. 34.
② Gans, *Philosophische Schriften*, p. 317.
③ 甘斯为巴黎出版社的党派性质之辩护，可参见"Briefe aus Paris und Frankreich im Jahre 1830 von Friedrich von Raumer", *Vermischte Schriften*, vol. ii (Berlin, 1834), pp. 161-162; Gans, "Über Opposition", *Eduard Gans*, ed. Waszek.
④ Gans, *Beiträge zur Revision der Preußischen Gesetzgebung* (Berlin, 1830-2), pp. 277-278.
⑤ Gans, *Naturrecht*, pp. 102-104.

场，它不可逆转地"将人提高到了市民的高度"①。

我们在甘斯论社会与政治的著述中，或许可以发现一种对19世纪30年代所有进步的德国知识分子提出的自相矛盾的挑战。在普鲁士的语境中，甘斯的任务在于调和还未发生的工业革命与还未完成的政治革命。为了达到这一目标，他提出了两种联合的概念：他一方面将联合看作指陈工业社会之问题的方式，另一方面将之看作发展一种更加民主的政治的方式。这样一来，作为工人阶级之社会形式的"社会主义化"就建立在成熟的政治联合中所有市民之选举权的概念统一基础之上。虽然甘斯保留了黑格尔对国家与市民社会的区分，同时也将国家视为和解与普遍性的更高领域，但他对市民社会中群集和联合之强大的建构性力量的信赖，又缩短了黑格尔设置的国家与社会之间的距离。

在甘斯沿着政治与社会之平等交叉的方向来重新界定黑格尔政治哲学的过程中，空想社会主义的社会学视角起到了至关重要的作用。然而，对于甘斯所讲的现代政治和社会之更宽泛的联合概念而言，空想社会主义仅仅只是一个来源而已。实际上，他的著作证实了19世纪30年代的思想折中主义，同时也证实了19世纪20年代和40年代的意识形态冲撞。因为甘斯将早期社会主义、自由主义、民主主义以及黑格尔主义的观点折中地整合在一起，所以毋庸置疑的是，他对黑格尔主义之思想的摄取，不仅体现为对黑格尔政治哲学之调和性术语的使用，同时也体现为对基督教与黑格尔自由观念之关系的"世俗主义"解读。后者使甘斯没有以一种空想社会主义的方式来将泛神论与社会联合连接起来，而前者则使他在试图消解市民社会最大阶级的痛苦并捍卫现代政治革命——既反对人格主义的回应，也反对一种全盘的社会革命——时坚持了一种市民社会的多元主义。

---

① Gans, "Vorlesungen uber die Geschichte der letzten funfzig Jahre", *Raumers Historisches Taschenbuch*, 4(1833), p. 292.

# 第5章
# 泛神论、社会问题以及第三时代

爱德华·甘斯反对空想社会主义者从社会科学向新社会宗教的转变。但在19世纪30年代，在那些自认为被早期法国社会主义者的学说所吸引的进步德意志人那里，这样的沉寂是异常的。对于那十年里一些重要的左翼知识分子而言，德国哲学的会集、空想社会主义者之问题的修复以及法国传统革命的平均主义，引发了对德国哲学遗产的深度重新评价。正如我们在前一章所看到的那样，德国的形而上学与法国的社会思想的结合，促进了德国泛神论与人格主义对于社会一系列新的关怀之讨论的展开。在这种意识形态混合物的压力下，我们先前在费尔巴哈早期作品中发现的对基督教内在本质之政治—社会影响的恐惧，锐化为对基督教文化利己主义以及对物质需要漠不关心的直接攻击；在这种情势之影响下，许多激进的德国知识分子被迫以社会神学的形式来阐述他们的思想。除了给这些德意志人一个令人信服的关于宗教的和社会"转变"的预言外，新基督教还引领他们去寻找能使哲学成为改变世界的一种力量的行动原则。法国与德国这个主题的重叠，将追溯到海涅、赫斯以及契希考夫斯基的著作。这一章将重新审视海涅、赫斯以及契希考夫斯基遭遇到的费尔巴哈那具有巨大影响的关于社会泛神论中的神学与唯心论的批判。

## 一、泛神论与社会预言

这个讨论的重点将放在海涅、赫斯与契希考夫斯基三者思想的共同点上,不过必须以承认他们之间的差异为前提。目前它满足了对每一种不同情景的描述。海涅第一次接触空想社会主义思想时,他还居住在德国。那段时期他正紧张地与教派开战,但现实的情势却迫使其于 1831 年 5 月流亡至巴黎。在这三个人当中,海涅与空想社会主义的关系最早、最紧密,并且受到空想社会主义的影响也最深。与此同时,怀疑论与幻灭感在海涅思想里却是最早出现的。到 1836 年,海涅不再忽视空想社会主义学说中与自己对等级制度与权威的厌恶以及对民主共和主义和新教传统之批判理性主义的同情相矛盾的方面。与海涅相反,赫斯与契希考夫斯基仅从书本和笔记中了解法国的思想,这可能是空想社会主义在法国的运动已经失去其活力后持续影响这两个人几年的一个原因,这种影响与对海涅的吸引具有同等效果。① 赫斯是莱茵区一个犹太商人的儿子,没有受到过正式的教育,自学的薄弱在他的第一本书《人类的神圣历史》(1837)中充分暴露出来。尽管如此,《人类的神圣历史》还是常常被看作是写于德国的第一本社会主义著作,它将空想社会主义的关键要素整合到通往社会主义历史救赎的特殊预言中。尽管契希考夫斯基写于 1838 年的著作《〈历史哲学〉序言》看起来也有预言的性质,但

---

① 关于赫斯的传记,参见 Isaiah Berlin, "The Life and Opinions of Moses Hess", *Against the Current* (New York, 1980); Shlomo Avineri, *Moses Hess: prophet of Communism and Zionism* (New York, 1985)。关于契希考夫斯基,参见 Walter Kühne, *Graf August Cieszkowski, ein Schüler Hegels und des deutschen Geistes. Ein Beitrag zur Geschichte des deutschen Geisteseinflusses auf die Polen* (Leipzig, 1938); Liebich, *Between Ideology and Utopia. The Politics and Philosophy of August Cieszkowski*。

他否认了任何的革命憧憬。① 他所处的情况几乎难以与赫斯区别开来。作为一个波兰天主教贵族，契希考夫斯基接受了令人羡慕的教育：首先是在他父亲的财产——图书馆中进行学习，然后再到柏林大学深造。契希考夫斯基受到的严格教育，以及他在柏林大学时对黑格尔哲学的专攻，使《序言》成为专门讨论黑格尔和德国唯心论问题的著作。空想社会主义虽很重要，但却只是契希考夫斯基努力打破德国哲学僵局的辅助性要素罢了。②

这些人是由对基督教文化的时代危机的敏锐意识以及行为能够超越目前困境的面向未来的哲学统一起来的。一种危机感普遍地存在于19世纪早期的德国知识分子中，尤其在黑格尔那里，他在现代生活的哲学研究中对于异化主题的研究比其他思想家做得更多。然而，黑格尔力图通过对传统与现代、正统的信仰与现代宣称的理性和自治主体的协调来克服异化。与黑格尔相反，海涅、契希考夫斯基、赫斯将现代人类的烦恼归源于基督教自身的紧张局势。黑格尔不再是他们思想的一个有力的引领者，因为每一个审判都指证黑格尔是一个表达基督教文化自身是现代生活烦恼双重性来源的人。因此，当黑格尔宣称和解发生于现实的自我实现或基督教的世俗化中的时候，他们便转移到了一种后基督教的预设中。

契希考夫斯基、赫斯以及海涅都依赖于一个历史的三角分工，并试图弄清楚这个未来的解决方法。古代异教，或者在赫斯那里讲到的古犹太一神教，描述了一个直接统治的时期，后来这一时期被

---

① 许多学者反对将契希考夫斯基与马克思直接联系起来，因为马克思强调的是社会的实践。霍斯特·斯塔克把契希考夫斯基描述为"保守派"，这是一个很有意义的描述，但是作为一个标注，它并没有公平对待进步主义、契希考夫斯基观点中的社会革命方面。

② 李比希注意到，尽管契希考夫斯基常常在它的日记中提到圣西门主义，但他在《序言》中向读者推荐的是傅立叶。不过，李比希还是认为，是圣西门主义而非傅立叶主义对契希考夫斯基产生了关键的法国式影响，这似乎是正确的。他推断契希考夫斯基选择歌颂傅立叶是因为到1838年，圣西门主义已经是旧的新闻，因此提到相对未知的傅立叶可能会引起更大的读者共鸣（*Between Ideology and Utopia*，p. 332 n61）。

更具自我反思的基督教时代所打破。第三时期属于未来，对每一个思想家而言，它具有的较高的直接和解以及自我反思性的轮廓已日益凸显。这个未来分配的预测，强烈暗示着千年主义传统的影响源自菲奥雷的约阿希姆，这个 12 世纪的哲人预言即将来临的第三纪元将完全实现包含在新旧约中第四纪的诺言。许多论断都谈到了这个基于欧洲后来的千年主义与乌托邦思想的三角组合已经造成的深远影响，但是马乔里·利维斯和沃里克·高德提醒我们不要假定将历史划分为"三"的每一个方案都出自于约阿希姆灵感，因为"三"的思维习惯在西方文化中似乎有个更为普遍的历史谱系。根据利维斯和高德评价约阿希姆影响的两个标准，海涅、赫斯和契希考夫斯基都被认为位于 19 世纪约阿希姆的千年主义之列。首先，他们每一个的历史三分法都连接到三位一体，追随着圣父与圣子，最终到达历史的终结，即圣灵。[1] 赫斯将《人类的神圣历史》分解为几个部分，把人类经历的历史时期与三位一体中的人物对应起来，并预示圣灵时代将目睹上帝在地球上建立王国。契希考夫斯基反对黑格尔历史的四分法而选择了三分法，并预言在不久的未来，"有组织的人类"将成为"最高意义的教会"[2]。海涅采用的三位一体三分法缺乏系统性，但是他也预见到未来的圣灵时代，正如在他的诗歌《哈尔茨山游记》里的梦幻诗所描述的那样。[3] 其次，利维斯和高德的另一个标准，即心灵博爱的观念号召"参与到最后审判日的伟大设计中"[4]，形成了他们思想的一个重要主题。海涅《哈尔茨山游记》里的叙述者将自己定义为一个"圣灵顽强的冠军"，赫斯和契希考夫斯基显然认为他

---

[1] Reeves and Gould, *Joachim of Fiore and the Myth of the Eternal Evangel in the Nineteenth Century* (Oxford, 1987), p. 11.

[2] Cieszkowski, *Prolegomena zur Historiosophie*, 2nd ed. (Posen, 1908), p. 149.

[3] Heine, *Historisch-kritische Gesamtausgabe der Werke*, vol. 6, ed. Windfuhr (Hamburg, 1981), pp. 109-110. (Hereafter *Werke*)

[4] Reeves and Gould, *Joachim of Fiore*, pp. 27-31.

们是实现了的心灵智慧的拥有者，但是现在，心灵智慧为创始第三时代必须"大众化"。

千年说的形式是 19 世纪 30 年代以来海涅、赫斯和契希考夫斯基著作中的一个结构特色。与古典约阿希姆模式形成鲜明对比的是，他们将圣灵构想为后基督教时代，在后基督教时代中人类的宗教将取代《新约》里的超自然信仰。作为基督教人本主义克服的约阿希姆模式的重构，并非源于这三个人物。早在莱辛那里，这个构想就有所阐述，后得到费希特、黑格尔和青年谢林的关注。① 我们已经在 1828 年费尔巴哈给黑格尔的信件中找到这种模式的一个完全人本主义的形式，它预示一个即将到来的"思想王国"。虽然这个天真的期望广泛影响了 19 世纪早期德国的历史与哲学，它在赫斯、海涅和契希考夫斯基那里独特的清晰度却很明显受到了空想社会主义的影响，因为它是指引人们将现代历史看作对抗基督教日渐削弱的精神和社会影响之斗争史的新基督教。

实际上，在海涅首次接触空想社会主义前，他已经描绘了一个在"希腊精神文化"与"耶稣教会教义"之间、异教徒的肉欲主义与基督教的来世唯心论之间常年争论的欧洲历史。② 海涅认为，基督教学说中肉体与灵魂之间"非自然的敌意"，迫使信徒们以应许天堂的名义来压抑他们的肉欲。在比青年费尔巴哈更多、更明确的述说中，他断言基督教关于平等的延迟原则与来世的实践恰恰支持了世界上的不平等与统治、压迫。然而不管海涅神学的和政治学的观点播下的种子曾经多么牢固，在他 1830 年遇到空想社会主义"物质的复兴"时，他还是将自己的深刻见解以一个宗教的和社会政治的"程序"重

---

① Reeves and Gould, *Joachim of Fiore*, pp. 59-83.
② 对于 19 世纪 20 年代后期海涅作品的精彩论述，参见 Sammons, *Heinrich Heine. A Modern Biography* (Princeton, 1979), p. 147。

第 5 章　泛神论、社会问题以及第三时代　　　　　　　　　　　　　　213

铸到基督教的二元论里。① 海涅不仅把感觉论与唯心论看作是信仰的结构，而且还是社会形态组织的竞争系统。19 世纪 20 年代，他对神父与上层贵族否认大多数人政治平等的共谋深表愤怒，并预言在革命潮流中有一种灾难终将难以控制而爆发出来。19 世纪 30 年代，他将重点由唯心论的无差异向人类物质的需求转变，也就是说，转移到现代商业和工业社会的社会危机上。

海涅、赫斯认为基督教的来世论将人类存在归类到异化、社会分裂、争夺稀缺资源的范围。② 赫斯加进一个更深刻的关于基督教二元论在产生"财富贵族"之剥削的利己主义与新工人阶级贫困中的角色的论点。他强调，因为基督教对精神与物质的苛刻划界将人类的外部存在简单地看作物质自然，所以基督教很可能会把"自然的"人类"抛弃"到一个不相信违反了实质精神的退化状态下。契希考夫斯基控诉基督教"双面人"的时候，也说到这样的情况。③ 这样一来，他把基督教二元论与现代生活的"社会矛盾"联系起来就相对简单多了。④ 基督教"只是解放了人的一半，而展现人的灵魂的平等与永恒特权。但是灵魂并没有与和它紧密相关的肉体同时得到解放——而是轻视它，把它遗留在从属的位置上"⑤。契希考夫斯基在其私人日记上写道，基督教精神的完满实现——而且，含蓄地说，自由——依赖于物质的重构与肉体尊严的复原。⑥

尽管赫斯、海涅和契希考夫斯基之间有很多不同之处，但是他

---

① 参见 *Werke*，vol. 8/1，p. 17。
② Avineri，*Moss Hess*，p. 42。
③ Hess，"Die Heilige Geschichte der Menschheit. Von einem Jünger Spinoza's"，*Philosophische und sozialistische Schriften 1837-1850. Eine Auswahl*，ed. Wolfgang Mönke (Vaduz/Leichtenstein，1980). p. 49. 关于契希考夫斯基的见解，见 Stuke，*Philosophie der Tat*，p. 101。
④ Cieszkowski，*Prolegomena*，p. 145；*Du credit et de la circulation*(Paris，1839)。
⑤ Stuke，*Philosophie der Tat*，p. 99。
⑥ Liebich，*Between Ideology and Utopia*，p. 78。

们都承认基督教个体灵魂的绝对准则违反了人类的社会本质。本着费尔巴哈反对基督教的人本主义的精神，契希考夫斯基认为基督教的抽象利己主义意味着"在所有人类关系中我们看到一个真正的社会的缺乏，另一方面就是个体力量自我提升的缺乏"①。赫斯声称，基督教仅仅专注于内在的人，这就把政治与宗教分离开来；于是，"基督徒不会染指基于上帝的社会次序，以及崇高的地位和神圣的律法"②。当这个控告指向基督教时，赫斯、海涅以及契希考夫斯基与费尔巴哈和空想社会主义一样认为，虽然是天主－基督教界开启了抽象主体的时代，但现代新教使其达到了极点也完善了它。正如海涅所理解的，新教扫除了中世纪天主教中复杂的"上帝与魔鬼之间、精神与物质之间的协约"③，并建立了一个纯粹精神的宗教。

重要的一点是，这三个思想家把新教的个人主义与现代政治自由主义结合起来，因为二者都保持了一个自我中心主义的、分裂的以及一元的自我。④ 在对新教及其政治推论的抵制中，赫斯、海涅和契希考夫斯基可以作为劳伦斯·迪基所提及的，最初新教右翼天主教批判的"战略意识形态交叉"，到修辞学上"自我宣称的""左的""使徒"的一个例子。⑤ 鉴于基督教（尤其是新教）的自我思想、现代资产阶级与政治自由主义这些概念之间的联系，这里有必要强调，早期德国左派经由对基督教人本主义的批判而过渡到了对自由主义的"分化"与"利己主义"的批判。当马克思将政治民主描述为"人的世界——不仅一个人，而且每一个人——中基督徒的至上、最高存在"

---

① 引自 Stuke, *Philosophie der Tat*, p. 100；也参见 *Prolegomena*, p. 28。
② Hess, "Heilige Geschichte", p. 71.
③ Heine, *Werke*, vol. 8/1. pp. 27-28.
④ Cieszkowski, *Prolegomena*, p. 138；关于契希考夫斯基新基督教与自由主义的观点，参见 Jüegen Gebhardt, *Politik und Eschatologie*, p. 148；关于赫斯，参见 Avineri, *Moss Hess*, p. 34。
⑤ Dickey, "Saint-Simonian Industrialism as the End of History", p. 186.

的时候，左派对神学与人格之"世俗"自由理念的整合已经完成。①

政治自由主义与基督教之精神与物质二元论的密切联系，直接影响到海涅、契希考夫斯基以及赫斯，因为它给他们提供了一个减少人类痛苦的"政治"解决方案的宗教机制。与法国社会浪漫主义者相仿，海涅坚信革命的最根本问题不是政府的形式或者人员，也不是共和国或者君主的宪法限制；真正的问题是人的物质幸福问题。②因此，海涅在1833年写道，如果要在精神与物质上解放人类，那就必须使"政治革命"与"泛神论"结为联盟。③ 赫斯强调，要找到一个"健全的社会宪法"，既要"内在的"也要"外在的"的平等，也就是精神与肉体的平等。④ 这一对肉体与精神之协调的需要，超过了一个特定的经济正义的概念，为赫斯对"财产共同体"的欲求提供了一个基础。与赫斯相反，契希考夫斯基没有为政治的或社会的改革，尤其是"财产共同体"提出任何具体的建议。⑤ 这样，他无异于将解放与解决人类生活全部矛盾的决议等同起来。"抽象的自由"在他看来是"现实社会的原罪"，而"具体的自由"必须成为人类行为和所有政治与社会组织的目标。这三位社会预言家坚信，要从各种压迫下解放自由，最终要取决于感觉论与唯心论之和谐的重建。虽然对担当这一重建的社会、政治和神学之重要性的认识在他们的著作中都存在，但在具体应用上，他们却各不相同。现在我们就转到他们的不同上来。

---

① 关于马克思的论述，参见《马克思恩格斯文集》第1卷，37页，北京，人民出版社，2009。

② *Heinrich Heine. Sakularausgabe*; *Werke*, *Briefwechsel*, *Lebenszeugnisse*, vol. 21/1, ed. Fritz H. Eisner(Berlin, 1970).

③ Heine, *Werke*, vol. 8/1, p. 61.

④ Hess, "Heilige Geschichte", pp. 51, 55.

⑤ 参见 Liebich, *Between Ideology and Utopia*, p. 333。

## 二、契希考夫斯基：知觉论与唯心论

空想社会主义对基督教的批判以及其物质复兴的思想，让契希考夫斯基很好地认识到自己的哲学事业是对于精神与物质间冲突的划时代的克服。撇开法国宗派间的联系不说，《序言》仍牢牢地行驶于黑格尔哲学的轨道内。这本书抛弃了以德国唯心主义正规术语的形式存在的空想社会主义的二元论，亦即"思维"与"存在"，"主体"与"客体"之唯灵论与感觉论的二元论。克服基督教抽象人本主义的整体任务，融合了更多的完成与超越黑格尔思辨唯心主义的任务。契希考夫斯基由此加入了进步的黑格尔学派的行列中，这个行列中的费尔巴哈、卡尔·路德维希·米希勒以及爱德华·甘斯，一致认为黑格尔过早地用他自己绝对知识的哲学"发现"宣布了历史的完结。其实《序言》的中心观点，就是黑格尔对人类历史作为一个神圣的自我实现过程的思辨认知，使得思想者能够把这个神圣的过程投入到未来历史的过程中去，因此黑格尔之前的哲学就不得不屈服于"历史哲学"，未来历史的知识是"绝对活动"的形上基础。

根据这个推论，如果历史的完结包含了对思维与存在、上帝与人、自我意识与意识之分化的克服，那么黑格尔只是片面地达到了思想的统一。契希考夫斯基希望把这个思维与存在片面的思辨的一致变成现实，因此努力将哲学中的抽象知识转化为人类生活的具体形式。这样一来，契希考夫斯基在19世纪30年代末对黑格尔抽象片面性的评价，表明费尔巴哈并不是一个人在许多指向黑格尔辩证逻辑的德国批评者的论著中寻找指导。像费尔巴哈一样，契希考夫斯基站在一个离那些有神论人格主义者与实证哲学家距离很远的位置，尽管他们在很多方面影响了他。首先，《序言》没有力图从世界中除掉神性；其次，任何一位黑格尔的基督教批判者都不曾控诉他陷入"寂静主义"或新教面向世界的内在性与无差异性中，但这些正是契希考夫斯基对黑格尔发起的控诉。毋庸置疑的是，在这一对德国唯心主义领袖的严厉批判中，空想社会主义的影响是举足轻重的，因为契希考夫斯基对黑格尔的批判，揭示了传统唯心主义者在批判基督教时使用了与空想社会主义一样的标准。以这些标准来衡量，唯心主义同样受制于在空想社会主义看起来曾困扰基督教文化的精神与物质的二重性。

虽然契希考夫斯基对德国唯心主义的批判曾得到法国感觉论的引导，但他是从德国传统的中心中找到通往文化的线索的。他认为黑格尔把人的意识带到一个哲学能够越过而直接进入现实世界行为中的阶段，因为一旦承认历史是上帝获得自我实现的过程，那么人类也就变成了上帝自我意识的同谋。① 在这个互相促进的关系中，人类的集体行为自觉地成了神圣的活动：

> 要在现实生活中实现美与真，在这个已经意识到的客观世界中，把握与重组人类生活中所有现实协作方面片面的和被明显分离的元素，最后在这个世界里实现绝对的善与绝对的目的论——这就是未来的伟大任务。②

注释者已经正确地指出这个人类参与圣神之目的论的概念中的矛盾：如果哲学家把这个历史的过程与结果当作一个普遍存在的圣神之目的论的完成，那么契希考夫斯基所坚持的历史依靠于人类的自愿行为这一做法就是多余的。③ 不过，认识到契希考夫斯基没有

---

① 从这个意义上看，黑格尔是"哲学终结的开端"(*Prolegomena*, p. 99)。
② Cieszkowski, *Prolegomena*, p. 29. 关于早期唯心主义的神人合作论，参见 Dickey, *Hegel*。
③ 参见 Gebhardt, *Politik und Eschatologie*, p. 131.

坚持思维与行为的绝对同一性还是很重要的。尽管他试图将知识到行为的转变说成是外在于黑格尔单面冥想的一个合理的发展，但这个转变最终取决于决定的任一时刻。契希考夫斯基和谢林一样，少了"意志"干预的力量，思维向存在的转变便不能得到确凿的说明，也就是处在证据不足的状态中。我们可以用"感觉"和"思维"来理解未来，但却只有意志是"真实有效地实践的、应用的、完全的、自发的、自愿的以及自由的。所以，它占有了整个领域，包括行为、事实以及它们的意义、理论与实践、概念与内容；它产生了历史的执行者"①。通过指认《序言》中意志的重要性，安德鲁·李比希认识到，对契希考夫斯基来说，尽管行为是在理论造诣之后，但它是"道德的而非认识论的行为"②。从冥想到能动的意志、从认识论到道德的转变，契希考夫斯基都采用了费希特的能动的与有创意的意志的观念，这得到学者们长期的公认。③

用意志的能动性原理补充了黑格尔关于神圣过程的理性认识，契希考夫斯基认为他不仅克服了唯心主义的片面性，而且也回答了在当时的德国引起轩然大波的基督人格的神学争论。他推论说，通过"人类向上帝的能动的提升"，"人类神圣的自然不再仅仅只是一个理智的个体本身（这一观点已经被推翻）"④。就契希考夫斯基宣称神在整个人类历史以及人类物种之进步发展中具有人格化而言，他与施特劳斯并无二致。但在选择追随费希特认为意志与行为是人类与神的同一的完美表达时⑤，契希考夫斯基背离了施特劳斯赞同的能动的相

---

① Cieszkowski, *Prolegomena*, p. 16.
② Liebich, *Between Ideology and Utopia*, p. 46.
③ 参见 Georg Lukács, "Moses Hess and the Problem of the Idealist Dialectic", *Telos*, 10, 1971, pp. 23-35; Liebich, *Between Ideology and Utopia*, p. 42f。
④ Cieszkowski, *Prolegomena*, pp. 69, 123.
⑤ 参见 J. G. . Fichte, *The Vocation of Man*, (Indianapolis, 1987)。

互促进原则的内观概念,这一概念解释了人类历史中神的存在。①

问题是:契希考夫斯基是否成功克服了唯心主义的片面性以及在耶稣基督那里体现出来的神性的人格化,或者他在采用费希特意志的观念时是否受到了主观唯心主义陷阱的影响?当然,他的目的是通过真正地把哲学引入生活与现实来超越所有的抽象观念。但是,契希考夫斯基的意图屈从于唯心主义的基本预设,因为他仍然将历史看作人类与神圣精神的统一,所有"客观性"最终都是主观性的一种产物。契希考夫斯基的"自我创造的代理人"仅在"实践"代替"认知"上区别于传统唯心主义的自我意识的主体。对于自我创造的代理人,和对于实践主体一样,历史的内容必须表现为"一个由自身产生的内容"。此外,契希考夫斯基还认为随着历史的发展,自然也是精神过程的一部分,因此它也是意志的一个客体。用精神的绝对活动征服客体性,"将是真正的事物的复兴"②。

契希考夫斯基用明确的唯心主义术语彻底改动了空想社会主义著名的标语。当他坚持人类生活的基本的社会性质时,他恰好在黑格尔哲学的参数里。他要求人从抽象的人格到"具体的"人格,从"赤裸裸的我"到"有丰富关系的具体的人",这从形式与表达上都与黑格尔关于自由与人格的思想相符合。然而法国社会思想为黑格尔的这些理念注入了一个更具体的内容③,他所想象的未来属于法国社会理论。总之,即使"社会个体"出现了,对契希考夫斯基而言,一个

---

① 人类历史与活动的观点在《序言》中具有重要性。必须指出的是,契希考夫斯基是一个真正的"左右摇摆的有神论者",尽管他不像施特劳斯。大概在写《序言》的时候,他在他的日记中阐明了上帝与世界的最终关系:"世界是上帝的身体;上帝是世界的身体。这样,内在的超越、神圣的内在、泛神论与人本主义,在上帝那里是内在一致的。神圣的自我从世界中脱离开来并且拥抱着世界,正如灵魂拥抱着肉体一样。没有世界的自我将会是一种抽象。因此它是一种个人的泛神论与一种泛神论的个人主义。"(引自 Liebich, *Between Ideology and Utopia*, p. 78)

② Cieszkowski, *Prolegomena*, p. 124.

③ 参见 Liebich, *Between Ideology and Utopia*, p. 49.

宗教过程的完善，也是"现实的社会矛盾的真正解决途径"①。虽然被唯心主义与基督教神秘主义的禁语所遮蔽，但《序言》里人神合一的视角还是给了社会问题一个回应。和空想社会主义者们一样，契希考夫斯基提供了一个未来的角度，那里合作的"社会生活与劳动"②将克服竞争的利己主义与现代商业社会的无政府状态。

## 三、海涅的世俗上帝的民主

海涅和赫斯把宗教和谐的恢复等同于人性的社会拯救，但在他们追求这些相互关联的目标上区别于契希考夫斯基。但契希考夫斯基以空想社会主义去克服黑格尔哲学中的僵局，海涅和赫斯最初也把未来看作是斯宾诺莎主义与空想社会主义原理的一个最终的会合。自我意识的历史发展的角色从未在任何一个人的思想中缺席；尽管如此，斯宾诺莎强大的影响使得他们比契希考夫斯基更接近于泛神论，推而广之，使他们更加倾向于用更直接的感觉论术语来理解事物的复兴。

在 19 世纪 20 年代末期，海涅的人道主义泛神论似乎已经被他对于斯宾诺莎、莱辛、歌德、黑格尔以及青年谢林的折中式的阅读所影响。德国的传统在 19 世纪 30 年代又不断巩固海涅的见解。的确，在那本应昂方坦的要求给法国群众解释德国思想的发展而写的著名的书里，海涅把泛神论看作是哲学历史与德国宗教的"公开的秘密"，与斯宾诺莎或者谢林的自然哲学所讲的古老的"日耳曼的"泛神论可证明是同一的。毫无疑义，《德国的宗教与哲学》的作者走向了有偏见的历史，但是这有偏见的历史正符合了海涅的宗教—政治目的的需要，因为它使得他能够将空想社会主义移植到设定的德国本

---

① Cieszkowski, *Prolegomena*, pp. 148, 145.
② Ibid., p. 132.

土的泛神论那里。事实上，他甚至认为成长于法国土壤上的空想社会主义是对法国本国传统的一个偏离。因为法国对天主教有神论的基本挑战来自于启蒙运动者的唯物主义无神论，按照海涅的说法，这个挑战把真实可靠的法国感觉论投入到一个无神论的联盟中："法国感觉主义者中普遍存在唯物主义者，这个错误观念的结论是，感觉论只是唯物主义的一个产物。不，感觉论也同样有权利宣称自己是泛神论的产物，这样它看起来就是美的、有气势的了。"[1]海涅的观点是法国感觉论减少了质料（物质）的现实性，而泛神论，正如斯宾诺莎已认识到的，把"无限思想"与"无限物质"看成"绝对物质"的属性。[2] 所以，精神与物质的混合物之苗应当根植于德国的土壤上，在这一土壤上的最伟大的思想家因这绝对物质的两个属性而久负盛名。

虽然海涅坚持一种彻底的泛神论，但他的宗教－政治事业的关键实际上包含了一个更具识辨能力的信仰。那就是他成功唤起对精神作为神的最高化身的特权地位的注意："感觉论……将物质的复兴作为它的目的并为感觉之不可剥夺的权利作辩护，这样也就没有否定精神的权利或者它的至上地位。"[3]借着这个奇妙的泛神论的优势，他批判了自然主义泛神论中的一些德国前辈：

……泛神论把人变得冷漠。他们认为，如果万物是上帝，那么我们所关心的与我们息息相关的任何东西，无论是云朵还是古董珠宝、民族歌谣还是猿猴的骨头、人类还是演员，统统都与我们无关。但这里存在着谬论：万物不是上帝，但上帝却是万物。上帝并不用万物存在的方式显现他自身，相反，他在

---

[1] Heine, *Werke*, vol. 8/1, p. 50.
[2] Ibid., pp. 55-56.
[3] Ibid., p. 49.

不同的事物中不同程度地显现其自身，并在显现的过程中不断获得更高的神性；这就是自然发展过程中的伟大的法。这个由空想社会主义者们深刻揭示的法的认识，把泛神论转变成了生活中的一种哲学，这种哲学并没有导向冷漠主义，而是导向以最强烈的自我牺牲为代价的开拓进取。①

根据海涅自己的理解，是上述的空想社会主义促使他自己的思想从沉默的泛神论过渡到激进的泛神论。海涅宣称他的信念起源于法国，这一点是重要的，但我们必须有保留地予以看待，因为他的活跃的泛神论思想大部分是从德国传统中提取和获得的。在一个要求肉体恢复，同时又宣称上帝是"普遍历史的真正英雄"②的雄辩的思想家那里，要孤立这些要素是非常困难也是无果的。海涅对作为一种"生活哲学"的泛神论的活化，与黑格尔所描述的朝向上帝身份之认知的人类意识的运动紧密相关。所以，海涅把德国哲学放到一个现代人类解放斗争的先锋位置上，不仅是因为它保持了斯宾诺莎的一元论思想，而且是因为德国的唯心主义最充分地发展了意识哲学。海涅因此强调，康德使所有权威机构都服从于理性的最高判断的"哲学革命"，已经发起了一场大小相当于法国政治革命的解放思想的运动。③通过将德国思想史与黑格尔近距离地联系起来，并使黑格尔在排名上前于青年谢林，海涅暗示，是黑格尔的历史辩证法

---

① Heine, *Werke*, pp. 153-154.
② Ibid., p. 60.
③ 海涅将这种精神的解放最终追溯到路德。人们已经注意到，海涅对新教积极的判断使他与空想社会主义区别开来，后者在改革中看到的仅仅是"批判的"时代的有毒的种子。然而，海涅的态度是含糊的，因为他认识到自由的良心与新教徒的私人信仰要求对感觉论而非在没落的世界制定临时协议的中世纪天主教有一个更加严肃的态度。参见 Heine, *Werke*, vol. 8/1, pp. 29f.

为德国即将到来的宗教革命、政治革命和社会革命做了准备。①

海涅对空想社会主义重要性的宣称,必须与在精神上朝着自由不断前进的"德国的"信仰相当;但问题是,他对德国的"冷漠"与法国的"激进"做出的对比,让他得出了唯有一个带有法国实践的联盟才能实现德国哲学内在主体自由的重要结论。对法国社会思想与德国哲学的先锋派之间一个相互加强的联盟的需要,成为赫斯的《人类的神圣历史》的一个中心主题;这样一个联盟为契希考夫斯基的《〈历史哲学〉序言》提供了素材,并且在19世纪40年代,成为德国激进分子(如费尔巴哈、卢格以及马克思这些试图建立黑格尔左派与法国社会党之间联系的人)的专职工作。通过对法国激进传统的揭示,海涅达到了他讲的德国哲学转化为实践的目的,这比契希考夫斯基或赫斯论及"行为哲学"还早几年。他写道:"思想努力成为实践","话语变成肉体,并且不可思议地相互联系着,人,像圣经里的上帝,只需表达他的思想,世界即可随之现形"。②

这一对实践的描述,清楚地透露出海涅关于意识第一性的假设。但是不像契希考夫斯基,海涅没有始终如一地、严格地致力于这个唯心主义预设。契希考夫斯基1838年的著作通过想象精神对客体性的积极扬弃,从而实现了对空想社会主义之物质复兴的黑格尔式的扬弃。而海涅19世纪30年代早期的作品则将物质与精神放在并行的位置上。换言之,尽管他将精神的位置抬高到与物质的位置平等,但他并没有使物质的复兴依赖于意识的一个特定行为。他坚持精神与肉体的平等权利,以反对基督教之精神政体的长期残暴行为。海

---

① 海涅是最早区分黑格尔学说中明显的保守主义与潜在的革命寓意的德国人之一。参见 Toews, *Hegelianism*. pp. 95-96. 关于海涅试图通过德国哲学与法国政治现代性的同源将德国描绘为未来革命的地点的论述,参见 Harold Mah, "The French Revolution and the Problem of German Modernity: Hegel, Heine and Marx." *New German Critique*. 50 (1990), pp. 3-20.

② Heine, *Werke*, vol. 8/1, pp. 79-80.

涅接纳空想社会主义规划的主要要素，从而为他革命的社会需要提供了形而上学基础："我们促进物质福利、国民的物质幸福，又没有像唯物主义者那样蔑视精神，因为我们知道人的神性也在他的肉体形式中显现它自身，痛苦摧毁或贬低了这个肉体和上帝的化身，精神同样也要毁灭。"①这个信念颠倒了"平等"与"政治的大同观念"，使其从一个世俗政治的口号变为一个社会泛神论信条，这个社会泛神论信条的赎回目的是达到"我们有生之年在世上的福祉"②。

海涅坚持物质的实在性是神圣物质的一个属性，这有助于解释他对伴随着精神自由的未来社会的憧憬为什么使肉体与感官的解放成为必要。在把幸福归于人类自由一个不可分割的部分方面，海涅与圣西门主义或傅立叶主义的共同之处，要多于他与契希考夫斯基或在此方面的马克思的共同之处，后两者常常心怀一种唯心主义猜疑，把感觉论当作人类自由的一个自然主义束缚。空想社会主义者认为，工业和经济的积极联合，将伴随着人类苦难的不断缓解。这一观点支持了海涅的这样一个论见，即世界在物质上为即将到来的尘世之幸福时刻做了准备。海涅正式宣布了他的"关于进步的信念，一个源于科学的信念"，并且毫不含糊地重重感谢空想社会主义者，他认为进步与最后的物质匮乏有关：

> 我们已经全面考察了土地，考虑了自然的力量，计算出了工业的资源，并且注意了，我们已经发现这个地球足够庞大；它能够为每一个在它上面建立幸福住所的人提供足够大的空间；如果我们全都劳动且没有一个人希图以牺牲另一个人为代价来生活的话，这个地球就能够妥善地滋养我们所有人；因此，我

---

① Heine, *Werke*, vol. 8/1, p. 61.
② Ibid., p. 160.

们没有必要求助于更大更贫穷的阶级去通往天堂。①

一个充裕的、快乐的未来将给进步的精神与政治的社会制度带来一个确定的结局，这个社会制度至今规范着全体居民，人民的物质需要不能由目前低水平的工业发展来满足。② 带着这个对未来的憧憬，海涅与过去严格的革命分子分道扬镳了：

> 圣·贾斯特关于革命的伟大宣言"面包是人民的权利"，被我们翻译为"面包是人的神圣的权利"。我们不仅为人民的人权作斗争，还为人类的神圣权利作斗争。在这一方面以及在其他更多的方面我们区别于革命的人。我们并不希望成为底层的贫民，也不希望成为节俭的公民，或者谦逊的总统；我们在寻找一个世俗上帝的民主，在荣耀、幸福以及圣洁方面寻求平等。你要求简单的服饰、严厉的道德品行以及无种族区别的幸福；而我们，相反，渴望甘露与美食、紫色的披风、昂贵的香水、奢侈品与壮观的场面、曼妙歌舞的少女、音乐以及喜剧的场面。不要因此生我们的气，善良的共和党人！③

## 四、赫斯—斯宾诺莎式的共产主义

在1837年出版的《人类的神圣历史》中，赫斯描述了一个与海涅思想非常相似的形而上学。值得说明的是，赫斯也特地为海涅寄去了一本他的著作，这一点并不奇怪。在书中他注明："没有你我便无

---

① Heine，Werke，vol. 8/1，p. 218.
② 参见 Sammons，Heine，p. 165。
③ Heine，Werke，vol. 8/1，p. 161.

法成为我自己，因为没有你我便不能继续我的精神生活。"[1]赫斯在普鲁士阅览犹太著作的经历，可以解释他对于这位老诗人的认同。除了德国唯心主义和空想社会主义的一般意义上的影响之外，斯宾诺莎的理论，或许是赫斯描述宏伟与朴实的神圣历史的奇书与海涅在19世纪30年代初的著作具有极大相似性的更重要原因。但除却他们之间的共同点，他们之间也具有不同的侧重点。海涅力图重建思想与存在、精神与物质之间的和谐与平衡；赫斯旨在维护它们之间的一致性。海涅对于主体与客体、精神与物质之间的关系或多或少地进行了调停与斡旋。对契希考夫斯基来说，其思想虽具有唯心主义理论倾向，但他同样也与海涅从事了相同的工作。而正相反，号称是斯宾诺莎门徒的赫斯，却打破了这一关系并使它们统一于绝对实体。在19世纪40年代，赫斯在契希考夫斯基、鲍威尔以及费尔巴哈的影响下继续发展出了一套更为辩证的共产主义构想。在《人类的神圣历史》一书中，赫斯对斯宾诺莎关于绝对实体思想的恪守，直接将其自身理论引导为一套在各个方面都染上了"共产主义"色彩的一元论。

赫斯的《人类的神圣历史》一书追溯了自原始状态下上帝与人同享完满至善（简单地说可以表达为联合）到基督教一神论中上帝与人的分离与冲突时期上帝在人间所施行的神迹。赫斯将斯宾诺莎奉为新时代的先驱者：在这个时代中人类已经认识到他们与上帝的连接。一元神论、"自然之神"已经明显让步于泛神论、"人性之神"。[2] 对于那些长期习惯于通过那些形而上学概念思考历史的德国知识分子们来说，这些词汇并没有什么独特的新意。但是被赫斯融入"千年计划"中的这些对社会生活的论述却极具新意，因为他将神圣历史与塑造人类生活的财产继承体系联系在一起：从自然平等与普遍共有的

---

[1] *International Review of Social History*, vol. vi. 3(1961), p. 459.
[2] Hess, "Heilige Geschichte", p. 49.

原初状态，到基督教一神论影响下对私有财产的长期支配，再到未来的共同财产制。当人们认识到他们社会生活中"神圣结合"的神圣性化身时，商品共享便成为"社会生活的终极目标"，而且这是必须达到的目标。① 这使得财产成为社会生活与神圣历史的核心。赫斯的这一思想，明确地体现出了包括卢梭及上面提到的圣西门在内的法国思想家们对其所产生的重要影响，尤其是他提出将废除遗产继承法作为创造共同财产制的关键，更是深刻地体现了这一点。②

我们将短暂地回到对财产的论述中，但当务之急是在比较透视法中反思赫斯的神圣计划。当然，这个神圣历史与契希考夫斯基和海涅的思想以及他们所共享的约阿希姆千年背景具有诸多相似之处，然而赫斯将这种内在性观点向前推进了一步。契希考夫斯基是一个彻头彻尾的泛神论者；而海涅的泛神论语言暗示了当海涅对"万物是上帝"及"上帝是万物"这样的泛神论思想做出区分时上帝与世界之间所具有的紧张关系。在海涅看来，"上帝是万物"才是正确表述，上帝的神圣性并未在其呈现为万物时受到削弱。正相反，赫斯认为上帝的神圣性在其整体的内在性概念中。契希考夫斯基在短短几年之中完全否定了他在《序言》中提到的内在论并不让人称奇；无独有偶，海涅在其后半生也公开声称信仰一个"人格之神"。赫斯在19世纪40年代始终如一地坚持他的无神论并欣然接受了费尔巴哈的激进人类学观点。③

这种传承似乎将那些作者引向了不同的社会、意识以及行为的概念。由于将人类社会认定为一种神圣实体，赫斯使得人性在一种统一"个体"的形式中实体化。海涅预设了一种"世间上帝"的未来民

---

① Hess, "Heilige Geschichte", pp. 49-51.
② Ibid., pp. 7-8, 53.
③ 关于契希考夫斯基的情况，可参见 Cieszkowski, *Gott und Palingenesie* (Berlin, 1842).关于海涅的情况，可参见他在1852年《德国的宗教与哲学》德文第2版序言中对泛神论的压缩，以及 Butler, *Saint-simonian Religion*, p. 119.

主，而赫斯则虚构了一种在具有至高团结与平等的未来条件下的共同财产制。在海涅的复数与赫斯的单数语法的区别中，我们可以看出一种包含个体观念的和谐与另一种以这种观念的消亡作为基础的和谐之哲学上的差异。一元论同时也使得赫斯在意识与行为立场上同契希考夫斯基区别开来。对于契希考夫斯基来说，历史的人类意识与目的论理论之间的确切关系是有问题的。尽管契希考夫斯基提出，神圣进程决定了人类意识，但他的契约哲学最终建立在保留必然与自由之间紧张关系的知和行的休止符上。这种休止符使得人性"加入"了神圣计划之中，但是并没有绝对地与之相统一。赫斯严格遵守这种论断，因为他将人类意识作为一种历史终极目的的内在组成部分。赫斯的确允许这样的论述：人性越多地转化为这一进步运动的意识，意识指导下的行为就越会被"人性化"，但是这种行为的概念与契希考夫斯基的基础完全不同，因为赫斯将行为想象为能够推向外在世界的人性与上帝同一性的结合。在这里，在自由与必然性之间的这道窄沟从此消失："人类的自由并不存在于专断中，而是在于意识对于神圣法则的遵从。遵从法则是纯洁人类之美德。"[1]

赫斯曾经将人性定义为一种单一的整体，他将共同财产制认定为所有人类内在和外在团结与公平的绝对表达。尽管赫斯对于共同财产制的意愿使他超越了那些法国学者，但他对于圣西门反对财产继承运动的吸收，仍然是他反对私有财产的论证的实践中心。事实上，对于社会生活的形上存在的一元论理解已经给予了赫斯一个反对财产继承法的论证，这个论证并不能在圣西门的运动中找到。赫斯没有使他自己的反对私有财产的最强论证建立在经济正义或为每一个人的发展而将社会生产的财富分配给真正有能力的人的需求基础之上。他之所以攻讦财产继承，是因为它依赖于一元神论的个人

---

[1] Hess, "Heilige Geschichte", p. 45.

主义神学：

> 从基督教创立之初起，财产继承的信条就在死亡的意义上统治着个体，这使得人在死亡时并未回归到上帝这一原初的创造者，而是回到其父辈。这种幻想使得永恒与现世相互转化；它将有限让渡于无限，将无限让渡于有限。在精神领域中，同样的倒转也使得继承系统以及其所有可能结果被尊为神圣。

继承建立在个人不朽信念的基础之上，也建立在一个能够统治其生前和身后财产的永恒完整性的人的存在基础之上。赫斯继续说道，由于对神灵本质的理解越来越深入，所以现代对这一点的把握应当更为明确。真实的自我意识告诉我们：我们的个体生命实际上是"资本贷款"，而这种"贷款"将会在我们死亡时得到偿还："对财产的永恒权力只属于上帝；个体及每一个民族在他们短暂和受限的状态下却无法从永恒之中获得什么。"①

泛神论和个人神论之间对于财产的争执，直接走进了德国首部"社会学家"的著作。赫斯对于人性和财产的否定不仅仅反驳了圣西门，同时也在实质上反驳了同一时期的德国学者，包括平均主义空想者契希考夫斯基。契希考夫斯基始终坚持黑格尔的理论：人性的实体化建立在财产首次对象化基础之上。因此，他写道："问题不在于废除财产，而在于重新使之普遍化。"②赫斯对于废除私有财产的要求作为理解人类存在的先决条件，完全揭示了他向19世纪30年代对基督教信条中关于人格之神与个体灵魂的神学哲学进行挑战的激进社会学的靠拢。

---

① Hess, "Heilige Geschichte", pp. 56-57.
② 参见 Liebich, *Between Ideology and Utopia*, p. 333。

## 五、费尔巴哈是空想社会主义者吗

在 1845 年，赫斯写道："德国社会主义者超越了宗教的苦难。"①在 19 世纪 40 年代早期，他已经认识到，那时他和一小部分激进的所谓"真正的社会主义者"对于费尔巴哈的无神论人类主义中的社会启示有着共同的理解。然而，赫斯写的《人类的神圣历史》这本书强有力地表明了在 1830 年宗教和社会主义主题的会合。进一步看，赫斯断然不同意宗教的个人主义批判与私有财产批评的联系。他的思想已经衍生出了费尔巴哈那些基本的亲属关系。因为，在 1835 年对斯塔尔的批判中，费尔巴哈也拒绝了通过神之人格与人之人格的类同性来使私有财产合法化的企图。费尔巴哈攻击了有神论者将财产权与上帝的绝对统治连接起来的做法，他认为，这是一种"有限性与无限性之联系的混淆"。

当代人完全忽视了赫斯对私有财产的赤裸裸的攻击，但是，费尔巴哈在 1835 年被指责削弱了私有财产的基础。当《科学批判年鉴》的主编亨宁读到费尔巴哈关于斯塔尔的文章时，便向费尔巴哈发出了严厉的、激烈的指责。虽然亨宁有很多的批评，但他尤其不能容忍的是，费尔巴哈对基督教本质的界定，向公共道德、婚姻、刑法，甚至个人本身提出了挑战。然而，他在总体上察觉到了一种对私有财产权的威胁。亨宁承认基督教的本质就是费尔巴哈讲的"爱"，但他警告说，这不能排除自由和独立个人的观念，后者是"私有权……的真正基础"。他要求费尔巴哈承认基督教就是扛起并保存着有限精神的绝对精神的宗教。亨宁总结认为，一种正确的黑格尔主义基督教观念，使人们根本不可能宣称"财产在基督教里无基础，只是谈到

---

① Hess,"Uber die sozialistische Between in Deutschland", *Philosophie und sozialistische Schriften*, p. 305.

空想社会主义者而对基督徒却置若罔闻"①。但费尔巴哈却是这样做的。

　　费尔巴哈的见解和空想社会主义之间的联系是什么？他讲的消极的私人财产与个人的空想社会主义的基督教思想有没有联系？虽然一些学者已经提出了空想社会主义影响费尔巴哈的可能性，但没有人获得亨宁严肃考虑该问题后提出的暗示。②然而，问题是值得深思的，即使答案仍不明朗；应该立即认识到的是，这里有一个怀疑空想社会主义影响是否存在的理由，即他没有提到"空想社会主义"，甚至他1844年在施坦恩的《现代法国的社会主义与共产主义》中读到法国社会主义激进派的作品而表现出喜悦之情时也没有提到"社会主义"③。尽管如此，间接证据还是表明了他对空想社会主义的更早认识。

　　费尔巴哈可能在任何一种杂志上，包括在1831年发表于《外国》的文章上，读到过关于空想社会主义的一些论述。④他并非不得不依赖于德国的这种资源来获知法国的新闻。费尔巴哈分享着年青一代七月革命的热情，并且他将法国尊为启蒙和革命的陆地。随着德国现状的恶化，费尔巴哈1830年之后产生出一种越来越大的挫败感，于是他想移居巴黎。在准备移居的过程中，具体地说在1832年间，他大量地阅读了法国文学和杂志。他如此想去充分了解巴黎人的知识场境，以至于他想直接联系当时最年轻的法国哲学家维克托·库辛。⑤不过，费尔巴哈生活的困难和他父亲的死亡阻止了他

---

① 亨宁1835年4月17日写给费尔巴哈的信，*Briefwechsel*，vol. 1。
② 参见 Gurvitch, *La vocation avtuelle de la Sociologie* (Paris, 1950), pp. 576-577; Alfred Schmidt, *Emanzipatorische Sinnlichkeit: Ludwig Feyerbachs anthropologischer Materialismus* (Munich, 1973), p. 14; Hayek, *Counter-Revolution of Science*, pp. 161-162。
③ 费尔巴哈1844年10月15日写给卡普的信，*Briefwechsel*，vol. 2。
④ Ibid., vol. 1。
⑤ 费尔巴哈1832年9月27日写给卡普的信，*Briefwechsel*，vol. 1。库辛对19世纪二三十年代巴黎知识分子的评论，可参见 Spitzer, *French Generation*, pp. 71-96。

移居巴黎。此外，费尔巴哈 1834 年得知，他的《死亡与不朽》在居里斯·里彻瓦里主编的《进步社会论坛》上得到关注，而里彻瓦里是一位才华横溢的空想社会主义者，他在 1831 年曾背叛过傅立叶。① 费尔巴哈也熟知两位在 19 世纪 30 年代早期最密切地接触空想社会主义的黑格尔主义者甘斯、卡拉沃。费尔巴哈的通信表明，他在 1834 年遇到过卡拉沃并与他讨论了神学和哲学问题。② 卡拉沃的主要兴趣在于空想社会主义的宗教观，而且他和那些年轻的反传统观念的哲学学者可能接触到了空想社会主义的新基督教。作为年轻的德国人，费尔巴哈在德国联邦警示他们的写作时保持了沉默，虽然费尔巴哈自己也遭受了检查。不过，这未能改变他们的困境。几年之后，在一封给里德尔的公开信中，费尔巴哈坚持了他自己哲学的实践倾向。他认同青年德国人之所想，即把"新哲学思考"带入生活，虽然他也对他们使科学客观性从属于"新哲学思考"的冲动和意愿提出了质疑。③

空想社会主义在 19 世纪 30 年代早期处于传播当中。空想社会主义在德国讨论中的扩大，费尔巴哈对其的了解，以及他自己的精神气质，使他根本不可能忽视这一法国的思想支派。空想社会主义的哪些方面影响了费尔巴哈，而可能性的影响又是什么呢？首先，我们需要论及亨宁的特定宣称。他关于费尔巴哈基督教个人主义观点的意见，削弱了费尔巴哈对财产权利所隐含的实质性基础的诘问，因为，保守的基督教徒不可能相信财产会有其他非基督教的基础。海涅的指责反映了空想社会主义所提出的"财产共同体"在德国知识

---

① 费尔巴哈 1836 年 7 月 23 日写给贝恩的信，*Briefwechsel*, vol. 1。
② 参见费尔巴哈 1834 年 5 月 16 日写给卡普的信，*Briefwechsel*, vol. 1。
③ Feuerbach, "An Karl Riedel. Zur Berechtigung seiner Skizze" (1839), *Werke*, vol. 2, p. 211.

分子中遭到的流布甚广的误解。① 这也是费氏忽视私人权利机构的意图吗？在阅读论斯塔尔的文章以及他在 19 世纪 40 年代早期最为激进的作品时，人们可能说"不"。毋宁说，他的目的是以"理性""公平"和"人道"等政治权利的标准来替换社会和政治制度的基督教基础。② 令人沮丧的是，费尔巴哈从未指明那些标准究竟意味着什么；但确定的一点是，他不再呼吁在总体上取消私人财产权。尽管如此，他思想的"社会性"倾向并不是要去彰明一个基于特定的私人财产权的社会；而实际上，他在 1848 年也呼吁一种激进的财产再分配。③

海涅可能误解了费尔巴哈的意图，但是，他深刻地意识到，对个人上帝的批判滑向了对同源性的社会和政治的危险攻击，社会、政治与上帝的同源是由包括财产拥有者的统治人格的神圣人格开引出来的。当赫斯将德国泛神论和人格主义话语与空想社会主义对私人财产的批判连接起来时，他也确切地描述了这一危险。一个来自于空想社会主义的类似影响，可能推动费尔巴哈将基督教对人格主义的固恋与"痛苦以及物质存在的需要"结合起来；同时也推动他去坚持一个人道主义的"爱"的泛神论，以此作为对基督教自我中心主义的抵消。当然，像赫斯、海涅、契希考夫斯基一样，费尔巴哈提出"爱"的学说之前有许多德国范例：德国强大的约阿希姆传统，神秘主义者鲍姆、德国启蒙运动的伦理情感主义、席勒与歌德以及青年黑格尔。如果法国社会思想确实影响了他，也不会取代德国哲学和神学传统在费尔巴哈思想结构中的位置。对于不容置疑受到空想社会主义影响的赫斯、海涅、契希考夫斯基来说，情况亦然。毕竟，影响比改变信仰更加复杂，因为，影响留下了大量的问题，即使它

---

① 布赫霍尔茨竭尽全力来纠正这种误解。参见"Was ist von der neuen Lehre zu halten die sich die St. Simonistische nennt." p. 545；Charles Rihs，*Lecole*，esp. pp. 292-320。

② 参见 Feuerbach，"Über Philosophie und Christentum"，pp. 278-287；*Wesen*，pp. 449-450。

③ Feuerbach，*Lectures of Essence of Religion*(New York，1967)，p. 307.

可能默默地重塑它们。

有一种理由认为，空想社会主义者用这种微妙的方式影响了费尔巴哈。人类的社会"嵌入"是费尔巴哈在他作为学生的时日里获得的不变思想，他最深刻的政治关怀在于复兴人类的社会存在，并使之摆脱基督教个人主义之异化和分解的状态。像第 3 章表明的那样，他最初的人类社会存在的概念根植于精神和思想的普遍性观念，但在 19 世纪 30 年代，他推进了早期的思想结构。鉴于契希考夫斯基、海涅和赫斯对事情之复原的实现，一种可能性的情况在于，费尔巴哈之所以将知觉合并进对社会生活的思考当中，部分原因在于他受到了空想社会主义对基督教二元论批判的驱动。青年费尔巴哈将肉欲主义指证为应以理性的普遍性来加以超越的"特殊性"，而成熟的思想者则极力在人类共同体中的思想、感官存在与人之间进行调和。① 将知觉置放于人类社会存在的内在概念当中，变成了费尔巴哈 1838 年和 1843 年基督教人格主义以及思辨唯心主义批判的主旨。对这一工作之路径的探寻，成为费尔巴哈在 19 世纪 40 年代早些时候明确提出的"未来哲学"的主要任务。

## 六、新教及其病态的世俗化

空想社会主义对费尔巴哈可能产生的影响并没有随着费尔巴哈转向"感性"而终止。本章内容将从社会神学的观点出发——这种观点我们已追溯到海涅、赫斯和契希考夫斯基那里——来重新审视费尔巴哈写于 19 世纪 30 年代晚期和 40 年代初期的那些影响深远的著作。两个主题尤其值得注意：首先是费尔巴哈对其哲学的实践倾向的持续性坚守；其次是我们可以认为是晦暗不明的他的历史哲学。

---

① Feuerbach, *Principles*, p. 71.

毫无疑问，他的实践转向部分地看是对黑格尔左派其他领导人的一个回击，这些人在他看来更加明确地探讨了政治话题。然而，我们所讨论的大部分内容——19世纪30年代晚期关于人格问题的宗教的和政治的辩论，一系列保守的政治浪漫主义，关于社会泛神论的话语的出现——似乎都使费尔巴哈坚信他对神学的批判是一项政治使命。这种对实践的强调反过来又深深地根植于费尔巴哈对现代欧洲历史发展的理解，和他对人们由以可能进入一个新的和更加自由的时代之进程的断言。

当费尔巴哈把当下描述为一个批判的时期，在这一时期中，对立原则之间的冲突期待着一个革命性的解决方案时，他借用了空想社会主义历史哲学中的术语。① 如他所示，这种冲突是宗教和现代性之间的冲突；但费尔巴哈并没有仅仅停留于发现这一简单冲突，他描绘出这两大对抗性力量之间微妙的辩证关系。尽管他不得不承认宗教依旧统治着欧洲，但事实上费尔巴哈将现代性视为对基督教的实际否定。即在实践中，现代已经转到一个内在的、今世的向度，而且人类已经取代上帝，成为宗教信仰的中心。尽管费尔巴哈已经受够了作为一个黑格尔派哲学家总是声称这些现代性的特征是通过新教而第一次进入这个世界的，但是他坚信人们只要承认新教在精神上坚持的个人主义、对日常生活的肯定和对自然与世俗国家权力的认可已经在现代欧洲新的哲学和自然科学领域结出了果实，他们就已经确认了现代的基本趋向已经致使基督教在实践中过时。因此，费尔巴哈坚称，现代无信仰主要不在于像他自己那样的批判，而在于现代生活和信仰的矛盾。②

在这个意义上，一场宗教革命已经发生③，留给这位宗教批评

---

① Feuerbach，*Principles*，p. 25.
② Feuerbach，"Philosophie und Christentum"，p. 318.
③ Feuerbach，"The Necessity of a Reform of Philosoph"，p. 146.

家一个相对适合的任务：将"对神学间接的、无意识的和消极的否定转变为直接的、积极的和有意识的否定"①。对新教的这一评价表达了一种对黑格尔关于新教世俗化概念的坚决反对。早在1830年，费尔巴哈就挑战了黑格尔对新教的解放能力的乐观态度。一旦他发现了他所坚信的宗教的人类学真理，他就处在了一个更加有利的位置，向将新教的不准确性视作世俗化的工具这一行径发动更加尖锐的抨击。因为他现在能够证明由宗教改革开启的世俗化进程实际上被深深地扭曲了，因为新教依旧保留着宗教意识，即使它开启了政治学、社会学和哲学的转变，而这些转变在实践上必然是同宗教相矛盾的。"人类不再拥有宗教了，"他悲痛地说道，"最坏的情况是，人类又不正视这一现实，而是设想自己依旧拥有宗教。这一幻想的极大坏处毒害着所有的关系。"②

1843年版《基督教的本质》的一条附录详细地阐述了这一结论。在那里，费尔巴哈表明，在中世纪的天主教那里，人间和天国之间没有严格的二元论区分："它在天国（即在信仰）否定的东西，只要有可能，它同样在人间（即在道德）予以否定。"新教指引人类面对今世的现实，但是剥去了这个世界的神圣性，这种神圣性保存在早期的天主教中。通过将尘世与精神王国区分开来，新教将基督徒的道德命令移进严格的私人领域，将我们重要的本真自我、我们的灵魂导入与上帝孤立的联系之中。相比之下，它将人类作为"公共人物"的存在限制到尘世之中，限制到"刀剑、战争和诉讼"之中。费尔巴哈将"基督徒与人的世俗的融合"称作新教徒的道德，通过进一步地审视（可以看到）它显露出一种"分离""分裂"和"不统一"："在这里，我们既是半个异教徒，又是半个基督徒；既是半个尘世的居民，又是

---

① Feuerbach, *Principle*, p. 25.
② 费尔巴哈1842年5月14日写给艾米丽·卡普的信，*Briefwechsel*, vol. 2。

半个天堂的子民。"①对基督徒许诺天堂，对人许诺尘世。在他自己的工作中，费尔巴哈的希望是用人来完全取代基督徒，但是通过这种途径，基督徒这一异化的类存在重新返回人类之中。因为就新教自身将基督徒与人分离开来而言，它将他归为自然的存在——即生命的自然利己主义，而没有将自然存在和"类生命"重新结合起来。②

费尔巴哈关于新教的有缺陷的世俗化的零星反思，同空想社会主义关于天主教尤其是新教将精神存在与自然存在进行二元区分的有害结果的研究相互呼应。此外，他对扭曲的世俗化的成熟批判，与他将基督徒的人格主义与世俗社会的长期结合融为一体。在《基督教的本质》中，费尔巴哈描绘了新教的世俗习气的潜在集中和它固着于单个人对上帝的精神关系之上所造成的具体结果。正如他在1830年所做的那样，费尔巴哈否认新教的适当性本身可以为所有政治自由的有效性观点提供支撑。他写道，新教只能达到内在的"精神自由，即一种不需要牺牲和精力的自由——一种虚幻的、自我欺骗的自由；——一种来源于世俗的好处的自由，它存在于它的占有物和享乐之中！"通过将自由的真正实现推迟到来世，现代的基督教对当下和现世不做任何要求，所以这种自由将对世俗财产的占有和享受分配到我们自发的活动之中。③

在宗教改革后基督教的影响方面，市民社会的这两个维度在研究中被指涉到——个人生活的非政治化和随之而来的个体活动偏向于对个人利益的追求。因此，费尔巴哈断言，典型的现代基督徒是一个"伪君子"、一个"说谎者"，"一手拿着十字架，一手拿着自由贸易的旗帜"；"你想在彼岸世界享受旧的信仰的成果，然而在当前，

---

① Feuerbach，*Wesen*，p. 594.
② 参见"Philosophie und Christentum"，p. 326；"An Karl Riedel"，p. 211。
③ Feuerbach，*Wesen*，pp. 284-285.

你却享受着现代无信仰的果实。"①他把信仰与现代享乐主义二者的均衡描述为中庸之道，由此，或许是蓄意地，他将他的发现同建立于1830年革命中的法国"资本主义之王"的政体联系起来。

可是，必须承认，费尔巴哈并没有将他关于基督教和市民社会之间关系的见解推进到一个更加具体的社会分析之中。尽管社会的维度在费尔巴哈所有关于宗教的著作中占有重要地位，但是他没有试图去发展一种宗教社会学。他并非没有意识到这项工作的必要性。事实上，在1844年，他建议他弟弟弗里德里希从事他的关于"基督教的社会关系"这项工作，而且甚至许诺从他自己的发现中提供关于基督教"反社会主义"的材料。② 弗里德里希的《宗教的未来》读起来的确像是他哥哥关于基督教和市民社会关系的片段式的理解。③ 至于他自己的工作，路德维希告诉奥托·维干德："政治与社会性仅仅在幕后运转。这些运转过程不会直接呈现在眼前。"④费尔巴哈也不总是关心宗教信仰可能的意识形态用途，即使他明确地意识到它们。正如他所写：

> 希望使蒸汽机和制糖厂在运转之中，然而希望却使那最善于思考的机器、灵魂在外部的静止之中，这是多么徒劳无益的事情啊。这是一个多么荒唐的观念——希望使宗教困惑持久化，从而人们将不再去思考宗教问题；这处于德国人最佳的全国兴趣点之上，是一个类似于蒸汽机和制糖厂的问题，它在宗教事务中将自己降低到野兽的层次上……谁要是他的宗教感情的奴隶，那么除了会成为一个政治奴隶之外，他将一无所获。谁要

---

① Feuerbach,"Philosophie und Christentum", p. 318.
② 费尔巴哈1844年2月写给弟弟的信, *Briefwechsel*, vol. 2。
③ Friedrich Feuerbach, *Die Religion der Zukuft*, 2 vols. (Zurich und Winterthur, 1843; Nurnberg, 1845).
④ 费尔巴哈1844年3月5日写给维干德的信, *Briefwechsel*, vol. 2。

是缺乏掌控自身的力量,他也将缺乏把自身从物质压迫和政治压迫中解放出来的力量和权利。①

费尔巴哈激进地将自己批判天主教的斗争与阶级斗争联系在一起,这似乎仅仅是在他与共产主义者们相接触从而受到鼓舞后发生的事情,他的这种接触既来自于他同一位左翼无神论者的个人交往,又来自于阅读威廉·魏特林、洛伦兹·冯·斯泰因和卡尔·马克思的著作。例如,马克思写信给费尔巴哈,告之说,在法国,"现在宗教观念是在中间阶层和上层阶级中传播,而非宗教观念——那种感到自己是人的人所固有的非宗教观念——却降临到了法国无产阶级的队伍里"②。两个月后,我们发现费尔巴哈几乎重复了马克思的话:"工匠们变成了无神论者,确乎不是那种旧的、言之无物的、空洞的和充满怀疑的意义上的无神论者,而是现代的、积极的、充满能量的、宗教上的无神论者。"③

尽管费尔巴哈愿意将他的宗教批判联系到社会主义,马克思主义包含着无产阶级斗争的社会主义的定义还是与他的解放者规划的核心相冲突的,费尔巴哈从未将无产阶级视作一个其解放将带来全人类的普遍解放的阶级。相反,他依旧将全人类普遍解放的任务寄托于全人类从宗教中解放出来。即使他同情和理解贫苦民众的悲惨的生存条件,他同样也坚信全人类都处在苦难和需求之中。他清醒地认识到基督徒的人格主义对于不同的社会群体有不同的影响,但是他更加强烈地认为它使全人类同等地非人化。尽管他没有提供对经济压迫的分析或战胜它的方法,但是他明确地把肉体的苦难和精

---

① Feuerbach,"Zur Beurteilung der Schrift 'Das Wesen des Christentums'"(1842),*Werke*,vol. 2,pp. 213-214.
② 《马克思恩格斯文集》第10卷,14页,北京,人民出版社,2009。
③ 费尔巴哈1844年10月15日写给卡普的信,*Briefwechsel*,vol. 2。

神的、政治的乃至性的解放都包含到解放的概念之中,他期盼立刻全部地实现它们。他为实现这一目标而寻找的方法毫无疑问是社会主义的,假使我们用更加宽泛的道德术语来界定社会主义概念,这些术语在社会主义的历史中也最适合于这种变动不居的时刻。由于忽视了费尔巴哈的这种社会主义,马克思很快就将在费尔巴哈的追随者们,即这些"真正的社会主义者"那里的社会主义,指责为多愁善感的乌托邦似的理想。

## 七、基督教市民社会的克服

费尔巴哈常常被认为是一个完全否定性的思想家,这与他对宗教的批判立场是一致的。不过,当我们在19世纪30年代人格主义与泛神论的政治化与社会化争论语境中考察他时会发现,一个有建设性的、积极的方面,本质上也明显包含在费尔巴哈的目的中,同时在他那个时代也具有重要意义。像契希考夫斯基、赫斯、海涅,甚至那些早期法国社会主义的预言家一样,费尔巴哈试图超越基督教文化衰弱的社会与政治的影响。像他们一样,他寻找在当前情势下人类社会一个划时代转变的根源。如果我们把费尔巴哈界定为一个"社会主义者"(这又是在道德意义上来说的,有人或者会说,这几乎是在前社会主义意义上来说的),他的积极的社会主义的"大纲"由什么构成呢?未来的种子是什么?费尔巴哈的社会化的政治视角是什么呢?

费尔巴哈对基督教在创造一个私有的、利己的社会中扮演的角色的认识,明确表达了19世纪30年代和40年代早期法国与德国的激进主义的一个中心主题。但在这个社会政治的批判背后,我们或许也看得出18世纪人们关心的基督教的政治影响的反响。这些都起源于启蒙运动过程中关于基督教在罗马没落中的角色的讨论。伏尔泰与吉本都指责基督教破坏了古代政治生活的公共精神,但是卢梭把对基督教的谴责与对商业的批判联系起来,使得二者都必须为现代自我中心主义的社会承担起相应责任。① 他强调,基督教不仅摧毁了古代的公民道德,因其超世俗的利己主义,它也是当前"公民教育"的一个障碍。② 卢梭设想的作为真正共和国必不可少一部分的公民宗教,旨在将基督教、公众与积极分子完全颠倒,三者中基督教信仰是个人的、消极的。

卢梭对现代基督教消极的观点给青年黑格尔派造成了很大的压力。③ 黑格尔也力图创造一个"公民宗教",尽管他的《民众宗教》是建立在早期基督教的真理之上的。与黑格尔认为已蜕化为一个"实证的"外部权威的信念的历史形式形成对比,18世纪90年代中期的基督教的精髓是,"道德的命令是信仰的基础,不是它命令的仪式,也不是它劝诫的或承担的积极的学说"④。基督最初的启示,黑格尔宣称,是激励人们成为一个"来自人类自身的存在的自由美德"⑤的人。因此,基督的话语不是以法令或者禁令的形式,而是以诉诸"我们的心"的内在能力的形式去回应"道德的挑战"⑥。劳伦斯·迪基有力地证明,黑格尔分析基督教从"道德宗教"衰落到"实证的宗教"的主要目的,是复兴道德与基督教与生俱来的激进主义,进而以此作为当代世界的改革的潜在资源,当代世界的共同生活是由"商业社会的社会经济路线"日益组织起来的。⑦

---

① 参见 Rousseau, *The Social Contract*, Book Ⅲ, Ch. xv, and Book Ⅳ, Ch. viii。
② Lucio Colletti, "Rousseau as Critic of Civil Society", *From Rousseau to Lenin: Studies in Ideology and Society* (London, 1972), p.175; Judith Shklar, *Men and Citizens. A Study of Rousseau's Social Theory* (Cambridge, 1985), pp. 118-120.
③ Schmidt, "Paideia", p. 477.
④ Hegel, "The Positivity of the Christian Religion", p. 75.
⑤ Ibid., p. 71.
⑥ Ibid., p. 71.
⑦ Dickey, *Hegel*, pp. 184, 175-179.

费尔巴哈不可能知道得更多，只可能知道 18 世纪 90 年代黑格尔的随笔一直都没有出版，直至 1907 年才被公之于众。尽管这样，当费尔巴哈面对他那个时代的文化与知识环境，即新教的"实证"精神公认社会并存的独裁主义政治与追逐私利的个人主义的时候，他追求的一个稳步前进的策略与青年黑格尔的策略有着惊人的相似性。为反对一个把超然的神性从世界中分离的学说，费尔巴哈力图发展一个社会组织的普遍原则，一个将会立刻克服由神学与政治的人格主义强加于人类身上的异化问题的原则，并将人类的行为与自由建立在一个有意义的社会背景基础之上。在这个任务里，他不能依赖于成熟的黑格尔伦理生活的观念，因为这种观念恰好又依赖于被费尔巴哈批判为现代社会分裂的利己主义与政治冷漠的最终资源的新教教义。

19 世纪 30 年代中期，在《死亡与不朽》一书中，费尔巴哈仍然将泛神论作为这一社会组织的基础。① 像海涅、赫斯、契希考夫斯基，或者大卫·弗里德里希·施特劳斯一样，他认同泛神论消解人格主义的非等级性、平等主义、民主以及解放的可能性。在发展宗教人类学的理论中，费尔巴哈在类存在而非绝对精神中追溯人类的集体性。类存在曾经是黑格尔《百科全书》中一个小小的范畴，他用它指代人类生活中"自然的"那一部分，尤其指它的有关性的以及生殖的方面。当费尔巴哈把这些提升为他的思想的组织原则时，他显然暗示着黑格尔思想的自然化，以及意识从精神的虚幻领域到人作为一个自然和社会的存在的具体生活的复归。不管是用他在《死亡与不朽》中引入的类存在的唯心主义形式还是用收纳于他后来思想的自然形式，类存在仍是一个集体认同的基本原理，费尔巴哈将其当作分裂的人格概念的解药。

---

① 参见 Towes, *Hegelianism*, p. 344。

在对个人主义的挑战中出现了明显的歧义。在界定一个共享的类本质以及在预设一个基于这一类本质的激进的集体化视角时,费尔巴哈冒险再次引入一个绝对统一的主体概念,这一绝对统一的主体概念以一个实体化的大写人的形式出现,即"人"之为类的主体。这就是马克斯·施蒂纳批判的要旨,从其无政府主义的个人主义的角度来看,类存在有可能被责难为一个隐蔽的神学概念。① 类的概念的确诱导了费尔巴哈对人的统一的向往,使其将基督教位格的单一的自我转换为无神论的类主体的集体自我。不过,费尔巴哈的思想也有与人类一元论或者反本质主义相冲突的重要方面。其一,也是最重要的,他的解放概念的决定性维度包括了在宗教意识中被疏远的人的权力的恢复。一旦人类认识到这些作为自我的权力,就能开始一个自我创造的过程。摆脱基督教目的论束缚的这一过程的形式和内容都还是未确定的,因此,费尔巴哈正确地指出,"人"应该得到"许多命名"的谓语。② 尽管费尔巴哈有把握地把人本质的现实化设想为一个集体的过程,但是他坚持强调统一中的差异性。可以这样说:从人们认识到他们在自我的发展过程中既作为主体也作为客体存在那时起,类存在就不是一个物质而是一个自主论的观点。

其二,正如我们在第三章所看到的,费尔巴哈成熟的作品超出了他早期的普遍性的唯理智论思想。一旦费尔巴哈把他的深刻见解深入到自我的感性的、实体化的自然中,他便能于特殊性与普遍性、自然与精神、"个人"与"非个人"的关系之中展现更加微妙的观点。以此看来,人的肉体不是人类精神的集体化的一个障碍,恰恰相反,这个肉体构成个体与集体的辩证关系中不可或缺的一部分。所以,类存在的思想不是简单地用一个集体的超出主观的概念代替一个人格分化的概念的唯理智论构想。类存在包括了关系与非关系,后者存在于特殊性

---

① 参见 Max Stirner, *The Ego and Its Own*, (Cambridge, 1995)。
② Feuerbach, "Preliminary Theses", p. 171.

中，是个体具体表现所必需的。从这个角度看，马克思与许多费尔巴哈的批评者在将费尔巴哈归咎于一个人类本质的排他性唯理智论者的模式中已经犯了错误。例如，瓦托夫斯基就写道："费尔巴哈的'实践的'观念……远离了实践的内容，人从事的活动并不系于他自身，而是系于一个外在于他的外部世界，为了满足自身的需求他不得不转变、遵守、理解外部世界。"①毫无疑问，费尔巴哈甚至远没有达到过马克思在 19 世纪 40 年代中期所达到的实践分析的具体水平，甚至他连提都没提到，更不用说想去这么做了。尽管如此，费尔巴哈没有忽视需求的现实意义，他认定需求是社会整合最具决定性的、固有的原则，人的类存在将凭借这一原则成为现实。更有甚者，因为心理与肉体的需求都在他的解释中，因而他并没有提出一个元主观的类存在的一元论概念。肉体要求其他人的存在满足其自身的需求，但是由于它的需求在时空中的特殊性，它拒绝集体的主体或个人的同化。

早在关于斯塔尔的论文中，费尔巴哈就已经攻击了基督教的人格主义者，因为他们对单个个体之信仰的完善与他所认为的人类真正的本质相矛盾了。对于费尔巴哈，类的完美依赖于每一个体的不完美："因为没有一个单一的个体，由于他的有限性，足够能表达这个思想，类、自然试图通过创造另外一种存在来完善这个单一存在的缺陷。"②需求或缺乏代替了作为个体以及类在生活中的一个决定性时刻的人格的自给自足。这成为费尔巴哈工作中经久不衰的主题，并形成了他能坚持类存在的社会属性的具体基础。因此在 1844 年，费尔巴哈在个人救赎的臆想中发现了一个自私自爱的表达，并由此批评了基督教福音的局限；而他在从一个完全天堂般的状态到一个罪恶的状态的"堕落"中看到了依赖性与需要是所有社会性基础的标志。③

---

① Wartofsky, *Feuerbach*, p. 326.
② Feuerbach, "*Die Philosophie des Rechts*", p. 29.
③ Feuerbach, "Das Wesen des Glauben im Sinne Luthers", pp. 66-68.

第 5 章　泛神论、社会问题以及第三时代

在早期的论文中，费尔巴哈对哲学把"需求"的思想从它的自由与爱的概念中排除出去感到遗憾。他认为需求是自由的一种表达，因为不像动物，人的需求是无限的。个体的缺陷使他们置身于他们自身之外，因此，"一种存在要超越其主体性的局限，就需要借助于需求的概念"。而且，需求可以解释爱。"过多完美的爱是一种奢侈品"；然而，真正的爱是"对另一个人的需求，……一个人在自己身上通过爱来揭示爱是远远不够的，只有与另外不同的人联系起来，爱才能满足"①。爱，这个原始的社会纽带，离不开不足与需求；正如费尔巴哈多次强调的，真正具体的人只有在相互作用与相互依存中才可理解。这个意义上的需求，以及随之而来的对在另外一个人身上得到完善的渴望，构成宗教情感的最终来源，因为在费尔巴哈看来，想象通过创造神圣存在来满足这个感觉的需求。但它也是费尔巴哈的无神论人本主义的深刻社会导向的根据，著名的"我与你"关系式取代了一个虚构的上帝的独裁主义关系式。

学者们忽视了费尔巴哈关于在类存在实现中扮演角色的需求概念和早期关于市民社会之社会动力的讨论之间的关系。黑格尔在《法哲学原理》中曾经强调，个体因为不能独自满足他们的所有需求，所以他们就需要进入到一个社会关系的网络当中。② 纯粹的利己主义与市民社会的分化，由此受到了来自于劳动分工与交换的相互依赖性的抵制。本书第 3 章曾指出，斯塔尔与基督教人格主义者们停滞在黑格尔所说的市民社会"第一原则"上，即特殊的"个人是他自己的特殊目的的对象"。相反，可以这么说，费尔巴哈似乎把黑格尔的"第二原则"作为爱的社会统一的基础，普遍性的形式作为人类需求与相互依赖的一种结果出现在市民社会中。③ 这对于费尔巴哈来说是最有可能的影响。

---

① Feuerbach, "[Über] Dr. Karl Baver", pp. 98-99.
② Hegel, *Philosophy of Right*, pp. 189-198.
③ Ibid., p. 182.

这并不是说费尔巴哈比黑格尔更加相信市民社会的动力学。事实上，费尔巴哈很仇视现代商业社会的利己主义和追逐私利的特征，所以，与其说他更关注个人权利的自我决定的保护，不如说他更关注如何实现社会和谐的愿景。然而颇具讽刺意味的是，在对待市民社会自身的改革能力上，他最终还是比黑格尔乐观，因为他认为一旦利己主义的神学根源被破除，利己主义就会发展成为爱的联合。①因此，费尔巴哈使黑格尔的需求体系适应了实现类存在的乌托邦任务。他发展了一套我们所谓爱的政治经济学，包括需求体系与劳动分工。

在费尔巴哈的观念中，类存在的发展包括需求的利己主义与满足其需要的协作之间、主体实体化的自然利己主义与社会关系之间辩证的相互作用。他写道："我是我自身的一个'我'……同时也是别人的一个'你'。"②因此，他拒斥他的尖锐的批评者马克斯·施蒂纳将孤立的个体作为唯一实体的极端的利己主义。费尔巴哈承认，"存在一个个体"，"是确切的，理所当然的，是一个'利己主义者'，但是他同时并且确实无意地也是一个'共产主义者'"③。因为在他看来，利己主义通过另一个与其相似的他者的相遇，克服了这种指向"无限性"的冲动，利己主义最初是在上帝的绝对自我中寻找其原型的。"第一块石头绊倒了利己主义"，与"你，即另一个我"的相遇，抑制了利己主义并且强化了自我对于他者之依赖性的认识。相互作用与相互依存成了个人自我意识发展的先决条件，因为作为人类之人的自我意识是不能与存在于社会生活相互关系之中的意识分开的。

---

① 费尔巴哈对社会中潜在的集合力量的信仰，可以与19世纪40年代的右派黑格尔主义者的立场形成对照。右派黑格尔主义者认为，市民社会的分化是社会的本质，这个信念使得他们支持建立独裁主义的管制国家。见 Jürgen Habermas, *The Philosophical Discourse of Modernity*. Twelve Lectures, trans. F. G. Lawrence(Cambridge, Mass., 1991), pp. 70-71.

② Feuerbach, *Principles*, p. 52.

③ Feuerbach, "*The Essence of Christianity* in Relation to *The Ego to Its Own*", (1845)*Philosophical Forum*, vol. Ⅷ, 2-4(1978), p. 85. 也可参见费尔巴哈在1844年12月2日和8日写给他弟弟的信。

费尔巴哈没有把类存在看作是一个完整的、和谐的、先验的事实，相反它是人与人之间互相"接触与摩擦"的产物；"因此城镇比乡下更有智慧，大的城镇比小的城镇更有智慧"①。

如果能够在费尔巴哈那里找到与黑格尔平行的重视市民社会之发展的思想，我们就会发现另一位伟大的唯心主义者描述市民社会之兴起的影响，即康德的"在世界公民观点之下的普遍历史理念"。在 1839 年的论文里，费尔巴哈首次引入了自然主义形式的类概念，这个概念贯穿了他后来的整个工作；他也对在使用类概念时不能从黑格尔那里得到更多的资源感到遗憾。他指出，迷惑黑格尔的类的概念更多地被康德大胆系统地阐述，他甚至称赞康德为引入该概念的第一个哲学家。事实上，"普遍历史理念"确实包含了费尔巴哈自己的类概念中许多重要的因素，包括最重要的康德的论点，即人类不是在个体中完善的而是在种族中完善的。② 虽不明显但却有着重要意义的一个事实是，康德提出了一种推测的历史，在其中，"对抗""协作"以及人类斗争的动力促进了人类所有能力的发展。自然的利己主义将个体纳入互相联系与协作中，从而导致更高的文化成就以及一个"普遍公民社会"的最终发展。康德将这个解释为一个目的论的过程，自然构造了人类，甚至它的过失也保证了其从自然存在到普遍类存在的转变。③ 费尔巴哈拒绝康德那毫不掩饰的幸运臆测的历史，但是他自己却宣称，"自然试图通过创造另外一个存在来弥补单个存在的不足"，这给了他的类存在的概念一个明显的目的论形式。④ 由此，费尔巴哈断言个体是"无意的"共产主义者，这类似于康德的"非

---

① Feuerbach, *Wesen*, p. 166.
② Kant, "Idea for a Universal History from a Cosmopolitian Point of View", in *On History. Immanuel Kant*, ed. Lewis White Beck(Indianapolis, 1980), p. 13. See also John Zammito, *The Genesis of Kant's Critique of Judgment* (Chicago, 1992), pp. 333-335.
③ 我们在席勒的《审美教育》中可以看到一种类似的理论构建。
④ 瓦托夫斯基在讨论费尔巴哈与康德的关系时忽略了这个维度(参见 Wartofsky, *Feuerbach*, p. 163)。

社会的社会性",类似于他浓缩的、反讽的由自然人的"坏的"品质转变成类的"好的"品质的目的论过程的构想。在很大程度上,这种至善论者的目的将费尔巴哈企图对黑格尔哲学进行自然主义转型复杂化了,与查尔斯·达尔文早年发展的非完善物种进化论形成鲜明的对比。

费尔巴哈在康德的人类趋向道德的集体运动的乌托邦略图中得到的启示,显示了另一个与空想社会主义者们相关联的接触点。因为同样深受康德文章的影响,空想社会主义者古斯塔夫·伊彻塔尔把康德的文章介绍给奥古斯特·孔德,前者的研究也吸引后者于19世纪20年代来到柏林。经孔德以及后来的巴扎尔、昂方坦之手,康德的两大相互斗争的原则,即对立与协作,成为空想社会主义历史哲学的专有名词。① 作为空想社会主义批注的对象,康德推测的历史方案被"空想社会主义者赋予了一种哥尼斯堡哲学家从未表述过的乐观主义"②。同样可以说,费尔巴哈明确把他的类概念认定为和谐的社会联系的可能性。费尔巴哈似乎与19世纪40年代早期德国众多的作家一样已经接受了法国"联合"的思想,以之作为社会生活中矛盾的解决方法。③

因为在费尔巴哈的观点里,"需要"与"贫困感"是"一切文化的动力"④,所以注意到劳动分工出现在推动类存在发展的体系中并不稀奇:

> 精神上的人以及肉体上的人如果没有他的同伴就什么也做不了。不仅四只手比两只手能做更多的东西,而且四只眼睛也

---

① *The Doctrine of Saint-Simon*, esp. pp. 58-79. See also Carlisle, *Proffered Crown*, p. 101.
② Manuel, *Prophets of Paris*, p. 169.
③ 对德国激进的思想家来说,他们的兴趣不会被此限制。正如孔哲(Conze)所说:"德国人是在更宽泛的的意义上来使用'联合'这一概念的"(Conze, "Vom 'Pobel' zum 'Proletariat'", p. 356)。
④ Feuerbach, *Wesen*, p. 364.

比两只眼睛能看到更多的东西。这种合作的力量不仅在数量上可以区分，而且在单一的质量上也可以区分。单个的人的力量是有限的，但是协作的力量是无限的。

通过一个系统内的相互依存的劳动分工，人们产生了特定的品质，这不仅丰富了人类自身的物质生活，而且完善了文化、艺术以及理性的言说："机智、敏锐、想象，区别于作为主观能力的感知和理性——所有这些所谓的灵魂的能力都是人类的能力，不是人作为一个个体的能力，它们是文化的产物、人类社会的产物。"①可以肯定的是，马克思抱怨费尔巴哈停留在一个很抽象的水平上是有充分根据的。② 他从不描述社会组织的特定形式，也不描述其特有的异化形式，而且也没有提出克服异化的最终实用方法。尽管一个推测的历史体系次于他所重视的人的类存在的生产，费尔巴哈却没有明确地用历史的术语抛弃对推测的历史体系的描述。他没有批判劳动分工本身或者财产，结果是它们受到基督教市民社会错误的引导。此外，他高估了批判的革新能力与现实意义。他仍坚信启蒙运动或教化是革命的兵工厂里最有效的武器。所以，他认为当人们从一个虚幻的上帝呼唤出他们的类本质和"无限的力量"时，异化将会首先被克服。

马克思的批判是准确的，它带有我们在费尔巴哈类存在的讨论中看不到的社会交往的模式。当与有思想的同时代人赫斯、海涅以及契希考夫斯基一同被考察时，费尔巴哈试图克服宗教信仰之异化的社会政治的意蕴更难以让人忽视。从基督教人本主义——一个割裂了超然性与内在性、使孤立的人绝对化的信仰体系——的角度来看，人类的需求停留在利己主义、自私与分裂的水平上；根据这一

---

① Feuerbach, *Wesen*, p. 166.
② 参见《马克思恩格斯文集》第1卷，530页，北京，人民出版社，2009。

点，费尔巴哈指认的在满足需求中建立社会相互依存的体系，对人类的完善来说是毫不相干甚至是敌对的，而非它的真正的来源。相反，费尔巴哈坚持认为，一旦宗教信仰的秘密被曝光，一旦人们不再在一个虚幻的上帝身上浪费他们的精力，社会相互依存的体系便会变成人类自觉奉献与活动的场所。因为在这样一个体系里，人类能够完善其自身，类的完善存在于克服有限性的过程中，或者换句话说，存在于满足肉体和精神需求的过程中。①

"活动""生产"与"创造"是"神圣的"，因为生产将个人与社会联系起来；也因为"活动"将个人与他的类存在联系起来，所以它是一个人的人格上值得肯定的方面。② 不足为奇的一点是，费尔巴哈所期望的情况，正是卡尔·洛维特所说的情况，"当人类在贫乏的世俗商品中取代了基督教时，劳动的伙伴关系就必将取代祈祷的伙伴关系"③。市民社会的矛盾，如同曼德维尔的私人的恶习与公共利益或者康德的非社会的社会性，被转换为实现"完美"的手段：

> 劳动是值得敬仰的。但是，如果一个对象在我的心中没有拥有一个更高的地位的话，我如何尊敬或者服务于它，我如何使自己屈从于它？总之，人类的职业决定了他们的判断、他们的思维方式、他们的情感。并且职位越高，一个人就越彻底地认同他自己。一般说来，一个人无论在他的生活中制定什么样的基本目标，他都声称是遵从他的灵魂，因为它是他活动的准则。但是通过他的目标，通过他认识这个目标的活动，一个人

---

① 费尔巴哈对"泛神论"和"无神论"的整体助推，并没有对肉体的需求与精神的需求等量齐观，反而使作为"整体的人"的一部分的肉体需求精神化了。我们可对照《基督教的本质》的结尾段落与海涅 1832 年《德国的宗教与哲学》中关于空想社会主义的宣言来理解这一问题。

② Feuerbach, *Wesen*, p. 365.

③ Lowith, *From Hegel to Nietzsche*, p. 81.

不仅是他自身的某种事物,而且还是别人的、一般生活的某种事物。生活在类作为一个实体的意识中的他,把他的存在视作别人、他对社会的关系、他对公众的公共事业,这个存在是与他的本质存在、他的不朽的存在并存的。为了实现人道与博爱,他与他的整个灵魂、整个心灵共存。①

这与"新基督教"有着惊人的相同之处!正如空想社会主义的一个德国学生在1834年所写的那样:

> 空想社会主义者没有忽视基督教抵御世界的事实,所以不适合去组织它。为了通过将世俗的、有限的人类活动(如劳动)与一个更高的、更普遍的目标相连接而使其神圣化,空想社会主义将成为这个世界的一种宗教。劳动本身是神圣的事务,它是空想社会主义者与这种"劳动神圣化"的力量对话的伟大事务。②

从无神论的角度看,需求最终将统一自然的以及精神的人,并且最重要的是人类的共同体。费尔巴哈从市民社会内部准则中推论出一个爱的政治经济学,这一"经济学"及其集体化的过程,将是克服市民社会以及创造真正的人类社会的手段。

## 八、费尔巴哈的政治学

费尔巴哈社会联合的原则取代了集体工作中对私利的追求。然而,和早期的社会主义者一样,他的这一原则也暗示,在社会化工

---

① Lowith, *From Hegel to Nietzsche*, p. 295.
② Moritz Veit, *Saint Simon und der Saint Simonismus*, p. 152.

作和政治活动之间存在一种概念上的连续性,因为两者同样都是导向人类本质之实现的活动形态。那种试图通过在一个有意义的公共语境中消解所有的人类活动的方式去克服基督教市民社会的非政治化的尝试,在费尔巴哈这里同样有效,正如在空想社会主义者或者他们的德国支持者那里所做的尝试一样:使区别于社会领域的人类活动领域的政治概念——这一概念追溯到亚里士多德,同时在近现代自由主义思想中依稀可辨——贬值。因此,当费尔巴哈呼吁建立一个能确保"在国家事务中有积极的参与"和"废除政治上的等级制度和人们的无理性"①的共和国时,这一政治立场在更进一步的审视之基础上揭示了共和主义和社会主题的一种互相渗透,就像我们在海涅的诗集中所看到的那样。人类的政治必须也必然会构成一个整体,因为费尔巴哈不愿意像海涅那样将人类的"精神"需求与"物质"需求分离开来。这种政治的目的在于取代作为指引人们努力追求人类完善的自我意识活动的宗教。或者,将卢梭的话以反讽的方式倒过来说,"政治"必定成为费尔巴哈所预见的新人道主义文化的市民宗教。② 然而,如果非异化的人类之爱,作为政治上最高的实践准则而达到顶峰,那么我们必须面对费尔巴哈在《基督教的本质》中所提出的悖论,即"最高理念,非政治的神,非尘世的感觉是爱"③。为了理解这个悖论并获得一个更深入的对费尔巴哈政治学概念的洞察,我们必须简略审视一下他对基督教历史的陈述。

像他的启蒙前辈们一样,费尔巴哈把基督教普世的爱的原则看作是与罗马帝国的精神背道而驰的。然而,他认为罗马帝国的灭亡是必然的、无缺憾的:"帝国如果施行让人们联合起来统一遵从于它自己的理念的令人不大满意的政策,那么它就到了必然终结的时刻。

---

① Feuerbach, "Necessity", p. 151.
② Ibid., p. 149.
③ Feuerbach, *Wesen*, p. 219.

第 5 章 泛神论、社会问题以及第三时代

政治上的统一是强制力的统一……在罗马出现了人性的理念,并最终战胜爱的理念成为权威理念。"①像年轻时期的黑格尔一样,费尔巴哈感叹,基督教从这个爱的原则进入"信仰"的独断论以及其与世俗权力的政治联盟,导致了其后来的衰落。只有与新基督教相结合,爱才再次恢复它在基督教教义中的核心地位。但是,费尔巴哈也辩称,新教徒对于基督——神人的救赎力量的信仰,以及对人和神之间有直接关系的信念,已经很有预见性地暴露了已经被中世纪天主教的严苛所隐藏的宗教人类学上的秘密。

我们已经看到,费尔巴哈和 19 世纪 30 年代的左翼一样,将衰落的社会和政治归咎于新教,甚至进一步坚持认为路德也要为德国"政治上的无能"负一定的责任。② 尽管如此,他相信,新教对爱的复兴和对人性之神圣绝对的认可,一旦其内在感觉的强度被转化成外在的、现世的行动,就会使得它成为真正的人类社会的潜在盟友。因此他写道:"一个新教徒是一个宗教的共和主义者。这就是为什么一旦新教之宗教内容消失,或者被揭露出来并被公布于众,新教就很自然地导致政治上的共和主义。"③于是,费尔巴哈比较了两种政治模式,一种以罗马为代表,只靠法律的强制力来保证统一;另一种以新教为代表,新教是由对人类之类存在的准神性的新意识和对人类创造出这种神性的认可要求的激进主义转化而来的。一旦从一个先验的权威中解放出来,人类就可以自由地、合乎道德地为一种既要求"外在感性的自由"又要求"精神的自由"的新的政治服务。④ 事实上,善自身会发生质变。基督徒是被基督的"事例"或者"仿效"的力量引向善的,然而无神论者追求善是因为他已经把善自身的标

---

① Feuerbach, *Wesen*, p. 440.
② 费尔巴哈于 1844 年 4 月 26 日写给维干德的信, *Briefwechsel*, vol. 2.
③ Feuerbach, "Necessity", p. 152.
④ Feuerbach, *Wesen*, p. 283.

准内化为自主的迅速的行动。没有一个善的神圣化身能够容忍无神论者和他对共同的职责和人类道德的承诺。善不再是一件私事——费尔巴哈曾经认为它是"庸俗"善而不予考虑①——而成为"社会的、共同的"东西,因为善之根本就在于对人类和普遍性的感知。② 我们在此也立即想到青年黑格尔对基督唤起"起源于人类自身存在的自由的善"的卢梭式看法。

费尔巴哈仅仅通过摈弃黑格尔"完全成熟了的"思想理论,而得出了与青年黑格尔非常相似的结论。或者说费尔巴哈想要建立被爱所约束的直接的共同体联合的愿望,引导他消解在黑格尔《法哲学原理》中处于核心地位的"市民社会"和"国家"之间的概念性差异。这个结果是费尔巴哈一般性结论的延伸,即黑格尔的辩证的调解是一种思想的形式上的运思,而不是对客观世界的构造。到1842年,他果断地将调解的作用和宗教的作用融合起来。"黑格尔哲学在它的整个系统是基于这些抽象行为的情况下,将人与其自身相异化。虽然它再次辨别了它所区分的东西,但是它只是以一种区分和调解的方式来这样做。黑格尔哲学缺乏直观的统一,直观的确定,直观的事实。"③在相同的文章中,费尔巴哈的这种批判专门针对黑格尔的《法哲学原理》,指出它"固定了人的本质与人之间的分离,从而将纯粹抽象的特性圣化为独立的存在"。因此,他拒绝接受《法哲学原理》中的一段重要论述,这段论述被费尔巴哈转述如下:

> 在权利层面上,在我们面前我们所拥有的是个人;在道德层面上,是主体;在家庭层面上,是家庭成员;在作为一个整

---

① Feuerbach, "[Über] Dr. Karl Baver", p. 95.
② 参见 Hans-Martin Sass, "Ludwig Feuerbach und die Zukunft der Philosophie", *Ludwig Feuerbach und die Philosophie der Zukunft*, p. 21。
③ Feuerbach, "Preliminary Theses", p. 157.

体的市民社会层面上，是作为资产阶级的市民（公民）。这里，在需求的立场上，在我们面前我们所拥有的是我们称之为人的复合理念。因此第一次在这里，也事实上完全只是在这里，我们在这个意义上谈论人。

与此相反，费尔巴哈坚持说："事实上我们仅仅并且一直谈论着一个人以及与其相同的存在；也就是，只谈论人，即使我们从不同的层面不同的质上这样做，当我们谈论公民时，指的是，这个主体，这个家庭成员，这个人。"[1]费尔巴哈在这里根据他的需求定义了"人"。很明显，虽然黑格尔限定了这个"人"作为一个需求的复合物而存在的领域，但是费尔巴哈将需求的范畴普遍化了，这是因为，他设计出的"真共同体"模型是从"需求的立场"出发的。

费尔巴哈很清楚，在将黑格尔的范畴简化为直接的人类团结的过程中，他已经颠覆了"人作为人"和"人作为公民"之间的区分，而这种区分在18世纪和19世纪早期的政治讨论中是很常见的。[2] 那些年代的许多思想家都坚持根源于亚里士多德的政治理念，认为政治能力取决于公民对于需求和自我利益的独立。[3] 因为亚里士多德认为，只有从必然王国和家庭的束缚中独立出来，才能确保终极目的是过上善良和正义生活的社群参与者的自由。然而，最初的亚里士多德对于必然和自由的区分，实际上已经体现在劳动奴隶和妇女与一个自由的男子政治阶层的分离中；到了18世纪，这种区分已经被内化为代表同一个人的不同时期或者能力。这不是一个简单的二元性可以维持的，二元性假设作为"人"时，个体可能会自私地行动，

---

[1] Feuerbach, "Preliminary Theses", p. 171.
[2] Shklar, *Men and Citizens*; Manfred Riedel, *Between Tradition and Revolution*, p. 140f.
[3] Manfred Riedel, "Burgerliche Gesellschaft", *Geschichtliche Grundbegriffe*, vol. 2.

然而当作为"公民"时，他有义务为了集体的利益而无私地行动。然而，尽管在个人利益与公共责任、社会的人与政治的人的分离中有其固有的不稳定性，尽管对于北美革命和法国大革命问题上的争论以及对于诸如康德、摩西·门德尔松、黑格尔等德国人思想的争论也都没有达成一致，这种区分还是被证明是极为持久的。

费尔巴哈没有否认对于不同的公民和社会能力进行区分的努力，但是，他对于黑格尔的政治哲学的批判的用意是很明显的。从费尔巴哈的人本主义立场来看，区分"人"和"公民"的整个传统一定表现在神学的意义上，因为它使人的"公共特质"与人自身相异化。① 因此，费尔巴哈对于"人"和"基督徒"在宗教领域上分离的批判，与对"人"和"公民"在社会政治领域的分离（同时引申出劳动与政治的分离）的批判有机结合。人和公民之间长期的二分法已经失去了它的确实有效性，因为在他看来，需求不再作为对政治上的道德威胁出现，而是作为人类对于善，也就是人性全面发展的追求手段而出现。

因为需求处在费尔巴哈的"真共同体"概念的中心，他谈及的国家也就根本不同于黑格尔的那些词语。黑格尔的国家需要通过复杂的中介与社会联系起来，并且它旨在在一个更高的统一性中牵制市民社会这一必然性领域的内在分裂。对费尔巴哈而言，他认为他已经发现了市民社会内部社会组织的原则，而国家在他看来是描述社会关系与社会活动之总体性的普遍术语。更进一步说，爱的政治经济学以及它的合作的劳动分工构成了这一总体性：

> 在国家里，人们的权力使他们区分开来，并将他们置放于不同的次序上。通过这种区分以及整合来构造一种无限的存在，因为不同的人与不同的力量会形成一种单一的权力。国家包括

---

① Feuerbach, "Preliminary Theses", p. 171.

所有的实体，是人的天意……我被一种普遍存在所包围：我是整体中的一部分。①

如果真正的国家是"无限的、无穷的、真实的、完美的以及神圣的人"，那么费尔巴哈则只是把一个人保留在"国家"的顶峰处，因为他不想形成另外一种孤立的抽象："在国家里，人们的基本特性或者活动通过特殊的财产权得以实现，但在作为国家元首的人那里，他们又构成一个统一体。"②这个国家元首具有一些与黑格尔讲的君主相类似之处；但是正如费尔巴哈所构思的国家一样，他也从根本上改变了国家元首的概念。黑格尔的君主象征着国家的立宪总体，而费尔巴哈则写道，国家元首代表"无差别的各阶层的人，对他而言，他享有所有平等的义务与平等的权利。他代表全世界的人"③。国家元首因此不仅仅代表国家的政治统一体，而且代表了人类社会力量的统一体，因为他在相互依存的体系中产生自身。

费尔巴哈对国家本质的清晰说明，再次暴露了激进的民主主义在逃避个性认同和主观决策中出现的困难。费尔巴哈的国家元首被认为是斯塔尔的国家元首的对立面：费尔巴哈的国家元首是一个"人"，"像所有我们一样的善良的人"，可假定的被选举出来的执行者。斯塔尔的君主包含在神秘的政治神学中，引入了从天上到地下一片混乱的社会大众的统一体，费尔巴哈的国家元首是拥有主权的人们构建自己统一体的一个内在过程的现实化或者显现；斯塔尔的君主是一种特殊意志，费尔巴哈的国家元首是一个类主体，他的意志与活动是人类自发的意志与活动。然而，即使这些超然权力与内

---

① Feuerbach, "Necessity", p. 150.
② 如果将费尔巴哈对产业与国家间的关系的表述与黑格尔在《法哲学原理》第 302 段中的表述相比较，我们会再次发现费尔巴哈对黑格尔将国家与市民社会加以分离的做法是表示反对的。
③ Feuerbach, "Preliminary Theses", p. 172.

在权力的概念之间的对比足够真实，它们在试图通过统一性来实现多元性上却是一致的。这两者都导向了一个更强的主权统一性的概念：在斯塔尔的范例中是选定实实在在的人；在费尔巴哈那里则是用一个类主体，直接继承了卢梭的"公共人"，法人通过共同体中个体的联盟来形成。①

费尔巴哈渴望一个真正的人类社会，一个可以克服人类的非政治化以及追逐私利活动的伦理共同体，一种自觉地将活动指向类的完善的美德，这就形成了对一个明了的、直接的人与人相统一的共同体的需求。黑格尔认为个人只用一种直接的方式就能将自身与整体统一起来，费尔巴哈对黑格尔哲学这一整套方案感到急躁不安。他的急躁不安表达了19世纪40年代早期黑格尔左派中的一种普遍的信念，即黑格尔哲学不再能满足时代的要求。盛行的保守主义氛围，政治生活中反动力量的明显成功，以及锐化的社会张力似乎都呼吁一个更直接、更彻底的解决方案。黑格尔设想了一个辩证的统一性，费尔巴哈开始意识到一个微弱的二元论。事实上，他把政治生活与社会活动的分离看作人类真正异化的一个表现。这个想法在费尔巴哈那里仍然是神秘的、不明确的。它成为1843年明确了自己的批判立场的青年马克思的一个信条。但这是后一章的主题了。

对本章而言，与其说充分强调了费尔巴哈讲的社会与政治问题对青年马克思的影响，不如说更多地强调了费尔巴哈与我们回溯到19世纪30年代的激进思想流派的密切关系。费尔巴哈的人本主义无神论与空想社会主义的社会泛神论，以及前者讲的"感性"与后者讲的"物质的复兴"之间的对应，足以表明费尔巴哈共享了散布于19世纪30年代德国进步分子中的社会浪漫主义。对许多德国青年知识分子来说，空想社会主义提出了一种新颖的方法，可以将其用于非正

---

① Rousseau, "The Social Contract", in *Social Contract. Essay by Locke, Hume and Rousseau*(Oxford, 1948), p. 257.

义和苦难的新大陆上,以祈求宗教的和谐。空想社会主义的影响为德国基督教人格主义者与泛神论者之间的争论引入了一个全新的、重要的"社会"维度,它加剧了人格观念与市民社会间的负面联系。在德国与法国传统交汇点上形成了一个新的关于爱的泛神论,它力图克服基督教人格主义和现代商业社会的利己主义。这个新的社会泛神论与"社会主义"基本相同,在过渡到"科学社会主义"前的时期,社会主义意味着对一个正确理解人类的集体存在实际结果的道德承诺。这是一个多愁善感的激进主义,天真而浪漫,但它处在三月革命前的德国的严肃政治与社会氛围中,充满了压抑。当遇到沉重的政治镇压与恶化的社会条件时,这种微妙的组合便快速浓缩成对行动的更加激进的呼吁。海涅在1840年声明,未来属于"钢铁般的人"[1]。那个时候,他自己早已经割裂了与空想社会主义的联系。这种激进主义风格也许瞬息即逝,但它深深地铭刻上了海涅、契希考夫斯基、赫斯、费尔巴哈以及许多他们与同时代的德国进步分子宗教的、哲学的与社会的希望。

---

[1] Heine, *Sämtliche Werke*, vol. VI, ed. Ernst Elster (Leipzig/Wien, 1890), p. 536.

# 第6章
## 卢格：激进的民主和人格的政治(1838—1843)

1844年，以德语为《对两个世界的审视》撰写政治文学报道时，法国作家泰兰迪尔抱怨青年黑格尔派"奇怪的、半神学的、半共和的演说"[1]。泰兰迪尔沉闷的描述被很好地应用于卢格，卢格认为自己在政治上承担了同样的批判，这种批判是施特劳斯和费尔巴哈在神学中所追求的内容。[2] 的确，如这些名人在神学领域所做的一样，卢格设立了短暂的青年黑格尔派运动的政治议程。从1839年爱德华·甘斯之死到1843年《德国年鉴》的镇压，卢格，不容争辩是最突出的进步的黑格尔主义政治作家。但是不像甘斯，卢格对黑格尔的政治体系发起了根本性的攻击。再者，与甘斯相比，卢格的思想路径也促使他远离了自由主义的主要原则。在马克思之前，卢格比任何左派黑格尔主义者更有力和更清楚地标志着激进的左派与自由主义的分道扬镳。然而，由于卢格是一个坚定的新闻界和代议制政府的捍卫者，很多早期的学者选择把他归为自由党人，以及德国资产阶级争取解放的领军人物之一。鉴于这个观点，德国的自由传统被

---

[1] A. Schwegler, "Die Revue des deux mondes über die Junghegelsche Schule", *Jahrbücher der Gegenwart* (1844), p. 475.

[2] Arnold Ruge, "Politik und Philosophie" (1840), *Die Hegelsche Linke*, p. 191.

第 6 章　卢格：激进的民主和人格的政治（1838—1843）

同化，他也因此"分享"了此中公认的缺陷，即对权力的信任和对国家自由认同的意愿。在卢格生命的最后几年里，他的"绝对国家"的观念和他对俾斯麦的支持似乎将他置于这样一种境况，即诋毁 19 世纪德国自由主义者的传统，这些自由主义者在 1848 年革命失败后成为权力国家的崇拜者。[①]

事实上卢格和很多其他三月革命的激进主义者一样，常常把自己认定为反对普鲁士专制主义的重要运动中的自由主义者。[②] 但是卢格在任何意义上来说既不是集权主义者也不是自由主义者。相反，在他最激烈和最重要的活动时期，从 1838 年到 1843 年，当编写了《哈雷年鉴》和它的后继者《德国年鉴》之后，卢格转向了彻底的激进主义，这种激进主义混合了古典民主共和主义和社会层面的集体主义。这一章将会说明在 19 世纪 30 年代后期神学政治学关于人格的争论如何作为一种重要的媒介来衔接卢格越来越激进的立场。鉴于这种常见的修辞学和意识形态的背景，卢格的思想发展与我们在前两章中追寻的轨迹在许多重要的方面都很相似。然而，在费尔巴哈的社会政治责任深深嵌入他的神学和纯理论哲学批判的那些地方，卢格的政治思想就停留在明确而简洁地阐述人格的神学批判的社会和政治影响这一层面。卢格的著作就像是一面三棱镜，折射出施特

---

[①] 关于这个德国自由主义观点的经典陈述，可参见 Leonard Krieger, *The German Idea of Freedom. History of a Political Tradition fron the Reformation to 1871*(Chicago, 1957)。关于卢格作为一个自由主义者的论述，参见 Sidney Hook, *From Hegel to Marx* (Ann Arbor, 1962); James Willard Moore, *Arnold Ruge: A Study in Democratic Caesarism* (Ph. D. Diss. University of California, Berkeley, 1977); H. and I. Pepperle, "Einleitung", *Hegelsche Linke*, p. 23; Hans Rosenberg, "Arnold Ruge und die *Hallischen Jahrbücher*", *Politische Denkströmungen im deutschen Vormärz*(Göttingen, 1972), p. 99; and Herbert Strauβ, "Zur Sozial-und ideengeschichtlichen Einordnung Arnold Ruges", *Schweitzer Beiträge zur allgemeine Geschichte*, 12(1954), p. 165。

[②] 三月革命前，激进分子和自由主义者的区别常常被一种"一般性对立"的语言模糊化。对于在此所涉及的术语之不确定性的探讨，可参见 Peter Wende, *Radikalismus im Vormärz.Untersuchungen zur politischen Theorie der frühen deutschen Demokratie*(Wiesbaden, 1975), pp. 1-30; Wolfgang Eβbach, *Die Junghegelianer*, pp. 184-185。

劳斯和费尔巴哈神学—政治学的研究直接朝向政治和社会方面的蜕变之光。

## 一、美学与共和主义

关于卢格早期生活的传记资料现在一应俱全，我不打算赘述。[①]我在这里只是想强调与我们主题相关的某些因素。卢格1802年生于瑞典一个叫"里根"的岛，作为一个孩子，他目睹了拿破仑的军队占领他的岛屿。当他还是一个青少年时，他就秘密地致力于"民族觉醒"的事业。当时爱国的热情燃烧了整个德国东北部，构成对法国的侵略和占领的回应。作为一个年轻的学生，卢格的爱国情怀在哈勒和耶拿得以复苏，在这里他参与了德国的学生运动，被卷入了"学生社团"的一个叛翼组织"青年联盟"。"学生社团"在反抗拿破仑的斗争中率先对法国发起反抗，但是其成员的浪漫民族主义和宪法要求的混合使得他们在复辟时期造成滋扰。所以，"学生社团"在1819年的卡尔斯巴德法令中被取缔。由于参与了"青年联盟"，卢格在1824年被捕并被判十五年的监刑（在一个名叫"库徘尼克"的监狱）。在腓特烈·威廉三世赦免他之前，他服刑六年。卢格后来认识到争取国家独立自由的战争不仅反对拿破仑也反对法国大革命，而法国大革命的原则他并没有抨击。19世纪40年代，他成为"反动的"德国爱国主义分子的有力对手，并且他追溯19世纪初反法国的德国沙文主义青年团体的血统。然而，在19世纪30年代后期到19世纪40年代，他继续寻找争取国家独立自由的战争中壮烈牺牲的范例，将其作为积极的市民道德的榜样，以此来表达他真正的公共精神和政治生活

---

[①] 特别参见 Moore, *Ruge*; Mah, *End of Philosophy*; and Beatrix Mesmer-Strupp, *Arnold Ruges Plan einer Alliance intellectuelle zwischen Deutschen und Franzosen*, Bern, 1963.

的理想。①

　　监禁没有冷却他的浪漫激情，无疑他背景的其他方面和开发智力的兴趣已经足够了。首先，如卢格在他的自传中告诉我们的，他在一个新教理性主义的氛围中被抚养长大。他的父亲和鲁根当地的牧师都是理性主义者，他在施特拉尔松德中学读书时的老师是康德主义者。② 在遭遇黑格尔主义之前很长一段时间，卢格吸收了启蒙思想的这样一个信仰，即宗教的核心能与理性相容，对天启教的怀疑只是信念的积极形式。如卢格在1838年所说，宗教改革运动的核心是精神的力量"在它自己的基础之上设立自身，并给予它自己以自身与上帝的关系"③。在19世纪，这种理性的个人主义很容易支持自由的政治。④ 然而，正如黑格尔已经做的，卢格远离了新教的个人主义和主观主义的潜在可能性，并且强调新教不可能形成新的集体生活信念的基础。直到1841年，卢格才坚持黑格尔的新教自由理念世俗化的视野。尽管他已经接受了施特劳斯、鲍威尔和费尔巴哈的激进反神学理论，但他仍然认为，通过为集体主义的道德生活而生的新教的人性化关怀，新教反社会的动力可以被平衡。

　　古典研究对卢格的影响也削弱了任何浪漫主义对他的吸引力。19世纪20年代早期在哈雷的时候，卢格在短暂地涉足神学研究之后转向了古典。他坚定的兴趣来自于耶拿亨利希·路登的个人影响。亨利希·路登是古罗马历史和哲学学者，也是政治自由者和受欢迎

---

　　① 对于争取国家独立自由战争的双重形象，卢格在1840年关于埃尔斯特·阿尔恩特《为了外部生活的纪念》的评论中有清楚的表达，有关于此的论述，参见 *Hegelsche Linke*，pp. 172-188。关于种种有关争取国家独立自由战争的神话，参见 James Sheehan，*German History*，p. 387；Christopher Clark, "The Wars of Liberation in Prussian Memory: Reflections on the Memorialization of War in Early Nineteenth-Century Germany", *Journal of Modern History*, 68, 3(Sept. 1996)pp. 550-576。

　　② Moore, *Ruge*, p. 23.

　　③ 转引自 Mesmer-Strupp, *Ruges Plan*, p. 26.

　　④ Hans Rosenberg, "Theologischer Rationalismus und Vormärzlicher Vulgärliberalismus", pp. 18-50.

的演说者。① 在库徘尼克服刑期间，卢格翻译了索福克勒斯和修昔底德的作品，而且专注地研究了伯里克利对雅典人的演讲。卢格对希腊的迷恋将他固着于德国的古希腊文化传统，其理想化的古罗马城邦已经在18世纪晚期成为德国知识分子之间的老生常谈。② 18世纪古希腊文化走向了确定的正统宗教的敌对方，但是它对于启蒙运动之基督教和社会改革的努力是一种补充。古希腊的道德被用来反对基督教狭隘的沙文主义和自大，而自由和负责任的市民形象强化了启蒙运动理性自由和个人责任的潜在颠覆性寓意。事实上，通过法国大革命对古希腊形象的挪用而唤醒自我意识时，复辟政府很有理由担心古典教育将会激发学生的共和思想。③

德国对希腊的着迷并不仅仅只是一个单一制社会的理想化形象。如约瑟夫·查特里最近所说，德国的古希腊文化集中于审美自由和政治自由之间的理想连接。本着这一精神，在席勒的《审美教育书简》中最有力地表达了艺术家致力于按照他所自由设想的形式来呈现典型的自由形象，以此协调感性对象世界中的个体和人类的世界，即城邦。在前者，对于美的创造证明了"道德自由并非被自然的因果关系废除"；在后者，"道德自由服从于一种自我规定的规律，政治自由是一种授予整个社会中每一个个体的自由，并且与授予其他人的自由是兼容的"。因此，席勒写道，最"完美的艺术品"是"真正的政治自由的建设"④。德国知识分子认为自由的审美理想已经集中体现在公元前5世纪的雅典城邦，这就是依据个体自觉意愿的社会形象来创建国家。这不是自由主义的观点，更不是人格神或者君主作为一个艺术家像创造一件艺

---

① 参见 Ralph Marks, *Die Entwicklung nationaler Geschichtsschreibung. Luden und seine Zeit*(Frankfurt, 1987)。关于卢格与路登的关系，参见 Moore, *Ruge*, p. 35f。

② 参见 E. M. Butler, *The Tyranny of Greece Over Germany*(Cambrige, 1935); and Josef Chytry, *The Aesthetic State. A Quest in Modern German Thought*(Berkeley, 1989)。

③ Franz Schnabel, *Deutsche Geschichte imneunzehnten Jahrhundert*, vol. 2 (Freiburg, 1933), pp. 360-365.

④ Chytry, *Aesthetic State*, pp. 90, 85, 77.

术品一样来创造国家的保守浪漫形象。更确切些，如查特里注意到的，席勒主张一个重要的统一体，这个统一体中包含了卢梭激进的契约论以及康德、卢格这类被忽视的 19 世纪的人物。

卢格的一个朋友（也是他的一个崇拜者）的证词给了这种连续性以充分的证据。在一篇 1847 年的文章中，赫尔曼·弗朗克写道，卢格结合了"希腊的审美自由"和"法国的政治自由"。弗朗克讲述了卢格从监狱被释放后，如何转向了柏拉图式的美学，进而又发现柏拉图的先验论和寂静无为不能满足他在人类世界中的兴趣。弗朗克告诉我们，通过援引"美学的观点"①，他首先试图在美学自身内调和柏拉图王国的形式和现实世界。这正是席勒的"游戏的冲动"，席勒相信这种冲动可以通过平衡对人格"正规"条件的冷漠和对舒适的生活内容的驱动从而使人类达到整体性。无可否认，19 世纪三四十年代的青年黑格尔派与其说赞颂席勒的美学政治思想，还不如说赞颂他生动的、不安和叛逆的戏剧人物。此外，卢格坚持认为，理性和古典平衡限制了他对于席勒美学丰富遗产的开放审视，这份遗产主要指的是形成了马克思劳动理论的一个组成部分的感性活动和自由的统一体。正如他在批判海涅的"轻浮"时所显示的那样，卢格成熟的著作显示出了一种在审美的"游戏"之上公开的政治艺术偏好。不过，即使受到卢格的革命热情和资产阶级优越感的混合所施加的限制，席勒调和美和自由的理想仍是卢格自身自由状态理想的必要背景。他从未放弃过自由公民的视野，即充分参与共同体之政治生活的自我决定权的视野，也从未宣布放弃他的希腊人是"彻底的政治

---

① Hermann Francke, "Arnold Ruge und der Humanismus", *Die Eoigonen*, 4 (1847), pp. 98, 112-113.

人"的信念。①

因此，从卢格19世纪20年代早期的背叛行动，到他在1830年法国大革命中的文章中称自己是一个"共和主义者"并把世界历史描述成为"永恒的反抗侵占自由的斗争史"②，再到他19世纪40年代的激进立场，都是必要的连续。可以肯定，卢格的古典主义和他对新教的理性主义的坚持，都于19世纪30年代早期在他读到黑格尔的时候被改变。但是我们不能对这些早期的腔调继续置若罔闻，即便是卢格最为重视的黑格尔的著作。卢格比起费尔巴哈、鲍威尔和施特劳斯这些黑格尔哲学的新生者来说，在更大程度上折中地吸取了启蒙运动和德国唯心主义的养分。当他在三十多岁第一次认真地研究黑格尔的时候，他已经阅读和经历了很多，这都有助于他的观点的形成。这方面的研究表明，卢格和许多其他的19世纪二三十年代的年轻知识分子，在过于依赖意象的转换去描述与黑格尔主义的相遇时显得谨小慎微。意象的转换不仅仅直接使黑格尔思想的理性吸引力具有了情感特权，同时也排除了对其他知识传统的持续性影响的考虑。

## 二、普鲁士的忠诚和批判精神

近期英国大多数讨论卢格的著作，如哈罗德·马的《哲学的终结》《意识形态的起源》，在很大程度上依赖转变和觉醒的过程来解释青年黑格尔派运动的失败。马认为，卢格、鲍威尔和马克思都遭受了一场信仰的危机，当普鲁士王国显露出对哲学和自由的敌意时，

---

① 关于第一点，参见 *Aus früherer Zeit*, vol. 3(Berlin, 1863), p. 160; 关于第二点，参见"Die Hegelsche Rechtsphilosophie und die Politik unsrer Zeit"(1842), *Hegelsche Linke*, p. 444. 即使在他的回忆录中，卢格还声称"我们把一切好的事物和世界之人类归功于雅典共和国"，引自 Moore, *Ruge*, p. 427。

② 转引自 Moore, *Ruge*, p. 54。

这迫使他们重新评估他们关于黑格尔和普鲁士王国的关系。马声称，就卢格而言，他在 19 世纪 30 年代早期的黑格尔主义的转向，使他成为普鲁士的代言人，对他来说，普鲁士王国自由哲学的自我意识的特性和新教的信仰已经被"稳固地建立在 1838 年的政治现实上"①。在马看来，只有卢格对于奥特斯坦失败的沮丧，以及对普鲁士王国从 1838 年起提倡的理性和自由的原则终结于 1841 年《哈雷年鉴》的镇压的失望，迫使他放弃了对普鲁士的忠诚。毫无疑问，国家的镇压加剧了卢格的疏离感，甚至促使他绝望。马的论文将青年黑格尔派置于一个消极的、与他们的社会政治环境相对抗的地位中。他的论文忽略了一个事实，即卢格先于普鲁士王国的镇压行动的早期职业生涯，是以批判的责任为标志的。马的著作并不承认青年黑格尔激进派有助于政治氛围的营造，虽然政治氛围是由青年黑格尔激进派所形成的。

这并不是说卢格是明确地反对普鲁士王国的。事实上他对于这个国家的态度非常矛盾。尽管他在青年时期被普鲁士王国监禁，但是他明显努力地适应比德迈式的社会，并寻求与国家的和解，但是必须考虑到他这些行为的基础是普鲁士学者任何的职业升迁都取决于国家的态度这一事实。对普鲁士忠诚的宣言经常出现在卢格 1838 年和 1839 年的著作中，他坚持声称他将对抗海因里希·列奥这样旨在歪曲国家真实本质的反动分子来保卫普鲁士。列奥在 19 世纪 30 年代中期作为一个自封的新教普鲁士王国的斗士出现，反对普鲁士天主教徒们的主张，但是卢格将列奥的虔诚神秘主义和奴性正统观念看作比任何天主教引起的威胁更严重的威胁。这个结论是显明的，因为它源自卢格对于黑格尔乐观信念的忠诚，黑格尔把新教作为自由精神的必不可少的媒介，以至于他认为新教的宗教真理能够被哲

---

① Mah，*End of Philosophy*，p. 110.

学的理解所转变和世俗化。当卢格与费尔巴哈的批判性著作相遇时，这种观点被果断地终结，但是在 1838 年，他仍然痴迷于黑格尔的基督教世俗化辩证法的进步寓意，他对列奥关于宗教改革运动的反向解释表示轻视，这支持了马丁·路德的"服从教义"而不是"自由精神"①。面对无神论以及列奥和其他《基督教会报》作者的激进主义对他的指控，卢格把普鲁士的形象辩护为进步和理性的国家，这个形象以黑格尔的普鲁士改革时代的描述为开端，并且已经成为黑格尔主义者之间的老生常谈。②

不论他的忠诚宣言是否出自真心，卢格成为一个"好的"普鲁士人的努力显然与其他人不同，这是一种更具破坏力的冲动。他年轻时参与"学生社团"已经表达了一种对现状的矛盾态度，如他在文章中支持七月革命。他甚至试图去讨好州政府官员，这足以证明知识分子在那期间对普鲁士现实生活的强烈热爱令人窒息地缺乏选择。此外，即使在 1838 年卢格希望与伊特米尔创办《哈雷年鉴》以刺激自己低迷的学术生涯，他的前景依然受阻，这在很大程度上是因为他过去参与"学生社团"的活动已经使当局对他产生怀疑。《哈雷年鉴》从一开始就想将批判精神作为一种方法，来应对卢格认为的德国公共言论令人失望的状态，卢格大胆地把这种状态归为"德国狭隘的公共领域"③。卢格这里是暗指德国联盟政治讨论审查制度的影响，这一制度作为一种权力的行使在 1830 年革命后日盛。《哈雷年鉴》旨在培育这种被压抑的公共领域，但是卢格在 1845 年回忆说："直接的政治

---

① Ruge, "Gegen Heinrich Leo bei Gelegenheit seines Sendschreibens an Joseph Görres", *GW*, vol. 4, p. 132.

② Ruge, "Die Denunziation", pp. 76-84.

③ Ruge, "Unsere gelehrte kritische Journalistik", *Blätter für literarische Unterhaltung*, 223-411-12 Aug. (1837), pp. 905-910; and "Gründung und erster Jahrgang der Hallischen Jahrbücher. Vorwort zum zweiten Jahrgang"(1839)*GW*, vol. 3, p. 11.

批判比直接的宗教批判更危险，它必须在一开始就被禁止。"①

卢格最初认为，折中派的无偏见很好地把"写作"和"阅读"公开地拉入到批判性的讨论中，但是从一开始他就存在跟黑格尔同样方式的非黑格尔哲学的立场。②那就是说，致力于一个辩证方法的进步观的卢格认为，不充分立场的重述是扬弃它们，使之成为更高真理的必要准备工作。《哈雷年鉴》提供一个与时代矛盾作斗争的论坛，但是这并不意味着公平，因为该杂志被指定为负责实现"时代精神的著作"③。当战线被牢固地制定后，《哈雷年鉴》放弃了他们折中主义的幌子，卢格接受了挑战，把该杂志塑造成青年黑格尔运动的组织。甚至在创办《哈雷年鉴》之前，卢格就已经声明他对当时发展成为青年黑格尔派的"政党路线"的施特劳斯的神学批判的支持。④施特劳斯的论证加强并证实了卢格关于黑格尔辩证法的关键政治冲动的深刻见解。甚至在19世纪30年代早期，卢格一读到黑格尔就立马发现黑格尔的逻辑学是"一把双刃剑，猛烈地切割愚蠢的专制主义"⑤。受施特劳斯的鼓舞，卢格以"批判所有权威的精神"来对抗实证的、现存的权威。⑥正如施特劳斯在他的论战文章中所主张的，卢格在1838年和1839年仅仅通过在普鲁士的真实本质和政治现实之间建立一种确定的张力来捍卫普鲁士，这是如此地顺从反动分子，以至于他们的力量在19世纪30年代晚期明显地兴盛起来。

卢格将普鲁士与自由的自我意识原则的联合不仅仅视为一个简

---

① Ruge, "Unsre letzten zehn Jahre"(1845), *Sämmtliche Werke*, vol. 6(Mannheim, 1848), p. 79.
② 参见 Ruge, "Die Denunziation der *Hallischen Jahrbücher*" (1838), *Hegelsche Linke*, p. 78。
③ Ruge, "Gründung und erster Jahrgang der *Hallischen Jahrbücher*", p. 12. See also "Die Denunziation", p. 78.
④ Ruge, "Strauss und seine Gegner", *Blätter für literarische Unterhaltung*, 9-12 June(1837), pp. 645-657.
⑤ Ruge, *Aus früherer Zeit*, vol. 3, p. 287.
⑥ Ruge, "Gegen Heinrich Leo", pp. 133-137.

单的"事实"描述，而且是对这个国家致力于渐进改革的一个修辞学的劝诫。考虑到他在 1838 年对普鲁士的根本乐观，这似乎是合理的。这个禁令的效力应该与他同样频繁地警告如果国家违背义务革命就会发生的修辞效果同时发生。当以他的批判义务来衡量他对普鲁士的忠诚时，应该考虑到审查制度的影响。那就是说，很容易被误导而认为卢格隐藏了在 1838 年的革命政治议程。他真诚地相信普鲁士在理性改革上共享了他的兴趣；但是当国家否认他的时候，他同样会被误认为是一个信念破碎的普鲁士的辩护者。面对普鲁士的镇压，青年黑格尔派的批判变得更加尖锐，不仅仅是因为国家的理性信仰变得不堪一击，毋宁说，也是因为国家变得更加顽固，和缓他们的说辞并充当"外交官"（卢格语）的收益越来越小了。

## 三、卢格对人格主义的批判：从浪漫主义到黑格尔

追溯到前面的章节而从意识形态的背景来看卢格时，他的各种观点之间的冲突是明显的。在由施特劳斯的《耶稣传》引发的政治争论中，进步的黑格尔主义已经被政客和那些在 19 世纪 30 年代晚期更支持普鲁士皇家法庭而不是任何黑格尔主义者的个人辱骂为共和主义和民主主义。卢格对施特劳斯的支持是广为人知的，他清楚地将反黑格尔神学的争论视为一个"更广泛的进程"的一部分，其中包括了反对黑格尔政治思想的保守运动。① 如卢格在 1838 年关于海因里希·列奥的文章中所指，他已经充分意识到反动派所做的将施特劳斯神的人格批判和革命政治相关联的准备。事实上，卢格在 19 世纪 30 年代晚期的所有著作都揭示了他的意图，即渴望通过施特劳斯的争论来直接解决政治问题。

---

① Ruge, "Unsere gelehrte kritische Journalistik", pp. 905-906. See also Ruge to M. Carriere, 1 Feb. 1839, *Briefwechsel und Tägeblätter*, ed. P. Nerrlich(Berlin, 1886).

# 第6章 卢格：激进的民主和人格的政治（1838—1843）

卢格融合了他参与神学政治学争论和他早期在第一部主要著作中的审美情趣，这部著作就是他与伊特米尔合写的1839年宣言《新教与浪漫主义》。① 在政治反对派的持续攻击下，卢格几乎完全使他的审美判断从属于政治。18世纪90年代和19世纪初期的文学浪漫主义只是就揭示出19世纪30年代的反动政治势力而言对他才很重要。海涅的文章《论浪漫派》影响了卢格；卢格认为浪漫主义者的哥特式品位、他们对于中世纪的怀旧以及对于崇高的奥秘和遮罩仪式的热爱，都预示了一种天主教徒的感情，这是与新教的单纯和精神的独立相矛盾的。在他关于列奥的虔信主义的文章中，新教自由原则的浪漫主义腐化是卢格宣言的真正对象。② 从1835年起，卢格的基调与黑格尔在《现象学》序言中的浪漫主义批判基本一致，但是又因为关于人格的政治化争论而变得敏感，于是他将这些关于新教的歪曲归因于浪漫主义者对于"主观想象力"的固恋。

卢格承认《暴风与渴望》的诗人以他们充满激情的主观性赋予文学以新的活力，但是他坚称在费希特的影响下浪漫主义诗人把主观性提高到"我的狂热"的程度，这是一种最无节制的随意性。卢格的观点与费尔巴哈对实证哲学的反对没有什么不同。对于卢格和费尔巴哈，批判的对象都是一个自我或者个人的观念，自我或个人的本质外在于与其他人的关系。根据卢格的观点，利己主义使得浪漫主义诗人对世界漠不关心，将他们引入一种"天主教"精神和世界的二元论中，这证明

---

① 汉斯·罗森伯格声称，他们的宣言塑造了数十年浪漫主义"平民自由主义者"的解释，参见 Rosenberg, "Arnold Ruge", p. 111.

② Ruge and Echtermeyer, *Der Protestantismus und die Romantik* (1839-1840), ed. Norbert Ollers (Hildesheim, 1972), p. 2. 这篇文章同时也收录于下列文献中：Walter Jaeschke, ed., *Philosophie und Literatur im Vormärz. Der Streit um die Romantik (1820-1854)*, vol. 2, Hamburg, 1995.

了他们异化的脆弱感觉和他们对于人类状况的傲慢无视。① 相反，卢格为黑格尔哲学的现实性和朝向世界的定位辩护。哲学的统一导致了从主观性到客观性的变化，更重要的是教导了个体"他最好的特质不是个别的，而是普遍的"②。卢格拥护"民主精神"的理想代替浪漫主义孤立的利己主义，即参与政治世界的创建，在这个政治世界里自由将会具体和客观地实现。③ 卢格在他高度政治化的观点中信奉的艺术家形象是明晰的席勒主义的，真正的艺术家超越了自身的功利，而且将自由政治的建设视为最高的审美作为。

与艺术家的理想相比，在卢格的评价中，天才的浪漫主义宗教无疑是不民主的，因为它的极端主观性将诗人的自由和社会代理置于共同体之外。当他认为类似"精神贵族"的政治就是个人君主时，他就立即引申出了政治的寓意。关于神学和政治的交叉争论的考量，足以让卢格指责1838年版《耶稣传》时期的施特劳斯与浪漫主义的阵营相距太近。在他的批判的压力下，施特劳斯弱化了他原来关于个人的上帝是犹太人的集体意识产物的主张。因此，在新的版本中，施特劳斯将耶稣描绘成天才，就如施莱尔·马赫在他自己的《耶稣传》中所做的那样。这个改变没有把耶稣重新神化，但是它弱化了他原先1835年理论中的集体主义冲击力。卢格批判施特劳斯在自己的民主观上与"贵族"的天才思想相妥协。从个人天才的崇拜中，社会并不希望承认它自身的神性。④

---

① Ruge and Echtermeyer, *Der Protestantismus und die Romantik*（1839-1940），ed. Norbert Ollers(Hildesheim, 1972), p. 6. 卢格延伸了这种对青年黑格尔派的批判，他把青年黑格尔派视为利己主义团体。

② Ruge and Echtermeyer, *Der Protestantismus und die Romantik*（1839-1940），ed. Norbert Ollers, Hildesheim, 1972, p. 3.

③ Ibid., p. 23. "只有德国在它的政治关系中通过一种自由的公开起作用，这种意识才可能出现。如果这种改良过程超越了意识的主体性和思想的内在性，那么就仍然被一种片面的理论所牵绊。"

④ 这个段落是接着下列文献来讲的：Chapin Massey, *Christ Unmasked*, pp. 118-122, 137-140。

卢格在写作反对浪漫主义宣言的同时，从相对安全的审美批判转向针对普鲁士政府的持续运动。他声称，这已经背叛了国家的理性本质。卢格试图说服施特劳斯写作他认为是亟须的对于普鲁士君主制的批判。当施特劳斯拒绝时，卢格就采用笔名"伍特伯格"写文章以回应卡尔·斯蒂科夫被广泛讨论的辩护，这是关于反对立宪派要求的普鲁士国王个人君权的辩护。① 卢格选择笔名让他完成了好几个任务：免于遭受审查；使"伍特伯格"的主张在信奉新教的立宪国家（对普鲁士来说是一个有教益的补衬）以及席勒、黑格尔和施特劳斯的诞生地得到批准；最后，认同了由施特劳斯开辟的批判路线。② 在这个关于斯蒂科夫君主制个人权力的批判中，以及在1840年和1841年的其他文章中，卢格的注意力转向了专制政体的社会和政治的影响，专制政体已经以君主制原则的形式囊括了浪漫主义者利己主义的"我的狂热"。沿着其他进步的黑格尔主义者甘斯、柯本、福斯特的足迹，卢格批判了人们所熟知的保守派——斯蒂科夫、斯塔尔、谢林、舒伯特以及坚持至高无上权力的人格主义思想的柏林"旧"黑格尔主义者。

然而，当卢格把黑格尔也算入他们的行列时，他又更进了一步。如我们在第4章中看到的，在1839年，福斯特已经表明黑格尔的政治思想包含了一种潜在的破坏性人格主义元素，但是卢格更大胆地将黑格尔与实证主义哲学家的政治人格主义相结合。卢格对黑格尔的《法哲学原理》的首要批判如此一来就表现出基督教人格主义话语方面的重大转变。它是一个对黑格尔关于神学人格批判的政治哲学的直接应用，这已经使得施特劳斯和费尔巴哈声名狼藉。施特劳斯

---

① Karl Streckfuβ, *Über die Carantien der preußischen Zustände* (Halle, 1839; first published in the *Augsburger Allgemeine Zeitung* in 1838).

② Moore, *Ruge*, p.128. 阿多夫·斯塔尔这样写道：这篇文章"创造了一个难以置信的轰动，突然敢于说出一个已经公开的秘密的胆量是令人震惊的。"

攻击了基督教化身的教义，费尔巴哈攻击了一些黑格尔主义者在一位哲人那里对"哲学本身"化身的盲目崇拜的信念，现在卢格不仅对黑格尔自身的地位而且对普鲁士的状况提出了相同的批判，他认为黑格尔已经把政治合理性的化身绝对化了。① 从那个时候的一个熟悉的左翼主张出发，即黑格尔的弟子们通过忠实于他来克服他，卢格使用了一个大胆的新主张，即普鲁士人都是最忠诚地试图通过创建一个更好的国家去克服现在的国家。与这个推理相符合，卢格用一个新的短语"相对的绝对性"来替代黑格尔的"绝对性"，以显示每一个哲学或政治现象的不完备以及它的废弃是历史上的必然。②

第一个关于黑格尔政治哲学的左派黑格尔主义的重要批判随即而来，这可以说是施特劳斯批判立场脚本的预演。同样重要的是，在争论中，费尔巴哈首次表露为一个关于晚期的谢林和实证主义哲学家的"黑格尔学派"评论家。正如费尔巴哈随后将黑格尔和他的基督教实证论评论相联合的过程对于费尔巴哈无神论的人本主义的发展是必不可少的一样，一个类似的同化以黑格尔的政治哲学奠定了卢格新的思想突破之核心。虽然使黑格尔分享其最强有力的反对者的邪恶的精神行为对我们来说似乎是可疑的，但重要的是要注意，右派黑格尔主义者如勾希尔已经使这种亲和力让其同时代人感到信服。毕竟，超出观察者——从青年德意志成员库恩到青年黑格尔派成员施特劳斯和费尔巴哈——范围内的恐慌是，右派黑格尔主义已经几乎割让出一切给基督教人格主义者，以此来对施特劳斯的争论做出回应。一旦青年黑格尔派在黑格尔视为绝对的政治条件中觉醒，

---

① Ruge, "Zur Kritik des gegenwärtigen Staas-und Völkerrechts" (1840), *Hegelsche Linke*, p. 152(发表在这一文献中的版本是删减过的。必要时，可在另一文献，即《哈雷年鉴》中引用原始版本)。

② *Hegelsche Linke*, p. 154. 关于左派黑格尔主义的哲学之历史化的有趣讨论，可参见 Jürgen Habermas, *The Philosophical Discourse of Modernity*, trans. F. G. Lawrence (Cambidge, Mass., 1987), pp. 51-71。

对他们来说,将黑格尔和实证哲学的认同扩展到政治哲学领域是相对容易的。

这个重要的认同过程在卢格对黑格尔君权概念的批判中得到了最好的说明。反黑格尔主义者如斯塔尔攻击黑格尔将君主的人格从属于立宪国家的逻辑,卢格现在指责他与"谢林主义的实证论者"达到了同样的效果,即专注于君主个人的一切国家权力。在黑格尔看来,谢林主义者讲的君主,即自然人,是包含了"即时的团结他的人民"的国家整体性的"国家人"①。黑格尔表现为一个"实证主义者",因为他接受的只有这样的"给定"。如果在卢格的评价中有什么区别的话,黑格尔犯了比实证主义哲学家更糟糕的罪行而遭到谴责。因为后者接受给定的政治条件通过诉诸暴力的真实性,而黑格尔似乎准备以辩解和保守的理性来支持它。卢格宣称,在这两种情况下,"实证主义"都阻碍了理性自由的进一步发展。但是黑格尔不自然地派生出长子继承制这样的现存关系,这种派生是源于概念的逻辑需求而不是对历史过程具体的、理性的分析。因此,在卢格的评价中,黑格尔表面上促进理性标准,实际上促成了合适的理性标准的衰退。

黑格尔对历史"给定"的妥协,连累了卢格指认的对政治哲学的最大贡献,即试图在理性的人类主体的自决权之上建立国家的主权。在卢格看来,这是政治意愿的真实来源,但是他声称黑格尔对个人主权的坚持把自决权的角色弄得莫名其妙。相反,卢格重复了早期进步的黑格尔主义者如甘斯的观点,认为国家应该作为一种中介的总体性来理解,他思想的这一点就意味着君主立宪制将行政权从属于立法权。②

卢格可以把黑格尔置于黑格尔自己也排斥的反动的人格主义之列,然而同时卢格也支持一个实际上看起来与黑格尔的观点差别不

---

① 卢格在这里意译了黑格尔《法哲学原理》的第280段。参见Ruge,"Zur Kritik",p.163。
② Ruge,"Zur Kritik",p.166.

大的君主立宪制的观点，这就是青年黑格尔派与谢林主义的实证主义者论战的强烈影响的证据。切身的意识形态背景可能导致了卢格对黑格尔带有偏见的评判，但是对人格主义的争论提升了他对黑格尔政治哲学的不民主本质的洞察力。因此，他批判了黑格尔未能显示君主这个"历史的个人"是如何由国家的总体性所确定的，推而广之，这个总体性自身是如何由大多数拥有主权的人民的意愿所确定的。尽管卢格承认黑格尔分派给君主的只是最少的责任，但他坚持黑格尔忽视了君主意愿的民主基础，跟斯塔尔对于先验的君主权力的主张产生了同样的影响。黑格尔将自治主体的集体自决权从属于一个"空的概念"，即先验的君主之独断和任意人格，这也是有罪的。

挑战了斯塔尔和黑格尔的君主意愿人格化，卢格就面临着费尔巴哈面临的同样的诱惑，即将作为整体意愿的更高来源的"人"人格化。但是，这个诱惑明显地与他讲的普遍历史意义有矛盾。一方面，他坚持大多数的意愿永远不是绝对的。这甚至可能是错误的，如果过程保持着活力并且呈现为开放式，它始终在未来是有待修正的。此外，他对于普遍的选举权持谨慎态度，不是将它作为一个直接的目标而是作为一种扩大政治包容性过程的合理端点。卢格在这里表达的是他对于社会问题的首次担忧，这主要指向这一创造了非人性等级的过程，他认为这种等级在现在的情形下是没有政治参与能力的。他表明，教育能够纠正这一点而且能够在将来为普遍选举权创造条件。另一方面，卢格认为教育能够培养集体的内在理性并且确保其一贯正确。① 后来，在1843年，德国人民未能维护青年黑格尔派对抗普鲁士和撒克逊政府的镇压措施之后，一个缺口在卢格设定的人民的理想代表和未能认识他们公认的合理利益的现实的人民之间被打开，这时他也未能屈服于激进的民主主义者所熟悉的不满。

---

① Ruge, "Zur Kritik", pp. 168-171.

在这个时候,他既对他们丧失希望又渴望创造一种"新"的人民。①

## 四、私有和公有、基督徒和人道主义者

直到 1842 年年底,卢格才讳莫如深地公开宣布对共和主义的虔诚。不是就此事而言他是明确的共和主义者,而是因为他与黑格尔的断裂并不完整。那就是说,卢格关于基督教人格主义的政治结果的攻击集中于一个经典的共和制主题,即私人和公共生活的紧张局势。据他所说,普鲁士王国信奉君主制人格主义的原则,这就意味着国家的运转很像天主教教会的等级制度。君主和他的最高助理们享有教士般的"绝对国家"的权力,而其他人仅仅是"国家的门外汉",被否认拥有任何自我意识洞察国家或参与到国家生活中来。② 卢格认为,国民被排除在公共政治生活之外,在市民社会中只限于私人的社会地位。③ 从而,普鲁士的政治系统确保了人们在"受监护"的条件下受折磨,不能超越市场利己的私人利益。卢格在 1841 年感慨道,"绝对警察国家"遗留下来的是这样一片实利主义的土地,透露着政治上麻木不仁的庸俗。④ 而他对改革的时代动员人们从"市民向公民"的转变称赞有加,他坚持认为从那以后君主制倒退了。现在是

---

① Ruge to Fleischer, 18 June 1843, *Briefwechsel*. 可以在下列文献中参见卢梭的评论: Norman Hampson, "The Enlightenment in France", *The Enlightenment in National Context*, ed. Roy Porter and Mikulas Teich (Cambridge, 1981), p. 50。
② Ruge, "Karl Streckfuß und das Preußentum", *Hegelsche Linke*, pp. 115-116.
③ 黑格尔对市民社会中市民的限制,使卢格将《法哲学原理》批判为一本"普鲁士国家之书"。参见 *Hegelsche Linke*, p. 115.
④ Ruge, "Der preußische Absolutismus und seine Entwickelung" (1841), *GW*, vol. 4, p. 46. 对于"Spießbürger"一词之历史意义的简短讨论,可参见 Warren Breckman, "Diagnosing the 'German Misery': Radicalism and the Problem of National Character, 1830-1848", *Between Reform and Revolution: Studies in the History of German Socialism and Communism from 1840-1990*, ed. D Barcaly and E. D. Weitz (Oxford, 1998)。

满足于统治"小市民和利己主义者"而不是"共和主义者和自由人"。①眼看着国家的失败，卢格感觉到青年黑格尔派的任务是把德国人从实利主义中解放出来。② 这些担忧表明，卢格的政治纲领不仅仅是为了反抗君主专制的民主政治参与斗争。相反，在他的理解中，青年黑格尔派政治的主要目标是通过建立真正的公共生活，将市民从狭隘的市民社会中解放出来。卢格的政治思想因此将公共和私人生活的紧张局势明确地主题化，这一点，我们已经在诸如费尔巴哈、赫斯和契希考夫斯基关于神学政治学的人格思想中观察到了。

重要的一点是，卢格没有简单地总结出私有化的市民社会和垄断公众利益的政治社会之间的区别。相反，我们需要认识到，卢格坚持认为同样的私人精神特质渗入到普鲁士社会和国家当中。他认为，尽管国家声称包含公共的生活，但事实上仍然被作为其市民的相同的私有价值观所控制。通过创造一个经验的人的目标和国家的原则，浪漫主义者、复辟主义者、实证主义者甚至黑格尔确保国家不是作为一个自我意识社会的表达，而是作为一个人的私人统治权出现。③ 卢格声称，这"不幸的私人法律解释，即国家是君主的领域"意味着君主的自我主义仅仅与其他财产拥有者的自尊形成了对抗。④ 在1845年所做的一个公开的声明中，卢格讽刺地指出，"君主，这个国家的上帝，是唯一的私人，是贪得无厌的人，作为先验本质的代表，从普遍的人类世界中分离出来"⑤。卢格的评论，说明了左派黑格尔主义者是如何轻松地在个人政治主权共和制批判和市

---

① Ruge, "Der preußische Absolutismus", p. 20.
② Ibid., pp. 48-49.
③ Ibid., p. 125.
④ Ruge, "Der schöne Journalismus und die Tagesfragen" (1841), *GW*, vol. 4, p. 279.
⑤ Ruge, "Unsere letzten und Franzosen, von einem deutschen Publizisten in der Fremde", in louis Blanc, *Ceschichte der zehn Jahre, 1830 bis 1840*, trans. G. Fink (Zürich, 1843), p. xxiv.

民社会追求私利的个人主义的社会批判之间摇摆。我们在恩格斯1847年的评述中遇到过一个引人注目的相同的概念重叠的例子，即德意志的"专制君主们"不得不说，"市民社会就是我"①。在恩格斯对"太阳王"的著名格言的转换中，君主制国家的君主和市民社会的君主变得几乎完全相同。

从这一有利点，卢格可以认为"绝对国家"的缺陷在于事实上它并不绝对。当前的国家是私人对象，然而绝对国家必须是公共对象，卢格推论，或更好的情况是，因为国家"不是对象，不是事物，而是一种事态"，所以绝对国家必须是"公共生活"的代名词。作为对"自决的人民"的关心，国家应该"以它的自我意识充满他们的全部生活"②。绝对国家应该给所有的市民反复灌输一种"道德自主权"的意识，这种自主权是基于对每个个体在创建"公共生活"中的作用的认识。然而，当前的国家作为一个"伴随着单纯的世俗目标的纯粹外在联盟"而出现；它仅仅是"外在的生活和舒适"③的保证。也就是说，卢格判定普鲁士王国在理论和实践上都仅仅是一个"市民社会的国家"。卢格在这里所使用的"绝对国家"和"市民社会的国家"的区别，是在黑格尔的《法哲学原理》一书中得到发展的。对于黑格尔来说，绝对国家是伦理的具体体现，然而"市民社会的国家"本质上无非就是在市场中个体交往秩序的保证者。也就是说，这样一个国家从未超越市民社会，相反却是市民社会的行政司法组织。根据黑格尔的观点，这是在自由契约理论中对于国家的典型理解。

19世纪三四十年代意识形态背景的最重要和最有悖常理的特征之一，就是青年黑格尔派在复辟的政治理论中发现了与自由理论所包含的内容相同的东西。我们通常视为两种完全不同的政治范例——一是

---

① 《马克思恩格斯全集》第4卷，249页，北京，人民出版社，1958。
② Ruge, "Vorwort zum Jargang 1841 der Hallischen Jahrbücher", *Hegelsche Linke*, p. 204; "Karl Streckfuβ", pp. 120-121.
③ *Hegelsche Linke*, pp. 124, 126.

基于个人主义的自由传统；二是基于新封建主义和权力主义的反动传统——的融合是可能的，因为左派黑格尔主义将正统的新教与利己主义连接了起来。的确，他们对于"个人主义者"社会的批判首先被自相矛盾地阐明为对保守的政治浪漫主义的批判。我们已经发现自由的个人主义和新教人格主义之间的位移是德国和法国新生左派的一个共同特点。这是空想社会主义和德国作家契希考夫斯基、赫斯的重要组成部分，然而费尔巴哈对斯塔尔的批判却依赖于专制的基督教人格主义和个人主义的市民社会的联合。在这不稳定的左翼社会批判的几年中，贵族的个人主义、有神论的个人主义、资产阶级或贪婪的个人主义都是重叠的。因此，鉴于各种各样的"个人主义"的融合，卢格对保守的浪漫主义设想自私的自主权要求"鲁滨逊·克鲁索"的处境进行了指控，然而在随后的几年里，克鲁索作为自由的资产阶级人的原型服务于德国的左翼。[1] 下一章将会表明，甚至马克思，也是直到1843年年中，当他自觉地把批判的注意力转向自由主义时，才能清楚地区别这些形形色色的个人主义；但即便如此，早期的含糊不清持续地影响着青年马克思新兴的个人主义批判。

卢格坚称，作为一个单纯的"市民社会国家"，普鲁士不能真正地表达"有区别的整体统一"[2]。用卢格的黑格尔式语言说，它不能引导市民走向"上帝"——也就是说，意识到在社会上精神的化身。卢格因而具体地将费尔巴哈在19世纪30年代中期得出的一个普遍的洞见应用于政治："基督教国家"的君主制原则实际上是通过将权力定位于超验的人格来祛除公共生活的神圣色彩。[3] 如果我们不能认识到，直到1841年，当卢格在费尔巴哈《基督教的本质》一书的影响下完全抛弃黑格尔新教原则世俗化的思想时，他的政治目的是让

---

[1] Ruge, "Der preußischen Absolutismus", p. 56.
[2] Ibid., p. 57.
[3] 同样的主题构架，在布鲁诺·鲍威尔应卢格要求而写的批判斯塔尔的文章中也是显明的。参见 Bruno Bauer, "Der christliche Staat id unsere Zeit"(1841), *Feldzüge der reinen Kritik*, ed. Hans-Martin Sass(Frankfurt, 1968), p. 17。

他的读者意识到政治社会的圣礼层面,那么我们会错过卢格政治思想的一个极其重要的方面。偶尔,他用末世论的语言来呼吁一个作为人间的上帝的未来国王的形象。更频繁地,他谈到了新教徒的需求就是在国家中成为真正的基督教徒,或者换言之,国家的需求——如果是一个自由的国家——引导宗教的真理通向它自身的内心生活。①

当然,这与维持教士的等级制度、教义的权威,或者官方国家教堂特权的保守愿望毫不相同。与施特劳斯和费尔巴哈以逻各斯或者普遍的理性替换旧的超验的神性相一致,卢格声称,早在 1839 年,真正的宗教形式就已经像它在人类社会中表现出来的那样,是内在的理性原则。② 作为社会的最高表现形式,如果在理性化身的意义上来设想神性,国家也就达到了一种潜在的"神的"地位。因此,以集体主义的方式理解,国家就是真正的"上帝的形象"。③ 这个国家的观点,与卢格对于由施特劳斯、费尔巴哈和后来的鲍威尔发起的人格主义神学批判的支持完全吻合。因为卢格认为一旦新教主体在哲学的理性中认识到宗教的真理,国家自身就能够吸收他们的宗教推动力。卢格的意思是,精神自由的原则作为新教最具革命性和解放性的发现,能够从它极端的内部虔诚的形式转化为一种外在的政治和社会的形式。④ 自由本身就可以成为政治人物的宗教。⑤ 正如费尔巴哈辩称"一旦其宗教内容消失了,新教就自然地走向政治共和主义",卢格希望他斥责的基督教徒和浪漫主义的特性可以蜕变为市民的维权行动。"精神"(Gemüt),即基督徒和浪漫主义对个人气质

---

① Ruge, "Über Gegenwart und Zukunft der Hauptmächte Europa's" (1840), *GW*, vol. 3, p. 381; Ruge, "Die Hegelsche Rechtsphilosophie und die Politik unsrer Zeit" (1842), *Hgelsche Linke*, pp. 467-468.

② Ruge, "Der Pietismus und die Jesuiten"(1839), *GW*, vol. 4, p. 212.

③ Ruge, "Karl Streckfuβ", p. 126; and "Zur kritik des gegewärtigen Staats und Völkerrechts", *Hallische Jahrücher*, 155(Juni, 1840), p. 1237.

④ 参见詹姆斯·马西的卓越文章: James A. Massey, "The Hegelians, the pietist, and the Nature of Religon", *Journal Religion*(1978), pp. 108-129。

⑤ Ruge, "vortwort zum Jahrgang 1841 der Hallischen Jahrbücher", p. 205.

的固着，将会变成"勇敢"（Tapferkeit），即具有勇气的精神王国。①基督徒的"善"，一种超凡脱俗的、消极的和私人的品质，将会成为"公共的善"。简言之，基督教的资产阶级将转变为市民。

卢格强调政治"宗教"带有积极的责任。卢格写道："一个人越有价值，他将接受的责任就越多，责任越多，自由就越多，权利和自由的享受就越多。"②卢格的政治观点在这一点上是最不"自由的"，国家对宗教的吸收使得自由和责任的融合成为一种必要。然而，像尤尔根·格布哈特将黑格尔派的政治作为一个整体那样将卢格和极权主义的政治思想相关联，又是不合时宜的。③ 毫无疑问，卢格不愿意接受黑格尔的这样一个论断，即市民社会以私人利益的精神特质来构造个人主义的合法领域。像费尔巴哈或者马克思那样，他想通过"全人类的政治化"④来克服社会和国家、私人和公共生活的二元论，然而，他的目标与"国家人性化"是等同的。这就需要市民的积极参与，参与到对自由的实现中（必要时通过革命），参与到通过源自他们深刻的道德自主感的警惕来维系自由的过程中。因此，卢格认为政治权利不是自然的权利而是"教育的权利"，是市民通过斗争获得教育的结果。⑤ 这既不是一种"自由的"思想，也不是一种表达法治国家——作为一个抽象的"法律人"承受了由公共法律所定义的权利和义务的国家——的思想。

相反，卢格呈现给我们一个范例，这涉及古典共和主义传统在

---

① See Ruge, "Hegelschen Rechestphilosophie", and "Die Presse und die Freiheit", *Anekdota zur neuesten deutschen Philosophie und Publicistik* (Zürich, 1843), p. 111. "Gemüt"一词的意义在18世纪晚期是模棱两可的，见Dickey, *Hegel*, p. 224. 重要的是，黑格尔在他1802年的《自然法》一文中是用"Tapferkeit"一词来代替"Gemüt"一词使用的。迪基（Dickey）认为，黑格尔可能是受到了克里斯蒂安·卡弗对亚里士多德《伦理学》的翻译的影响，在《伦理学》中，"Tapferkeit"一词是指"作为人类政治联合体独有特质的勇气感"。

② Ruge, "Karl Streckfuβ", p. 126.

③ Gebhardt, *Politik und Eschatogoie*. 格布哈特（Gebhardt）的分析明显受到塔尔蒙（J. L. Talmon）在《极权主义民主的起源》中对一切形式的共同体主义之反对的影响。

④ Ruge, "Unsre letzten zehn Jahre", pp. 63, 95.

⑤ 卢格早在1831年支持巴黎的革命的文章中就表达了这个观点。见Mesmer-Strupp, *Ruges Plan*, pp. 16-17。

19世纪的持续影响,这一传统将自由看作公共机构的完善,而公共机构的完善又是由其对市民道德所产生的影响来赢取和衡量的,如此,自由得以保存所依赖的,也就是市民道德的力量。① 与费尔巴哈或者青年马克思一样,卢格接受了激进的卢梭主义者的共和传统的形式。这个形式强调通过个人规定自身的意志行为来实现个人自由与社会的调和。对于卢格来说,这是与道德和市民人格充分发展相称的唯一自由概念。换言之,只有共和主义可以充分意识到具体人格的原始构想,黑格尔本人首次为浪漫主义和主观主义的新教裁断的利己主义人格提供了一种解药。

卢格说,具体的人格在古希腊雅典城邦得到了最好的实现。然而,这个"整体"生活一体化的理想与它所持有的理性主义和世界性的观念相冲突。他从来没有设想过一个卢梭式的"市民宗教",以唤起共和国公民的忠诚和美德。卢格的"政治宗教"隐含的只是新教的精神自由到"世俗的"政治形式的转化。他认为,对自由的理性认识,是对政治"悲怆"免除仪式的自我激励。② 此外,他的普遍理性的信念使得他成了狭隘的沙文主义和民族主义的死对头。因此,他排斥浪漫主义的国家有机概念,支持以德国启蒙运动的世界性推动力取而代之。只有当爱国主义的目的是保护一个反抗专制主义的自由共

---

① 关于共和传统的经典著作是: J. G. A. Pocock, *The Machiavellian Moment. Florentine Political Thought and the Atlantic Republican Tradition* (Princeton, 1975)。当然,波科克(Pocock)讲的17、18世纪英格兰和苏格兰的市民人道主义不能简单地移植到对德国的研究中。但最近的研究表明,在某种程度上,18世纪的德国作家通过对英格兰和苏格兰共和党人著作的接触和对德国古典传统本身的揭示,市民人道主义传统获得了一些显著的支持者,如席勒、克里斯蒂安·卡弗、青年黑格尔。参见 Dickey, *Hegel*; Chytry, *Aesthetic State*; Oz-Salzberger, *Translating the Enlightenment*; Waszek, *Scottish Enlightenment and Hegel's Account of "Civil Society"*。

② 因此,将卢格的宗教等同于卢梭的宗教——正如温德在《三月革命前的激进主义》中所做的那样——是错误的。卢梭缺乏据以从宗教本身移转到其废止的哲学方法,而卢格的观点却是以这种黑格尔式的移转为基础的。

和国的时候，他才会接受爱国主义。① 此外，如费尔巴哈那样，他抑制了自己对古典城邦的热情。在1841年的一篇文章中，他评论说"旧的共和国"是不充分的，因为它只关注没有超出城邦的特殊利益；他还批判了古代城邦的市场和"公共领域"，因为"眼睛和耳朵"都未能达到"城市公社"②所限制范围外的任何地方。卢格挑战公民人文主义炒作的长期传统，他声称不仅仅是"腐败"，而且是值得赞许的走向普遍性和世界性的自我意识演变导致了共和国的崩溃和罗马帝国的出现。然而，尽管他承认在集权和国家建筑的现代化进程中的收益，他却没有明确地赞美现代的国家形式。最终，他警告道，在一个大国家中，集权和公共生活更为抽象化的发展阻碍公民之间政治精神的发展，只有公民"内化"或者承担创建一个公共场所的任务，才能避免对自由的威胁。③

卢格力图保留政治现代性中的积极成果，即现代个人自由和理性的原则，但是要以古希腊的公共精神来鼓舞它们。人们可以预期，这个公共的、激进主义者的道德承诺将会导致卢格玷污市民社会的活动，他对于大多数德国人保持的政治监护负有部分责任。然而，

---

① 卢格关于这个问题的大量评论，主要见于他的《爱国主义》。卢格不认为常备军与自由不相容，他认为一个国家的市民民兵培育了自由的精神。参见 Ruge, "A Self-Critique of Liberalism" (1843), *The Young Hegelians. An Anthology*, ed. Lawrence Stepelevich (Cambridge, 1983), p. 258.

② 卢格的"公共领域"概念，其中心就在于它是用来争取政治自由的，它不是自由主义者对出版自由的需求的同义词，也不能简单地与哈贝马斯对传统资产阶级"公共领域"的理解相调和。卢格认识到真正的出版是作为一般精神的"公共"的文字化身。在这个过程中，通过人性自身的具体化，"事件"都通过"公共性的判断"被克服，众多的声音将逐渐变成一种声音。见 "Die Presse und die Freiheit", pp. 96-98. 这种想象将公共领域概念削减为一种"中立的"概念上和制度上的空间，在这一空间内，自由的条件通过对话和说服的艺术被双方同意而建立。就他关于公共投票合理性的一般观点来说，卢格的公共领域概念包含了对抗和斗争的"冲动"，这种"冲动"一方面朝向一个公开的真理主张，另一方面朝向一个已经由概念给定的合理性。在这种意义上，马(Mah)在《哲学的终结》(*End of Philosophy*)中对卢格和哈贝马斯的公共领域概念的相似性的评论，需要相当多的条件限制。

③ Ruge, "Zur Charakteristik Savigny's" (1841), *GW*, vol. 4, pp. 231-233. See also "Der preuβische Absolutismus und seine Entwickelung", p. 57.

显然这不是他应该做的事情。因为通过信奉人的本质的内在概念，他反而追随了一种概念路线，这种路线与基督徒人格主义的神学和政治影响的反对者追随的路线一样。卢格并没有比费尔巴哈和海涅更多地提升一个人类社会活动的维度。当民主共和主义成为一种全面的社会关怀时，卢格也就由此而成为重要过渡时期的典型代表。亚里士多德的古代城邦和家庭的区分，早期市民人文主义和共和党，以及享有规范性的公共政治话语和行为领域特权的卢梭都深深地影响了卢格，然而他们把经济领域仅仅作为腐败的私有价值的来源。相比之下，卢格试图将市民社会的生产活动纳入精神社会之中。他坚称，一个人一旦意识到社会中精神的内在普遍性，他将会意识到不仅仅是政治而且"市民社会和个人的生活也代表了精神的产品"①。因此，自我意识的市民将会不顾"自然人"的利己主义，进而致力于自由的精神社会。② 卢格在德国唯心主义这里发掘出丰富的脉络，因为人类受必要性的束缚和通过人类自觉意志立法之间的区别，就是康德、席勒、费希特和黑格尔的政治哲学的统治概念。果然，如约翰·托维斯所指出的，所有的青年黑格尔派都享有这样一个唯心主义观点，那就是只有当自然界作为一种自觉精神被纳入人类文化世界中，它才会获得其真实的现实性。③

卢格显然认为工业是从"自然"向"精神"过渡的一个组成部分。他写道，国家的内部任务在于"掌握自然和精神的解放"④。"有或者没有蒸汽机，精神永远都有任务将自然、未被开发的土地和人从属

---

① Ruge, "Zur Kritik des gegenwärtigen Staats-und Völkerrechts", *Hallische Jahrbücher*, p. 1238.

② Ruge, "Zur Kritik des gegenwärtigen Staats-und Völkerrechts", *Hegelsche Linke*, p. 171.

③ Toews, *Hegelianism*, p. 326.

④ Ruge, "Zur Krinerungen des gegenwärtigen Staats-und Völkerrechts", *Hallische Jahrbücher*, p. 1238.

于它自身。工业的意义就在于它是全部精神的产物。"① 唯心主义的持久性是显而易见的,但是唯心主义的自由概念的一个缺陷也是明显的,这个缺陷在于精神的自主性只能通过支配自然和开拓作为精神领域的自然而获得。我们也注意到,卢格对于现代科技力量的新认识扩大了精神工程,也预示了马克思的生产者偏见和他关于自然和人类解放之间关系的不确定的观点。

卢格将工业与精神联系起来,引导他去赞颂超越作为一种更普遍的商业形式的物物交换的金钱、超越殷实的农业庄园的资产阶级以及超越旧社团主义经济的商业经济。很显然的一点是,正如许多评论者所指出的那样,卢格的这些偏好,并没有使他成为"上升的资产阶级"的直接代言人。他主倡商业和自由贸易,并不是因为它们带来了繁荣、催生了自由,而是因为它们更有可能延伸超越物质领域的精神领域。这样一来,卢格就支持了排除来自于旧社团庄园的障碍的具有活力的现代市民社会,但他立即就把这种新的以个体的流动性为特质的个人精神注入一种更为广泛的人类社会概念中:

> 人类由以决定他自身的产业、规定性和差异性是什么?这是劳动的差异,劳动要么在自然中要么在精神中;任何懒散的、呆板享乐的、不劳动的人,只是"流民",而不处在产业中,不管他是拥有百万泰勒(元)还是拥有百万阴虱;如果人类代表了一种精神,那么,只有劳动的精神才是真实的。②

唯心主义可以作为工业与自然之克服的联系,它也让我们想起空想

---

① Ruge, "Errinerungen aus demäußeren Leben, von Ernst Moritz Arndt"(1840), *Hegelsche linke*, pp. 183-184; "Über Gegenwart und Zukunft der Hauptmächte Europa's", p. 352.

② Ruge, "Errinerungen", p. 186.

社会主义对社会两个阶级的划分,即将社会划分为生产的阶级和闲逸的阶级。卢格对空想社会主义者在德国的主要追随者(即年轻的德国人)的"轻浮"和女权主义观点持批判态度;实际上直到卢格前往巴黎,他才提到空想社会主义者。尽管如此,在卢格关于工业的评论中我们可能会发现一个空想社会主义的出处,特别是如果我们考虑到托马斯·彼得曼的论证。他说,在19世纪40年代早期,空想社会主义在德国的影响不再是直接的,而是与其他的元素相混合。① 空想社会主义者的信念是工业必须直接指向公共和理性的目标,而不是"无政府状态"的目的。这个信念与卢格在1840年的观点没有什么不同。此外,空想社会主义的世俗人类活动精神化和"行为神圣化"的观点与卢格将物质和精神追求相融合的愿景相似。毫无疑问,卢格始终比空想社会主义者保留了更多的政治色彩,空想社会主义者最早指出社会主义下政治将会变成管理,这个想法现在是很常见的。卢格坚持贫困流民的困境只会出现在以前的35年中,这"将只能通过民主和作为公共本质的国家的勇敢实现来克服"②。

重要的一点是,卢格将工业活动合并到精神中,并将此设想为公共生活的真实内容。因此,被自由主义者、黑格尔和政治浪漫主义者归为市民的私人生活的经济活动,成为卢格所讲的国家的内容,经济变得与政治不可分割。在1840年,卢格呼吁积极的社会公德,这需要市民在经济领域的作用,同时也责令他们实现精神与"政治"和"经济"的平等。在19世纪40年代中期,政治共和主义和社会关注相融合,导致卢格主张生产资料公有制。卢格对一般经济和政治之间区别的反驳,也导致他实质上抛弃了黑格尔的市民社会和国家的区别,代替了人类在其作为"人"和作为"市民"的能力履行时的二

---

① Petermann, *Der Saint-Simonismus in Deutschland*, p. 95.
② Ruge, "Errinerungen", p. 186.

元论。卢格坚持人类朝着自由的努力必须同时是"精神,社会和政治"①的连续统一体。或者,正如他不顾马克思主义的明显影响而在1863年本质上不加改变地提出的想法,"困难在于资产阶级[市民]社会的国家的构成,根据需要,以自由为基础,以上层建筑为底层结构,这成为它唯一的结构"②。

直到1842年,卢格的政治思想都在追求两个目标:一方面是以公共政治精神激活市民社会,另一方面是将感性精神化。在卢格自身思想的发展以及激进思想的广泛历史中,这些目标都是在追求趋同路径。即使在卢格明确参与到法国和德国社会主义思想家行列期间,他也已经开始将社会问题纳入他的思想。③ 因而对他来说,市民的解放和流民的解放是不可分离的。在卢格的哲学共和主义思想中,参与的政治和劳动在精神共和国的创建上是平等的合作伙伴。

## 五、卢格的人文主义共和

卢格在1840—1841年的著作,表明在随后的几年里他的政治思想继续占支配地位。他随后的思想发展表现出一种连续的尝试,就是不断地使他的基本前提适应新的社会政治条件,更重要的是使之适应新的思想成果。如果说卢格1840—1843年的著作显示了一个基本的主题的连续,那么日益恶化的普鲁士反动政治风气确保了这些主题以一种不断增加的活力得以表达。卢格以充分的理由来控告反动力量对青年黑格尔派的追捕。在1839年,苏黎世的居民阻止施特

---

① Ruge, "Über Gegenwart und Zukunft der Hauptmächte Europa's"(1840), *GW*, vol. 3, p. 374; "Errinerungen", p. 183.

② Ruge, *Aus früherer Zeit*, vol. p. 105f. 洛维茨(Löwith)在《从黑格尔到尼采》(*From Hegel to Nietszche*)一书的最后引用了这段话。

③ 实际上,在作为一个1838年哈雷被选举的市议员的行为中,卢格已经尽其所能地推进了反贫困的改革。参见 Moore, *Ruge*, p. 123。

劳斯在那里接受一个教授职位,卢格将这视为虔信派反对理性和哲学的单独的暴动,于是他也就被激怒了。① 当波恩的神学院因为鲍威尔的无神论著作将他解雇时,卢格对政府和已建立的学术界的态度更加不确信了。② 不仅普鲁士政府未能保护鲍威尔,而且威廉四世新任命的教育部长艾希霍恩在 1841 年 6 月读到《福音的批判》第一卷后决定把鲍威尔驱逐出大学。鲍威尔直到 1842 年 3 月才被解雇,但是 1841 年的大部分时间里,波恩冲突对于左派黑格尔主义来说是一桩大的公案。造成这一结果部分是因为鲍威尔自身坚决不妥协,部分是因为卢格在《哈雷年鉴》上评论"鲍威尔事件"。在 1841 年和 1842 年的某些时段,卢格努力地为鲍威尔辩护,先是反对波恩神学院,然后反对普鲁士政府。③

然而,当《哈雷年鉴》自身成为新政权的政治文化牺牲品时,卢格的注意力就被更多直接的问题分散。继 1841 年 3 月内阁命令杂志社把办公室从莱比锡搬到哈雷进而将它提交给检查员,卢格也来到了萨克森州的德累斯顿。重新命名的《德国年鉴》在 7 月 1 号出版,这个新名字不仅表明了地理的迁移,而且表明了对普鲁士的批判和对更大的德国世界的支持。然而,众所周知,"德国"并没有表现出热情友好。在普鲁士的压迫之下,撒克逊检查员阻挠《德国年鉴》的出版。整个 1842 年,杂志和当局之间的关系持续恶化。最后在 1843 年 1 月,萨克森镇压了《德国年鉴》,同时普鲁士关闭了马克思的《莱茵报》。普鲁士的镇压和与萨克森关系的恶化粉碎了卢格对普鲁士和君主立宪制的任何挥之不去的希望。他虽然有时不切实际地希望普鲁士可能仍然遵循一条

---

① Ruge, "Die gute Revolution"(1840), *GW*, vol. 4, p. 215.
② Ruge, "Die Politik des Christen K. H. Sack in Bonn. Eine polemik gegen diesen Apologeten"(1841), *GW*, vol. 3, p. 194.
③ Moore, *Ruge*, p. 153. 也见鲍威尔 1841 年 3 月 10 日给他的弟弟埃德加的信, *Briefwechsel zwischen Bruno Bauer und Edgar Bauer während der Jahre 1839-1842 aus Bonn und Berlin*(Charlottenberg, 1844).

进步的道路(尽管其行动与此相反),但他1842年作品的主旨还是表达他对政权的敌意。他现在反对君主制本身,公开拥护共和主义,批判德国的自由主义者继续相信基督教的君主制主张和政治自由的可调和性。更重要的是,德国人对政府反对出版自由的镇压行动的漠视使得卢格很绝望,他认为德国不过就是一个"市井"国家。

卢格经常警告说反动会招致革命。当然,青年黑格尔派和普鲁士王国之间的关系证实了他的预言。然而,政治环境不能完全解释青年黑格尔派1841年在宗教方面的大量基本工作。紧张的个人交往,经常的通信,以及向《哈雷年鉴》大量批判声音的输送,确保了一种温室氛围和在运动中越来越极端的口吻。是年年初,施特劳斯的《基督教教义的历史发展和与现代科学的斗争》发表。这几乎立即被费尔巴哈6月发表的《基督教的本质》弄得黯然失色。1841年6月至10月,鲍威尔的《福音的批判》的前两卷出版,这表达了对施特劳斯的强烈批判的一种声音,鲍威尔的《对黑格尔、无神论者和反基督者的最后宣判》也是如此。宗教的批判以如此的速度发生着转向,到11月,施特劳斯感到自身被杂志诽谤以至于他拒绝了对《德国年鉴》做进一步贡献。① 施特劳斯的叛离标志着激进黑格尔派和温和黑格尔派的关系破裂。《德国年鉴》失去了很多合作者和读者②,此后,它变得越来越边缘化,纵使它越来越大声疾呼。

在1841年的头几个月里,鲍威尔的自我意识哲学到达了其在青年黑格尔派运动中短暂影响的顶峰。值得注意的是,如卢格和费尔巴哈在对黑格尔的批判中所做的,鲍威尔攻击了他的左派黑格尔主

---

① 参见 *Briefwechsel zwischen Strauss und Vischer*, ed. Adolf Rapp (Stuttgart, 1952)。

② Andre Spies, "Towards a Prosopography of Young Hegelians", *German Studies Review*, XIX, 2(May 1996), p. 332.

义的主要竞争对手施特劳斯,认为他深受实证主义哲学家的影响。[1]鲍威尔这个令人惊奇的指控基于施特劳斯对一种神秘物质的依赖,即依赖社会集体意识的神话来解释"新约"的创世纪。根据鲍威尔,这种集体意识的思想,是对正统思想启示的偏离,因为对圣经的超验解释掩盖了其在人类自我意识中的真实起源。相反,鲍威尔试图指出,福音书在形式和内容上都是作者个人对其时代需求的一种自由而务实的回应。在这个批判的事业中,鲍威尔的动机是通过揭露它不仅是作为一种"给定和裸露的现实"而且是作为自我意识的对象化创造[2],来使"真实"的雄心勃勃的哲学事业回归。自我意识这样一来就被揭示为"世界和历史的唯一力量"[3]。依赖于黑格尔历史哲学的基本形式,鲍威尔坚称自我意识不是任意的,因为它发展了一种它自身历史中的机理认识的对立阶段的连续性。由于鲍威尔认为这个阶段已经轮到他了,他得出结论说,批判家即他自身的自我意识,与历史的运动本身是统一的。他的工作宣布了批判家从所有的外部约束中获得胜利的自由,他声称,批判的力量消解所有给定的现象,我们必须注意其中最重要的是"人格"[4]。在《对黑格尔、无神论者和反基督者的最后宣判》中,他出色地采用了一个反黑格尔主义的虔信派的人物角色,以此辩称黑格尔事实上是一个自我意识的革命哲学家。因此,他认为"人格,现实和一切积极的事物实际上都可以被黑格尔的思想所吞并和消耗"[5]。所以,鲍威尔试图通过将他自己指定为黑格尔的正宗继承人从而使自己的位置合法化。然而,事

---

[1] Bruno Bauer, *Kritik der evangelischen Geschichte der Synoptiker*, vol. 1, Leipzig, 1841, pp. viii-x.

[2] Ibid., p. xv.

[3] Bauer, *The Trumpet of the Last Judgement Against Hegel the Atheist and Antichrist* (1841), trans. Lawrence Stepelevich, Berkeley, 1989, p. 115.

[4] 人格伴随着神—人的基本化身,通过进入到"自我意识的普遍本质"中而被克服(*The Trumpet*, pp. 193-200)。

[5] *The Trumpet*, p. 67.

实上鲍威尔尽可能多地像继承黑格尔的思想那样继承着费希特的唯心主义一元论。①

鲍威尔在1841年宣布的"理性恐怖主义"最终演绎为1844年的"纯粹批判",这是一个如此贫瘠的概念,它确保了包括鲍威尔本人在内的从鲍威尔阵营的普遍背叛。② 但是在1841年,它是对战争的呼吁。1840年年底,卢格会见鲍威尔并且评价他的著作优于施特劳斯的著作。卢格在1845年写道,施特劳斯仍然坚持"全能的个人之神"③,这是一个智慧的普遍存在。不仅上帝的观念是这样,而且人类的观念也是如此抽象。相比之下,鲍威尔揭示了福音书起源于人类创造力,从而揭示了人类活动在历史上的作用。因此,卢格得出结论说,且不论鲍威尔在理论上有多么深奥,他对人类能动性的赞赏确实给了青年黑格尔派一个现实的转向。④

卢格相信鲍威尔方法的丰富性,所以迅速地将鲍威尔的术语应用于自己的研究。鲍威尔的影响是显而易见的,这表现在卢格1841年以刺耳的声音为《哈雷年鉴》第一期做的序中:"自我意识的觉醒描述了我们时代的特性。"⑤同样地,他在7月的《德国年鉴》中,主张一个"新的唯心主义",包含了费希特的自决的"自我"和黑格尔对"智慧"发展的历史性解释。这将会产生一个"真正的精神一元论,这个一元论依赖于一个洞见,即历史的过程不能与自我意识的过程相分

---

① 参见 Zwi Rosen, *Bruno Bauer and Karl Marx: The Influence of Bruno Bauer on Marx's Thought* (The Hague, 1977), p. 82。

② 主要见于鲍威尔的下列文章:"Was ist jetzt der Gegenstand der Kritik?" *Allgemeine Literatur-Zeitung*, vol. 8, 1844。马克思在1844年8月11日写给费尔巴哈的信中尖锐地批评:"看来,鲍威尔是出于与基督竞争而和他作战。"(《马克思恩格斯文集》第10卷,16页,北京,人民出版社,2009)

③ Ruge, "Unsere letzten zehn Jahre", p. 43。

④ Ibid., p. 50。

⑤ Ruge, "Vorwort zum Jahrgang 1841 der *Hallischen Jahrbücher*", p. 200。

离"①。进一步地，鲍威尔对组织化的宗教的敌对，导致卢格发现宗教和哲学更多的明确对立，尽管他对哲学起源于"基督教的真正原则"——即基督教的直观把握了人类的神性化身——的持续信念缓和了这种看法。② 最终，虽然卢格已经是一个熟练的辩论家，但他还是借鉴了鲍威尔的好战言辞，尤其是运用了他对黑格尔做出权威解释的主张，就如当头棒喝打击了"旧黑格尔主义者"。

但是，鲍威尔对卢格的影响是短暂和相对肤浅的。1842 年年底，卢格谴责了他认为是自我放纵的和轻浮的鲍威尔的唯我论和他的"自由"的柏林循环。③ 此外，在他们合作期间，事实上可能他们的影响是相互的，至少在政治问题上。1840 年，在卢格的文章《卡尔·斯蒂科夫》之后，鲍威尔也发起了一个批判，批判目前的"基督教国家"死气沉沉的、只是强制的外在"机构"。④ 并且，如卢格一样，他开始将基督教国家与市民社会联系起来。⑤ 正是在卢格的授意下，鲍威尔承担了对斯塔尔的"基督教国家和我们的时代"的批判。这个主题和鲍威尔的其他文章与卢格已经表达的强烈的坚持形成呼应。卢格坚持"政府"和"国家"之间本质的区别⑥，坚持针对德国人的政治怯懦的谴责，坚持对一个真正的"政治领域"和公共生活的需求，坚持"商人"持有的工作概念和自我意识⑦持有的工作概念的差别，以及

---

① Ruge, "Vorwort zum Jahrgang 1841 der *Hallischen Jahrbücher*", p. 227.

② Ibid., p. 234.

③ 参见 Ruge to Prutz, 18 November 1842, and to Fleischer, 12 December 1842, *briefwechsel*。对激进的柏林黑格尔主义者最全面的评论，见于下列文献：R. J. Hellman, *Die Freien: The Young Hegelians of Berlin and the Religious Politics of Prussia* (Ph. D. Diss., Columbia University, 1976)。

④ Bruno Bauer, *Die evangelische Landeskirche Preußens und die Wissenschaft* (Leipzig, 1840), p. 104. 也见他的"Der christliche Staat", p. 17。

⑤ 特别见 Bruno Bauer, *The Jewish Problem* (1843), trans. Helen Lederer (Cincinnati, 1958), pp. 58-59。

⑥ Bauer, "Der christliche Staat", p. 19.

⑦ Bauer, "Die gute Sache der Freiheit und meine eigene Angelegenheit" (1842), *Hegelsche Linke*, p. 511.

坚持将"资产阶级的奴隶"从不关心政治生活的狭隘中解放出来的愿望。①

卢格从来没有完全放弃鲍威尔的原则，但是费尔巴哈的《基督教的本质》更加深刻地影响了他。卢格与费尔巴哈的交往是深厚而长久的，他定期与费尔巴哈通信了好几年，他也充当了费尔巴哈和他的莱比锡出版商奥托·维干德之间的中间人。此外，不仅费尔巴哈在卢格的杂志上发表了一些他最重要的文章，而且卢格也协助编辑了《基督教的本质》。② 仅仅在这本书出版一个月之后，卢格就将对此书论点的赞成议论纳入新的《德国年鉴》③中。并且在 1845 年，他评价说这本书是他那个时代最重要的德国哲学著作。卢格认为，它的意义在于费尔巴哈没有将他自身局限于探究早期基督教的起源和神圣的文本，如鲍威尔所做的，也没有像施特劳斯那样去努力地确定教条的科学价值。相反，卢格强调，费尔巴哈揭示了基督教，甚至是一般的宗教，起源于人类的需要和愿望。④

卢格偏爱费尔巴哈超过鲍威尔，还有另外一个原因。这在于鲍威尔对基督教的谴责是总体性的，而费尔巴哈是有条件的。鲍威尔认为，人从属于他自身的宗教幻想，使他完全丧失了人性，迫使他成为动物。为了克服这种绝对的异化，在鲍威尔坚决的定论中，自我意识必须"完全地"断绝与宗教的关系。⑤ 相比之下，费尔巴哈虽然对抽象的神学持敌对态度，但是他把宗教的冲动视为一种本质上有价值的爱的表达。因为他看到，任务就是将错位的爱转移到人类身上，这个任务是鲍威尔断然否决的。⑥ 费尔巴哈强调将爱作为人

---

① Bauer, "Der christliche Staat", p. 33.
② 参见卢格与费尔巴哈的通信，*Feuerbach. Briefwechsel*, vol. 2。
③ Ruge, "Vorwort zum Jahrgang 1841 der *Deutschen Jahrbücher*", p. 232.
④ Ruge, "Unsere letzten zehn Jahre", pp. 57-58.
⑤ 参见鲍威尔 1841 年致卢格的信，转引自 Rosen, *Bruno Bauer and Karl Marx*, p. 50。
⑥ Ibid., p. 101.

类生活的凝聚力,他试图通过揭示宗教的人类学真理来使社会"神圣化",这更直接地吸引了卢格,卢格继续将自由的渴望视为一种宗教情感的真实表达。①

卢格一读到《基督教的本质》一书,就立即意识到它的实际意义。② 在他 1842 年的主要文章中,卢格将他的政治观点翻译成费尔巴哈的新哲学人类学的语言。最值得注意的是,费尔巴哈的异化理论在人与政治相分离问题上给了卢格一种新的并更为成熟的解释。卢格 1839 年在论卡尔·斯蒂科夫的文章中,将天主教和自由联系起来,并且将普鲁士王国的独裁主义倾向归咎于保守的"天主教"浪漫主义的入侵。这个观点在他 1842 年的文章《基督教国家》中明确地放弃了。现在他谴责基督教本身,尤其是新教,将其视为政治自由的对立存在,因为在费尔巴哈的术语中,它使人类脱离其本质。因此,对卢格来说,基督教主体将国家体验为一个超验的实体,这个实体伴随着如此普遍的、固着于个人的"国家之神"的异化形式。③ 我们将会看到,在下一章马克思对基督教的费尔巴哈主义者的批判沿着惊人相似的轨迹。如爱德华·甘斯在 1839 年对卡尔·舒伯特所做出的回应一样,卢格也通过将意识形态与宗教的"代表性"的意识模式联系起来,进而攻击了基督教国家的意识形态。因此,他谴责基督教君主制将作为基督教的"神人"虚幻表现的延伸形式的社会政治精神以拟人化的方式予以表达。在费尔巴哈和鲍威尔的双重影响下,他将基督教政治神学的代表性意识视为抽象习惯的实例,并且认为这是基督教的基础。

---

① 例如,参见 Ruge, "Die Hegelsche Rechtsphilosophie und die Politik unsrer Zeit" (1842), *Hegelsche Linke*, p. 468, and "A Self-critique of Liberalism", p. 249。

② Ruge to Feuerbach, 14 December 1841, *Feuerbach. Briefwechsel*, vol. 2.

③ Ruge, "Der christliche Staat. Gegen den Wirtemberger über das Preußenthum", *GW*, vol. 3, p. 455f. 在 1843 年一封写给撒克逊当局的信中,卢格上诉关闭《德国年鉴》的决议,他强调在使用术语"Staats-Gott"时,只是简单地直接借鉴了复辟时期的语言。参见 Ruge, *Polemische Briefe* (Mannheim, 1847), p. 182。

卢格追随了早期左派的批判者，当然包括费尔巴哈。他继续声称新教比天主教更为抽象、更为有害，因为它使得尘世的国王通过割裂教会和国家来漠视信徒，教会和国家在中世纪基督教的世界中是虔信的王国不可分割的部分。① 如此，卢格连同很多德国激进分子，都认为德国民族性格的非政治化与新教改革相关。② 因为自身与国家之间没有联系，新教徒转向了私人事务。卢格写道："政治生活之外，没有自由的人，只有顺从的基督徒。"③自从成为一个反对天主教的无理性和专制主义入侵的新教哲学真理的黑格尔主义辩护者，卢格迅速地接受了左派对天主教的反社会、反政治个人主义的谴责。

卢格更充分、更明确地发展了费尔巴哈解释的两个方面。他扩展了费尔巴哈对新教的扭曲和不完全世俗化过程的政治影响的分析，并且又倚重了费尔巴哈的这样一种解释：作为不关心政治的、贪得无厌的小市民，基督教信徒是与他对个人之神和自身不朽的信仰相关联的。如费尔巴哈，卢格认为基督教个人不朽的信念供养了他的利己主义，但是他比费尔巴哈更坚决地强调对基督教与"坏的现实"的调和。④ 新教对卢格来说成了私人的代名词，这不仅对主体而且对国家自身来说是真实的。因此，在他看来，新教的国家"仅仅是需要的国家，它只有在保护市民的情况下才涉及市民。人们只关心他们的私人事务，宗教仅仅涉及主体的私人需要（私有财产）、单个灵魂的幸福和超越意义上的私人主体的幸福。宗教不再关心公共生活"⑤。在新教国家中，主体充其量使用私人美德；"道德"不会上升

---

① Ruge, "Der christliche Staat", p. 464.
② Ibid., p. 461. 也见 Breckman, "Diagnosing the 'German Misery'".
③ Ruge, "Der christliche Staat", p. 475.
④ Ibid., pp. 463, 460.
⑤ Ruge, "Die Hegelsche Rechtsphilosophie und die Politik unsrer Zeit", p. 471.

第 6 章 卢格：激进的民主和人格的政治（1838—1843）　　297

为公共美德，或者如卢格的说法，不会上升为"市民的伦理生活"①。

对新教国家的一般批判，催生了卢格第二批关于黑格尔政治哲学的主要文章以及他对德国自由主义的谴责。许多他在 1840 年对黑格尔进行批判的主题，在《黑格尔的法哲学和我们时代的政治》中重复出现。然而，当他试图通过发展相当于知识社会学的理论来解释黑格尔和康德时，他增加了大量的新元素，这些新元素以对德国社会和政治条件的参考来解释他们的政治清静无为和哲学抽象。卢格主张，当面对敌对的国家和漠视的公众，康德和黑格尔都从政治、新教的本质和"思想褊狭"中退出了。他判断康德是小市民的哲学家，一个在公众之上称赞私人道德的思想家，他只是以自由和道德的名义提倡政治清静无为，并且把哲学家描绘为仅仅是"个人"②。尽管康德坚决主张批判理性和自主性，还是如此深受新教人格主义的私人精神特质的危害。然而在卢格的苛刻评价中，黑格尔将历史从属于单向度的哲学理论的立场甚至也优于康德的抽象。③ 因此，对黑格尔来说，自由理论的发展排除了具体地实现自由和真正地弥补政治自由缺乏的需要。即使在卢格叛离黑格尔政治哲学的晚期，他仍然认为由于"非政治"时代④的不友好氛围，黑格尔克制了对家长制和官僚主义国家的更激进的批判。尽管如此，他感到急需将黑格尔的理论洞见翻译为政治实践，这彻底地使他和进步的黑格尔主义者结成联盟，至少从契希考夫斯基《序言》和费尔巴哈的《黑格尔哲学批判》开始，进步的黑格尔主义者都在谴责这位抽象片面性的大师。

在卢格看来，康德和黑格尔在他们那个时代遭受新教文化之劣根性的影响。卢格在 1843 年强调，在他自己的时代，德国自由主义

---

① Ibid., pp. 454-455. 原文题为"Sittlichkeit des Staatsbürgers"。
② Ruge, "Die Hegelsche Rechtsphilosophie und die Politik unsrer Zeit", p. 455.
③ Ibid., p. 458.
④ Ibid., p. 448.

者是这些劣根性的继承者。1841年,卢格从私人生活的狭隘方面将"自由主义"在字面上等同于"小市民的解放"。① 然而,到1843年,对于那些力图废除政治和市民生活区分的激进主义者来说,黑格尔主义者——如卢格自己或者爱德华·甘斯——与德国自由主义者的联盟变得越来越不可能了。当自由主义者似乎愿意向镇压性的德国君主专制妥协时,左翼激进分子开始怀疑只要国家保证私人领域的安全,自由主义就会对国家的形式漠不关心。② 卢格将所谓的"执政党"的自由主义核心和成为关注焦点的左派边缘的冲突引入了他的《自由主义的自我批判》,这篇文章最终使得撒克逊政府屈服于普鲁士的压力从而禁止了《德国年鉴》。值得注意的是,在这篇文章中,卢格并没有在自由主义的意识形态一般性中去寻找自由主义漠视公共生活的根源,因为它已经在西欧国家中发展。相反,他谴责了自由主义作为"旧的新教道德精神,无意义的善的意愿"的产物。卢格写道,这种"自由思想的情绪,对民主有意图的赞同"必须屈服于革命实践。一个强大的公共生活必须取代低迷的状况,德国自由主义者的服务仅仅是增强这种状况。卢格在一个口号中要求"自由主义必须融入民主主义"③,这激怒了撒克逊当局。

卢格对德国自由主义的批判,有助于明确左翼黑格尔主义者对他们在群众运动方面的昔日盟友的不满。例如,在1842年年底,鲍威尔的弟弟埃德加在他发表在《莱茵报》上的很多文章中以及在他的《德国自由运动》和《对教会和国家的批判》中,抨击西欧的"中庸之道"和自由主义。《对教会和国家的批判》发表于1844年,其中有几章致力于批判德国的"小市民"意识,而且反复地将自由主义与卢梭

---

① Ruge, "Der preußische Absolutismus", pp. 48-49.
② 参见 Edgar Bauer, *Die liberalen Bestrebungen in Deutschland. Volume* I: *Die Irrthümer der Ostpreußischen Opposition* (Zürich und Winterthur, 1843), p. 26;[Edgar Bauer], *Staat, Religion und Partei* (Leipzig, 1843), pp. 9-10。
③ Ruge, "A self-critique of Liberalism", p. 259.

式的民主共和主义进行对比。像卢格那样，埃德加·鲍威尔在关于精神自由至高无上的新教信仰和原子式的个人之神圣不可侵犯中去追溯自由主义的私人非政治化价值的起源。① 这时候，青年马克思也基于相似的理由批判自由主义。

卢格、鲍威尔和马克思跟随熟悉的模式将自由主义与新教联系起来，这个模式可以追溯到天主教的反革命分子如约瑟夫·梅斯特，并且贯穿了空想社会主义者、费尔巴哈、赫斯和契希考夫斯基。这种联系远不会随着时间的推移而减弱，相反会加强。在 19 世纪 40 年代初期左派黑格尔主义的著作中，这种神学化的批判模式成了激进地攻击自由主义的中心。因此，埃德加·鲍威尔的《对教会和国家的批判》从"神学的"视角谴责缺乏对现存社会关系加以激进颠覆的任意政治，包括国家形式本身。然而在 1843 年，赫斯追溯了这样一条线索：从基督教精神主观主义的崩溃到自由主义的"人的抽象权利或者抽象人格的平等权利，即反身性的'我'，一个数学的点"②。在马克思的著作中提到，在 1843 年年中，自由主义"神学化"的过程到达全满，但这是下一章的主题。

在这个方面，卢格谴责了自由主义妥协的宪政主义和对作为新教表现形式的君主制的容忍，他认为只有自觉的人民主权与自由才是一致的。正如费尔巴哈的批判将人格神的幻象融入人类神圣性的认同中，卢格认为，一旦这些抽象被认为是人类的投射，个人主权的幻象就融入人民主权中。他认为 1789 年法国大革命的共和主义和自由战争的全民动员都代表了一种异化意识的回归，从一个抽象的政治天堂到社会内在威严认同的回归。然而，法国大革命已经被粉

---

① 见下列文献中鲍威尔关于"神学自由主义"的评论："Der Streit der Kritik mit Kirche und Staat", *Hegelsche Linke*, pp. 657-660。

② Bauer, "Der Streit der Kritik mit Kirche und Staat", p. 628; Hess, "Philosophy of the Act", *Socialist Thought. A Documentary History*, ed. Albert Fried and Ronald Sanders(New York, 1964), pp. 260-261.

碎,德国解放运动的"爱国政治宗教虔诚"随后也堕落为对"旧基督教"的私人虔诚。因此,卢格预测,当批判暴露了抽象的虚幻本质并且揭露了作为人民自身"产物"①的国家,非政治化的德国人将会被再次动员起来。在卢格看来,费尔巴哈的人本主义是真正的公共生活的代名词,新教私利性的真正对立面。在卢格的人文主义的共和主义中,准宗教和政治的瞬间统一,完全地体现为他对早期民主理论基本准则的采用,这条基本准则就是"人民的声音就是上帝的声音"②。

斯塔尔在他 1845 年版的《法哲学》中认为,鉴于黑格尔自身对人格的贬低,他的年轻弟子的共和主义一点也不足为奇。③ 卢格提供了最形象的例子来说明神学批判与独特的左派黑格尔主义的民主共和制形式的发展之间的联系。卢格的《自由主义的自我批判》发表后,《德国年鉴》遭到禁止。在这之前,卢格对于塑造左派黑格尔主义的政治起到了至关重要的作用。从 1838 年开始,对于由施特劳斯和费尔巴哈等人挑起的神学论辩的政治影响,卢格表现出了极大的敏锐性,并且他对于政治理论领域之问题的阐述也显示出了同样显著的独特性。在他的著作中,青年黑格尔派的思想以空前的清晰度暴露出基督教的人格理念、市民社会的利己领域和专制国家之间的联系。他比费尔巴哈更加强调将专制主权学说的批判和市民社会的批判联系起来。此外,费尔巴哈将解放的希望置于一种克服二元论的可能性中,即克服市民社会和国家、经济和政治、私人和公共的二元论。19 世纪 40 年代初,对卢格来说,社会和政治力量的整合已经成为人类本质在其真正的普遍表达中充分实现的唯一途径,并且这一目标

---

① Ruge, "Der christliche Staat", p. 466.
② Ruge, "Die presse und die Freiheit", *Anekdota zur neuesten deutschen Philosophie und Publicisik* (Zürich, 1843), p. 96.
③ Stahl, *Die Philosophie des Rechts nach geschichtlicher Ansicht*, vol. 2, 2nd ed, p. 5.

与克服人格的原子化形式是不能分开的,事实上克服人格的原子化形式是一个前提,这是19世纪30年代哲学左派反复攻击的目标。针对这个哲学和反神学的背景,卢格有力地阐述了民主共和主义和社会激进主义的融合,在19世纪40年代初期的标志性年份中,可以说这是激进的德国政治和社会理论转变中的一个主要现象。

当谢林、斯塔尔和舒伯特等许多保守派第一次攻击黑格尔的泛逻辑哲学并且后来发现了施特劳斯攻击人格神的政治意义时,卢格的社会共和主义因此也为他们最大的担忧做辩护。然而,伴随着关于青年黑格尔派共和主义起源的声言,斯塔尔在1845年也认为黑格尔的所有权思想对共产主义共和主义在德国的发展负有责任。[1] 斯塔尔说,在黑格尔的思想和共产主义中,"统一体的魔法"和人格都已经被辩证法摧毁了。同样,洛伦兹·冯·斯坦将共产主义描述为"在物质世界中对单一人格的否定",并且他预见了由于黑格尔辩证法的力量,社会主义形式在德国比在法国更加不稳定。[2] 卢格并没有完全支持斯塔尔和斯坦的这部分预测,因为他最终成了共产主义的反对者。必须强调的是,社会主义理论在德国的发展并没有像黑格尔声称的泛神论那样以自动的方式展开。尽管如此,当我们转向卡尔·马克思后就会明显发现,在人格思想上,神学、政治和社会的冲突对于他的思想发展是多么重要。

---

[1] Stahl, *Philosophie des Rechts*, 2nd. Ed. vol. 2, pt. 1, p. 80. 对黑格尔主义人格和所有权之合体与新法国社会思潮进行调和的努力,参见 H. W. Kaiser, *Die Persänlichkeit des Eigenthums in Bezug auf den Socialismus und Communismus in heutigen Frankreich* (Bremen, 1843)。

[2] Lorenz von Stein, "Blicke auf den Socialismus und Communismus in Deutschland, und ihre Zukunft", *Deutsche Vierteljahrsschrift*, 2(1844), esp. pp. 12, 59.

# 第7章
## 卡尔·马克思：从社会共和主义到共产主义

"政治民主制之所以是基督教的，是因为在这里，人，不仅一个人，而且每一个人，是享有主权的，是最高的存在物，但这是具有无教养的非社会表现形式的人，是具有偶然存在形式的人，是本来样子的人，是由于我们整个社会组织而堕落了的人。"[①]马克思的《论犹太人问题》中的这段著名论述与我们讨论的背景异常吻合。按理来说，《论犹太人问题》作为马克思第一个社会政治评论的重要文本，应该包含激进的黑格尔主义之人格主义批判的所有社会政治要素：基督教与自我主义的关联，自我主义与人格统治权的关联，人格统治权与市民社会的关联。但是熟知这个文本的修辞、主题和概念轮廓后会发现，文本的讨论对象显然已经改变了。因为，马克思所抨击的目标不再是基督教的人格主义或者君主统治的复辟理论，而是以自由民主制度及其个人主权概念为形式的政治现代性。我们已经了解到很多激进的黑格尔派哲学家在1840—1843年转而反对自由主义。就马克思来说，关于自由主义的论著在他的发展和政治思想史中是一个关键的转折点。然而，对于马克思的社会主义学说形成的重要时期的关键问题仍然缺少令人满意的答案。从关于人格的神学

---

① 《马克思恩格斯文集》第1卷，37页，北京，人民出版社，2009。

政治思想的评论到关于自由个体的评论的转变是如何发生的？马克思是如何开始不仅公然抨击个体的自我主义而且公然抨击作为现代政治革命之结果的个体权利和自由的？马克思将这些权利和自由称作"基督教的"，其真正意图是什么？

要回答关于马克思早期研究成果的这些问题，必须以下两个假设为指导。第一，如果我们忽视激进的黑格尔主义之复辟基督人格主义批判与马克思的政治民主批判之间的高度相似性，我们就会漏掉很多问题。第二，如果我们假设马克思批判的对象——自由主义——仅仅是给定的，或进一步假设他批判的语言只不过是从自由主义中得出来的，那么很多问题还是很费解的。更确切地说，研究最后得出的结果将表明，自由主义作为激进批评的对象，存在于马克思早先对一系列问题的处理当中，这些问题出自于左派黑格尔主义者对主导19世纪40年代早期的普鲁士政治话语的政治神学的抗拒。这种从政治神学到自由主义的转变是如何发生的，以及这种转变对马克思在其思想形成阶段的影响是最后这一章的中心论题。

## 一、马克思的博士论文：原子论和神学智慧

1837年11月，马克思鉴于自己已经从波恩大学转学到柏林大学，他写信给他父亲详细地描述了他第一年的学习情况。19岁的马克思用坚定和恳求的语气表明了他将不听从父亲的话去从事法律工作而去追求哲学的决定。先前的马克思由对浪漫主义诗歌的热爱转变为对他父亲所推崇的康德—费希特唯心主义的投入，现在，马克思则记述了这种犹如子女对父母的依恋的深陷把他交到柏林黑格尔派哲学家这个敌人的臂弯里。[①] 唐纳德·凯利已经准确地强调说，

---

[①] 马克思和他父亲之间的紧张关系，参见 Jerrold Seigel, *Marx's Fate. The Shape of a Life* (Princeton, 1978), pp. 38-64。

这种智识危机和转化已经被马克思对 19 世纪早期德国法理学的批判性了解促成了。① 因为这种智识危机和转化形成于建构一种全面的法哲学的宝贵尝试中，马克思认识到了理想主义的"严重缺陷"，即它特有的"现有的东西和应有的东西之间完全对立"②。当马克思沿着康德主义路线努力发展"法的形而上学"时，康德和费希特讲的标准法律概念与实体法的分离越看越像一种精准的教条主义，马克思从他们这种失败的尝试中汲取了一种新的决定，即形成他关于"生动的思想世界的具体表现"的概念，简言之，即"向现实本身去寻求思想"③。在 19 世纪 30 年代，尤其对于一个柏林学生来说，这样的决定必然指引他走向黑格尔主义。马克思将自己想象成奥德修斯那样的英雄，他向父亲讲述，他未能创作出符合黑格尔的"崎岖旋律"的作品看来是一个错误的警报，这诱使他走向了黑格尔。

马克思暗指黑格尔的怪诞腔调已经损伤了他脆弱的富有想象力的耳朵，他说这是年轻学生初次读黑格尔作品的一种正常反应；但除此之外，马克思的文字并没有暗示他最初抵抗黑格尔的原因。我们马上将了解到，马克思在最初以黑格尔派哲学家自居时像费尔巴哈和甘斯一样对黑格尔持一种批判的态度。在这里必须强调的是，马克思的文字即使在早期也已经揭示出其与人格论有关。马克思在向他父亲概述了他对康德法哲学的不满后继续描述了他考察现行罗马法中意识发展的努力。马克思研究方案中的这部分尝试将他从康德唯心主义视野引向了历史法律学派。历史法律是马克思熟识的领域，因为他在波恩大学度过了两个学期，而在这个大学里教授他知识的很多法律教授都是历史派的拥护者。这在柏林大学更能得到确

---

① Donnald Kelly, "The Metaphysics of Law: An Essay on the Very Young Marx", *American Historical Review*, 83(1978), pp. 350-367.
② 《马克思恩格斯全集》第 40 卷，10 页，北京，人民出版社，1982。
③ 同上书，10、15 页。

证，这个大学里除了著名的爱德华·甘斯，全体法律教职员都被萨维尼及其追随者所左右。① 马克思在柏林大学第一学年所选的课程使他同这些法学教授决裂。他在 1836 年到 1837 年冬季那一学期修萨维尼关于潘德克顿课程的同时也修了爱德华·甘斯的刑法课程，1838 年的夏季那一学期还修了爱德华关于普鲁士公民法的课程。除了与甘斯的正式接触以外，马克思还经常出入青年黑格尔派的博士俱乐部，那里聚集了柏林地区进步的黑格尔派哲学家，甘斯或许算是其中最重要的成员了。

甘斯对他的年轻学生的影响可以通过这个事实判断出来：马克思完全同意他的老师甘斯对康德主义和历史学派的反对意见。正如甘斯一样，马克思对哲学标准和历史真实情况、法律形式和内容之间的调和进行争辩。在某种程度上受甘斯影响的马克思反对他自己最初把那两部分孤立看待的做法，"实体和形式可以而且应当各不相干地发展"②。马克思继续和他的父亲说，当他读萨维尼的《财产法》时，他已经发现他和这位伟大的历史法律学者犯了同样的错误。在没有提及甘斯的情况下，马克思已经果断地加入甘斯与萨维尼的论战中了。值得注意的是，马克思是在学到实体私法即人法、物法和物权法的最后一部分时放弃了他在综合性的法律哲学上的宝贵努力。他告诉他的父亲，他不能再继续强行将罗马观念诸如关于财产、习俗和处理方法的真实情况纳入他所努力构建的康德体系中了，因为萨维尼已经从其对罗马法的历史研究中得出了那些观点。法律观念的内在发展和甘斯法律哲学的历史辩证法现在在马克思看来，是走出法律事实与法律规范对抗这个死胡同的唯一出路，这个结论暗示了马克思对他的老师关于物权法在其具体社会背景下演变的哲学与

---

① Hermann Klenner, "Hegel und die Gotterdammerung des Absolutismus", *Deutsche Rechtsphilosophie im 19. Jahrhundert. Essay*(Berlin, 1991), p. 157.

② 《马克思恩格斯全集》第 40 卷，11 页，北京，人民出版社，1982。

历史性研究的赞同，而不是对萨维尼关于个人财产和处理方法真实情况进行强调的赞同。所以，虽然这涉及了马克思思想和情感生活的各个方面，但他最初遇到的难题应该是最先抓住了对他柏林的两位老师之间主要冲突的直接反应的具体形式，这两位老师在那个时候对人与财产的关系问题争论不休。

马克思从青少年时期的浪漫主义精神转变到康德唯心主义再到黑格尔主义，代表了19世纪二三十年代很多年轻的德国知识分子极为典型的思想轨迹。但这里必须强调的是，马克思是在黑格尔主义快要解体时才转向黑格尔主义的。马克思对黑格尔的了解最初受到了批判黑格尔主义的哲学家如甘斯和他在博士俱乐部认识的两个最好的朋友鲁藤博格和卡普的影响。在马克思起劲地认真消化黑格尔的著作时，封闭的黑格尔体系与开放的辩证法之间的紧张关系，成为诸如甘斯、米希勒和费尔巴哈这些著名人物作品中的基本主题；而关于施特劳斯的《耶稣传》的论战也正在进行中；左派的、右派的和中立的黑格尔主义间的分裂也已显现，这在施特劳斯的著作中已被提及；右翼黑格尔派哲学家背叛了实证哲学，施特劳斯和费尔巴哈对其进行了恰当的描述。1839年，在马克思写了关于古希腊原子论的博士学位论文的时候，契希考夫斯基已经提出了他对哲学实际功用的迫切呼唤，费尔巴哈已经写了实证哲学和黑格尔思辨哲学批判的著述，布鲁诺·鲍威尔已经开始从传统的黑格尔主义转向关于自我意识的哲学了。直到1841年夏天柏林进步黑格尔派哲学家当中的一位非常活跃的人物背离黑格尔时，马克思才认识到黑格尔主义的所有流派。

没有哪一位具体的后黑格尔主义思想家对马克思的博士论文《德谟克里特的自然哲学与伊壁鸠鲁的自然哲学的差别》产生过很大的影响；但是这篇1841年早期向耶拿大学提交的博士论文确实站在19世纪30年代各种激进的黑格尔主义流派的合流处。这样一来，马克思的第一部关于黑格尔的作品已经将解除黑格尔主义"束缚"的必要性预设为"一定的体系"了，而且他已经全身心地投入到进行全方位转变的"实际能量"的批判哲学构想中了。① 这篇关于德谟克里特和伊壁鸠鲁的论文，把这种责任与激进的黑格尔派哲学家将哲学转变为用最初的复杂哲学干预而进行实践的尝试联合起来了，而这种实践是青年黑格尔派与其反动的哲学敌人所争论的问题。

其实，尽管马克思的论文论述的是古代哲学，但他对当前哲学之需要的意识已经使这篇论文非常振奋人心了。与其他19世纪30年代末的激进黑格尔派哲学家一样，马克思将这些需要追溯为黑格尔原理与满足其目标之间的明显失败。马克思最初已经被理想与现实、主观与客观以及哲学与现存现实之间的哲学调和的希望拉向了黑格尔。我们不能猜测马克思是否对他父亲隐藏了对理想和现实之间的更为尖锐的判断，但是在接下来的三年当中马克思得出了这样的结论：黑格尔没有完成思想与现实的真正结合。和大多数激进的黑格尔派哲学家一样，马克思将黑格尔式的调和解释为将来要实现的一个目标，因此他将黑格尔的回溯方向想象成一种以未来为中心的实践哲学。对黑格尔未能完成其哲学目标的确证，这个失败对当代哲学界的影响，以及对将来哲学与现实调和的期盼，是隐藏在马克思的古希腊原子论这个论题背后的主要关注点。

同契希考夫斯基和费尔巴哈一样相信黑格尔已经形成了一种思想与现实的片面抽象调和的马克思认为，在黑格尔那里，"哲学被封闭在一个完善的、整体的世界里"。在一个哲学自闭发展进而形成世界与精神相分离的时期，精神转化为"个别意识的主观形式"②。马克思坚持认为，紧随黑格尔哲学之后的哲学从现实世界的分离已经使得哲学内部的两种严重对立的流派产生了分裂。一方是"自由派"

---

① 《马克思恩格斯全集》第40卷，258~259页，北京，人民出版社，1982。
② 同上书，136页。

即青年黑格尔派，他们决心要"使世界哲学化"。另一方是"实证哲学"，他们则觉察到"缺陷对哲学来说是内在的"，从而力图通过回复到"世界"来设法弥补哲学的缺陷。① 自由党派试图将观念变成实践，使世界的思想实现出来；实证哲学派大概是陷入现实事物神秘的万有引力研究当中的传统黑格尔派哲学家，他们则试图从非哲学的领域转向哲学领域。

马克思精准地找到了青年黑格尔派与实证哲学家之间的关系，他认为二者都提供了哲学的主观形式，这已经被一个明确的事实所证实："当普照大地的太阳光消失时，蛾子就会去寻找单个人家的灯光。"②这种关于自我意识的青年黑格尔派哲学与实证哲学之间的内在类同，或者更准确地说是黑格尔哲学之后的意识与现实世界间的类同，正好解释了马克思对柏拉图和亚里士多德的宏大理论体系之后的古希腊哲学主观形式的兴趣。在 1841 年论文的序言中，马克思将信奉伊壁鸠鲁学说的人标注为"具有自我意识的哲学家"。尽管这清楚地表明了他们与青年黑格尔派之间的关联，但实际上这篇论文在很大程度上关注的是古代与现代自我意识哲学间的对比。尽管古代哲学最终陷入了致命的矛盾中，但马克思声称他在现代自我意识哲学中找到了一个主观形式之外发展的重要潜能，这种形式在后黑格尔主义时期的思想中已经被采用。通过描绘伊壁鸠鲁哲学的古老矛盾，马克思的真实目的是想警告与他同时代的人主观哲学的危险。

评论家们往往会忽视马克思对伊壁鸠鲁研究的重要尺度。相反，马克思对伊壁鸠鲁原子论的表面看法却受到了很多关注，这些看法可能容易概括。马克思坚持认为伊壁鸠鲁不仅仅是一个德谟克里特原子论的模仿者，而且还对其加入了全新的因素。虽然德谟克里特认为原子在运动过程中绝对静止，但伊壁鸠鲁坚持原子相对运动的可能性，即被马克思

---

① 《马克思恩格斯全集》第 40 卷，259 页，北京，人民出版社，1982。
② 同上书，138 页。

当作他论述之根本的"转弯"和"下坠"。由于相信相对运动的可能性,马克思提出,伊壁鸠鲁已经找到了一条克服德谟克里特的"盲目必然性"与纯粹的唯物主义物理学的方法。这样,伊壁鸠鲁就能够将原子归于"观念"或精神一类,即原子有进行"自我规定"的时刻。① 马克思随之立即强调说,"偏斜所表现的规律贯穿于整个伊壁鸠鲁哲学,因此,不言而喻,这一规律出现时的规定性,取决于它被应用的范围"②。马克思兴趣的关键点是伊壁鸠鲁的自然原子论哲学提供了一个关于人类自我意识产生的类似理论,因为关于自我决定的主张将"人之为人"提高到了盲目的规定与自然一致性之上。反过来,原子的自主性理论暗示了一种革命性行为准则的自由理论,因为通过打破"命运的束缚",伊壁鸠鲁的"偏斜运动"暗示了原子"胸中能进行斗争和对抗的某种东西"③。最后,马克思在对伊壁鸠鲁原子自由运动的正面论述中免去了对存在进行神学解释的必要。伊壁鸠鲁代表了哲学上的进步潮流,因为他的原子自给自足原则将原子不仅从固有观念中而且从第一推动力或原始创造主这种更原始的基础理论中解放出来。④ 这样一来,伊壁鸠鲁便将形而上学与伦理学从神学中解放出来,这项伟绩使他成为"最伟大的希腊启蒙思想家"⑤。马克思意识到了普罗米修斯斗争的古老同盟者,表现为青年黑格尔派开始"反对一切天上和地上的神,这些神不承认人的自我意识具有最高的神性"⑥。

尽管马克思承认伊壁鸠鲁在人类解放先驱中的重要地位,但他的论文狠狠地揭露了伊壁鸠鲁原子论的局限性,而且更进一步揭露了延伸意义上的伊壁鸠鲁主观思维模式的局限性,这种模式在黑格

---

① 《马克思恩格斯全集》第 40 卷,217 页,北京,人民出版社,1982。
② 同上书,214 页。
③ 同上书,213 页。
④ 同上书,214 页。
⑤ 同上书,242 页。
⑥ 同上书,190 页。

尔哲学之后成形。坚决坚持黑格尔在哲学史中的相关论述的马克思认为，所有希腊思想的本质特征是其主观性。最早时期的古希腊思想已经发现了知识正是智者所具有的特性。马克思写道，尽管之后的希腊思想从直觉形式转向了更为通用的柏拉图与亚里士多德哲学，但是"对绝对的东西的实证解释与希腊哲学的主观性质，与哲人的使命是有联系的"，因为"这些规定在柏拉图和亚里士多德那里可以说是预先决定了的，而不是由于内在的必然性而发展形成的"①。当伊壁鸠鲁将具有抽象个性的原子当作"一般的任何存在的形态"时，这个伟大的古希腊思想家的继承人把这种主观形式概括为一个人是否谈及"自我意识""个人""哲人"或"神"②。然而，马克思继续说道，抽象个性只有通过从"与其相对立的定在"中提取才能维持其"纯粹的存在"。因此，对于伊壁鸠鲁来说，"行为的目的就是从痛苦和慌乱中抽象出来，脱离出来，即内心的宁静"③。从而，伊壁鸠鲁的原子论必须保持抽象性，必须保持它的思想观念与存在相分离，必须保持它自由意识的纯粹消极性。由此，马克思将矛头对准了他认为有破坏性的意见："抽象的个别性是脱离定在的自由，而不是在定在中的自由。它不能在定在之光中发亮。定在乃是使得它失掉自己性质而成为物质的一个因素。"④

当马克思将他的注意力转向普鲁塔克这位最杰出的享乐主义古代评论家时，他加深了对原子论的否定判断。当普鲁塔克的神学智慧遭遇古代哲学时，马克思发现了一位与古代神学家极其相似的对黑格尔主义持反对态度的人物。同马克思的学位论文相比，在预备笔记本中发现的大量关于普鲁塔克的笔记并没有受到学者们的多大

---

① 《马克思恩格斯全集》第40卷，144~145页，北京，人民出版社，1982。
② 同上书，168~169页。
③ 同上书，214页。
④ 同上书，228页。

关注，但是这些材料实际上提供了洞察马克思所认为的主观哲学的最大诱惑为何物的重要信息，也就是洞察马克思所认为的滑向非理性与虚幻的危机是什么的重要信息。鉴于马克思把所有后黑格尔主义哲学当作主观思想模式，我们可以认为这个警告不是专门针对谢林主义者与思辨有神论者的。其实，即使主观哲学的发展形式暴露在这种危险中，马克思也明确地相信它，因为尽管伊壁鸠鲁反对上帝，但马克思实际上觉察到了原子论与有神论之间的有择亲和。

在这里，费尔巴哈对马克思的影响可能比我们知道的还要早些。马克思的学位论文涉及了大量费尔巴哈对17世纪原子论者伽桑迪的分析内容，这在他1833年的《近代哲学史》中有体现。在他关于伽桑迪的文章中，费尔巴哈认为原子论不能为形而上学系统提供基础，因为他看不到从原子定量举例前往定性普遍概念的道路。在费尔巴哈看来，原子模式有效地界定了各种事物狭窄领域的理性，但是，值得注意的是，并非由此降低了人们对机械论狭窄领域的探索精神，对理性的限制反而解放了原子特殊性范围之外的非理性观念。正如费尔巴哈概括的矛盾效应所说，"当上帝被人们从理性神庙，从开放、自由、明朗、清晰的思想世界驱逐到神秘的避难地时……人就在智慧的开放领地成为了理智的无神论者；但是在理性自己的秘密之处，人仍然是最迷信的基督教徒，他仍然是世界上最虔诚的人"[1]。总之，费尔巴哈在1833年仍旧是个唯心主义者，他看到了一个永恒存在的危机，即如果理性没能从自身这个关于意识与存在的统一概念中得出自身的话，理性将会倒退到宗教。马克思必然赞同伊壁鸠鲁的真知灼见，因为他痛斥伽桑迪试图使伊壁鸠鲁适应其"天主教的良心"的做法。[2] 此外，马克思对普鲁塔克也做了同样的分析，此人从虔诚的角度抨击伊壁鸠鲁对神的否认和对个人邪恶的

---

[1] 转引自 Wartofsky, *Feuerbach*, p.74。
[2] 《马克思恩格斯全集》第40卷，188页，北京，人民出版社，1982。

反对。

但是，这样容易漏掉马克思论证的关键点。马克思认为普鲁塔克文章的活力遮蔽了他的"神学智慧"与伊壁鸠鲁之间的内在联系。马克思写道，伊壁鸠鲁的"抽象的、个别的自我意识"能够打破人们的神学幻想，但是它也阻碍了"通向真正的和现实的、科学的道路……由于个别性在事物本性中不居统治地位"；"如果把那只在抽象的普遍性的形式下表现其自身的自我意识提升为绝对原理，那么就会为迷信的和不自由的神秘主义大开方便之门"①。马克思在他的笔记本中将对费尔巴哈的批判延伸到了伊壁鸠鲁对"宁静"的追求，这是一种自我的宁静。"宁静"要求伊壁鸠鲁否认人类的普遍理性，因为有限的理性存在将束缚个体的抽象自决。"众所周知，偶然是伊壁鸠鲁派居支配地位的范畴"，马克思这样写道：

> 这是把观念只看作状态的必然结果；状态就是偶然的存在本身……在虔诚主义者和超自然主义者那里我们也见到同样的情况。世界的创造、原罪、救赎，这一切及其全部虔诚的规定例如天堂等等，不是永恒的、内在的、不受任何时间限制的观念规定，而是状态。正如伊壁鸠鲁把他的世界的观念性——虚空移到世界的创造中一样，超自然主义者则把脱离前提的自由，即把世界的观念体现在天堂里。②

像费尔巴哈一样，马克思推断思想与存在的分离形成了原子论与超自然有神论间的一种神秘联系，这种分离使得二者将现实交给了非理性、随意性与"无前提性"。

对马克思来说，普鲁塔克概括了原子论中的神学化般的推动力；

---

① 《马克思恩格斯全集》第40卷，242页，北京，人民出版社，1982。
② 同上书，130页。

在这里，马克思对伊壁鸠鲁关于邪恶的辩护的批判明显模仿了普鲁塔克在个人有神论方面的评论，我们在费尔巴哈的《死亡与不朽》一书中最早见到普鲁塔克的这一评论。因此，鉴于普鲁塔克已经抨击了虔诚主义者和超自然主义者，马克思指责普鲁塔克贪图他"个人的存在"的"永恒"而非自身死亡后的解体及向"普遍的和永恒的"东西的复归。① 像费尔巴哈一样，马克思将其追溯为"赤裸裸的经验的'我'，自爱，最古老的爱的形式"②。他还描述他同样能够尖锐地讽刺"未开化的人"，那些"正直的人和明智的人"对生生世世的回报的期望表明"原子的傲慢达到登峰造极"③。并没有证据证明马克思读过费尔巴哈的《死亡与不朽》。直到 1838 年或 1840 年，马克思无论如何都不是必须读那本书才能将哲学原子论与对个人不朽的信仰联系起来，或者将这二者与利己主义联系起来，因为这些在青年黑格尔派中已经是一个很普通的主题了。

尽管如此，这里还是有一个更有力的理由推测马克思在完成关于普鲁塔克的评论性文章前已读过费尔巴哈 1838 年的《实证哲学批判》，因为我们在马克思复杂的推论中可以看到与我们已经在费尔巴哈的《实证哲学批判》中发现的相同的双重移动。正是这篇论文涉及费尔巴哈的如下指认：思辨有神论者将作为他的存在谓词的特质投射到虚假的神明上了。当马克思在对古代类似于思辨有神论者普鲁塔克的长篇讨论的结尾中提到"所有哲学家都用谓语做主体"④时，他实际上接受了费尔巴哈这篇论文的观点。马克思与费尔巴哈本人1838 年和 1839 年的结论相差无几，费尔巴哈认为所有思辨哲学都包含这种神学化般的推动力。但是我们也强调，费尔巴哈不仅仅倡导

---

① 《马克思恩格斯全集》第 40 卷，88~89 页，北京，人民出版社，1982。
② 同上书，246 页。
③ 同上书，85、91 页。
④ 同上书，93 页。

主语和谓语即人类及其品质向它们正当秩序的回归，因为被投射到神明的孤立个性是人类本质的扭曲。因此，费尔巴哈第二步进行的是批判实体化过程，凭借这个过程，人类本质被给予了一种原子化个体形式的扭曲表现。马克思同样批判了主语及其谓语的形式。因此，马克思不仅发现了永恒与个体之间的不相容，而且发现了具有那种不相容本质的实体化："当他抛弃自己永恒的本性，那它视为存在于孤立状态之中、存在于经验之中，因而也就是把它当作自身以外的经验的神时，他所做的难道不是同一回事吗？"①

很多学者已经及时注意到费尔巴哈的"转换法"对马克思1843年关于黑格尔政治哲学批判的决定性影响。没有几个学者意识到这种影响实际有多早，只有更少的学者发现费尔巴哈的文章不仅包括对主谓语倒置的揭露，而且包括对将主谓语变成一种原子化的形式即个人或"实证神"这种过程的批判。

马克思在他的笔记本中尝试将这种实体化过程与对哲学与正面宗教间关系的一种更为普遍的解释联系起来。马克思发展了他的思想，以此回应1837年的一本著作，在那本著作中神学家鲍尔再次将柏拉图式的苏格拉底旧基督教类型学作为耶稣的预示进行了讨论。不多久，马克思放弃了将"拟人化的哲学"与"拟人化的宗教"相联系的尝试，转向了通过"给哲学所认识的东西找到一个实证的，首先是神话的根据"来追问为什么柏拉图背弃了理性。② 马克思将这种背叛归因于思想与存在之间的裂缝，他在伊壁鸠鲁的原子论、现代超自然主义者及虔诚主义者中已经发现了这个裂缝。因为柏拉图没有"在自己的体系本身中，在思想的永恒威力中寻求客观力量"，他只能通过引用虚幻的寓言概念来保持这种优势。在披露柏拉图神学化般的形而上学解释的过程中，马克思赞同这种解释在谢林从唯心主义向

---

① 《马克思恩格斯全集》第40卷，81页，北京，人民出版社，1982。
② 同上书，140、143页。

基督教神话倒退中的现代相似特性：

> 柏拉图在说明某些道德的、宗教的甚至自然哲学的问题（例如在《蒂迈欧》篇中）时，他对绝对的东西所作的否定的解释是不充分的；在这样做时他把万物都淹没在一个漆黑的夜里是不够的，因为正像黑格尔所说：夜里母牛一般黑；于是柏拉图对绝对的东西采用了实证的解释，而这种解释的基本的，从自身中产生出来的形式则是神话和寓言。凡是在绝对的东西占据着一方，被分隔开来的实证的现实占据着另一方，而同时实证的东西又必须保留下来的地方，实证的现实就成为一种介质，绝对之光透过介质，在神奇的五光十色中折射，有限的实证的东西表示出一种与本身不同的别的东西；在有限的、实证的东西本身中有灵魂，对灵魂来说，这种蛹化是神奇的；整个世界变成神话世界。每个形象都是谜。由于受类似的规律所制约，这种现象在近代还一再发生。①

在"对绝对的东西采用了实证的解释"的过程中，马克思觉察到了"超验的东西的哲学"的根源。这个阐释向他描绘了柏拉图哲学与"一切实证的宗教，特别是与基督教——超验的东西的完美哲学"②的基本相似之处。马克思认为，这种朝向非理性实证性的冲动是柏拉图主义与基督教教义间相似性的更深刻的真理，这在鲍尔的《柏拉图主义或苏格拉底的基督教与救世主》中已经讨论过。在理性观念不足以弥补思想与存在的缺口时，柏拉图主义和基督教教义都将它们的原则投入了超验范围从而将普遍存在置于不可挽回之地。

马克思认为，实证哲学在他的时代已经陷入了所有危机中，当

---

① 《马克思恩格斯全集》第 40 卷，143~144 页，北京，人民出版社，1982。
② 同上书，144 页。

思想将其从存在分裂出来但仍继续寻求"对绝对的东西采用了实证的解释"时，这些危机便出现了。通过比较，马克思坚信"自由派"即青年黑格尔派将在现有的哲学主观形式之外有所发展，并且把哲学"辨识"为思想与存在的统一。与实证哲学家不同，青年黑格尔派没有被引向神话和非理性，因为"概念的一派"认识到他们时代的事情，即主观和自然界都是"精神，并且它们两方面都要求把它们看作精神"①。正因为坚信这个真理，青年黑格尔派才能在他们时代承受思想与存在的极度分离，而没有寻求与对理性真理保持敌对状态的世界的和解，他们也才能够在以自由的自我意识为最高准则的情况下批判一个顽固的现实。很显然，这是一种对哲学转变成革命性力量的呼吁。马克思不仅仅对黑格尔体系给予了肯定，同时还把它当作一个现行新世界的准则；他不是通过模仿他所批判的伊壁鸠鲁与斯多葛派来寻求"宁静"②。马克思在学位论文中指出，当哲学创造出在其中能重新无拘无束的世界时，宁静就不能仅仅被解释为一种终极目标了。哲学如何能达到这一目标是马克思留下的不确切的问题，因为，像布鲁诺·鲍威尔一样，马克思关于实践的观念并没有比哲学批判实践本身更深一层次。

然而，从根本上来看，马克思在哲学不向现实妥协的"斗争"之外，更注重的是辩证法的著作，这种辩证法既包含了思维也包含了存在。只有通过预先假定这种辩证法的巧妙，马克思才能呼吁一种带有启示的期盼，他期盼实现从哲学与现实间的最极端的分裂到二者完全和解的突然转变。这种向辩证法的转变使得他与自我意识哲学的关系复杂化了，而该关系对于他这个阶段的思想是非常重要的。

---

① 《马克思恩格斯全集》第40卷，260、68～69页，北京，人民出版社，1982。
② 杰罗尔德·赛格尔和哈罗德·马宝山都认为，马克思寻求"宁静"是为了从困扰着激进的德国知识分子的哲学矛盾和紧张中获得一种释放或者逃脱。相反的观点，参见 Auguste Cornu, *Karl Marx und Friedrich Engels. Leben und Werk. I. Bd. 1818-1844* (Berlin, 1954), p.178。

也就是说，即使辩证法像马克思所设想的那样包含一种精神实质，他对辩证法之运行的描述实际上还是无法回避主观唯心主义，鲍威尔带有生机论自然主义色彩的批判哲学对主观唯心主义早有暗示，这种生机论自然主义使人回想起了青年费尔巴哈：

> ……辩证法又是急流，它冲毁各种事物及其界限，冲垮各种独立的形态，将万物淹没在唯一的永恒之海中。于是关于辩证法的神话就是死。因此辩证法是死，但同时也是精神花园中欣欣向荣、百花盛开景象的体现者，是盛着一粒粒种子的酒杯中冒出的泡沫，而统一的精神火焰之花就是从这些种子中萌发出来的。①

这个关于自我意识哲学观点的含义在另一段论述中变得清晰起来，马克思在这段论述中赞扬了费希特"创造世界的自我"的革命性的实际暗指，但是他又强调自我"不能创造世界"②。尽管浮夸的神秘主义在一部由对自我意识之优先性的信仰主导的著作中出人意料地突出，而马克思又时不时地用这种神秘主义召唤具有活力的自然神论，但很多左派黑格尔主义者每次要转向费希特的主观唯心主义时所做的这个评论，揭示出对自我意识通过批判和自我确证而重塑世界的潜能的怀疑态度。

这一反常现象或许可以归因于同一种朝气蓬勃的浪漫主义的持续影响，该浪漫主义在1830年通过提及"自然的深不可测的深渊"而使得费尔巴哈否认单独的人格。③ 当马克思关于辩证法的观念越来越集中于人类历史时，他迅速地舍弃了这种言辞。然而马克思在其

---

① 《马克思恩格斯全集》第40卷，144~145页，北京，人民出版社，1982。
② 同上书，139页。
③ Feuerbach, *Thoughts on Death and Immortality*, p. 82.

学位论文和笔记本中对辩证的自然神论的不时召唤，意义深远地暗示了他对布鲁诺·鲍威尔的批判哲学的反对。1842 年以后，马克思转而明确反对鲍威尔和柏林的自由人，因为在他看来，他们与世界的分离使得他们的批判能力转变成了自我放纵的心态、轻浮的言行以及最终的徒劳。相比之下，马克思坚持他在 1837 年确立的寻找现实中的理念的决心，这在 1842 年使得他远离他学位论文中的形而上学思索并转向对政治和社会的具体分析。然而，在他的学位论文完成之后的几年里，存在于他思想中的不变的东西，却是一种克服在后黑格尔主义学术环境中占统治地位的哲学意识的主观形式的愿望、一种定位主观世界和批判自我意识中辩证法的运作原理的愿望。此外，当马克思转向政治和社会问题时，他将学位论文中首次描述过的原子论与基督教一神论之间的联系纳入他对各种各样的对象如普鲁士的"基督教国家"和美国自由共和制国家的研究中继续讨论。

## 二、从原子论到普鲁士的个人主义：马克思的哲学新闻事业

马克思在 1841 年早期完成了他的学位论文并提交给了耶拿大学。到 7 月时，他已加入在波恩的布鲁诺·鲍威尔的队伍中，他希望在那里与这位老哲学家的友谊能给他自己的学术生涯提供便利。对马克思来说，这是一个灾难性的行动，因为在他来波恩不久后，鲍威尔便处于他那个理论团体中保守同事要求其辞职的高压之下了。鲍威尔的论点得不到支持的情形，使得马克思确信他没有找到学术聘用的希望，甚至在 1842 年春天艾希霍恩解雇鲍威尔之前，马克思已经开始在政治新闻界四处寻找一个新的职业了。到 1842 年 4 月，马克思已经开始为创办不久的莱茵河自由周刊《莱茵报》写第一篇文章了，到 10 月时他已经是这家杂志社的编辑了。当告知卢格时，马克思正在着手写关于黑格尔对国内法规态度的批判性文章："这篇

文章的主要内容是同君主立宪制作斗争,同这个彻头彻尾自相矛盾和自我毁灭的混合物作斗争。"[1]马克思对民主政体的公开承认,经常被指认为是对威廉四世新反动政权对青年黑格尔派所进行的政治迫害的另一种回应。但是似乎有这样一种可能,即像费尔巴哈、卢格或者鲍威尔一样,马克思并没有因为威廉四世高压政治的迫害而过多地走向一种激进化,他的激进论得到了政府的批准。

理查德·亨特已经提醒说,直到大约1840年马克思才赞同了他父亲的自由宪政君主制观点。[2] 与亨特的观点相反的一点是,"宪政君主制"是否足以描述一位年轻哲学家的洞察力是很不明确的,这位哲学家梦想着完成现实世界中的自由哲学并将他所处的时期想象为即将来临的暴风雨之前的平静。马克思1841年之前的著作中的证据简直是太空乏了,以至于不能轻而易举地认定他对当时宪政问题的看法。然而我们已经看到,19世纪30年代晚期,尤其是在黑格尔派哲学家同时处理学派的内部倒塌和外部反动攻击之时,这场关于宪政君主制的争论是多么令人不知所措。将宪政君主制当作理想进行赞成,与在精神一致性内把国王当作普通公民赋予公平权之间的界限确实很模糊。鉴于马克思学位论文的祈使语气、他向作为一种实践的哲学的献身以及他对实证哲学的形而上学和神学影响的反对,我们可以假定,当19世纪30年代晚期关于个人君主统治权与政治参与之间的神学政治辩论消耗殆尽时,马克思对黑格尔派哲学家持偏左的观点。马克思与很多其他左翼黑格尔派哲学家——如卢格、费尔巴哈、福斯特、卡普——在同一时期公开承认共和政体。对他们来说,开放的共和政体是激进化这个复杂过程的结果,在这个过程中,他们对于哲学、神学以及政治争论的指涉与他们对现行政治

---

[1] 《马克思恩格斯全集》第27卷,421页,北京,人民出版社,1972。
[2] Richard N. Hunt, *The Political Ideals of Marx and Engels. I. Marxism and Totalitarian Democracy, 1818-1850* (Pittsburgh, 1974), p. 30.

的反应是难以分清的。

所有这些都说明，以一种敏锐的眼光阅读马克思的政治新闻学是必需的，这种眼光要朝向这样一个语境，在其中，黑格尔派正如马克思自己一样走向共和主义。如果说，马克思学位论文中对原子论和主观主义的批判充分显示了他对神学与哲学关于人格主义争论的了解的话，那么，他1842年的政治类作品则显示了他对那些论辩的政治维度同等深入的了解。这些政治文章将对原子论的评论从他学位论文的政治领域带入了同时代普鲁士的政治和社会环境中。马克思1842年写的关于出版检查制度、等级选举权结构和他的新闻工作中心话题的文章是如此详细具体，以至于很容易让人忽视那些神学政治论战对他以共和政体来抗拒普鲁士君主政体之行为的深远影响。实际上，马克思为出版自由和更宽广的政治参与所进行的充满热情的辩护，被一种对普鲁士社会与政治中超验和人格化连锁现象的影响进行的持续不断的检查抹平了。作为一位将实践认定为青年黑格尔派的哲学批判的思想家，马克思加入了卢格与鲍威尔对"基督教国家"之基础的攻击中。他在与"先验的"基督教国家及其同盟者"天启宗教"相抗争方面的贡献，直接源于"超验宗教"与"对绝对性的实证解释"之间的总体联系。马克思是在他的学位论文中第一次提到这种联系的。①

这是马克思在1842年4月承诺寄给卢格的四篇文章的中心主题。正如他明确对卢格所说的那样，这些关于宗教艺术、浪漫主义、历史法学派和"实证哲学家"的文章在内容上是有联系的。② 在这四篇文章中，只有关于历史学派的那篇得以在《莱茵报》上刊登。这篇文章表明，到1842年时，马克思在1837年由于萨维尼将历史事实与哲学准则相分离而感到的不快已经迅速发展为对历史学派总趋势

---

① 参见《马克思恩格斯全集》第27卷，423页，北京，人民出版社，1972。
② 参见同上书，425页。

的激烈谴责。然而，他没有将研究的精力集中于历史方法的现时从事者，反而集中于他们的思想先驱古斯塔夫·胡果。表面上看，攻击胡果而非萨维尼的决定是奇怪的。毕竟到 1842 年的时候，胡果已经快要死了，而且也不再活跃了。唐纳德·凯利指出，马克思把胡果当作攻击的中心，实质上是为了攻击在 1842 年由于法律改革而成为普鲁士内阁大臣的萨维尼。① 但是，马克思不仅仅是为了发动一场对萨维尼的间接斗争。

相反，马克思写道，他被胡果吸引是因为他提出了一种纯粹的法律实证主义，而这种实证主义剥离之后，实证哲学家隐藏于其后的"芬芳的神秘云雾"②中。与这些基督教法律理论家相反，马克思将胡果认定为一个 18 世纪的绝对怀疑论者，胡果对理性的否认使得他不仅接受了实证而且"证明实证是非理性的"。他的这些断言是"为了占有某种作为残渣的纯实证的事物，并在这种事物状态中自得其乐"③。值得注意的是，当马克思将论文的结论归纳到哈勒、斯塔尔、列奥、萨维尼以及其他同时代的实证法哲学家时，他强调了这些人从实证到超验的转变："假如胡果说，在婚姻以及其他道德和法的制度中都没有理性，那末，现代的男人们就会说，这种制度固然不是人类理性的创造物，但它们却是最高的'实证的'理性的反映，其他各方面的情形也是如此。所有这一切都只以同样粗暴的态度宣布了一个结论：专横和暴力的法。"④当马克思宣称从理性分离出来的世界的外壳是在寻求它在一些事物上的正当性而非其本身时，马克思在这里是将他早期关于柏拉图的批判转变成了政治术语。因此，在胡果仅仅对历史既定事实的原始力量进行辩护的地方，现代实证

---

① Kelley, "Metaphysics of Law", p. 360.
② 《马克思恩格斯全集》第 1 卷，105 页，北京，人民出版社，1956。
③ 同上书，101 页。
④ 同上书，106 页。

哲学家则试图通过接受一种超验的政治神学理论来使这些事实合法化。马克思坚持认为，尽管如此，在胡果和现代实证主义者眼中的这个既创世界非理性的"动物式的法律"仍然是被放在了正确的位置上的。

马克思1842年的很多著作都在探讨这种"动物式的法律"的后果。正如他向卢格所抱怨的那样，"把人兽化，已经成了政府的信仰和政府的原则，这真是太奇怪了。诚然，这与信教并不矛盾，因为把动物神化也许是宗教最彻底的形式"①。神化了的"动物"是人，但是这种人是一种非人类形式的人，也就是说，人处于非社会的孤立情境下。这里，马克思完全赞成青年黑格尔派对基督教人格主义所进行的社会政治批判。从而，马克思观察到，反对新闻界自由的虔诚的普鲁士人和人类理性的否定者大体上都"怀疑整个人类，却把个别人物神圣化。他们描绘出人类天性的可怕形象，同时却要求我们拜倒在个别特权人物的神圣形象面前"②。尽管这样，在将人格化和人格主义确定为普鲁士社会政治结构的关键这一点上，马克思甚至比卢格走得更远。他写道，基督徒兼骑士的、现代兼封建原则的众多代表在理解"自由"时，"说它不是理性的普遍阳光所赐的自然礼物，而是吉祥的星星所赐予的超自然礼物。既然他们认为自由仅仅是个别人物和个别等级的个体属性，他们就不可避免地要得出结论说，普遍理性和普遍自由是有害的思想，是'逻辑地构成的体系'的幻想"③。

使马克思吃惊的不是普鲁士残留的封建主义的社团主义有机体拖拉的形式，而是基督教个人主义不合常规的形式。因此，普鲁士社会最重要的特征真的不是它的社团主义结构，而是它将原子论作

---

① 《马克思恩格斯全集》第27卷，422页，北京，人民出版社，1972。
② 《马克思恩格斯全集》第1卷，80页，北京，人民出版社，1956。
③ 同上书，58页。

为一种社会法则加以采用,或者更确切地说这个社会是一种"反社会"的有机体。在进行控诉的过程中,马克思很快地使一系列有关宗教、政治和社会实践的理论有了进展。"贪婪的、自私的利益"控制了普鲁士,他控诉道,从虔诚的"将个人拯救置于全人类拯救之上的利己主义"到"私人利益的切身需要和等级制度的建筑师"充斥着这个国家。①

黑格尔左派哲学家关于人格主义批判的全部神学—政治影响,构成了马克思对财产进行首次讨论的基础。个人利益在普鲁士社会中所占的明显统治地位,使得马克思向他的读者这样询问,"难道你们的大部分起诉以及大部分的民事法律不都是关于财产的吗?"②当然,在这里马克思主要继承了与土地有关的财产思想,但是在1842—1843年他提炼了他的观点,将这种与土地有关的财产当作所有形式的私有财产中的一个典型。由于可继承的土地财产显示了他所认为的私有财产的本质特征,因此,表征私有财产之实质的长子继承制,虽然处在一种神秘的、令人困惑的形式中,但它是对现实社会的一种抽象,它体现了个体生来就有的权利。在被庞大的财产所有者所统治的等级体系中,马克思的批判最初显然是直接指向贵族阶级的。尽管如此,他还是确信自私的个人主义价值观也遍及普鲁士社会的其他阶层。他推理说,一个分化的社会以个体的特殊权力的化身为基础,忠于属于人类权力排他性的个人权利,把公民降低为"私有个体式的平民"。

所以,尽管马克思认识到了普鲁士市民社会中封建社团主义的残留,但他反而选择用普鲁士极度的社会破裂来描绘它。因此,在他看来,人们变成了"原始的无机的片状物",而"非国家的生活领

---

① 参见《马克思恩格斯全集》第1卷,342页,北京,人民出版社,1995。
② 《马克思恩格斯全集》第1卷,125页,北京,人民出版社,1956。

域"是"不现实的、机械的、从属的"①。此外，当马克思在 1842 年 4 月讨论"城市财产"时，他直截了当地指出它充当的是"资本家"而非"平民"的角色。有必要指出的是，马克思第一次提到的"资本家"和"平民"之间的冲突——这种冲突表征的是黑格尔在关于市民社会的讨论中一贯借用的卢梭的区分——出现在私人利益和公共精神间的现世紧张与基督教原子论和普遍的集体精神间的冲突相互重叠的背景中。

像费尔巴哈和卢格的共和论一样，马克思理想主义的共和论通过将普遍意志等同于理性的、集体的精神的哲学理解，从而把卢梭和黑格尔的元素综合了起来。而且，他的共和论与他们二者在某一事实上有相同之处，即这个共和论不是排他性或狭隘政治性的。这是真实的，甚至在马克思明确转向社会问题之前也是这样。他对超验和他的精神一元论哲学的内在的严格防御，使得政治和经济之间的鲜明区分变得难以理解了。在马克思的用法中，"公共精神"不能被归结为政府立法和行政活动中的民主参与。在对适合于政治行为这一狭窄定义的政府进行区别的过程中，马克思称真正的国家是"一个庞大的机构"②。这显然不是对普鲁士分化现实的描述；相反，这是对作为人类社会标准条件的"社会理性"所揭示东西的描述。在一个人类自我意识可以肯定这个国家是自己的"成果"的真正国家里，精神活动将同样会在铁路的建设、(真正的)哲学的构建和人们的政治解放中揭示出来。正如卢格一样，马克思的理想也是一种精神共同体，它既不承认也不能容忍没有履行理性精神的"动物式的法律"。

这就是说，马克思 1842 年的政治新闻用理想主义的术语复述了现代国家和市民社会的分离，这个问题在其第二年的主要著作中得到了有力论述。后来的批判通过假设人类社会生活的首要地位而攻

---

① 《马克思恩格斯全集》第 1 卷，334 页，北京，人民出版社，1995。
② 同上书，129 页。

击社会中国家虚假自治的地方，较早的批判则攻击国家的宗教理想与市民社会的分离，而这种市民社会以一种原子化的形式矗立在动物式法律的统治之下，或者，换句话说，这个社会与自然状态的国家进行竞争式的斗争。因此，马克思坚持要求，"普鲁士国家不要在应当出现国家生活自觉繁荣的领域，中断自己现实的国家生活"①。"在真正的国家中，没有任何地产、工业和物质领域会作为这种粗陋的要素同国家达成协议。"他进而写道：

> 在这种国家中只有精神力量；自然力只有在自己的国家复活中，在自己的政治再生中，才能获得在国家中的发言权。国家用一些精神的神经贯穿整个自然，并在每一点上都必然表现出，占主导地位的不是物质，而是形式，不是没有国家的自然，而是国家的自然，不是不自由的对象，而是自由的人。②

市民社会的精神化，固着的、原子式的差异性向"受同一生命推动的不同职能的活生生的运动"③的分解，是马克思在反对基督教国家先验人格时关注的重要方面。马克思的判断，使得进步的黑格尔派哲学家早期关于自我的基督教理念与现代社会的原子化和利己的形式的联合激进化了。在这些早期理念大部分源自于黑格尔派哲学家与其实证主义和人格主义的批评者对抗之处，马克思又将基督教人格主义与利己主义间的联合看作普鲁士社会的主要现实。因此，在1842年的新闻事业中，马克思轻松地游走于基督教人格主义和利己主义之间，同样也谴责将个人以神学—哲学和社会政治学的方式"封为圣徒"的做法。

---

① 《马克思恩格斯全集》第1卷，334页，北京，人民出版社，1995。
② 同上书，344～345页。
③ 同上书，333页。

然而，在这一年中，他也开始制定一种意识形态理论，这种理论将基督教的人格主义主要视为个人世俗和物质利益的意识形态的合法化，而不是政治和社会的利己主义事业。因此，马克思在11月提出了激进批判目标的一个根本性转变，他坚持认为，"联系着对政治状况的批判来批判宗教"，而不是"联系着对宗教的批判来批判政治状况；要知道，宗教本身是没有内容的，它的根源不是在天上，而是在人间，随着以宗教为理论的被歪曲了的现实的消灭，宗教也将自行消灭"[①]。将宗教简化为一种对现实的意识形态的反映，对马克思评价说，整个青年黑格尔派的反神学传统的运动产生了明显影响，这一运动对马克思1842年关于国家和社会的思想是很重要的。事实上，我们可以沿着一条主线，从马克思追溯到甘斯、契希考夫斯基、赫斯、海涅及费尔巴哈，这些19世纪30年代的批评者已经将神学评论与政治评论联系起来。

这些早期批评者对马克思思想发展的真正影响，实际上已经被我们关于马克思与自由主义之间的典型对抗的惯性思维所抹去了。然而，对马克思的新闻事业进行考量会发现，他并没有通过对自由主义的反思而达到对个人主义的反社会影响的批判。相反，他致力于批判个人化趋势的一群代表人物，这些人后来在"基督教国家"中占统治地位。他谈到一个具体的神学、政治和社会的背景，在这个背景下利己的个人主义和专制主义是结合在一起的。马克思这样谈到二者的共存：一个人"只要经常巧妙地求助于那些只知道维多克的'不是囚犯就是狱吏'这个两难推论的不久前的自由主义者，就可以毫不费力地同时扮演自由派和反动派两种角色"[②]。在马克思恰好于1843年将注意力转向现代自由国家和社会的时候，反社会的利己主义和神学人格主义的联合继续使他思考有关个人和社会的问题。

---

① 《马克思恩格斯全集》第27卷，436页，北京，人民出版社，1972。
② 《马克思恩格斯全集》第1卷，228页，北京，人民出版社，1995。

## 三、走向费尔巴哈和社会主义

1842年中期，马克思可以批判"最近的有能耐的自由主义者"，同时还能与他眼前的自由主义运动打成一片。当然，我们已经注意到，像卢格一样，马克思已经在他对私人生活及国家和社会的分离的批判中超越了自由主义。对一个由比较自由的莱茵区商人资助的期刊编辑来说，将自己与"自由主义"联合起来是一个精明的战术行动，它表明了马克思在追求更大的政治和社会自由时对政治联盟的重视；事实上，当马克思试图游走于政治反对和战术妥协之间的细微边界时，柏林青年黑格尔派向《莱茵报》提交的文章中的不妥协和不圆通的腔调激怒了他。然而，除了这些策略考虑外，马克思还没有充分地批判广大运动党的想法，这个想法成为19世纪30年代德国激进政治的指导思想。虽然马克思没有对自由主义和他自己的激进共和主义做充分的区分，但他已经开始认识到这样做的必要。因此，在1842年捍卫左派黑格尔主义反对《科隆日报》的文章中，他宣称"没有党派就没有发展，没有区分便没有进步"①。马克思并不是唯一认识到将德国政治划分为相互对立的"运动党"和"反动党"这种原始做法已经不足以应付一个复杂的现实情况的人。在1842年早些时候，卢格就曾争辩说，他既不是否认政党的反动派，也不否认未分化的进步党为时代精神的利益服务。我们知道，卢格和埃德加·鲍威尔已经开始公开阐明自由主义和黑格尔左派哲学家的民主社会共和主义之间的区别了。

早在1843年卢格的《自由主义的自我批判》引发撒克逊和普鲁士当局关闭《德国年鉴》和《莱茵报》时，马克思就已欣慰地向这一消息

---

① 《马克思恩格斯全集》第1卷，228页，北京，人民出版社，1995。

致敬，尽管这一行动剥夺了他的生计。他写信给卢格说，"即使是为了自由，这种桎梏下的生活也是令人厌恶的，我讨厌这种小手小脚而不是大刀阔斧的做法。伪善、愚昧、赤裸裸的专横以及我们的曲意奉承、委曲求全、忍气吞声、谨小慎微使我感到厌倦。总而言之，政府把自由还给我了"①。从迫于编辑工作不得不进行的妥协中解放出来的马克思，决心谨慎地从事他的批判工作。他赞同卢格的观点，认为在德国目前的情况下已经没有什么可以做的了，而且他很快便加入了卢格复兴海外青年黑格尔派期刊的计划中。卢格计划转移到苏黎世，在这里为《德国年鉴》写的最后一篇文章以《轶事》的题目发表出来。他希望将已经存在的期刊《来自瑞士的德国信使》改造成激进黑格尔主义的一个新机关刊物。马克思打算为这个杂志社工作。2月苏黎世当局关闭《来自瑞士的德国信使》，并驱逐其新的编辑——社会主义诗人格奥尔格·赫尔韦格。这一惊人的消息传到卢格身边的时候，马克思的这个计划被打破了。② 气馁的卢格开始建议马克思考虑斯特拉斯堡这个地方。

定位于法国城市的想法激起了马克思重新构想这个工程的热情，因为他回应卢格说，为了德法两国人民的解放利益，应该创办一个新的期刊来作为两国人民协作的成果。卢格的最初意向是在德国文化界内继续进行他的活动，然而，马克思一提出那个建议，卢格便立即热情拥护它了。自德国1830年革命引起人们失望的反应以来，法国原则和德国原则联盟的想法，已经成了对其国家境况感到失望的德国激进派最后的避难所。这种联盟的志向利用了历史悠久的左翼亲法主义，这种理论在极右的寒风和德国爱国主义中休眠一段时

---

① 《马克思恩格斯全集》第27卷，439~440页，北京，人民出版社，1972。
② 在赫尔韦格的编辑下，《来自瑞士的德国信使》从原先每周提供一系列广泛的批判性文章转变为每月提供一次。当《信使》在书报审查令下被取缔之后，只有下列著名的出版物还在出版：*Einundzwanzig Bogen aus der Schweiz*(Zurich Winterthur, 1843)。

间之后被 1830 年革命复兴了。马克思也受到了最新的联盟梦想具体化的直接影响,这种梦想的具体化即费尔巴哈所倡导的法国感觉主义唯物论和德国唯心主义的联手。费尔巴哈希望法国感觉论的注入能通过统一法国的"心脏"和德国的"大脑"来彻底变革德国人。①

卢格和马克思很快就放弃了斯特拉斯堡的计划,进而也就赞成了巴黎的想法,他们和几乎所有的其他德国进步分子都将巴黎视为欧洲知识分子和政治的中心。卢格 1843 年夏天就到了巴黎,但马克思直到 10 月才离开德国。做记者的经历使马克思确信,政治和社会应该是他批判的中心目标,但是从对他的论文的难解焦虑到莱茵河和普鲁士政治风波的突然转变,也使他确信他还没有准备好胜任这项任务。他的政治新闻虽然非常明确和犀利,但是经常从哲学的第一原则着手,而不是从具体的历史或政治经济学知识入手。尽管他认识到了这个缺点,但是他 1842 年确立的雄心勃勃的研究计划被他用笔谋生的需要挫败了。只是在《莱茵报》关闭之后,马克思才投入对政治经济学、历史和政治的紧张学习中。

1843 年 6 月,马克思与燕妮结婚。在他们漫长的订婚之后,这对夫妇离开德国去一个叫克罗茨纳赫的小城镇待了 5 个月。在那里,马克思完成了其过渡期的两部主要著作,即《黑格尔法哲学批判》和《论犹太人问题》。这两部著作平息了很多评论,而黑格尔对马克思的恩惠是很重要的。此外,这些著作宣告了马克思学术生涯中最重要的发展,即他对社会主义的道德承诺。本章剩余部分将详细分析这两个作品写作的思想背景,即我们将看到的到 1844 年之前马克思著作的全部视野的形成条件。虽然这两部作品是同时期写的,而且二者的主题在很多方面有重叠,但是马克思对《黑格尔法哲学批判》进行了较早的构想。鉴于这个原因,《黑格尔法哲学批判》必须与《论

---

① Feuerbach,"Preliminary These on the Reform of Philosophy",p. 165.

犹太人问题》区别开来看待。

在继续下文之前，我们需要就费尔巴哈和法国社会主义对马克思1843年著作的影响做一个说明。学者们惯常将马克思所受的费尔巴哈影响推定到马克思所读的《关于哲学改造的临时纲要》上。他们认为，直到1842年年底或1843年年初，鲍威尔的自我意识哲学才控制了马克思的激进黑格尔主义。① 然而，我们还是有很好的理由证明，马克思对鲍威尔的支持以及费尔巴哈对马克思的影响是一个累积过程而非偶然的发生。我们可以看到，即使在博士论文中，马克思也将自我意识哲学看作思想和存在全面和解道路上的一个过渡阶段。鉴于他对原子论的一般看法，这算是个一致的结论，这个结论很可能受他所读的费尔巴哈的《近期的哲学史》的影响。我们也观察到，马克思可能也受到费尔巴哈1838年关于实证哲学批判的影响，在这个批判中费尔巴哈首次阐明其转换方法的逻辑前提。《基督教的本质》一书一经问世，马克思便立即拥护费尔巴哈的原理，但是他对卢格说他在宗教之本质的观点上与费尔巴哈有些不同。② 马克思所说的不同之处的这部分文字已经丢失了，但是当询问他对于宗教推动力的相对正面的观点时，他可能赞同费尔巴哈的物种理论。在反对由对基督教的热爱转变为对全人类的热爱的可能性方面，马克思不仅与费尔巴哈不同，而且与卢格也不同，卢格的反对世俗化的黑格尔模式轻易地适应了费尔巴哈对人类本质恢复的积极叙述。但是，值得注意的是，尽管马克思仍然支持鲍威尔的信念，即人类对宗教错误观念的屈从完全降低了人的身份，但是他也接受费尔巴哈将宗教情感解释为一种异化的人类生活体验。当费尔巴哈详细阐

---

① 参见 Rosen, *Bruno Bauer and Karl Marx*; L. Baronovitch, "Two Appendices to a Doctoral Dissertation: Some New Light on the Origin of Karl Marx's Dissociation from Bruno Bauer and the Young Hegelians", *Philosophical Forum* (1978), p. 229。

② 《马克思恩格斯选集》第27卷，424页，北京，人民出版社，1972。

述《关于哲学改造的临时纲要》中物种的感性和精神要素的统一时，马克思认识到了自己对人类社会本质信念的哲学基础。在费尔巴哈人类解放之构想的不断影响下，马克思的思想开始发生转变，虽然只是一种暂时的转变。正如恩格斯后来回忆说，与那些和他同时代的很多人一样，尽管马克思采用了一种比一般更复杂的方式，但他确实成了"费尔巴哈派"①的一员。

从1842年开始，马克思对法国社会主义日益增长的兴趣，就与激进黑格尔派对法国政治社会思想的总的重新定向相一致了。1844年，已经开始逃避左派黑格尔主义的布鲁诺·鲍威尔不情愿地发现，正如"德国启蒙主义者突然对他们1842年的愿望失望，而且处于困境不知道做什么的状态一样，最新的法国体制也面临这种情况"②。鲍威尔提到的是洛伦茨·冯·斯坦的《当今法国社会主义和共产主义》的影响。但是法国共产主义的消息没有像鲍威尔所说那样来得突然，因为19世纪30年代曾"目睹"了德国的社会问题和新的法国社会思想的重大讨论。左派黑格尔主义哲学家对19世纪40年代早期法国共产主义的欣然接受，不仅仅是对他们思想僵局的一种表达。19世纪30年代已经引起批评的贫困危机不断恶化，到1842年的时候，许多德国知识分子敏锐地意识到了穷人的困境。在这种情况下，斯坦旨在提醒德国人社会革命即将到来的著作，便带有复兴德国人对圣西门和傅立叶的兴趣及推广新一代法国社会主义者如路易斯、蒲鲁东、艾蒂安、乔治桑、维克多及皮埃尔·勒鲁这些人的思想的讽刺效果。

虽然马克思对爱德华·莫依恩、卢滕伯格和埃德加·鲍威尔著作中肤浅的社会主义因素表示失望，但是他对法国社会主义思想的

---

① 《马克思恩格斯文集》第4卷，275页，北京，人民出版社，2009。
② Bruno Bauer, "Was ist jetzt Gegenstand der Kritik?" *Allgemeine Literatur-Zeitung*, 2, 8(Juli1844), p. 25.

兴趣在 1842 年明显加强了。在科隆，他偶尔参加赫斯举办的社会主义阅读圈，赫斯已成为他的朋友和在《莱茵报》的同事。① 在仅仅一年之前，赫斯发表了《欧洲的三头政治》。这篇文章提出了关于社会革命的前景问题，这个问题是根据青年黑格尔的宗教批判、法国的政治实践和英国工业唯物主义提出来的。当他写文章反对政府对《莱茵报》倡导社会主义思想进行收费时，他对现有的共产主义理论还有所保留，但尽管他的语气很谨慎，他最后还是坚持有必要慎重对待法国主要的社会主义作家。② 尽管在他辞去编辑职务后才开始密切关注法国的社会主义思想，但是这肯定是他自己在 1842 年下半年的意图。

到 1843 年夏天时，马克思著作中的社会主义因素已经很明显了。他不仅唤起了人类共有的"共产主义本质"，而且还直接批判私有财产，传唤阶级斗争的幽灵，提倡社会革命。梭罗莫·艾维尼里和理查德·亨特认为，马克思在那个夏天对共产主义做了道义上的承诺，他们的观点是正确的。他们正确地强调，重要的是这个问题的基调和马克思关于国家和社会问题的文章的总体含义，而不是他对这个或那个共产主义理论家的特定或详细的理解。③ 他们的方法比重建马克思观点的方法要好得多，后者希望能找到马克思思想转变的时期，就像道义上的承诺必须与知识的任意标准相一致一样。④ 但是，这还是不够的。艾维尼里反对马克思在 1843 年仍然是一个激进的雅各宾式的民主主义者这种古老的观念，但是他所面临的挑战也适用于 1842 年对马克思的描述，因为他的共和论已经预想到了社

---

① D. Gregory, "What Marx and Engels Knew of French Socialism", *Historical Reflections*, 10, no. 1(Spring, 1983), p. 161.

② 《马克思恩格斯全集》，中文 1 版，第 1 卷，134 页，北京，人民出版社，1956。

③ Shlomo Avineri, *The Social and Political Thought of Karl Marx* (Cambridge, 1968), pp. 33f; and Hunt, *The Political Ideas of Marx and Engels*, pp. 50, 74-75.

④ 亨特和艾维尼里对道德承诺的强调与格雷戈里的《马克思和恩格斯认识到的法国社会主义》一文的论述形成鲜明对比。

会和国家之间界限的消除。① 像亨特所说的那样，马克思在"孤独的反思"中得出了他的社会主义思想这种说法不是特别令人信服。② 前面的章节中已经展示了这种巧妙的途径，社会主题通过它在19世纪30年代已经进入德国的激进话语中。实际上，马克思所了解或接触的几乎所有主要的左翼黑格尔派哲学家——从海涅和甘斯到赫斯和费尔巴哈——都注意到了黑格尔和法国社会主义思想之融合的影响。毫无疑问，那种融合的最初形式即空想社会主义和黑格尔主义的会合到1840年时已经衰退了，于是马克思可以和别人一起抨击"幼稚的创始人"。撇开这种谦卑不管，从最初的接触中浮现出来的社会定向已经成为德国左派在19世纪40年代早期像变戏法一样变出的黑格尔主义的一部分了。那些坚持认为马克思在独立的路径上探求社会主义的人，都忽略了这个整体背景。马克思的社会主义转向不是象征与德国及左派黑格尔主义背景相决裂，质询其关键转折点是为了界定他学术生涯的剩余部分，他在当时的背景下做的这个决定是很坚决的，甚至太过于坚决了。

## 四、马克思反对黑格尔

关于《黑格尔法哲学批判》的学术研究倾向于把重点放在马克思对费尔巴哈从神学和思辨哲学领域到"政治哲学领域"的批判性的"转换方法"的转译上。③ 费尔巴哈认为，基督教通过将上帝当作一种绝对存在的方式掩盖了宗教的真正主体即人。现在，马克思以类似的方式声称，黑格尔通过把国家当成逻辑上在先观念的化身的方式，模糊了国家与市民社会之间的真正联系，黑格尔认为国家

---

① Avineri, *Social and Political Thought*, pp. 33-34.
② Hunt, *The Political Ideas of Marx and Engels*, p. 52.
③ Avineri, *Social and Political Thought*, pp. 8-13.

在自身之外产生了市民社会和家庭生活,并将其作为自己概念的确证。他指出,这种"逻辑泛神论的神秘主义"掩盖了这样一个事实真相,即"家庭和市民社会是国家的前提,它们才是真正的活动者;而思辨的思维却把这一切头足倒置。如果理念变为独立的主体,那末现实的主体(市民社会、家庭、'情势、任性等')在这里就会变成和它们自身不同的、非现实的、理念的客观要素"①。如果宗教的本质是人,那么国家的本质就是社会。马克思推断说,只要这个观点得不到认可,人类真正的普遍存在即其集体的公共存在将在政治国家的虚假普遍性中被驱散。这个时候,马克思的革命"实践"将其出发点理解为费尔巴哈的假设。费尔巴哈认为,揭露人的异化本质就是重新找到人的真实本质。人们一旦将其集体存在视为其本质,怎么不能出于本性而组织其生活的方方面面及国家生活的方方面面呢?

超越性与内在性的主题在这里真正运用到了现代市民社会和国家的演变问题中,当马克思第一次尝试以黑格尔式的腔调进行理论研究时,这一主题就占据了他的思想。在新费尔巴哈理论的构想中,马克思论证了"政治制度到现在为止一直是宗教的领域,是人民生活的宗教,是同人民生活现实性的人间存在相对立的人民生活普遍性的上天"②。我们对费尔巴哈宗教异化批判之政治和社会层面的讨论,使得我们能够向这样一种观点提出挑战:马克思对黑格尔的批判,代表了费尔巴哈"非政治"哲学的一种转译。之前我们回溯了费尔巴哈对基督教中人的非政治化、基督教社会以道德共同体为代价固定在利己主义的自我利益上的做法的关注,以及他对信仰基督教的资产阶级与真正的人类社会之人相分离的批判。现在,我们认识到马克思在1843年所取得的成就不仅是对费尔巴哈的"转译",而且

---

① 《马克思恩格斯全集》第1卷,250～251页,北京,人民出版社,1956。
② 同上书,283页。

是对费尔巴哈著作所提出的社会政治问题的进一步澄清。

现在，我们将有机会对此详述，但是我们所熟知的马克思对黑格尔政治哲学的费尔巴哈式批判的另一方面却亟须得到考察。我们必须对"主/谓"倒置的传统理解再次进行思考。国家是这样一种形象：作为一个政治"天堂"，它拥有拒绝市民社会中人的分裂的、原子化的"世俗存在"的"普遍性"，这种国家形象使得"倒置"的实质看起来很清晰了。对人类社会存在之错位的普遍性的强调，与马克思对黑格尔的逻辑泛神论的批判是相一致的。但我们必须重提费尔巴哈对"主/谓"倒置的双重态度，正如我们必须重提早期马克思对这个人类本质由之而变得实体化和个性化过程的关注。在了解这一点的前提下，我们立即发现人格化的主题在马克思对黑格尔的国家哲学的看法中是无处不在的。奇怪的是，有关这个著名论题的许多分析都忽略了费尔巴哈转换方法的第二个维度。如果没有对马克思据以写作的神学政治学辩论的背景有所了解，那么，与他对现代国家官僚行政之实质的分析相比，他对君主制的公开谴责看起来可能就显得没那么重要了。然而，我们一旦置身于此背景之下便会发现，人格化或实体化的问题，对马克思关于黑格尔的批判以及对他关于现代国家和市民社会之关系的理解都至关重要。

一旦转换方法中的两个要素——"主/谓"倒置和此两者实体化形式的显露——得到正确的强调，一些东西便会成为更明确的焦点。首先，显而易见的是，马克思通过惯有的方法完成了他对黑格尔的批判。也就是说，马克思的《黑格尔法哲学批判》试图通过宣称黑格尔与败坏时代精神的人格主义张力的相似性来取消黑格尔思想的合法性。费尔巴哈在1839年已经对此进行了指责，而卢格的指责是在1841年进行的。或许值得注意的是，马克思在1842年早期首次宣布了他批判黑格尔对"国家"宪法之态度的目的，而同时他正忙于写作关于历史学派、实证哲学、浪漫主义和基督教艺术的论文。像卢格一样，马克思日益增长的对普鲁士环境的反感以及对思辨形而上学的怀疑，使得他对将黑格尔与其他形而上学实践者区别开来的兴趣越来越淡了。黑格尔认为其哲学的优势在于意识本身，他对上帝人格化予以明确认可，对作为国家主体性之表现的君主进行了描述，这一切都向马克思暗示了这样一个信息：黑格尔与长期痛斥他的泛神论思想的阵营发生了合流。而且，在新的反动的普鲁士国王激进地捍卫人格主义政治神学的情况下，黑格尔政治哲学最显著的特征必定是其对人格主义的明显赞同而非他所介入的艰难调解。① 黑格尔与实证哲学家的合流看起来似乎是被误导了，我们最好把它理解为 19 世纪 30 年代后期、40 年代早期激烈论战的一个颇具讽刺意味的结果。无论黑格尔与基督教人格主义合流的实际启发性价值是什么（我的目的也不在于评论这一点），论述这一点，却是有助于界定左派黑格尔主义者对黑格尔的反叛的。

马克思的《黑格尔法哲学批判》将黑格尔的逻辑泛神论与人格化主体联系了起来。马克思从其对黑格尔关于主谓神秘倒置的总体批判出发，继续指证了一系列在黑格尔那里的"化身"，黑格尔凭借这些"化身"错误地将经验个体的共有属性人格化了。马克思认为，其中最突出的当然是君主，黑格尔将君主看作"真正的'上帝'及国家理念事实上的化身"。马克思将其追溯为黑格尔对民主的明显敌意，但他也将其看作方法论困惑的产物。马克思虽然承认所有决策概念都是根据个人选择类推的，但他认为，黑格尔对君主必要性的精心辩护"是如此独特，以至于能够消灭一切类似物，并且用巫术来代替

---

① 马克思 1843 年 3 月对卢格说道：弗里德里希·威廉四世是"唯一的政治人物，在这种意义或其他意义上来说，他的个性决定了国家体制"。在将新旧王国进行比较后，他继续说道，"普鲁士王国已经尝试通过一种其前辈在以前没有实行过的理论来修改体制了"。

'意志的本性'"①。这个"巫术"、荒诞的"自我意识"将黑格尔引入神秘之地,因为他没有"把普遍物看做一种现实的有限物(即现存的固定物)的现实本质":"正因为黑格尔不是从实在的对象(主体)出发,而是从谓语、从一般规定出发(而这种规定的某一体现者总是应该有的),于是神秘的理念变成了这类体现者。"②据马克思来看,这样的结果就是:

> 在这里普遍物到处都表现为某种确定的特殊的东西,而单一物则在任何地方都达不到自己的真实的普遍性。所以,如果认为那些对于真正的社会实现来说还完全没有成熟的最抽象的规定、那些国家的自然基础,如出生(国王的)或私有财产(在长子继承制中),都是最高的、直接脱胎为人的理念,那这必然是一种最深奥最思辨的观念。这也是不言而喻的。在这里,真实的相互关系弄颠倒了。③

由于受到费尔巴哈哲学的启发,马克思坚信:正确的方法能将黑格尔的"实体化抽象"追溯为物种的属性。但是,与费尔巴哈相比,马克思以社会存在的形式对物种专门进行了鉴别。毫无疑问,费尔巴哈也坚持人的集体社会性,但他对物理性的同等强调也引入了不可削减的个体维度,它在物种概念中与集体化的推动力是相互矛盾的。马克思赋予社会和历史更大的优先地位,这很可能反映了他对法国社会主义者的看法,这当然也表达了19世纪30年代社会泛神论者将人类社会联合界定为对人格主义的否定趋势这种进一步的观点。

---

① 《马克思恩格斯全集》第1卷,287页,北京,人民出版社,1956。
② 同上书,273页。
③ 同上书,294页。

马克思深信所有人类从属性上讲都是"社会产物"①，他的《黑格尔法哲学批判》设立了一系列人格化的抽象与类存在物的真实特性之间的对抗：个人主权的"魔力"与作为"自我意识的类产品"的国家之间的对抗；特定的个人与"人格的现实理念"之间的对抗；从主权类推出其结构的私有财产与"人道化"的财产之间的对抗；抽象的"人"与具体的"社会人"之间的对抗。就马克思将黑格尔当作"抽象人"的代表性理论家而言，我们在某种程度上可以认为马克思已经将其与基督教的人格主义者混淆了。毕竟，从"抽象人格"转向"具体人格"形式是《法哲学原理》的努力目标，那种具体的人格形式建立在家庭、市民社会和国家的复杂媒介基础之上。甚至现代资产阶级和市民之间的分工对马克思来说，似乎也是化身和物种之间的紧张局势的结果。因此，马克思控诉道，黑格尔没有将"国家的质"，如市民身份定位于"发展着自己社会本质所具有的新规定的同一种个人"；黑格尔也没有将其定位于令人双重困惑的事当中，他将这些特性归因于国家观念并将它们确定为具体个人的品质。②

马克思所利用的物种与人格化之间的对立正是费尔巴哈模式，它不只在普遍存在的总体模式上而且在具体细节上也反对超验主义。必须记住的是，费尔巴哈在1842年注意到黑格尔的《法哲学原理》"确立了人的本质特性与人的分离，从而纯粹将抽象的特性作为独立的存在奉为神明"③。费尔巴哈同样乐意批评所有将他所称指的"公众特性"与人本身相分离的尝试。在这种线索的影响下，马克思将所有的不管是思想还是政治实践中的这类尝试看作神学性的，也就是说，在形式上取决于人类福祉属性的抽象和人格化。

当马克思研究黑格尔对国家和市民社会之间关系的看法时，他

---

① 《马克思恩格斯全集》第1卷，377页，北京，人民出版社，1956。
② 同上书，296页。
③ Feuerbach, "Preliminary Theses", p. 171.

关于实体化和人格化的哲学批评与他对现代国家和社会的根本发展的看法非常接近。尽管马克思敏锐地发现了市民社会与国家的现实分离,但是,必须强调的是,马克思像卢格一样坚信,相同的人格形式即"法人"在这两个领域都普遍存在。因此,他写道:"如果国王是包含着国家本身的抽象的人,那末这就只是表示国家的本质就是抽象的人,是私人。国家只有在自己成熟的阶段上才泄露出本身的秘密。国王是体现私人对国家关系的唯一的私人。"① 马克思认为,虽然黑格尔将"国家建立在适应于伦理生活实际观念的道德基础上"的做法是错误的,但他对附属于国家本质的抽象的人的评价揭示了"现代国家和现代私人权利的道德"②。

1842年,洞察力日渐敏锐的马克思坚持认为,从国王到普通市民,自私自利的、以自我为中心的个人已经渐渐地主宰了社会和国家。由于个人是作为孤立的原子与国家联系起来的,所以,是他们自身的利益而非其类存在才构成人们联合的唯一源泉。因此,马克思写道,"私有财产是一个普遍的范畴,是一种普遍的国家联系"③。在将黑格尔的政治哲学看作关于这种社会安排的理论阐述的过程中,马克思把主权、私有财产和抽象人格分成三角。如果主权作为君主的个人权利而存在,那么主权就是私有财产,而私有财产就是至高无上的。主权和私有财产的存亡全凭超验人格观念。这就是为什么马克思将德国人称作"私有财产的神秘主义者"④。相反,"真正的民主"和"人道化"的财产是关于类存在观念的两个方面。⑤ 在每一对组合中,马克思都保留了超越性和内在性之间的明确对立。

在得出这些见解时,马克思呼应了遍布于19世纪30年代人格

---

① 《马克思恩格斯全集》第1卷,294页,北京,人民出版社,1956。
② 同上书,380页。
③ 同上书,381页。
④ 同上书,380页。
⑤ 同上书,370~371页。

辩论中的"类比性"和"同源性"。至高无上的君主和财产所有者之间的类比是基督教实证政治理论的重要支柱；1835年，费尔巴哈将君主和财产所有者的自私自利当作超越性与内在性之间的冲突加以反对。最早是通过1843年10月费尔巴哈给马克思的一封信，马克思才了解了费尔巴哈关于斯塔尔的文章。① 但《哈雷年鉴》对1835年"具有划时代意义的"文章续篇的呼唤表明，马克思可能在更早些时候就知道这篇文章了。但无论如何，宣指费尔巴哈这篇文章的直接影响是没有必要的。另外，认识到这一点是非常重要的：马克思对私有财产的第一次实质性批判，深深得益于基督教的人格主义与利己主义的联合，这种联合已成为左派黑格尔主义建构的众多主题之一。驱使马克思对现代市民社会中私有财产的角色做持续分析的是现代"基督教国家"中独立自主的人，而不是资本主义中"独立自主的个人"②。

尽管马克思依靠的是这种思想和话语背景，但他还是做了一个将他理论水平提高到他同时代人平均水平之上的重要举动。费尔巴哈对政治和社会的不多的清晰评论，几乎不能跟马克思对政治与社会关系的详细评论相比较，这一点是毋庸置疑的。但是，马克思也超越了左派黑格尔主义最具政治性的人物卢格的论述，卢格将一系列社会政治关系确认为对基督教人格主义进行批判的必要因素。卢格依然被狭隘的普鲁士政治斗争所束缚，然而，马克思却将其对人格主义与普鲁士国家之间关系的左派黑格尔主义式的见解扩展为一种有关现代国家本身的理论。这一转变的关键之处在于，他相信，现代国家中随着君主立宪制在人类社会具体生活中的演变，所有的人作为一种抽象存在都必然与国家相联系，所以君主立宪制揭露了政治国家的本质：

---

① Feuerbach to Marx, 25 October 1843, *Briefwechsel*, vol. 2.
② 参见 Nicholas Abercrombie, et al., ed., *Sovereign Individuals of Capitalism* (London, 1986)。

因此立宪君主极其抽象地表现了立宪国家的理念。他一方面体现着国家的理念、神圣的国家尊严，并且正是把它体现为君主这个人。同时他又是纯粹的虚构，他作为人格和君主，既没有实际的权力，也没有实际的活动领域。政治人格和实在人格、形式人格和物质人格、普遍人格和个体人格、人和社会的人之间的分离在这里表现了针锋相对的矛盾。①

将相同的分析应用于"仅仅被看作特殊国家形式的共和制"是一种不怎么好的措施，因为在这当中，"政治的人同非政治的私人一样具有自己的特殊的存在"②。马克思可以忽略君主制与共和制之间已有的对立并断言它们抽象政治国家形式的本质特征："在北美，财产等等，即法和国家的全部内容，同普鲁士的完全一样，只不过略有改变而已。所以，那里的共和制同这里的君主制一样，都只是一种国家形式。国家的内容都处在国家制度这些形式的界限以外。"③在这两种情况下，马克思推论道，主权依靠的是政治人的虚幻观念。纵然马克思承认政治共和政体相对于君主制是一种进步，但他在1843年所从事的对共和政体和美国历史的研究，仅仅是为了减轻他对这些政治体系的歧视，这是很令人"惊奇"和"不安"的。在这个灿烂的社会化的"真正的民主"前景面前，这些歧视看起来是误导的、琐碎的甚至是有害的，这个民主前景将"形式原则"与"具体原则"联合起来了。

马克思降低政治现代性成就的意愿，恰恰表明正如他的老师爱德华·甘斯那样，他也已经不像之前那样批判现代市民社会了。政

---

① 《马克思恩格斯全集》第1卷，381～382页，北京，人民出版社，1956。
② 同上书，282页。
③ 同上书，283页。

治理论家科恩已经在马克思"消解国家与社会的目标"中正确地找到了一个"奇怪的反现代化的推力"①。马克思对黑格尔政治哲学的批判充分阐述了这一目标，它是马克思反对资产阶级自由资本主义的理论和政治斗争的毕生志向。但是，我们能够从先前的分析中获得对马克思《黑格尔法哲学批判》的过渡性质的新认识。这里需重申一下之前的主张：马克思没有通过反思自由主义来达到他对个人主义的反社会效应和国家与市民社会之分离的批判。因此，对于朝向反自由主义的最伟大的社会主义者的马克思来说，《黑格尔法哲学批判》只是一个过渡性的文本。相反的是，马克思的《论犹太人问题》完成了他关于基督教人格主义分析从君主制向革命后的自由国家的转换。

## 五、从神学转向自由主义又回到神学

马克思完成了《黑格尔法哲学批判》之后立即又写了《论犹太人问题》，《论犹太人问题》仍然继续着对在《黑格尔法哲学批判》中就已经开始涉及的当代国家和社会之状况的探索。但是马克思的思想在1843年这关键性的一年中快速发展着，《论犹太人问题》就代表了他的研究对象的显著转变。尽管《黑格尔法哲学批判》将基督教人格主义的君主制形式外推到了政治国家本身的形式，但是《论犹太人问题》却转而集中关注革命后的自由国家和政治共和国。通过这样的方式，这篇文章介绍了进步和落后的社会秩序之间重要的新区别，在马克思看来，这个区别使得普鲁士模式永久贬值了。也就是说，他不再认同基督教君主以及政治共和主义的基本特征，反而认为这都是顽固落后的东西。虽然马克思在随后的很多文章中也讨论了普鲁

---

① J. L. Cohen, *Class and Civil Society. The Limits of Marxian Critical Theory* (Amherst, 1982), p. 35.

士社会和政治，但他再也不相信普鲁士国家能够洞察到现代事物进步的社会政治形式了。

马克思所谓的进步和落后的政治形式之间的区分是以什么为基础的呢？这个区分与生产力或阶级关系问题仅仅只有短暂的联系，而且在马克思1844年与恩格斯合作之前这个标准对他的思想来说并不是至关重要的。① 相反，《论犹太人问题》一文认为，政治现代性的中心措施是世俗化，或更确切地说，是国家与社会所建立的二者间世俗关系的具体程度。这个问题是马克思对布鲁诺·鲍威尔尝试解决犹太人解放问题这一行动予以回应的核心。鲍威尔坚持认为犹太人的解放应该与人类从宗教中的解放联系在一起，而马克思对此表示完全赞同。令马克思不能接受的是，鲍威尔坚信"宗教的政治废除"就是"废除宗教"——也就是说，鲍威尔将单纯从宗教中摆脱出来的政治解放与"普遍的人的解放"混为一谈。② 因为在马克思看来，私人宗教与国家的政治分离以及在美国已经完成的教会与国家的分离，揭露了政治解放自身的缺陷。政治国家将犹太人和基督徒作为公民加以解放并对他们的个人信仰保持中立；但这其实意味着国家自身从宗教中解放出来的同时却将市民置于宗教幻想的不自由中。③ 正如马克思很著名的一句话中所说的那样，政治解放并不是人类解放。

这个发现使马克思明显远离了鲍威尔的自由主义，但是在他力劝宗教和政治之间关系问题的全面世俗化时也打开了一个全新的视角。在基督教国家将宗教作为其基础的狭隘语境中，批评者只能"在神学氛围里继续运转，但是我们可以在其中进行很多批判性的行

---

① Hunt, *The Political Ideas of Marx and Engels*, p. 66. 更为一般性的论述，参见 Terrell Carver, *Marx ang Engels. The Intellectual Relationship* (Sussex, 1983)。
② 参见《马克思恩格斯文集》第1卷，26页，北京，人民出版社，2009。
③ 同上书，28页。

动"。只有在不以宗教为基础并采用了与对待宗教不同的政治态度的国家中,批评者们才能找到其合适的评论对象,即政治国家本身。这种推理使得马克思提出了对神学问题进行全面世俗化的重要要求:

> 既然我们看到,甚至在政治解放已经完成了的国家,宗教不仅仅存在,而且是生气勃勃的、富有生命力的存在,那么这就证明,宗教的定在和国家的完成是不矛盾的。但是,因为宗教的定在是一种缺陷的定在,那么这种缺陷的根源就只能到国家自身的本质中去寻找。在我们看来,宗教已经不是世俗局限性的原因,而只是它的现象。因此,我们用自由公民的世俗束缚来说明他们的宗教束缚。①

这样一来,政治国家与宗教的关系成了一种症状而非原因,这种症状包括市民社会与国家的现代分离、个人作为市民与国家的分离以及真正普遍的人类生活与政治国家的虚假普遍性的分离。这是马克思在他的费尔巴哈手稿中要表现出来的真正重要的"转换"。我们已经很清楚地看到,马克思并没有将费尔巴哈的神学和形而上学问题转换为政治和社会的术语。如果他真的进行了转换,那么这一行为应该以下两者为主要因素:一是将对市民社会和国家的批判从更广泛的左派黑格尔主义者反对基督教的运动中除掉;二是将社会政治批判作为关于社会学和经济分析的自主的世俗话语的目标。

然而,在这里,我们仍需要以相当谨慎的态度继续进行分析,因为这确实是一个值得商榷的世俗化过程。如果关注宗教问题的意识形态本质,一个人可能自然而然地希望马克思将神学问题追溯到他们的世俗根源上,那是马克思认为自己正在做的事情。但是,如

---

① 《马克思恩格斯全集》第 1 卷,27 页,北京,人民出版社,1959。

果要做到人们所希望的事情的话，就需要世俗分析这一工具。毫无疑问，在马克思创制历史唯物主义原理时，这些工具发展了并且加深了他对经济力量的分析。但是，在1843年，马克思把类推误当成了分析。也就是说，他对现代国家的态度取决于从左派黑格尔主义的政治神学批判结构到社会和政治之世俗领域的辉煌延伸。通过一个奇妙的炼金术，马克思改写了一个世俗国家的事务，并将现代国家从以神学自居的市民社会中分离了出来。"人即使已经通过国家的中介作用宣布自己是无神论者，就是说，他宣布国家是无神论者，这时他总还是受到宗教的束缚，这正是因为他仅仅以间接的方法承认自己，仅仅通过中介承认自己。"①这是一个引人注目的费尔巴哈式的隐喻，《论犹太人问题》一文中仅有的政治、政治共和国、政治解放以及"人权"都被谴责带有神学性质，但当中的这个隐喻却引导了所有的分析。事实上，隐喻成了方法论的核心。

因此，马克思在讨论"基督教国家"的过程中提出了一个生动的修改，因为它在鲍威尔和卢格的著作中已经得到了发展。马克思现在声称，"那种把基督教当做自己的基础、国教，因而对其他宗教抱排斥态度的所谓基督教国家，并不就是完成了的基督教国家，相反，无神论国家、民主制国家，即把宗教归为市民社会的其他要素的国家，才是这样的国家"②。矛盾的是，无神论国家是"基督教的政治实现"，因为它完善了基督教的特定的人与从人类普遍性的分离。政治民主以一种人格主义的君主制度从来不会采用的方式实现了基督教至高无上的个人主义："政治民主制之所以是基督教的，是因为在这里，人，不仅一个人，而且每一个人，是享有主权的，是最高的存在物。"在政治民主中，政治市民仅作为一种物化的存在与国家相联系，他"还不是现实的类存在物。基督教的幻象、幻梦和基本要

---

① 《马克思恩格斯文集》第1卷，29页，北京，人民出版社，2009。
② 同上书，33页。

求，即人的主权——不过是人作为一种不同于现实人的、异己的存在物——在民主制中，却是感性的现实性、现代性、世俗准则"①。

马克思对市民社会的描述同样受到对世俗化和神学性现象的隐喻性理解的驱使。实际上，马克思的评论是对激进黑格尔主义长达十年的反对基督教人格主义的社会效应近乎完美的提炼。"宗教成为了市民社会的、利己主义领域的、一切人反对一切人的战争的精神。它已经不再是共同性的本质，而是差别的本质。它成了人同自己的共同体、同自身并同他人分离的表现——它最初就是这样的。"②他再次写道，

> 政治国家的成员信奉宗教，是由于个人生活和类生活之间、市民社会生活和政治生活之间的二元性；他们信奉宗教是由于人把处于自己的现实个性彼岸的国家生活当做他的真实生活；他们信奉宗教是由于宗教在这里是市民社会的精神，是人与人分离和疏远的表现。③

最后，我们再来看一下马克思的如下论述，它在某种意义上构成我们本书讨论的一个"缩影"：

> 市民社会只有在基督教世界中才能完成。基督教把一切民族的、自然的、伦理的、理论的关系变成对人来说是外在的东西，因此只有在基督教的统治下，市民社会才能完全从国家生活中分离出来，扯断人的一切类联系，代之以利己主义和自私

---

① 《马克思恩格斯文集》第1卷，37页，北京，人民出版社，2009。
② 同上书，32页。
③ 同上书，36～37页。

自利的需要，使人的世界分解为原子式的相互敌对的个人的世界。①

马克思方法的相反的基础应当是明确的。在他断然将"神学问题转变成世俗问题"的同时，他隐喻性地将世俗现象转换成了神学。他将宗教解释为世俗狭隘表现的意图，实际上暴露了那个世俗基础的"神学"结构。于是，马克思推断，在政治国家形式中不存在世俗化。基于现代社会与国家的分离、个人与社会的分离、资产阶级与市民的分离以及抽象的人与具体的人的分离，真正与神学的对抗必然发生在神学之外。因此，马克思将他的第一篇反对自由主义的伟大作品设想成世俗化历史中的最后一个伟大行动。世俗化狂热和对人类事务的神学干涉在马克思的社会政治解放与人类从一切宗教幻想中的解放之间总的平衡中继续存在着。

马克思竭尽全力地使自由国家世俗化，由此完成了这样一个过程，即黑格尔左派将基督教人格主义（尤其是其新教形式）渐进地指认为自由主义个人主义的过程，这个过程已经进行十多年了。如果认为1843年及以后的马克思的思想是被这一过程决定的，而思想背景却从未对其起决定作用，那么这将会是极具吸引力的一个观点。但这一过程只是使得一些结果比其他结果更具可能性。考虑到马克思超常智慧的创造性，我们已经看到：在他转向黑格尔主义和转向伦理共产主义之间的关键时期中，这个思想背景对他产生了多么深刻的影响！到1843年夏天时，马克思已经采取两个步骤而非直接与基督教人格主义交战了。首先，通过重复费尔巴哈和卢格已经做出的举动，马克思对黑格尔的批判已经将问题从对人格主义的战斗转移到对以前的哲学大师的挑战。其次，《论犹太人问题》又将问题所

---

① 《马克思恩格斯文集》第1卷，54页，北京，人民出版社，2009。

指向前推进了一步，这是通过将那些问题等同于现代政治革命的结果而实现的。

马克思绝不仅仅只是将重心转向对自由主义的批判。虔诚主义者、正统的新教徒、实证主义哲学家以及思辨有神论者已成为左派黑格尔主义者对利己的、自我中心的个人主义进行批判的目标，而我们更容易将个人主义与自由主义的左翼反对派联系起来。在人格主义与以自我为中心的利己主义相联合的过程中，保守的神学和世俗化的自由主义人格思想之间的差异很容易变得模糊。卢格将自由个人主义等同于关于自我的有神论观念，所以他在1843年对自由主义的批判中省略掉了这些对人格论述的关键区别。埃德加·鲍威尔在1842年的《批判的论辩》中将自由主义划定为神学，他指责赫斯在他的《行为哲学》发表不久后就随声附和了自由主义。马克思采用了一种类似的路径。他完全赞成左派黑格尔主义关于自我之社会本体的主张，而且将个人自由及自我实现等同于人类集体生活中的个人参与。

在几年之内，马克思转而反对费尔巴哈主义对这个社会本体的看法，并且由于该本体论的非历史和本质主义因素而反对类存在概念。尽管如此，他仍然是费尔巴哈人本主义的真正继承人，他像卢格、恩格斯或者赫斯那样采纳了费尔巴哈的人类本质模式，不过这只是众多证据中的一种。马克思借用了费尔巴哈对自我基督教观念的批判，这个自我观念后来对于马克思来说，指代他律和异化本质，从这种意义上也可以说明马克思是费尔巴哈人本主义的继承人。当马克思将基督教人格模式作为全体人类所共有的模式而扩展到所有关于个性的社会化思想之外的人格概念时，《论犹太人问题》标示出了马克思学术生涯的关键质点。除了社会人格之外，人格的观念成为他律和异化的同义词。非社会化的自我，以及在同一立场支持它的社会和政治结构，似乎都具有了神学性。

也就是说，这样一个自我来源于它与神圣人格构造的隐喻性联系，激进的黑格尔主义者曾将这种人格构造谴责为反社会、反政治的构造。以费尔巴哈为开端的对孤立自我的论战要求"废黜"自我，这在马克思呼吁自我应该被特许选择它自己完整的社会存在时达到了顶点。

# 结　语

政治理论研究者柯斯迪·麦克卢尔注意到了最近的"现代政治理论中主权主体与主权国家之间的关系"①。在某个层面上讲，青年黑格尔派坚持反对德国复辟主义者政治神学的斗争似乎支持其观点。毕竟，这场处于19世纪30年代与40年代之间的争论，在根本上是自我概念和主权概念之间的斗争。在另一个层面上，这一19世纪德国思想史上至关重要的插曲，恰好证明了那种串联关系的复杂性。因为"主权主体"这一概念通常与麦克卢尔所描述的"现代性中自我呈现的统一性"②具有密切关系。在这种政体下，这种现代"自由"主张下自律主体的表达形式，到达了德国康德政治理论中的顶点。因此，无论是在"非个人"的现代国家中，还是在"个人"的自我中，"主权"都建立在对理性、自主、自决的主体存在标准的假设之上。与此相反，主张皇权复辟的政治神学所追求的是个人专制权力国家这一反动目标，这挑战了现代国家走向非个人权威的路线。主张复辟的叛乱者们通过坚称主权决策者凌驾于一切理性约束之上，试图将主权

---

① 转引自 Elshtain, "Sovereign God, Sovereign State, Sovereign Self", p. 1375。

② K. McClure, "On the Subject of Rights: Pluralism, Plurality and Political Identity", *Dimension of Radical Democracy. Pluralism, Citizenship, Community*, ed. Chantal mouffe(London, 1992), p. 115.

从属于规范命令,从而推翻理性主义者们的主张。

德国复辟主义者将反现代、反自由与反理性主义作为目标,然而其专制政治主张也建立在一个"主权主体"的模型之上。毋庸置疑,复辟主义者的"自我"概念是对自由主义理念下的"自我"概念的颠覆。他们将理性自主置换为一种原罪式自主,这种自主产生于人因罪过与上帝分离;将建立在对理性的普遍占有基础之上的个体置换为建立在古老的人格化上帝形象基础之上的个体。复辟主义者与自由主义者对主权自我这一概念的不同阐述,导致了他们在国家的理论建构上的根本区别,前者走向了独裁主义国家,而后者走向了保障公民权利和自由的最低限度上的国家。但是撇开那些区别不谈,自由主义理论与复辟主义政治神学不约而同地依赖于对人的本体论地位的建构。尽管一方认为自我被理性所规定,另一方认为自我被意志所规定,但他们都预设了自我的实在性先于社会的实在性。这一预设的重叠使得"人格主义"本身具有高度灵活和不明确的地位,使其亦能够支撑反动独裁主义的论证,正如弗里德里希·斯塔尔的例子。然而在另一历史背景下,它却对建立在一切人的神圣不可侵犯的尊严基础之上的公民自由起到了巨大的理论支撑作用。

这一重叠也使得青年黑格尔派强烈反对基督教人格主义在德国的支配形式。我们可以看到,因为黑格尔派的政治批判目标不仅仅是专制帝王那种专制、暴虐的人格主义,同时也指向基督教建构下的主权本身所带来的明显的社会和政治影响。后一方面解释了这一矛盾的事实:青年黑格尔派将矛头指向自我主义和反社会的个人主义,以此批驳拥有无懈可击论据的保守基督教思想家。这仅仅是对基督教人格主义的社会影响进行彻底批判之后的结果。左派黑格尔主义者发起了对自由主义本身的批判,他们对自由主义的批判和排斥从根本上将自由的个人主义嫁接在神学基础上的自我观念的枝干上。他们把自由主义与反动的自我观念合并起来并对其加以辱骂,费尔巴哈、卢格和马克思也试图将黑格尔与正统的路德教派、复辟主义者与那些成为黑格尔的坚定批评者的实证主义哲学家们的小团体联系在一起。当然,他们并不无视黑格尔和他的保守反对者之间的差异,但是,黑格尔与基督教人格主义话语之间的"串谋"比这种差异更重要。

这是一个引人注目的转向,因为黑格尔的宗教哲学长期反对关于上帝人格的正统观念,并且他的政治哲学旗帜鲜明地反对路德维希·冯·哈勒的新封建主义思想体系以及各种形式的君主专制。费尔巴哈、卢格和马克思关于基督教实证主义和人格主义的评论转向黑格尔,部分是由于他们的评论本身是不断发展着的。也就是说,通过之前与谢林、正统路德教会以及实证的哲学家们的互动,他们关于黑格尔哲学对神学和政治的可能影响的洞见进一步加深了。并且,左派黑格尔主义对于黑格尔的批判也必须联系19世纪30年代末40年代初更大的思想和政治背景来解释。具有特殊意义的是右派黑格尔主义与实证哲学的有神论话语以及保守政治浪漫主义的逐步调和。这个调和的过程,一方面被对于黑格尔主义思想自身模糊的不断阐明所驱动;另一方面被普鲁士政治和文化中保守力量的支配地位所驱动。在左派黑格尔主义看来,许多黑格尔主义朝向反动力量的吸引力,模糊了黑格尔和他之前的论敌之间的差异。所以,这个过程极大地促进了青年黑格尔主义反对黑格尔自身。

根据这些概念的融合和延误,给1848年之前不稳定时期贴上过分的稳固政治标签明显是一种误用。反动言论并不是宣扬严格或专门意义上有组织的共产主义,也不是市民社会、私有财产、利己主义直接反对自由主义的最激进的批判。关于人格主义争论的历史,强有力地证明了思想、社会、政治的背景在塑造知识分子的关注焦点和视角中的力量。那段历史告诫我们,不要简化现代自我的政治的历史,从而给自由主义带来机遇。人格主义的话语说明,有关自我的其他概念的提出,不是一种简单的历史错位,而是因为其正好处于我们所认为的政治现代性形成的基本发展过程的中心。我提到了在自由的个人主义和社会的集体主义之间的典型冲突，正如我们看到的，这种冲突在德国的语境中被黑格尔主义和基督教人格主义之间的争端所影响和决定。

这种冲突在关于法国大革命的清晰记忆和随后而来的 1830 年革命的阴影中被激化。对于历史学家利奥波德·冯·兰克来说，七月王朝是一个令人沮丧的信号，即复辟是徒劳的。他说："通常被宣告结束的革命似乎永远都不会结束，它总是以新的对抗形式再次出现。"[①]有关人格主义作为一个神秘主题的争论的范围和激烈程度，可以由民主权力的困境即一个永久革命年代的永久挑战来解释。因为正如克劳德·勒福尔注意到的那样，民主制最基本的特征是一种激进的"解散"，或者更确切地说是一种分离的力量。早期关于权力的概念要求权力必须被不可分割地授予一些组织、个人或者人们的联合体，但是民主制只有在没有人或者所有人都拥有权力的情况下才能存在下来。民主力量的核心是一个空场，民主权力或许会被争讼，确实民主制也依赖这种争讼，但是它不能被据为己有，也不能被代表。甚至人民，民主制的主权者，也会逃避代表、体现和实质性。勒福尔写道："在普遍选举的组织中，只有当大众的统治权被假定为显示自身，当人民被假定为通过表达自身的意愿来实现自身，社会依存关系瓦解，公民从所有他的社会生活在其中发展成为一种单纯统计量的网络中抽象出来的时候，符号代替了物质。"[②]

民主权力的"空场"解释了 19 世纪早期知识分子对统治权本质的密切关注以及"典型"的政治化问题。德国保守派的人本主义政治理论是这样一种尝试，它企图再一次使权力具体化，赋予它形体、物质、可见性和代表性。这不同于民主制的不确定性，同时也构成对

---

① 转引自 Stuke, *Philosophie der Tat*, p. 57。
② Claude Lefort, "The Question of Democracy", *Democracy and Political Theory*, trans. Davis Macey(Cambridge, 1988), pp. 18-19.

于象征性的和真正意义上的权力和特权秩序的颠覆。并且，这不仅仅是对中世纪王权概念的复古，也是对 20 世纪尝试的期望，通过像卡尔·施密特这样的右派理论家们，在一个独裁者身上使总体化的种族主义民主具体化。

在与复辟政治理论的斗争中，左派黑格尔主义努力接受民主制的激进解散力量。但在他们的时代，在挑战关于君权的话语，旨在废黜自我时，左派黑格尔主义面对着持续的诱惑，即把具体化的形式替换成别的，用一个更确定的整体形式替换民主制的不确定性以及论辩性的互动。这是因为，青年黑格尔派很快就识别了人类共有的本质，并假定了一个能够确保两者——即个人的自我意识的状况以及类的完整性——之实现的激进的集体主义构想；在他们看来，强调这两者是非常重要的。他们在基督教人格主义中曾经攻击的单一主体概念，不断地以实体化的"元"人形式再次出现，人这个概念是集体主义的本质。青年黑格尔派再次把这一范围内的人格主义与他们构想出来的人性是"元"主体本质或类存在的概念等同起来。

梦想着人性的完整统一，青年黑格尔派沦为激进民主理论的典型尝试的牺牲品。在卢梭之后，18 世纪末 19 世纪初的激进民主主义者把统治者的形象建构成君主的对立面。君主一人的专制意愿被人民理性的一致意愿所反对，君主的自然人格与人民的道德人格相对，君主的个人与卢梭所说的由"个体的联合"①形成的公共人民相对。关于统治权的激进民主话语，既不能完全逃避它想要推翻的君权结构理论，也不能完全抵制弥补民主权力空场的诱惑。正如福柯曾经评论的那样，"权力的代表性问题在君主制的魔咒中保留了下来，在

---

① Rousseau，"The Social Contract"，*Social Contract. Essays by Locke*，*Hume and Rousseau*(Oxford，1948)，p. 257.

政治学的思考和分析中，我们仍然不能取消国王的王位"①。

如果说左派黑格尔主义揭示了逃避单一具体化权力理论的界限所造成的困境，那么，同样也揭示了断绝他们所努力反对的神学政治术语的困境。克劳德·勒福尔曾经提到过，在19世纪早期的大范围内，法国的政治思想家们，从反动的正统派如德迈斯特，到自由主义者吉佐和托克维尔、空想社会主义者、孔德式的实证主义者，再到共和主义的浪漫主义者如米希勒，都向宗教寻求重建统一性基础的方法，以抵挡源于旧制度失败所造成的社会分裂的威胁。勒福尔的理论对于德国基督教人格主义者以及他们的激进对手具有同等效力。因为海涅、赫斯、契希考夫斯基、卢格以及费尔巴哈不能在没有把宗教作为世俗的政治信仰的情况下深思民主的可能性。所以，左派黑格尔主义的人本主义被设想为具体化的、非神秘的宗教，但是与这种宗教相伴相随的是它那虔诚的、完整无缺的核心，并且，这种宗教准备自觉地导向它的真正客体——人。

在19世纪早期的政治争论中，神学的地位是一个复杂的问题。汉斯·布铭邦博士曾经告诫我们，神学不仅仅是像施密特曾经说过的那样，是政治概念中的基本实体。相反，围绕人格主义的争论揭示了神学的范畴正在复杂地起作用。打个比方，在为了填补民主力量空场而寻求超验存在的争论中，对于青年黑格尔派来说，这种"冲动"揭示出它自身的双重运动。首先，通过对所有神秘的人类学秘密的揭示而实现了对超越的否定。其次，人类内在社会的再现正是超越性的一个来源。当黑格尔左派设想人本主义政治学的时候，他们陷入了一种准宗教的语言，这一事实使他们与19世纪早期最流行的政治学理论主题之一密切联系起来，这个主题即是"政治与宗教的交叉"。他们的语言并不能证实一种施密特式的世俗化观点，在这种世

---

① Foucault, *The History of Sexuality. An Introduction*, trans. Robert Hurley(New York, 1990), p. 89.

俗化中，政治就是真正的神学；它既没有减少他们关于基督教文化评论的激进的新奇，也没有把它的地位降到现代激进社会理论的低姿态。然而，黑格尔左派人本主义政治学中的神学残余，确实强调了这样一种世俗化的批判遇到的困境，即当它面对宗教语言的全副武装时，基督教文化变得无所不在。

  黑格尔左派并不是没有觉察到这种困境，他们的意识有助于解释1848年之前费尔巴哈和卢格思想的进一步转变。麦克斯·施蒂纳对作为残存的神学抽象的类存在概念的犀利批判，深刻地影响了费尔巴哈。尽管费尔巴哈不愿意承认施蒂纳理论的正确性，他还是远离了那种在1841年赋予《基督教的本质》以活力的、正在普及的人性理论，进而转向了一种更强调感性的、有需要的、个人的人类存在理论。卢格也通过青年黑格尔派人本主义的一些暗示，以及通过与马克思合作《德法年鉴》期间所涉猎的共产主义立场而走出了困扰。如果没有被施蒂纳"现实的人"完全说服，卢格对于社会主义和费尔巴哈人本主义的"清楚普遍性"会感到很苦恼。① 他继续坚持他的激进民主的观点，他在1848年的法兰克福议会上被列入最左派阵营，同时他坚信，"人"不仅仅是被给予，而且是一种社会的产物。但他开始相信，人的社会建设的思想危害了他所为之奋斗的基本权利和自由②，因为社会的首要地位将会危害作为权利和自由的载体的人的现实性。换句话说，一个清晰的、解放性的关于权利和法律的概念，要求一个拥有那些权利和法律的主体——认可它们并且将它们作为他（或她）自己的权利和法律的人。卢格从来没有成功地使这种新的对基于权利的人格的考量与他对市民和社会人格之实现的承诺相一致；但是这个使得他在1844年从共产主义阵营里退出的问题，从那时起便已经困扰着激进主义思想。

---

① Ruge, "Unsre letzten zehn Jahre", p. 152.
② 参见 Ruge, "Freiheit und Recht", *Sämmtliche Werke*, vol. 6, pp. 352-358.

结　语

　　那么马克思呢？他的社会批判的彻底世俗化的倾向又如何呢？我们已经看到，这种固有的社会政治层面对基督教人格至上论的彻底排斥，在19世纪30年代，就像马克思所说的那样，一旦"对宗教的批判"已经完成，对基督教的人格主义的批判转移到对市民社会世俗性更加严苛的批判就变得相对容易些。当马克思和恩格斯发展他们的政治经济学批判时，他们将基督教越来越多地归结为意识形态的功能。像卢梭、青年黑格尔派、费尔巴哈和卢格所认为的那样，他们不再将基督教视为一种自我的、去政治化的市民社会的起因和征兆。对于马克思和恩格斯来说，对基督教的批判失去了其重要性，不仅因为他们相信宗教已经受到了青年黑格尔派的致命打击，也因为他们认定因果关系的重要性远不及文化现象自身的重要性。基督教和市民社会长期的联系渐渐地消失了。事实上，正如德里达提醒我们的那样，马克思认为，"'基督教没有任何历史'，没有自身的历史"。宗教的形式，更确切地说，是受到"确定的社会形式"和"确定的交换和工业的关系"条件的制约的。① 没有其他从黑格尔学派的经验中形成的激进形式，在否定宗教的实质和影响上走得如此之远。

　　虽然马克思明确表达了对基督教的激进的否定，但他并没有在这种否定中完全脱离与基督教问题的关联。事实上，马克思也揭示了激进的批判事业的一个困境，即它发现自身依赖于宗教的类比。这种对类比的依赖，正如我们所观察到的那样，引导着马克思对政治自由主义和世俗的现代国家的关键性批判。数年后，在《资本论》中，马克思在解释商品拜物教时说，它是人类社会关系在"事物之间关系的神奇形式"中伪装而形成的。他这样写道："要找一个比喻，我们就得逃到宗教世界的幻境中去。在那里，人脑的产物表现为赋有生命的、彼此发生关系并同人发生关系的独立存在的东西。在商

---

① Derrida, *Specters of Marx. The State of the Debt, the work of Mourning the New International*, trans. Peggy Kamuf(New York, 1994), p. 122.

品世界里，人手的产物也是这样。"①这个类比的功能是清晰的，它旨在建立一个截然不同的现象之间有限的、形式上的联系。尽管如此，目前还不清楚在哪一点上，这个类比在两个不同的现象得以被构思和批判的路向上被一个实质上的同一所取代。在引出自由主义和基督教的类比过程中，或者说在商品拜物教和宗教的类比中，马克思继续批判这些世俗的现象，好像它们确实采取的是被一个类比所规定的形式。因此，正如德里达在关于一个不同的问题中所观察到的那样，对于马克思来说，这个"宗教尤其是一个意识形态上的现象或者虚幻的产品。它将它原始的形式或参考的范式以及最初的'类比'赋予给了这个产品……或者意识形态上的幻觉"②。

宗教类比和"意识形态现象"之间的相互作用，只有在马克思对于自由主义的批判中才是决定性的。在将基督教的人格主义和所有外在于社会人格理念的人格形式等同起来的过程中，马克思开始将这个非社会化的"自我"看作是神学意义上的"自我"（这是一个源自于神性人格的比喻），这个"自我"要通过一个彻底的世俗化的批判来被消解。具有讽刺意味的是，从在社会和产品之关系中寻求"具体个人"的激进社会理论的立场来看，这个"自我"，和与它有联系的基督教一样，都没有"历史"。

激进的左派黑格尔主义对人格的批判轨迹，是朝着人格范畴的完全消解方向行进的，或者转换为一个对"元"个人的普遍认同。马克思遵循这个轨迹，甚至于开始越来越关注作为人类存在具体中心的无产阶级。对有神论人格论述的否定，不再是马克思所考虑的问题。所有外在于社会个体的人格概念的可信度成了亟待关注的问题。这很快就引起了马克思对自由民主权力的控诉，其控诉的核心假定是：任何有意义的自由概念都意味着个人和塑造个人的社会之间有

---

① 《马克思恩格斯文集》第5卷，90页，北京，人民出版社，2009。
② Derrida, *Specters of Marx*, p. 166.

一定程度的张力或区别。几乎不用说,在历史进程中,这些自由民主权力会比较容易遭到意识形态的扭曲,马克思主义的批判在辨认和分析这种扭曲上不断提出方法。然而,主要的问题是,看似无意又仿佛宿命般的,马克思在试图把人从外部权威中解放出来的追求中,以及在对个人全面自我实现的先决条件的寻求中,遗留了权利话语的核心这个空缺,即遗留了作为权利或自由之载体的人这个空缺。打个比方说,马克思跨出了一大步,跨越了分离有神论和自由主义的基础,而摒弃了当代法律话语主要关心的问题。他的老师爱德华·甘斯有句格言,即"人属于他自身",他甚至在努力克服社会不公平的时候都高举这句格言,现在这句格言连同所有其他人类解放的虚假障碍都被消解了。从有神论人格到法律人格的各种形式,马克思除了嘲讽再也没有回到个人这个问题上来。

19世纪三四十年代的那些极其重要的争论提出了一些问题,这些问题在20世纪八九十年代重新成为市民社会讨论的焦点。虽然一些权威人士一直满足于把市民社会和成功的自由资本主义联系在一起,但是民主批评理论家们却试图在社会观、国家观和主权观上分别与马克思主义和自由资本主义区分开来。对这些理论家来说,关于市民社会的新争论的关键,是要重新去思考主权国家和主权主体的问题,去设想吉恩·贝斯克·爱尔希坦所谓的"没有强权的政治"①。根据安德鲁·阿拉托和吉恩·柯亨的观点,市民社会的政治必须涉及一个民主化的"自我限制"过程,这一过程能够抵制依据强权垄断的主权力量建构政治的诱惑,无论这种政治是被看作现代中央集权主义还是被看作完全透明、完全统一,或单一同一性的普遍社会的梦想。与此类似,查特尔·墨菲唤起了"后现代"多元主义的理想,她写道:

---

① Elshtain, "Sovereign God, Sovereign State, Sovereign Self", p.1376.

> 我们对激进民主的理解……就预设了民主最终实现的不可能性。它肯定了平等和自由原则之间未解决的矛盾正是保持不确定性和不可判断性的条件,而这种条件是现代民主的重要组成部分。而且,它构成了反对实现最后终结的任何企图的最重要保障,而这种最后终结会导致政治的消除和民主的否定。①

用柯斯迪·麦克卢尔的话来说,这样一种多元主义牵涉到对"统一的、巨大的、整体上的政治领域概念"的批判,也牵涉到对一种"政治斗争中,以国家机构为主要据点,以国家权力为主要目标的政治认同和主体性建设"②的反抗。

这将会使我们走得太远,以至于我们只能在这一方面对这场关于政治和社会的新讨论做出表示了。这里需要强调的是,所有当代的作者都会同意这样一个观点,即在最基本的水平上,这场关于市民社会的新争论,与19世纪三四十年代的那场争论一样,都取决于"自我"这个问题。就当前的讨论而言,真正关键的转移是以一种对多重角色的新评价去替代主权主体的概念,这将会有助于保持和塑造个人认同。当然,对于某些人来说,特别是那些为尼采和海德格尔所鼓舞的人,这一认识导致了对所有已被接受概念的彻底否定或解构,这些概念包括个人主体、个体认同和机构,甚至包括那些由左派黑格尔主义者提出的、倾向于马克思主义的"类主体"或"阶级主体"。然而,对于另一些人来说,这一认识促进了对个体主体的重新定义,这一重新定义中没有忽略"不可解决的矛盾",它们自身提供了在社会政治领域同一性衔接的条件。

---

① Chantal Mouffe, "Democracy Politics Today", *Dimension of Radical Democracy*, p. 13.
② McClure, "On the Subject of Rights", pp. 115, 120.

# 结　语

也许没有人比瓦茨拉夫·哈维尔更有力，且能够不受党派和术语的羁绊来表达这种新的感觉。具有讽刺意味的是，在关于青年黑格尔派反对个人权威主权话语之解放斗争的最后叙述里，哈维尔召唤"反对非个人力量之势头的全球性重要斗争"。1988年，哈维尔写道，"要恢复以人类的个人经验作为事物的最初标准，将道德置于政治之上，将责任置于欲望之上，使人类社会充满意义，内容回归到人类言语，将自主的、完整的和有尊严的'我'重新设立为所有社会活动的中心"。"我赞同反政治的政治"，哈维尔继续写道，"我赞同政治作为实用的道德，为真理服务，作为本质的人类在人力范围内关心我们人类同胞"①。无论是以基督教的人格主义形态或者自由的经济人形态呈现，哈维尔自己的人格主义都不能被理解为对孤立的、分裂的自我之"主权主体性"的复归。相反，像目前许多市民社会讨论的参与者一样，哈维尔试图遵循一个不同的方向，即在自由得以捍卫和扩展，个人认同得以形成、复加并重构，同时现代民主的不确定性和不可判断性得以肯定和制定的条件下，使私人的和公共的、社会的和市民的联盟立场得以显现。

一种互动性、多样性和主体间性的新模式是否能够阐明这样一个多向度且重叠的"主权"观念，仍然是一个悬而未决的问题，这种"主权"将能够取代强权，强权在过去是完整的权力概念。对强权的理论挑战是否仅仅跟随着全球化经济力量的轨迹仍然是不清楚的，但是全球经济力量已经对主权国家和主权主体产生了无比强大且异常的威胁。最后，当政治思想语言持续服从福柯所谓的概念性"弑君"，而我们的观念又持续将我们拉回到同一性、主体性、人格主义和主权时，现在的理论家是否能够从根本上重新思考主权主体和主

---

① Vaclav Havel, "Anti-Political Politics", *Civil Society and the State*, ed. John Keane, pp. 392, 396-397.

权国家的关系，仍然是不确定的。但是，这也可能是在一种进步和解放的政治中得到肯定（而非否定）的无法解决的矛盾，这种政治承认了它自身的历史并且受它自身历史的限制。

# 参考文献

## 一阶文献(PRIMARY)

### 刊物和报纸(Journals and Newspapers)

*Allgemeinen Literatur-Zeitung*,März,1831.

*Blätter für literarische Unterhaltung*,1837.

*Deutsche Jahrbücher für Wissenschaß und Kunst*,July 1841-Jan. 1843.

*Deutsche Vierteljahrsschrift*,1844.

*Die Epigonen*,1847.

*Die Evangelische Kirchenleitung*,1833-1838.

*Le Globe*,1832.

*Hallische Jahrbücher für deutsche Wissenschaft und Kunst*,1838-1841.

*Jahrbücher für wissenschaftliche Kritik*,1827-1846.

*Kritische Zeitschrift für Rechtswissenschaft und Gesetzgebung des Auslandes*,1832.

*Literarischer Zodiacus*,1835.

*Raumers Historisches Taschenbuch*,1834-1835.

*Tübinger Zeitschrift für Theologie*,1832.

*Zeitschrift für Philosophie und Spekulative Theologie*,1836-1839.

## 著作（Books）

Anonymous. *Über den vierten Stand und die socialen Reformen*. Augsburg, 1844.

Barker, Ernest, ed. *Social Contract. Essays by Locke, Hume and Rousseau*. Oxford, 1948.

Bauer, Bruno. *Briefwechsel zwischen Bruno Bauer und Edgar Bauer während der Jahre* 1839-1842 *aus Bonn und Berlin*. Charlottenberg, 1844.

*Dieevangelische Landeskirche Preussens und die Wissenschaft*. Leipzig, 1840.

*Feldzüge der reinen Kritik*. ed. Hans-Martin Sass. Frankfurt, 1968.

*The JewishProblem*. Trans. Helen Lederer. Cincinnati, 1958.

*Kritik der evangelischen Geschichte der Synoptiker*. vols. 1-2. Leipzig, Otto Wigand, 1841. vol. 3: *Kritik der evangelischen Geschichte der Synoptiker und des Johannes*. Braunschweig, 1842.

*Die Religion des Alten Testamentes in der geschichtlichen Entwickelung ihrer Principien*. 2 vols. Berlin, 1838.

*The Trumpet of the Last Judgement Against Hegel the Atheist and Antichrist*. trans. L. Ste-pelevich. Lewiston, N. Y, 1988.

Bauer, Edgar. *Die liberalen Bestrebungen in Deutschland*. Volume I: *Die hrthümer der Ostpreußischen Opposition*. Zürich und Winterthur, 1843.

[Bauer, Edgar]. *Staat, Religion und Partei*. Leipzig, 1843.

Behler, Ernst, ed. *Philosophy of German Idealism*. New York, 1987.

Blanc, Louis. *Geschichte der zehn Jahre*, 1830 *bis* 1840. Trans. G. Fink. Leipzig, 1843.

Bodin, Jean. *On Sovereignty*. trans. J. H. Franklin. Cambridge, 1992.

Börne, Ludwig. *Briefe aus Paris*. Wiesbaden, 1986.

*Schriften zur deutschen Literatur*. ed. Walter Dietze. Leipzig, 1987.

Bretschneider, Karl Gottlieb. *Der Simonismus und das Christenthum. Oder: beurtheilende Darstellung der Simonistischen Religion, ihres Verhältnisses zur christlichen Kirche, und der Lage des Christenthums in unserer Zeit*. Leipzig, 1832.

[Buhl, Ludwig]. *Hegels Lehre vom Staat und seine Philosophie der Geschichte in ihren Hauptresultaten*. Berlin, 1837.

Carganico, L. A., and K. E. Schubarth. *Über Philosophie überhaupt und Hegels Encyclopädie der philosophischen Wissenschaften insbesondere*. Berlin, 1829.

[Carové, Friedrich Wilhelm]. *Hegel und Preußen. Principes mortales, res publica aeterno*. Frankfurt, 1841.

*Neorama*, 3 vols. Leipzig, 1838.

*Der Saint-Simonismus und die neuere französische Philosophie*. Leipzig, 1831.

Cieszkowski, August. *Du crédit et de la circulation*. Paris, 1839.

*Gott und Palingenesie*. Berlin, 1842.

*Prolegomenazur Historiosophie*, 2nd ed. Posen, 1908.

Echtermeyer, Theodor, and Arnold Ruge. *Der Protestantismus und die Romantik*. ed. Norbert Ollers. Hildesheim, 1972.

Engels, Friedrich. *Ludwig Feuerbach and the End of Classical German Philosophy*. Peking, 1976.

Feuerbach, Friedrich. *Die Religion der Zukunft*, 2 vols. Zürich and Winterthur, 1843; Nürnberg, 1845.

Feuerbach, Ludwig. *Briefwechsel*, 4 vols. ed. W. Schuffenhauer and E. Voigt. Berlin, 1984-8.

*The Essence of Christianity*. trans. George Eliot. New York, 1957.

*The Fiery Brook: Selected Writings of Ludwig Feuerbach*. trans. Zawar Hanfi. New York, 1972.

*Gesammelte Werke*. 18 vols, to date. ed. Werner Schuffenhauer. Berlin, 1967.

*Lectures on the Essence of Religion*. trans. Ralph Manheim. New York, 1967.

*Ludwig Feuerbachin seinem Briefwechsel und Nachlass*. 2 vols. ed. Karl Grün. Leipzig, 1874.

*Principles of the Philosophy of the Future*. trans. Manfred Vogel. Indianapolis, 1986.

*Sämtliche Werke*. 13 vols. ed. W. Bolin and F. Jodl. Stuttgart, 1959-64.

*Thoughts on Death and Immortality, from the Papers of a Thinker, along with an Appendix of Theological-Satirical Epigrams, by One of His Friends*. trans. James Massey.

Berkeley, 1980.

*Werkein Sechs Bänden*. 6 vols. ed. Erich Thies. Frankfurt, 1975.

*Das Wesen des Christenthums*. Leipzig, 1841.

Fichte, Immanuel Hermann. *Die Idee der Persönlichkeit und der individuellen Fortdauer*. Elberfeld, 1834.

*Sätze zur Vorschule der Theologie*. Stuttgart and Tübingen, 1826.

*Über Gegensatz, Wendepunkt und Ziel heutiger Philosophie. Erster kritischer Theil*. Heidelberg, 1832.

*Vermischte Schriften zur Philosophie, Theologie und Ethik*. 2 vols. Leipzig, 1969.

Fichte, J. G. *The Vocation of Man*. trans. Peter Preuss. Indianapolis, 1987.

Fischer, K. Ph. *Die Freiheit des menschlichen Willens im Fortschritte ihrer Momente*. Tübingen, 1833.

Fried, Albert, and Ronald Sanders, eds. *Socialist Thought. A Documentary History*. New York, 1964.

Gans, Eduard. *Beiträge zur Revision der Preußischen Gesetzgebung* (Berlin, 1831).

*Eduard Gans (1797-1839): Hegelianer-Jude-Europaer*. ed. Norbert Waszek. Frankfurt, 1991.

*Naturrecht und Universalgeschichte*. ed. Manfred Riedel. Stuttgart, 1981.

*Philosophische Schriften*. ed. Horst Schroder. Glashutten im Taunus, 1971.

*Rückblicke auf Personen und Zustände*. Berlin, 1836.

*Über die Grundlage des Besiztes*. Berlin, 1839.

*Vermischte Schriften, juristischen, historischen, staatswissenschaftlichen und ästhetischen Inhalts*. 2 vols. Berlin, 1834.

"Vorlesungen über die Geschichte der letzten fünfzig Jahre", *Raumers Historisches Taschenbuch*, 1834-1835.

Gardiner, Patrick L., ed. *Nineteenth Century Philosophy*. New York, 1969.

Göschel, Karl Friedrich. *Beiträge zur spekulativen Philosophie von Gott und dem Menschen und von dem Gott-Menschen: Mit Rücksicht auf Dr. D. F. Strauss' Christologie*. Berlin, 1838.

*Von den Beweisen für die Unsterblichkeit der menschlichen Seele im Lichte der spekulativen*

*Philosophie: Eine Ostergabe.* Berlin, 1835.

*Zerstreuten Blätter aus den Hand-und Hülfsacten eines Juristen*, 3 vols. Erfurt, 1832-1842.

Gutzkow, Karl. *Beiträge zur Geschichte des neuesten Literatur.* Stuttgart, 1839.

*Briefe eines Narren an eine Närrin.* Hamburg, 1832.

Halsted, John B., ed. *Romanticism.* New York, 1969.

Haym, Rudolf. *Hegel und seine Zeit.* Berlin, 1857.

Hegel, G. W. F. *Briefe von und an Hegel.* 3 vols. ed. Johannes Hoffmeister. Hamburg, 1961.

*Early Theological Writings.* trans. T. M. Knox. Philadelphia, 1948.

*Hegel: The Letters.* trans, and ed. Clark Butler and Christiane Seiler. Bloomington, 1984.

*Lectures on the History of Philosophy.* 3 vols. trans. E. S. Haldane and F. H. Simson. Atlantic Highlands, 1983.

*Lectures on the Philosophy of Religion.* 3 vols. trans. E. B. Speirs and J. Burdon Sanderson. London, 1962.

*Phenomenology of Spirit.* trans. A. V. Miller. Oxford, 1977.

*Philosophy of Hegel.* ed. C. J. Friedrich. New York, 1953.

*Philosophy of History.* trans. J. Sibree. New York, 1956.

*Philosophy of Right.* trans. T. M. Knox. New York, 1967.

*Science of Logic.* trans. A. V. Miller. New York, 1976.

*System of Ethical Life* (1802/3) *and First Philosophy of Spirit.* trans, and ed. H. S. Harris and T. M. Knox. Albany, 1979.

*Theologische Jugendschriften.* ed. Hermann Nohl. Tübingen, 1907.

*Vorlesungen über Rechtsphilosophie*, 1818-1831. 4 vols. ed. K.-H. Ilting. Stuttgart-Bad Cannstatt, 1973.

*Werke.* 20 vols. ed. Eva Moldenhauer and Karl M. Michel. Frankfurt, 1969-1971.

Heine, Heinrich. *Heinrich Heine. Sakularausgabe; Werke, Brieftuechsel, Lebenszeugnisse.* 27 vols. ed. Fritz H. Eisner. Berlin, 1970-1986.

*Historisch-kritische Gesamtausgabe der Werke.* ed. Manfred Windfuhr. 15 vols. Hamburg, 1981.

*Religion and Philosophy in Germany*. trans. John Snodgrass. Albany, 1986.

*TheRomantic School and Other Essays*. ed. Jost Hermand and R. C. Holub. New York, 1985.

*Sämtliche Werke*. 10 vols. ed. O. Walzel. Leipzig/Wien, 1911-1915.

Hess, Moses. *Moses Hess. Sozialistische Aufsätze*, 1841-1847. ed. Theodor Zlocisti. Berlin, 1921.

*Philosophische und sozialistische Schriften 1837-1850. Eine Auswahl*. ed. Wolfgang Mönke.

Vaduz/Liechtenstein, 1980.

Hinrichs, H. F. W. *Die Religion im inneren Verhältnisse zur Wissenschaft: Nebst Darstellung und Beurtheilung der von Jacobi, Kant, Fichte und Schelling gemachten Versuche dieselbe wissenschaftlich zu erfassen, und nach ihrem Hauptinhalte zu entuickeln, mit einem Vorworte von G. W. F. Hegel*. Heidelberg, 1822; reprint, Brussels, 1970.

*Politische Vorlesungen*. Halle, 1843.

Hobbes, Thomas. *Leviathan*. ed. C. B. MacPherson. New York, 1985.

*DeHomine*. trans. Charles T. Wood. Cambridge, 1991.

Iggers, G. G., trans. The Doctrine of Saint-Simon: An Exposition. First Year, 1828-1829. New York, 1958.

Jäsche, Gottlob Benjamin. *Der Pantheismus nach seinen verschiedenen Hauptformen, seinem Ursprung und Fortgange, seinem speculativen und praktischen Werth und Gehalt. Ein Beitrag zur Geschichte und Kritik dieser Lehre in alter und neuer Philosophie*. 3 vols. Berlin, 1826.

Jaeschke, Walter, ed. *Philosophie und Literatur im Vormärz. Der Streit um die Romantik* (1820-1854), 2 vols. Hamburg, 1995.

Jarcke, Carl Ernst. *Vermischte Schriften*. 4 vols. Munich, 1839-1854.

Kahnis, K. A. *Dr. Ruge und Hegel*. Quedlinburg, 1838.

Kaiser, H. W. *Die Persönlichkeit des Eigenthums in Bezug auf den Socialismus und Communismus in heutigen Frankreich*. Bremen, 1843.

参考文献

Kant, Immanuel. *Critique of Pure Reason*. trans. Norman Kemp Smith. New York, 1965.

*On History*. ed. Lewis White Beck. Indianapolis, 1980.

Laube, Heinrich. *Ausgewählte Werke in zehn Bänden*. ed. H. H. Houben. Leipzig, n. d.

Leo, Heinrich. *Die Hegelingen: Aktenstücke und Belege zu der s. g. Denunciation der ewigen Wahrheit*. Halle, 1838.

*Studien und Skizzen zu einer Naturlehre des Staates*. Halle, 1833.

Lessing, G. E. *Lessing's Theological Writings*. Trans. Henry Chadwick. Stanford, 1956.

Lübbe, Hermann, ed. *Die Hegeische Rechte*. Stuttgart-Bad Cannstatt, 1962.

Marx, Karl, and Friedrich Engels. *Collected Works*. Moscow, 1975.

Michelet, C. L. *Anthropologie und Psychologie, oder die Philosophie des subjectiven Geistes*. Berlin, 1840.

*Vorlesungen über die Persönlichkeit Gottes und Unsterblichkeit des Seele*. Berlin, 1841.

*Wahrheit aus meinem Leben*. Berlin, 1884.

Mundt, Theodor. *Charaktere und Situationen*. Leipzig, 1837.

Oelckers, Theodor. *Die Bewegung des Socialismus und Communismus*. Leipzig, 1844.

Ogienski, Immanuel. *Hegel, Schubarth und die Idee der Persönlichkeit in ihrem Verhältnis zur preussischen Monarchie*. Trzemessno, 1840.

*Die Idee der Person*. Breslau, 1853.

Pepperle, Inrid, and Heinz Pepperle, ed. *Die Hegeische Linke*. Leipzig, 1985.

Richter, Friedrich. *Die Lehre von den letzten Dingen*. vol. I: *Eine wissenschaftliche Kritik aus dem Standpunct der Religion unternommen*. Breslau, 1833.

*Die neue Unsterblichkeitslehre: Gespräch einer Abendgesellschaft*. Breslau, 1833.

Rotteck, Carl von, and Carl Welcker, ed. *Staats-Lexicon oder Encyclopädie der Staatswissenschaften*. 1st ed. 15 vols. Altona, 1834-1843.

Ruge, Arnold, ed. *Anekdota zur neuesten deutschen Philosophie und Publicistik*. Zürich, 1843.

*Aus früherer Zeit*. 4 vols. Berlin, 1862-1867.

*Briefxuechsel und Tägeblätter aus den Jahren* 1825-1880. 2 vols. ed. P. Nerrlich. Berlin, 1886.

*Gesammelte Schriften.* 10 vols. Mannheim, 1846.

*Der Patriotismus.* ed. Peter Wende. Frankfurt, 1968.

*Polemische Briefe.* Mannheim, 1847.

*Sämmtliclie Werke.* 10 vols. Mannheim, 1848.

Schäfer, Rütger, ed. *Saint-Simonistische Texte. Abhandlungen von Saint-Simon, Bazard.*

*Blanqui, Bûchez, Carnot, Comte, Enfantin, Leroux, Rodrigues, Thierry und. Anderen in zeitgenössischen Ubersetzungen.* 2 vols. Aalen, 1975.

Schelling, F. W. G. *Ideas for a Philosophy of Nature as Introduction to the Study of This Science.* trans. E. E. Harris. Cambridge, 1988.

*The Ages of the World.* trans. F. de Wolfe Bolman. New York, 1942.

*On the History of Modern Philosophy.* trans. Andrew Bowie. New York, 1994.

*Sämmtliche Werke,* 1833-1830. 14VOIS. Stuttgart and Augsburg, 1856-1861.

Schiller, Friedrich. *On the Aesthetic Education of Man in a Series of Letters.* trans. Reginald Snell. New York, 1990.

Scholz, H., ed. *Die Hauptschriften zum Pantheismus Streit zwischen Jacobi und Mendelssohn.* Berlin, 1916.

Schubarth, K. E. *Erklärung in Betreff der Recension des Hm. Hegel.* Berlin, 1830.

Spinoza, Benedict de. *Ethics.* trans. Andrew Boyle. London, 1989.

*A Theologico-Political Treatise.* trans. R. H. M. Elwes. New York, 1951.

Stahl, Friedrich Julius. *Die Philosophie des Rechts.* vol. 1: *Geschichte der Rechtsphilosophie.* vol. 2: *Rechts- und Staatslehre auf der Grundlage Christlicher Weltanschauung.* Part I: *Die Allgemeinen Lehren und das Privatrecht.* Part II: *Die Staatslehre und die Principien des Staatsrechts.* Hildesheim, 1963.

Stepelevich, Lawrence, ed. *The Young Hegelians. An Anthology.* Cambridge, 1983.

Stirner, Max. *The Ego and Its Own.* trans. David Leopold. Cambridge, 1995.

Strauss, David Friedrich. *Briefwechsel zwischen Strauss und Vischer.* ed. Adolf Rapp. Stuttgart, 1952.

*Die christliche Glaubenslehre in ihrer geschichtlichen Entwicklung und im Kampfe mit der modernen Wissenschaft.* 2 vols. Tübingen, 1840-1841.

*In Defense of My "Life of Jesus" Against the Hegelians.* trans. Marilyn Chapin Massey. Hamden, 1984.

*The Life of Jesus.* trans. George Eliot. Philadelphia, 1972.

*Streitschriften zur Verteidigung meiner Schrift über das Leben Jesu und zur Charakteristik der gegenwärtigen Theologie.* Tübingen, 1837.

Streckfuß, Karl. *Über die Garantien der preußischen Zustände.* Halle, 1839.

Tappehorn, Friedrich. *Die vollkommene Association als Vermittler in der Einheit des Vernunftstaats und der Lehrefern. Ein Beitrag zur ruhigen Lösung aller großen Fragen dieser Zeit.* Augsburg, 1834.

Veit, Moritz. *Saint Simon und der Simonismus: Allgemeiner Völkerbund und ewiger Frieden.* Leipzig, 1834.

Weisse, Christian Hermann. *Grundzüge der Metaphysik.* Hamburg, 1835.

## 二阶文献(SECONDARY)

### 著作(Books)

Abercrombie, Nicholas, et al., ed. *Sovereign Individuals of Capitalism.* London, 1986.

Abrams, M. H. *Natural Supernaturalism. Tradition and Revolution in Romantic Literature.* New York, 1971.

Adkins, Arthur. *From the Many to the One: A Study of Personality and Views of Human Nature in the Context of Ancient Greek Society, Values and Beliefs.* Ithaca, 1970.

Adler, E. R. *Der Staat als juristische und moralische Person.* Giessen, 1931.

Adorno, Theodor. *Stichwörte. Kritische Modelle 2.* Frankfurt, 1969.

Althaus, Horst. *Hegel und die heroischen Jahre der Philosophie.* Munich, 1992.

Amato, Joseph. *Mounier and Maritain: A French Catholic Understanding of the World*. University, Alabama, 1975.

Arnold, H. L., ed. *Heinrich Heine*. 2nd ed. Munich, 1971.

Avineri, Shlomo. *Hegel's Theory of the Modern State*. Cambridge, 1972.

*Moses Hess: Prophet of Communism and Zionism*. New York, 1985.

*The Social and Political Thought of Karl Marx*. Cambridge, 1968.

Ball, Terence. *Transforming Political Discourse: Political Theory and Critical Conceptual History*. New York, 1988.

Barclay, David, and E. D. Weitz, ed. *Between Reform and Revolution: Studies in the History of German Socialism and Communism from 1840-1990*. Oxford, 1998.

Barlow, Michel. *Le socialisme d'Emmanuel Mounier*. Toulouse, 1971.

Beck, Herman. *The Origins of the Authoritarian Welfare State in Prussia. Conservatives, Bureaucracy, and the Social Question, 1815-1870*. Ann Arbor, 1995.

Beecher, Jonathan. *Charles Fourier. The Visionary and His World*. Berkeley, 1986.

Beiser, Frederick, ed. *The Cambridge Companion to Hegel*. Cambridge, 1993.

*Enlightenment, Revolution, and Romanticism. The Genesis of Modem German Political Thought, 1790-1800*. Cambridge, Mass., 1992.

*The Fate of Reason. German Philosophy from Kant to Fichte*. Cambridge, Mass., 1987.

Berdahl, Robert M. *The Politics of the Prussian Nobility. The Development of a Conservative Ideology, 1770-1848*. Princeton, 1988.

Berlin, Isaiah. *Against the Current*. New York, 1980.

Bigler, Robert M. *The Politics of German Protestantism. The Rise of the Protestant Church Elite in Prussia, 1815-1848*. Berkeley, 1972.

Blasius, Dirk. *Friedrich Wilhelm IV. 1795-1861: Psychopathologie und Geschichte*. Göttingen, 1992.

Blumenberg, Hans. *The Legitimacy of the Modern Age*. trans. Robert M. Wallace. Cambridge, Mass., 1991.

Bobbio, Norberto. *Democracy and Dictatorship. The Nature and Limits of State Power*. trans. Peter Kennealy. Cambridge, 1989.

Bode, H. W. Weise, ed. *Unzeit des Biedermeiers*. Leipzig, 1985.

Bowie, Andrew. *Schelling and Modem European Philosophy. An Introduction*. New York, 1993.

Boyle, Nicholas. *Goethe. The Poet and the Age. Vol. I. The Poetry of Desire*. Oxford, 1991.

Braun, Han-Jürg, et al., ed. *Ludwig Feuerbach und die Philosophie der Zukunft. Internationale Arbeitsgemeinschaft am ZiF der Universität Bielefeld*, 1989. Berlin, 1990.

Braun, Hans-Jürg, and Manfred Riedel, ed. *Natur und Geschichte: Karl Löwith zum 70. Geburtstag*. Stuttgart, 1967.

Brazill, William. *The Young Hegelians*. New Haven, 1970.

Briegelb, Klaus. *Opfer Heine? Versuche über Schriftzüge der Revolution*. Frankfurt, 1986.

Brown, R. F. *The Later Philosophy of Schelling: The Influence of Boehme on the Works of 1809-1815*. London, 1977.

Brunner, Otto, Werner Conze, and Reinhart Koselleck, ed. *Geschichtliche Grundbegriffe*.

*Historisches Lexicon zur politisch-sozialen Sprache in Deutschland*. 7 vols. Stuttgart, 1972-1990.

Bull, Malcolm, ed. *Apocalypse Theory and the Ends of the World*. Oxford, 1995.

Butler, E. M. *The Saint-Simonian Religion in Germany. A Study of the Young German Movement*. Cambridge, 1926.

*The Tyranny of Greece over Germany*. Cambridge, 1935.

Campbell, Joan. *Joy in Work, German Work. The National Debate*, 1800-1943. Princeton, 1989.

Carlisle, Robert. *The Proffered Crown. Saint-Simonianism and the Doctrine of Hope*. Baltimore, 1987.

Carver, Terrell. *Marx and Engels. The Intellectual Relationship*. Sussex, 1983.

Chadwick, Owen. *The Secularization of the European Mind in the Nineteenth Century*. Cambridge, 1990.

Chapin Massey, Marilyn. *Christ Unmasked. The Meaning of "The Life of Jesus" in*

German Politics. Chapel Hill, 1983.

Chytry, Josef. *The Aesthetic State. A Quest in Modern German Thought*. Berkeley, 1989.

Claeys, Gregory. *Citizens and Saints. Politics and Anti-Politics in Early British Socialism*. New York, 1989.

Cohen, Jean L. *Class and Civil Society. The Limits of Marxian Critical Theory*. Amherst, 1982.

Colletti, Lucio. *From Rousseau to Lenin: Studies in Ideology and Society*. London, 1972.

*Marxism and Hegel*. Trans. L. Garner. London, 1973.

Cornehl, Peter. *Die Zukunft der Versöhnung. Eschatologie und Emanzipation in der Aufklärung, bei Hegel und in der Hegeischen Schule*. Göttingen, 1971.

Cornu, Auguste. *Karl Marx und Friedrich Engels. Leben und Werk*. 1. Bd. 1818-1844. Berlin, 1954.

Dahlhaus, Carl. *Between Romanticism and Modernism. Four Studies in the Music of the Later Nineteenth Century*. trans. Mary Whittall. Berkeley, 1980.

Derrida, Jacques. *Specters of Marx. The State of the Debt, the Work of Mourning & the New International*. trans. Peggy Kamuf. New York, 1994.

Dickey, Laurence. *Hegel. Religion, Economics, and the Politics of Spirit, 1770-1807*. Cambridge, 1987.

Dufraisse, Roger, ed. *Revolution und Gegenrevolution, 1789-1830. Zur geistigen Auseinandersetzung in Frankreich und Deutschland*. Munich, 1991.

Dumont, Louis. *German Ideology : From France to Germany and Back*. Chicago, 1994.

Dürkheim, Emile. *On Morality and Society. Selected Writings*. Ed. Robert Bellah. Chicago, 1973.

Eck, Else von. *Die Literaturkritik in den Hallischen und Deutschen fahrbiichem (1838-1842)*. Berlin, 1925.

Ehret, Hermann. *Immanuel Hermann Fichte. Ein Denker gegen seine Zeit*. Stuttgart, 1986.

Epstein, Klaus. *The Genesis of German Conservatism*. Princeton, 1966.

Erdmann, J. E. *Die deutsche Philosophie seit Hegels Tode*. Stuttgart-Bad Cannstatt, 1964.

*A History of Philosophy*. 3 vols. trans. W. S. Hough. London, 1890-1892.

Eβbach, Wolfgang. *DieJunghegelianer. Soziologie einer Intellektuellengruppe*. Munich, 1988.

Evans, D. O. *Social Romantiäsm in France*, 1830-1848. Oxford, 1951.

Evans, R J. *Proletarians and Politics. Socialism, Protest and the Working Class in Germany Before the First World War*. New York, 1990.

Fackenheim, Emil. *The Religious Dimension in Hegel's Thought*. Bloomington, 1967.

Forbes, Ian. *Marx and the New Individual*. London, 1990.

Förster, W., ed. *Klassische deutsche Philosophie in Berlin*. Berlin, 1988.

Foucault, Michel. *The History of Sexuality. An Introduction*. trans. Robert Hurley. New York, 1990.

Frank, Manfred. *Der unendliche Mangel an Sein. Schellings Hegelkritik und die Anfänge der Manschen Dialektik*. Frankfurt, 1975.

Frank, Manfred, and Anselm Haverkamp, ed. *Individualität*. Munich, 1988.

Fuβ], Wilhelm. *Professor in der Politik: Friedrich Julius Stahl (1802-1861)*. Munich, 1988.

Gamby, Erik. *Edgar Bauer. Junghegelianer, Publizist und Polizeiagent*. Trier, 1985.

Gebhardt, Jürgen. *Politik und Eschatologie: Studien zur Geschichte der Hegeischen Schule in den Jahren 1830-1840*. Munich, 1963.

Graf, F. W., and F. Wagner, ed. *Die Flucht in den Begriff. Materialien zu Hegels Religionsphilosophie*. Stuttgart, 1982.

Grimm, Dieter. *Recht und Staat der bürgerlichen Gesellschaft*. Frankfurt, 1987.

Grosser, Dieter. *Grundlagen und Struktur der Staatslehre Friedrich Julius Stahls*. Cologne, 1963.

Gurvitch, G. *La vocation actuelle de la Sociologie*. Paris, 1950.

Habermas, Jürgen. *The Philosophical Discourse of Modernity*. trans. F. G. Lawrence.

Cambridge, Mass., 1987.

*The Stmctural Transformation of the Public Sphere. An Inquiry into a Category of Bourgeois Society*. trans. Thomas Burger. Cambridge, Mass., 1989.

Hamerow, Theodore S. *Restoration, Revolution, Reaction. Economics and Politics in Germany*, 1815-1871. Princeton, 1958.

Harris, H. S. *Hegel's Development: Toward the Sunlight* (1770-1801). Oxford, 1972.

Hartmann, Albert. *Der Spätidealismus und die hegelsche Dialektik*. Berlin, 1937.

Harvey, Van. *Feuerbach and the Interpretation of Religion*. Cambridge, 1995.

Hayek, Friedrich. *The Counter-Revolution of Science. Studies on the Abuse of Reason*. Glencoe, 1952.

Heidegger, Martin. *The Question Concerning Technology and Other Essays*. trans. William Lovitt. New York, 1977.

Hellman, R. J. *Die Freien: The Young Hegelians of Berlin and the Religious Politics of 1840 Prussia*. Ph. D. Diss., Columbia University, 1976.

Hellmuth, Eckhart, ed. *The Transformation of Political Culture. England and Germany in the Late Eighteenth Century*. Oxford, 1990.

Himmelfarb, Gertrude. *The Idea of Poverty: England in the Early Industrial Age*. London, 1984.

Hinsley, F. H. *Sovereignty*. New York, 1966.

Hirschmann, A. O. *The Passions and the Interests. Political Arguments for Capitalism Before Its Triumph*. Princeton, 1977.

Honneth, Axel, et al., ed. *Philosophical Interventions in the Unfinished Project of Enlightenment*. Cambridge, Mass., 1992.

Hook, Sidney. *From Hegel to Marx*. Ann Arbor, 1962.

Huber, Ernst Rudolf. *Deutsche Verfassungsgeschichte seit* 1789. 3 vols. Stuttgart, 1960.

Hunt, Richard N. *The Political Ideas of Marx and Engels. I. Marxism and Totalitarian Democracy*, 1818-1850. Pittsburgh, 1974.

Iggers, Georg. *The Cult of Authority: The Political Philosophy of the Saint-Simonians*.

The Hague, 1958.

Izenberg, Gerald N. *Impossible Individuality. Romanticism, Revolution, and the Origins of Modem Selfhood*, 1787-1802. Princeton, 1992.

Jacob, Margaret. *The Radical Enlightenment: Pantheists, Freemasons and Republicans*. London, 1981.

Jaeschke, Walter. *Reason in Religion: The Foundations of Hegel's Philosophy of Religion*. trans. J. Michael Stewart and Peter C. Hodgson. Berkeley, 1990.

Jäger, Gertrud. *Schellings politische Anschauungen*. Berlin, 1940.

Jamme, Christoph, ed. *Die "Jahrbücher für wissenschaftliches Kritik. Hegels Berliner Gegenakademie*. Stuttgart, 1994.

Jantke, Carl, and Dietrich Hilger, ed. *Die Eigentumlosen. Der Deutsche Pauperismus und die Evianzipationskrise in Darstellungen und Deutungen der zeitgenössischen Literatur*. Freiburg and Munich, 1965.

Kamenka, Eugene. *The Philosophy of Ludwig Feuerbach*. London, 1970.

Kantorowicz, Ernst. *The King's Two Bodies. A Study in Medieval Political Theology*. Princeton, 1957.

Keane, John, ed. *Civil Society and the State. New European Perspectives*. London, 1988.

*Democracy and Civil Society*. London, 1988.

Kelley, Donald. *History, Law and the Human Sciences. Medieval and Renaissance Perspectives*. London, 1984.

*The Human Measure. Social Thought in the Western Legal Tradition*. Cambridge, 1990.

Kelley, George Armstrong. *The Humane Comedy: Constant, Tocqueville and French Liberalism*. Cambridge, 1992.

*Idealism, Politics and History. Sources of Hegelian Thought*. Cambridge, 1969.

Kelly, Aileen. *Mikhail Bakunin. A Study in the Psychology and Politics of Utopianism*. New Haven, 1987.

Klenner, Hermann. *Deutsche Rechtsphilosophie im r9. Jahrhundert. Essays*. Berlin, 1991.

Kluckhohn, Paul. *Persönlichkeit und Gemeinschaft: Studien zur Staatsauffassung der* deutschen Romantik. Halle, 1925.

Knudsen, A. C. *The Philosophy of Personalism*. New York, 1927.

Koselleck, Reinhart. *Preussen zwischen Reform und Revolution. Allgemeines Landrecht, Ver- waltungund soziale Beiuegung von 1791 bis 1848*, 3rd ed. Munich, 1989.

Kroll, Frank-Lothar. *Friedrich Wilhelm TV. und das Staatsdenken der deutschen Romantik*. Berlin, 1990.

Krieger, Leonard. *The German Idea of Freedom. History of a Political Tradition from the Reformation to 1871*. Chicago, 1957.

Kühne, Walter. *Graf August Cieszkowski: Ein Schüler Hegels und des deutschen Geistes*. Leipzig, 1938.

LaCapra, Dominick. *Rethinking Intellectual History: Texts, Contexts, Language*. Cornell, 1983.

Lauer, Quentin. *A Reading of Hegel's Phenomenology of Spirit*. New York, 1982.

Leese, Kurt. *Philosophie und Theologie im Spätidealismus. Forschungen zur Auseinandersetzung von Christentum und idealistischer Philosophie im 19. Jahrhundert*. Berlin, 1929.

Lefort, Claude. *Democracy and Political Theory*. trans. David Macey. Cambridge, 1988.

Levin, Michael. *Marx, Engels and Liberal Democracy*. London, 1989.

Lichtheim, George. *The Concept of Ideology and Other Essays*. New York, 1967.

Liebich, André. *Between Ideology and Utopia. The Politics and Philosophy of August Cieszkowski*. Boston, 1979.

Lobkowicz, Nicholas. *Theory and Practice. History of a Concept from Aristotle to Marx*. New York, 1967.

Loewenstein, Julius. *Hegels Staatsidee. Ihr Doppelgesicht und ihrEinfluss im 19. Jahrhundert*. Berlin, 1927.

Löwith, Karl. *From Hegel to Nietszche. The Revolution in Nineteenth-Century Thought*. trans. David E. Green. New York, 1964.

Lübbe, Hermann, et al., ed. Atheismus in der Diskussion. Kontroversen um Ludwig Feuerbach. Grünwald, 1975.

Lukacs, Georg. Hegel's False and His Genuine Ontology. trans. David Fembach. London, 1982.

Lukes, Steven, Michael Carrithers, and Steven Collins, ed. *The Category of the Person*. Anthropology, Philosophy, History. Cambridge, 1985.

MacPherson, C. B. *The Political Theory of Possessive Individualism. Hobbes to Locke*. Oxford, 1962.

Mah, Harold. *The End of Philosophy, The Origin of "Ideology." Karl Marx and the Crisis of the Young Hegelians*. Berkeley, 1987.

Malia, Martin. *Alexander Herzen and the Birth of Russian Sodalism*. New York, 1961.

Manuel, Frank E. *The New World of Henri Saint-Simon*. Cambridge, Mass., 1956.

*The Prophets of Paris. Turgot, Condorcet, Saint-Simon, Fourier, Comte*. New York, 1962.

*Utopian Thought in the Western World*. Cambridge, Mass., 1979.

Marcuse, Herbert. *Reason and Revolution. Hegel and the Rise of Social Theory*. New York, 1941.

Marks, Ralph. *Die Entwicklung nationaler Geschichtsschreibung. Luden und seine Zeit*. Frankfurt, 1987.

Marquard, Odo, and Karlheinz Stierle, ed. *Identität*. Munich, 1979.

McLellan, David. *Marx Before Marxism*. London, 1970.

Mehring, Franz. *Geschichte der deutschen Sozialdemokratie*, 4 vols. Berlin, 1960.

McWilliam, Neil. *Dreams of Happiness: Social Art and the French Left*, 1830-1850. Princeton, 1993.

Meinecke, Friedrich. *Historism. The Rise of a New Historical Outlook*. trans. J. E. Anderson. New York, 1972.

Mercier-Josa, Solange. *Théorie allemande et pratique française de la liberté. De la philosophie à la politique ou au socialisme?* Paris, 1993.

Merriam, C. E. *History of the Theory of Sovereignty Since Rousseau*. New York, 1900.

Mesmer-Strupp, Beatrix. *Arnold Ruges Plan einer Alliance intellectuelle zwischen Deut-*

schen und Franzosen. Bern, 1963.

Moore, James Willard. *Arnold Ruge: A Study in Democratic Caesarism*. Ph. D. Diss., University of California, Berkeley, 1977.

Moses, Claire. *French Feminism in the Nineteenth Century*. Albany, 1984.

Moses, Claire, and Leslie Wahl Rabine, ed. *Feminism, Socialism and French Romanticism*. Bloomington, 1994.

Mouffe, Chan tal, ed. *Dimensions of Radical Democracy. Pluralism, Citizenship, Community*. London, 1992.

Nemoianu, Virgil. *The Taming of Romanticism. European Literature and the Age of Biedermeier*. Cambridge, Mass., 1984.

Neuhouser, Frederick. *Fichte's Theory of Subjectivity*. Cambridge, 1990.

Nipperdey, Thomas. *Deutsche Geschichte*. 1800-1866. *Bürgerwelt und starker Staat*, 6th ed. Munich, 1993.

*Gesellschaft, Kultur, Theorie. Gesammelte Aufsätze zur neueren Geschichte*. Göttingen, 1976.

Oz-Salzberger, Fania. *Translating the Enlightenment: Scottish Civic Discourse in Eighteenth- Century Germany*. Oxford, 1995.

Ozment, Stephen. *The Age of Reform*, 1250-1550. *An Intellectual and Religious History of L' edieval and Reformation Europe*. New Haven, 1980.

Pagden, A., ed. *The Languages of Political Theory in Early Modem Europe*. Cambridge, 1987.

Pelczynski, Z. A., ed. *The State and Civil Society: Studies in Hegel's Political Philosophy*. Cambridge, 1984.

Perrot, Michelle, ed. *A History of Private Life from the Fires of Revolution to the Great War*. trans. Arthur Goldhammer. Cambridge, Mass., 1990.

Petermann, Thomas. *Der Saint-Simonismus in Deutschland. Bemerkungen zur Wirkungs- geschichte*. Frankfurt, 1983.

Philonenko, Alexis. *La jeunesse de Feuerbach*. 1828-1841. *Introduction à ses positions fondamentales*. 2 vols. Paris, 1990.

Pippin, Robert. *Hegel's Idealism. The Satisfactions of Self-Consciousness*. Cambridge,

1989.

Pocock, J. G. A. *The Machiavellian Moment. Florentine Political Thought and the Atlantic Republican Tradition*. Princeton, 1975.

Porter, Roy, and Mikulas Teich, ed. *The Enlightenment in National Context*. Cambridge, 1981.

Poynter, J. R. *Society and Pauperism: English Ideas on Poor Relief*, 1795-1834. London, 1969.

Prestige, G. L. *God in Patristic Thought*. London, 1981.

Radbruch, Gustav. *Paul Johann Anselm Feuerbach: Ein Juristenleben*, 2nd ed. Göttingen, 1957.

Rasmussen, David, ed. *Universalism vs. Communitarianism. Contemporary Debates in Ethics*. Cambridge, Mass., 1990.

Rawidowicz, S. *Ludwig Feuerbachs Philosophie. Ursprung und Schicksal*. Berlin, 1931.

Reardon, Bernard M. G. *Religion in the Age of Romanticism. Studies in Early Nineteenth Century Thought*. Cambridge, 1985.

Reeves, Maijorie, and Warwick Gould. *Joachim of Fiore and the Myth of the Eternal Evangel in the Nineteenth Century*. Oxford, 1987.

Reissner, H. G. *Eduard Gans. Ein Leben im Vormärz*. Tübingen, 1965.

Reitmeyer, Ursula. *Philosophie der Leiblichkeit. Ludwig Feuerbachs Entwurf einer Philosophie der Zukunft*. Frankfurt, 1988.

Riedel, Manfred. *Between Tradition and Revolution: The Hegelian Transformation of Political Philosophy*. Trans. Walter Wright. Cambridge, 1984.

Riedel, Manfred, ed. *Materialien zu Hegels Rechtsphilosophie*. Frankfurt, 1975.

Rihs, Charles. *L'école des jeunes hegeliens et les penseurs socialistes français*. Paris, 1978.

Ritter, Joachim. *Hegel and the French Revolution*. trans. Richard Dien Winfield. Cambridge, Mass., 1982.

Rose, Margaret A. *Reading the Young Marx and Engels: Poetry, Parody, and the Censor*. London, 1978.

Rosen, Zwi. *Bruno Bauer and Karl Marx: The Influence of Bruno Bauer on Marx's*

*Thought.* The Hague, 1977.

Rosenberg, Hans. *Bureaucracy, Aristocracy and Autocracy. The Prussian Experience, 1660-1815.* Cambridge, Mass., 1958.

*Politische Denkströmungen im deutschen Vormärz.* Göttingen, 1972.

Roth, Michael S., ed. *Rediscovering History. Culture, Politics, and the Psyche.* Stanford, 1994.

Sammons, J. L. *Heinrich Heine. A Modem Biography.* Princeton, 1979.

Samuel, Raphael, ed. *People's History and Socialist Theory.* London, 1981.

Sass, Hans-Martin. *Ludwig Feuerbach.* Hamburg, 1978.

Sass, H. -M., ed. *The Philosophical Forum*, vol. VIII, 2-4 (1978). Special issue on the Left Hegelians.

*Untersuchungen zur Religionsphilosophiein der Hegelschule*, 1830-1850. Münster, 1963.

Schäfer, R. *Friedrich Buchholz- ein vergessener Vorläufer der Soziologie*, 2 vols. Göttingen, 1972.

Schieder, Theodor. *The State and Society in Our Times.* Trans. CA. M. Sym. London, 1962.

Schilling, Heinz. *Civic Calvinism in Northwestern Germany and the Netherlands: Sixteenth to Nineteenth Centuries.* Kirksville, Mo., 1992.

Schmidt, Alfred. *Emanzipatorische Sinnlichkeit: Ludwig Feuerbachs anthropologischer Materialismus.* Munich, 1973.

Schmitt, Carl. *Political Theology. Four Chapters on the Concept of Sovereignty.* trans. George Schwab. Cambridge, Mass., 1988.

Schnabel, Franz. *Deutsche Geschichte im neunzehnten Jahrhundert.* 4 vols. Freiburg, 1929-1937.

Schott, Uwe. *Die Jugendentwicklung Ludwig Feuerbachs bis zum Fakultätswechsel 1825.* Göttingen, 1973.

Schuffenhauer, Werner. *Feuerbach und der junge Marx. Zur Entstehungsgeschichte der marxistischen Weltanschauung.* Berlin, 1965.

Schulz, Walter. *Die Vollendung des deutschen Idealismus in der Spätphilosophie Schell-*

ings. Pfullingen, 1975.

Schürmann, Albert. *Friedrich Wilhelm Carové. Sein Werk als Beitrag zur Kritik an Staat und Kirche im frühliberalen Hegelianismus*. Bochum, 1971.

Seigel, Jerrold. *Marx's Fate. The Shape of a Life*. Princeton, 1978.

Sewell, William. *Work & Revolution in France: The Language of Labor from the Old Regime to 1848*. Cambridge, 1980.

Shanahan, W. O. *German Protestants Face the Social Question. Volume 1. The Conservative Phase*, 1815-1871. Notre Dame, 1954.

Shanks, Andrew. *Hegel's Political Theology*. Cambridge, 1991.

Sheehan, James. *German History 1770-1866*. Oxford, 1989.

Shklar, Judith. *Men and Citizens. A Study of Rousseau's Social Theory*. Cambridge, 1985.

Snow, DaleE. *Schelling and the End of Idealism*. Albany, NY, 1996.

Spiegel, Yorick. *Theologie der bürgerliche Gesellschaft: Sozialphilosophie und Glaubenslehre bei Friedrich Schleiermacher*. Munich, 1968.

Spitzer, Alan. *TheFrench Generation of 1820*. Princeton, 1987.

Stedman Jones, Gareth. *Languages of Class. Studies in English Working Class History 1832-1882*. Cambridge, 1983.

Stuke, Horst. *Philosophie der Tat: Studien zur "Verwirklichung der Philosophie" bei den Junghegelianem und wahren Sozialisten*. Stuttgart, 1963.

Suhge, Walter. *Saint-Simonismus und junges Deutschland. Das Saint-Simonistische System in der deutschen Literatur der ersten Hälfte des 19. Jahrhunderts*. Berlin, 1935.

Talmon, J. L. *Origins of Totalitarian Democracy*. New York, 1969.

Taylor, Charles. *Hegel*. Cambridge, 1975.

*Hitman Agency and Language*. Cambridge, 1985.

*Sources of the Self. The Making of the Modem Identity*. Cambridge, Mass., 1989.

Thomas, Paul. *Alien Politics: Marxist State Theory Retrieved*. New York, 1994.

Toews, John E. *Hegelianism. The Path Toward Dialectical Humanism*, 1805-1841. Cambridge, 1980.

Tönnies, Ferdinand. *On Social Ideas and Ideologies*. Trans. E. G. Jacoby. New

York, 1974.

Tribe, Keith. *Governing Economy: The Reformation of German Economic Discourse*, 1750-1840. Cambridge, 1988.

Walicki, Andrzej. *A History of Russian Thought. From the Enlightenment to Marxism*. Stanford, 1979.

Walter, Stephan. *Demokratisches Denken zwischen Hegel und Marx. Die politische Philosophie Arnold Ruges. Eine Studie zur Geschichte der Demokratie in Deutschland*. Düsseldorf, 1995.

Wartofsky, Marx. *Feuerbach*. Cambridge, 1977.

Waszek, Norbert. *The Scottish Enlightenment and Hegel's Account of "Civil Society."* Boston, 1987.

Wehler, Hans-Ulrich. *The German Empire*, 1871-1918. Dover, 1985.

Wehler, H.-U., ed. *Moderne deutsche Sozialgeschichte*. Königstein, 1981.

*Sozialgeschichte Heute. Festschrift für Hans Rosenberg zum 70. Geburtstag*. Göttingen, 1974.

Weiss, Walter. *Enttäuschter Pantheismus. Zur Weltgestaltung der Dichtung in der Restaurationszeit*. Dombirn, 1962.

Welch, Claude. *Protestant Thought in the Nineteenth Century*, Volume 1, 1799-1870. New Haven, 1972.

Wende, Peter. *Radikalismus im Vormärz. Untersuchungen zur politischen Theorie der frühen deutschen Demokratie*. Wiesbaden, 1975.

Wiegand, Christian. *Über Friedrich Julius Stahl (1801-1862): Recht, Staat, Kirche*. Munich, 1981.

Wilde, N. F. H. *Jacobi: A Study in the Origin of German Realism*. New York, 1966.

Yovel, Yirmiyahu. *Spinoza and Other Heretics. The Adventures of Immanence*. Princeton, 1989.

Zammito, John. *The Genesis of Kant's Critique of Judgment*. Chicago, 1992.

# 论文(Articles)

Avineri, Shlomo. "Hegel Revisited." *Contemporary History*, III (1968), pp. 133-

147.

Baronovitch, L. "Two Appendices to a Doctoral Dissertation: Some New Light on the Origin of Karl Marx's Dissociation from Bruno Bauer and the Young Hegelians."*Philosophical Forum*, vol. viii, nos. 2-4(1978), pp. 219-240.

Beyer, W. R. "Gans' Vorrede zur Hegeischen Rechtsphilosophie." *Archiv für Rechts-und Sozialphilosophie*, 45. Bd. (1959), pp. 257-273.

Blänkner, Reinhard. "Der Absolutismus war ein Glück, der doch nicht zu den Absolutsten gehört." Eduard Gans und die hegelianischen Ursprünge der Absolutismusforschung in Deutschland. *Historische Zeitschrift*, 256(1993), pp. 31-66.

Breckman, Warren. "Ludwig Feuerbach and the Political Theology of Restoration." *History of Political Thought*, vol. xiii, no. 3(Autumn, 1992), pp. 437-462.

Chapin Massey, Marilyn. "Censorship and the Language of Feuerbach's *Essence of Christianity* (1841)." *The Journal of Religion*, 65(1985), pp. 173-195.

Claeys, Gregory. "The Origins of the Rights of Labor: Republicanism, Commerce, and the Construction of Modern Social Theory in Britain, 1796-1805."*Journal of Modern History*, 66 (June 1994), pp. 249-290.

Clark, Christopher. "The Wars of Liberation in Prussian Memory: Reflections on the Memorialization of War in Early Nineteenth-Century Germany", *Journal of Modern History*, 68, 3 (Sept. 1996), pp. 550-576.

Conze, Werner. "Staat und Gesellschaft in der Frührevolutionären Epoche Deutschlands." *Historische Zeitschrift*, 186(1958), pp. 1-34.

"Vom 'Pöbel' zum 'Proletariat.' Sozialgeschichtliche Voraussetzungen für den Sozialismus in Deutschland. " *Vierteljahrsschrift für Sozial-und Wirtschaftsgeschichte*, (1954). pp. 333-364.

Crouter, Richard. "Hegel and Schleiermacher at Berlin: A Many-Sided Debate, " *Journal of the American Academy of Religion*, 48 (March 1980), pp. 19-43.

"Schleiermacher and the Theology of Bourgeois Society: A Critique of the Critics." *The Journal of Religion*, 66(1986), pp. 302-323.

*Eastern Europe... Central Europe... Europe*, a special issue of *Daedalus*, vol. 119, no. 1 (Winter 1990).

Elshtain, Jean Bethke. "Sovereign God, Sovereign State, Sovereign Self." *Notre Dame Law Review*, vol. 66, 5(1991), pp. 1355-1384.

Fackenheim, Emil. "Schelling's Conception of Positive Philosophy." *Review of Metaphysics*, 1954, pp. 563-582.

"Schelling's Philosophy of Religion." *University of Toronto Quarterly*, XXII, no. 1 (Oct. 1952), pp. 1-17.

Gerrish, B. A. 'The Secret Religion of Germany: Christian Piety and the Pantheism Controversy. " *Journal of Religion*, 67(1987), pp. 437-455.

"Hammen, O. J. 'The Young Marx Reconsidered." *Journal of the History of Ideas*, 31 (Jan. -March 1970), pp. 109-120.

Hoover, Jeffrey. "The Origin of the Conflict between Hegel and Schleiermacher at Berlin." *Owl of Minerva*, 20, 1 (Fall 1988), pp. 69-79.

Iggers, Georg. "Heine and the Saint-Simonians: A Re-Examination." *Comparative Literature*, X (Fall 1958), pp. 289-308.

Jaeschke, Walter. "Christianity and Secularity in Hegel's Concept of the State." *The Journal of Religion*, 61 (1981), pp. 127-145.

"Feuerbach redivivus." *Hegel-Studien*, 13(1978), pp. 199-237.

"Urmenschheit und Monarchie: Eine politische Christologie der Hegeischen Rechten." *Hegel-Studien*, 14(1979), pp. 73-107.

Kelley, Donald. "The Metaphysics of Law: An Essay on the Very Young Marx." *American Historical Review*, 83 (1978), pp. 350-367.

Kempski, Jürgen. "Über Bruno Bauer: Eine Studie zum Ausgang des Hegelianismus." *Archiv für Philosophie*, 11 (1961-1962), pp. 223-245.

Klenner, Hermann. "Zwei Savigny-Voten über Eduard Gans nebst Chronologie und Bibliographie." *Topos*, 1(1993), pp. 123-148.

La Vopa, A. J. "The Politics of Enlightenment: Friedrich Gedike and German Professional Ideology." *Journal of Modem History*, 62, 1 (March 1990), pp. 34- 56.

Lübbe, Hermann. "Die Politische Theorie der Hegeischen Rechten." *Archiv für Philosophie*, Bd. 10/3-4(1962), pp. 175-227.

Lukâcs, Georg. "Moses Hess and the Problem of the Idealist Dialectic." *Telos*, 10

(1971), pp. 23-35.

Lutz, Rolland. "The 'New Left' in Restoration Germany." *Journal of the History of Ideas*, 31(1970), pp. 235-252.

Mah, Harold. "The French Revolution and the Problem of German Modernity: Hegel, Heine and Marx." *New German Critique*, 50(1990), pp. 3-20.

Marquardt, F. D. "*Pauperismus* in Germany during the *Vormärz*." *Central European History*, 2(1969), pp. 77-88.

Massey, James. "Feuerbach and Religious Individualism." *Journal of Religion* (1976), pp. 366-381.

"The Hegelians, the Pietists, and the Nature of Religion. " *Journal of Religion* (1978), pp. 108-129.

Mayer, Gustave. "Die Anfänge des politischen Radikalismus im vormärzlichen Preussen." *Zeitschrift für Politik*, 6(1913), pp. 1-113.

"Die Junghegelianer und der preussische Staat." *Historische Zeitschrift*, 121 (1920), pp. 413-440.

Mombert, Paul. "Aus der Literatur über soziale Frage und über die Arbeiterbewegung in Deutschland in der ersten Hälfte des 19. Jahrhunderts." *Archiv für die Geschichte des Sozialismus und der Arbeiterbewegung*, Ⅳ (1921), pp. 169-236.

Nabrings, Arie. "Der Einfluss Hegels auf die Lehre vom Staat bei Stahl." *Der Staat*, 23 (1983), pp. 169-186.

Parkinson, G. H. R. "Hegel, Pantheism, and Spinoza." *Journal of the History of Ideas*, 3, 38(1977), pp. 449-459.

Picard, R. "Sur l'origine des mots *socialisme* et *socialiste*." *Revue socialiste*, li(1910), pp. 379-390.

Pickering, Mary. "New Evidence of the Link Between Comte and German Philosophy. "*Journal of the History of Ideas*, L, 3(July-Sept., 1989), pp. 443-463.

Sass, Hans-Martin. "Bruno Bauer's Idee der 'Rheinische Zeitung.'" *Zeitschrift für Religions-und Geistesgeschichte*, 19(1967), pp. 321-332.

"The Concept of Revolution in Marx's Dissertation (The Non-Hegelian Origin of Karl Marx's Early Concept of Dialectics)." *Philosophical Forum*, viii, 2-4(1978), pp. 241-255.

Schmidt, James. "A *Paideia* for the '*Bürger als Bourgeois*': The Concept of 'Civil Society' in Hegel's Political Thought." *History of Political Thought*, II, 3 (Winter, 1981), pp. 471-493.

"The Question of Enlightenment: Kant, Mendelssohn and the Mittwochsgesellschaft." *Journal of the History of Ideas* (April-June 1989), pp. 269-291.

Seigel, Jerrold. "The Human Subject as a Language-Effect", *History of European Ideas*, 18, 4(1994), pp. 481-495.

Spies, Andre. "Towards a Prosopography of Young Hegelians." *German Studies Review*, xix, 2 (May 1996), pp. 321-339.

Strauβ, Herbert. "Zur sozial-und ideengeschichtlichen Einordnung Arnold Ruges." *Schweitzer Beiträge zur allgemeine Geschichte*, 12 (1954), pp. 162-73.

Teeple, G. 'The Doctoral Dissertation of Karl Marx." *History of Political Thought*, xi, 1 (Spring 1990), pp. 81-118.

Toews. John E. 'The Immanent Genesis and Transcendental Goal of Law: Savigny, Stahl, and the Ideology of the Christian German State." *The Americal Journal of Comparative Law*, xxvii, 1 (Winter, 1989), pp. 139-169.

Treichgraeber, R. "Hegel on Property and Poverty." *Journal of the History of Ideas*, 38(1977). pp. 47-64.

Trendelenberg, Adolf. "A Contribution to the History of the Word Person." *Monist*, 20(1910), pp. 336-363.

Waszek, Norbert. "Eduard Gans on Poverty: Between Hegel and Saint-Simon." *Owl of Minerva*, 18, 2(Spring 1987), pp. 167-178.

Wundt, Max. "*Die Philosophie in der Zeit des Biedermeiers.*" Deutsche Vierteljahrsschrift, xiii, i (1935), pp. 118-148.

# 译后记

呈现在读者面前的这本《马克思、青年黑格尔派与激进社会理论的起源》，是美国学者沃伦·布雷克曼的一部代表作。在此，我将对这本书的主题定位、理论线索、书写结构、学术意义，以及这本书的翻译情况做以下论述与说明。

## 一、主题定位、理论线索与书写结构

作为一部"马克思学"的学术著作，本书的一个核心主题，在于对青年马克思政治哲学之起点的探求。这一主题在一定意义上，折射出当前美国马克思主义学术研究的一个重要定向，即从考证马克思早期思想史甚至是马克思思想的前史，来推进马克思哲学的研究。美国新黑格尔主义马克思主义的代表人物诺曼·莱文近几年的研究，可以说就是这一学术定向的一个很好的佐证。在《分歧的路径》以及一系列学术论文中，诺曼·莱文对青年马克思与黑格尔以及青年黑格尔派之关系做了细致入微的考究，这实质上就是要求在发生学的意义上回归到马克思哲学的起点处，寻找马克思哲学的基因，以此重新理解马克思哲学的内涵及特质。① 两相对照，布雷克曼的这本《马克思、青年黑格尔派与激进社会理论的起源》，从总体上说与诺曼·莱文的研究在基本思路上如出一辙，但同一种研究思路的具体呈现角度却是存在很大分殊的。莱文的研究，更多是从一种纯粹哲学史的角度来呈现两种思想范例（马克思的范例与黑格尔的范例）之间的关系，它并无特意强调一种当下语境；然而沃伦·布雷克曼的《马克思、青年黑格尔派与激进社会理论的起源》，则是将美国当下的一种重要政治哲学语境注入对马克思早期思想的研究当中，进而在学理与现实的思想互动中揭示出马克思政治哲学由以形成的最初场境。

　　布雷克曼在《马克思、青年黑格尔派与激进社会理论的起源》的开篇部分，首先即立足于现实的政治语境，引入了当代政治哲学讨论的最基本论题，即市民社会与国家，以及与此相关的权利与权力、个体与群体的关系问题。他指出：市民社会话语在 20 世纪几乎处在一种沉寂的状态之中，但东欧社会主义在纷纷倒台之后，市民社会的理念又一下子重新浮出水面、走上前台，引起了东欧持不同政见者和西方政治理论家的关注，成为理论的焦点。如果说，市民社会讨论的旨趣，在于说明社会与国家、权利与权力、多样性与同一性之间的关系，那么，在某种意义上，这一旨趣所要突现的，正是美国当下一些重要的政治哲学问题。在以这样的论题进行开引之后，布雷克曼接着指出：在市民社会的理论复兴中，马克思的政治哲学是一定要出场现形的。因为，马克思对市民社会的批判，是当下市民社会研究中最无法忽视、当然也最具有争议性的理论质点。然而，众所周知，马克思对市民社会的讨论，是接着黑格尔的理论来进行

---

① 对诺曼·莱文具体观点的论述，可参见李佃来：《马克思与黑格尔思想因缘的再考证——诺曼·莱文解读马克思哲学的理论定向》，载《武汉大学学报》（人文科学版）2010 年第 2 期。

的，他对于市民社会的了解，是以黑格尔政治哲学作为中介和跳板的。正如他在回顾自己的历史唯物主义旅程时所说："为了解决使我苦恼的疑问，我写的第一部著作是对黑格尔法哲学的批判性的分析，这部著作的导言曾发表在1844年巴黎出版的《德法年鉴》上。我的研究得出这样一个结果：法的关系正像国家的形式一样，既不能从它们本身来理解，也不能从所谓人类精神的一般发展来理解，相反，它们根源于物质的生活关系，这种物质的生活关系的总和，黑格尔按照18世纪的英国人和法国人的先例，概括为'市民社会'。"[①]

如此一来，布雷克曼的研究，就进入了一个重要的论题当中，即如何历史地把捉马克思与黑格尔主义政治哲学的关系。他指出，马克思对黑格尔政治哲学的批判性改造，已成为许多研究的重要论题，然而，关于此论题的已有研究成果，几乎都没有提供令人满意的学术阐释。导致这一学术缺憾的最根本原因，是研究者们动辄单线式地、孤立地看待马克思对黑格尔政治哲学的批判，而没有意识到，这一批判本身，是在一个异常复杂的语境下形成的。根据布雷克曼的理解，19世纪30年代和40年代早期，在青年黑格尔运动与德法诸种政治思潮的相激互融中，黑格尔主义政治哲学发生了复杂的变化，产生出复杂的效应。这从根本上看，却正是马克思政治哲学得以形成的原初语境。如果要梳理马克思政治哲学的由来及推演，如果要将马克思政治哲学的研究向纵深推进，不可不进入这一原初语境中，否则，马克思政治哲学的研究很容易模糊问题意识，很容易捉襟见肘。

为了从问题意识的维度来廓清马克思政治哲学的原初语境，布雷克曼还是选择折返到市民社会的话题上。以布雷克曼之见，黑格尔主义政治哲学的复杂变化，大致是环绕着有关市民社会的一系列

---

[①] 《马克思恩格斯文集》第2卷，591页，北京，人民出版社，2009。

论题,即社会和国家、个体和群体、经济和政治、私人主体和公众市民、利己主义和利他主义等的关系而发生的。这些论题,浓缩地看,都与国家权力之本质直接相关。而国家权力之本质,由于与"君主""上帝""市民"等形式不一的主体角色关涉在一起,所以它又可还原为"自我"之本质和"人格"之本质,这些术语所指代的内涵是相通的。根据这种推理,布雷克曼的意见是,对马克思政治哲学原初语境的清理,归根结底地看,只有切入关于"自我"之本质和"人格"之本质的话语中,方才是可能的,若非如此,此项工作可能就难以触及根本、难以达及深处。这样,自我问题和人格问题,也就成为《马克思、青年黑格尔派与激进社会理论的起源》得以串联其全部内容的一条中心线索,虽然关于自我和人格的理解会有多种方向与维度。

布雷克曼说,19 世纪早期关于自我之本质和人格之本质的讨论,并不是在神学、哲学,或者政治学的讨论中进行的,毋宁说,神学、哲学以及政治学的话语在那个特殊的历史时期,是相互交叉、相互重合的。因为宗教、政治以及社会等方面的问题在那个时期构成了一个统一体或者一个论题的集合,即便在不同的时刻这个或者那个问题要比其他问题更为重要。故此,那个时期的理论家对于自我之本质和人格之本质的思索和论辩,一定没有离开神学、哲学和政治学的"视阈融合",比如说,黑格尔自己就明确地将他对市民社会之人格的政治哲学描述,接入对基督徒之人格的神学说明中。可问题是:在许多学术研究中,神学、哲学与政治学竟然成为互不相干的理论枝杈,研究者们在指认青年黑格尔派的神学或者哲学观点时,竟然没有看到这些观点乃是与政治学的意境粘连在一起的。所以,在过去的学术研究中,对于人格的分疏与剖析总是语焉不详,难以全面地彰示思想史的真实状貌。这就要求,应当在多种维度、多种视阈中来揭示 19 世纪初期的人格主义话语,以此在学术"重构"的意义上厘定马克思政治哲学得以形成的思想地平。

译后记

从如此这般的理解与阐释出发，布雷克曼确定了《马克思、青年黑格尔派与激进社会理论的起源》的基本书写结构：第 1 章，主要描述了基督教人格主义的出场。基督教人格主义向来被认定为是最为重要的向黑格尔的泛神论哲学发起攻击的神学、哲学和政治力量，这表现在许多新教、天主教神学家和哲学家对黑格尔泛神主义的指证与驳斥中。但布雷克曼却提出了一个更深层的观点，即老年谢林的所谓"实证哲学"，通过赋予基督教人格主义以哲学的尊严而深深影响到关于人格问题的讨论。第 2 章，重点讨论了与谢林的哲学分不开的斯塔尔的人格主义政治神学。由于布雷克曼将斯塔尔看作是 19 世纪 30 年代黑格尔派最为棘手的政治哲学对手，所以不仅在黑格尔学派内部，而且也在学派外部来探询一个宗教、社会、政治相互交叉的语境，构成本书的一个重要特点，这也为马克思政治哲学的研究提供了一个微观的理论视角。第 3 章，主要从费尔巴哈在 19 世纪 30 年代回应德国神学和哲学之个人主义流派的角度来考察他的著作。根据费尔巴哈出版的第一本著作《死亡与不朽》，以及他在 1835 年论述斯塔尔的论文，本章指出，费尔巴哈长期研究基督教人格主义，不仅深深影响到他对基督教和黑格尔本人的批判，而且随之而来的他对人格主义的批判，实际上成为他 30 年代的著作中政治和社会激进主义的核心。而对于这一点，学者们长期以来却是少有体察的。第 4 章，主要就黑格尔派在 30 年代批判人格主义的两条政治路线进行了一般意义上的讨论。一方面，人格主义政治神学介入到由施特劳斯 1835 年《耶稣传》出版所引发的论辩中。围绕施特劳斯批判基督教之政治意义而展开的争论，加深了黑格尔派与其批评者之间的分歧，进而也使黑格尔派本身沿着政治路线分解了。另一方面，德国关于人格主义的讨论，受到了法国新社会思想的影响。具体说来，空想社会主义者所谓的"新基督教"提供了社会批判和泛神论的思想合体，这一合体为德国的人格主义批判注入了界定宗教和社会问题之关系的全新资源。第 5 章，主要通过考察契希考夫斯基、海涅、赫斯以及费尔巴哈等的话语来揭示当时的思想辩论。这些重要的黑格尔主义成员在 19 世纪 40 年代早期的主要著述，被指认为是德国和法国激进主义交汇的重要范例。最后两章，详细分析了 19 世纪 40 年代早期决然转向社会和政治批判的重要黑格尔派成员卢格和马克思的思想。布雷克曼认为，在消解 30 年代宗教、政治、社会激进主义统一体上，马克思比任何一位激进黑格尔主义者都走得更远。然而，马克思在很大程度上又是因为哲学、政治和社会的基督教批判，才得以将自己的思想提升到一个更高的层面上，推进到一个更新的结构中。

从上述书写结构来看，《马克思、青年黑格尔派与激进社会理论的起源》的内容显然不够精致，甚至过于庞杂，但是其书写的逻辑主线却异常清晰，即通过考察 19 世纪三四十年代黑格尔派和非黑格尔派关于人格与自我问题的观点，来彰明一个在马克思哲学理解史上几乎没有得到根本揭示的政治哲学语境。这个语境在根本上关联到这样一个思想史信息，即激进的黑格尔主义者对于基督教人格主义的驳难，即他们所要求的"废黜自我"，作为 19 世纪早期的一场深刻的思想运动，不仅是具有颠覆性的，而且是具有连续性的。马克思政治哲学的出场，在很大意义上，正是这一思想运动之推延的结果。因为马克思政治哲学的根本问题意识之一，是对市民社会及与之相连带的个体权利、个体自由等个人主义要素的一般性批判，而这种批判，正是在既往的激进黑格尔主义之人格主义批判的基础上形成的，而不是像阿尔都塞的"认识论断裂"所描述的那样，是不同的理论范式的分道扬镳和根本划界。

## 二、学术意义

放眼国际学术界,马克思早期哲学尤其是其早期政治哲学,虽然已为多种学术文献所论及,但在语境的挖掘与清理上,这些学术文献未必比本书做得更加充分、更为精细。至于这部著作提出了哪些具体的、新的学术见解,蕴藏着什么样的理论或实践价值,则可能是一个见仁见智的问题,不同的读者,会根据自己的学术兴趣、理论旨趣等,做出不尽相同的判断。就译者的解读而言,这部著作锁定了美国马克思主义政治哲学的一种重要学术研究模式,对开拓美国马克思主义政治哲学的理论地平,做出了突出贡献。这一点,与以下几方面的创获是不无相关的:

其一,如上所示,这部著作并不是在纯粹的学理镜像中来进行研究的,毋宁说,是将在当下西方广义的政治哲学讨论中凸显出来的根本问题,即市民社会和个人问题植入研究的场境,由此开引出所要讨论的主要内容,这就使学理与现实的政治关切紧密咬合在一起,从而也就突出了学术研究的当代性意义,这与近些年美国马克思主义理论界以现实问题来带动政治哲学研究的诉求正相呼应,符合众多美国左派和美国马克思主义学者的口味。

其二,这部著作是将马克思置放于近现代政治哲学史上,从而根据近现代政治哲学的理论范式来理解马克思的哲学,这在根本上打通了马克思的政治哲学与他之前的政治哲学,打通了现代哲学的理论范式与近代哲学的理论范式,从而避免了思想事件研究的"非此即彼",呈现了思想史的连续性、整体性,为马克思政治哲学的诠释寻获了一个可信的历史性的支点,这种研究路向在当前美国马克思主义理论界也是颇受欢迎的。

其三,这部著作显然不是在一般层面上实现了马克思与他之前的政治哲学史的连接,毋宁说,这种"连接"是在微观的意义关系中实现的,这体现为布雷克曼对许多具体的思想事件的细致入微的考察,以及对不同的思想事件之意义关系而非因果关系的考察。这对于界定马克思政治哲学的思想起点,以及对于开创马克思主义政治哲学的微观研究范式,提供了一种积极的探索。

其四,这部著作将马克思政治哲学的在场作为理论前设,这在一定意义上构成对美国马克思主义政治哲学主导支脉之一,即分析的马克思主义之政治哲学路数的反拨与矫正,彰显出学术重构的重要价值。以约翰·罗默(John Roemer)为代表的美国分析马克思主义理论家,在近一二十年以来的政治哲学研究中,反复地从马克思的历史唯物主义与政治哲学不相兼容的理论前提,推定出马克思缺乏政治哲学的结论,进而做出将政治哲学补入到当代马克思主义哲学中的说明。与之不同的是,《马克思、青年黑格尔派与激进社会理论的起源》并没有预设马克思原本就缺少一个政治哲学的理论维度,相反,作者布雷克曼的一个隐在观点是,马克思思想生长的起点就是政治哲学,马克思一生的思想探求都没有与这一起点分离开来,也就是说,马克思哲学在实质上就是一种政治哲学。这样的观点,无疑引向这样一个深刻的问题,即如果不从政治哲学的门口入场来理解马克思,对其理论之内蕴与特质的把捉还是否可能。不管是对于尊重马克思政治哲学的人,还是对于放低马克思政治哲学的人,这都是一个值得深思的问题。可以说,近些年诸多美国马克思主义研究者,在很大程度上正是基于对这一问题的思考,才自觉地突出了马克思研究中的政治哲学问题意识,并力图在这一问题意识下突破传统马克思研究的学理框架,这也就在一定意义上成就了今天美国马克思主义政治哲学欣欣向荣、蓬勃发展的局面。

对于我们来说,译介西方学术作品,显然不仅仅是为了使他人的成果为我们所知晓;在一个学术趋向于世界化、全球化,因而也需要"兼济天下"的开放时代,这一学术工作的更根本旨趣,在于以了解他人的成果为前提,以更积极、更有效的方式进入国际学术对话中,以此来提升我们自己的学术水平,助推我们自己的理论研究。这就要求我们应当细密地审思,他人的学术成果相较于我们的研究,在哪些方面是可资借鉴的,是可以帮助我们来突破学术盲区的。从这一点出发,译者以为,《马克思、青年黑格尔派与激进社会理论的起源》之于中国学术界的重要意义正体现在,其对马克思早期政治哲学之语境与问题的厘定,乃长期以来被中国学术界所普遍忽视,这也就为中国的马克思主义哲学研究,提供了一种理论助长的新的可能性。

检视中国的马克思主义哲学史、马克思主义政治哲学等相关研究区域会发现,中国学术界向来就不太注重对马克思的早期思想史和史前史进行探讨,向来就不愿将此作为核心地带加以精耕细作。综合来看,出现这种情况,主要有两方面的原因:其一,受传统马克思主义哲学知识体系的影响,中国学术界在根本上将马克思哲学界定为辩证唯物主义与历史唯物主义,将之认定为探究自然与历史事实以及自然与历史规律的理论。可以说,这一知识框架先在地预设了马克思哲学与政治哲学的不相兼容,因为政治哲学在本质上是一种追求价值、构造理想世界的理论,这与人们心目中的马克思哲学是相左的。这一系于知识论和实证思维的学术范式,使许多学者未必情愿从政治哲学的维度来理解马克思的哲学,未必情愿在普遍的意义上将马克思的哲学定位为一种政治哲学,即便要赋予"马克思政治哲学研究"以合法性,也只是根据当代性或他者的理论资源来做一种"从后重构"。推进地看,如果说马克思对政治哲学问题进行思考与解答的那些显在话语主要体现在他青年时期的理论活动与学术著作中,那么,中国学术界对马克思早期思想鲜为关注似乎也就顺理成章了。其二,传统马克思主义哲学知识体系,在界划马克思创立的唯物主义时，隐性地夸大了马克思哲学在思想史上的跳跃，这就容易使人们看轻甚至忽视思想发展的连续性，从而相沿成习地将马克思与他之前的思想史对立起来，并在马克思与德国古典哲学甚至是黑格尔主义哲学之间划定不可跨越的楚河汉界。在这种情况下，马克思思想生成的那个最初语境，甚至也包括涉及黑格尔与青年黑格尔派的那个语境，是不太容易得到追问与彰明的。所以，一个不争的事实是，传统的学术研究在处理马克思与黑格尔以及青年黑格尔派的关系时，基本上都没有注意到他们之间的微观思想联系，因而也不可能对这样的联系加以质性考证，而只是习惯于进行一种简单化操作，笃定地认为马克思用唯物主义颠倒了黑格尔披着神秘外衣、头足倒置的辩证法，黑格尔的精神对象化理论被改造成现实对象化理论，马克思从根本上超越了黑格尔主义哲学并由此与近代哲学划清了界限，凡此种种。在几十年来的中国学术研究中，这种思路、这些观点与说法，几乎定格为一种公式化的东西，即便是注入了对此问题有着不同理解的西方马克思主义的刺激之后，似乎也没有发生实质性的改变。① 这就为马克思主义哲学史以及马克思主义政治哲学的研究设置了内在的障碍，使其难以向纵深推进，难以取得突破性的理论成果。

如此这番的学术审理表明：《马克思、青年黑格尔派与激进社会理论的起源》所着力考究与论述的东西，的确正是我们的研究所欠缺、所应补入的东西。布雷克曼把19世纪30年代黑格尔主义的神学、政治及社会思想置放在一个相互粘连的关系系统中，精心地考察法国的空想社会主义运动以及德国的"实证哲学"，详尽地梳理费尔巴哈、甘斯、契希考夫斯基、赫斯、施特劳斯、海涅、卢格等青

---

① 参见李佃来：《究竟如何理解马克思哲学的黑格尔起源》，载《学术研究》2010年第9期。

年黑格尔派成员有关"人格"的话语，全面地把握19世纪40年代激进社会理论的形成及多样化发展，最后落脚于马克思的激进政治哲学思想。这种开阔的学术视野，这种细微的理论探发，如果能够接入中国马克思主义哲学史以及马克思主义政治哲学的研究中，我们就有充足的理由相信，这些领域是可以得到实质性的提升，获得实质性的推进的。可以说，译者之所以将《马克思、青年黑格尔派与激进社会理论的起源》译为中文，在很大程度上即系挂于此。

### 三、翻译情况及致谢

翻译在一定意义上说，是一件"吃力不讨好"的工作。《马克思、青年黑格尔派与激进社会理论的起源》一书的翻译，似乎尤其验证了这一点。这本书由于在内容上做了非常细密的讨论，关涉到许多"细小"乃至"琐碎"的学术、历史与政治事件，同时也由于其所参考、征引的文献不胜枚举，且有大量德文、法文的文献，因而也连带地包含了大量德文、法文的词汇和用语，所以在翻译本书的一段时间内，我作为译者殚精竭虑，费尽思量，感受到了"日出而作，日落而息"的艰辛，感受到了为减少错误甚至是常识性的错误而经历的"搜索枯肠"。不过，从另一个方面说，这些辛酸也使译者在中译本推出之际，感受到了更多的欣慰和劳苦过后的甘甜。

《马克思、青年黑格尔派与激进社会理论的起源》中译本的推出，从一定意义上说，是集体合作的结果。首先是中国政法大学张秀琴教授极力推动，落实版权，关心翻译进展，前前后后耗费了不少时间。在翻译的过程中，我的几位研究生，包括欧阳琼、苏晓珍、唐伟芳、刘杰等，也参与进来，为加快翻译进度做了不少工作。整本书翻译工作的具体分工如下：导言(李佃来译)，第1章(李佃来译)，第2章(李佃来译)，第3章(李佃来译)，第4章(李佃来、刘杰译)，

第 5 章(李佃来、唐伟芳译)，第 6 章(苏晓珍、李佃来译)，第 7 章(欧阳琼、李佃来译)，结语(欧阳琼、李佃来译)。全书译文由李佃来统一校对。在此，对这些合作者、推动者所付出的辛勤劳作和无私帮助，一并致以诚挚的谢忱！

李佃来

于武汉大学

2013 年 1 月

## 图书在版编目(CIP)数据

马克思、青年黑格尔派与激进社会理论的起源 /（美）沃伦·布雷克曼著；李佃来译. —北京：北京师范大学出版社，2018.5

（国外马克思学译丛）

ISBN 978-7-303-23012-9

Ⅰ. ①马… Ⅱ. ①沃… ②李… Ⅲ. ①马克思著作研究 Ⅳ. ①A811.21

中国版本图书馆 CIP 数据核字（2017）第 266225 号

北京市版权局著作权合同登记号：图字 01—2010—2270

营销中心电话 010-58805072 58807651
北师大出版社高等教育与学术著作分社 http://xueda.bnup.com

MAKESI QINGNIAN HEIGEERPAI YU JIJIN SHEHUI LILUN DE QIYUAN

| 出版发行 | ：北京师范大学出版社　www.bnup.com |
|---|---|
|  | 北京市海淀区新街口外大街 19 号 |
|  | 邮政编码：100875 |
| 印　　刷 | ：北京盛通印刷股份有限公司 |
| 经　　销 | ：全国新华书店 |
| 开　　本 | ：710 mm×1000 mm　1/16 |
| 印　　张 | ：26.5 |
| 字　　数 | ：360 千字 |
| 版　　次 | ：2018 年 5 月第 1 版 |
| 印　　次 | ：2018 年 5 月第 1 次印刷 |
| 定　　价 | ：118.00 元 |

| 策划编辑：祁传华 | 责任编辑：赵雯婧 |
|---|---|
| 美术编辑：王齐云 | 装帧设计：王齐云 |
| 责任校对：陈　民 | 责任印制：马　洁 |

**版权所有　侵权必究**

反盗版、侵权举报电话：010-58800697
北京读者服务部电话：010-58808104
外埠邮购电话：010-58808083
本书如有印装质量问题，请与印制管理部联系调换。
印制管理部电话：010-58805079

# 版权声明

Marx, the Young Hegelians, and the Origins of Radical Social Theory: Dethroning the Self, 1st edition, 9780521624404 by Warren Breckman first published by Cambridge University Press 1999.

All rights reserved.

This simplified Chinese edition for the People's Republic of China (excluding Hong Kong, Macau and Taiwan) is published by arrangement with the Press Syndicate of the University of Cambridge, Cambridge, United Kingdom.

© Cambridge University Press and Beijing Normal University Press (Group) Co., LTD. 2018

This simplified Chinese edition is authorized for sale in the People's Republic of China (excluding Hong Kong, Macau and Taiwan) only. Unauthorized export of this simplified Chinese edition is a violation of the Copyright Act. No part of this publication may be reproduced or distributed by any means, or stored in a database or retrieval system, without the prior written permission of Cambridge University Press and Beijing Normal University Press (Group) Co., LTD.

此版本仅限中华人民共和国境内销售，不包括香港、澳门特别行政区及中国台湾地区。不得出口。